전문적인 학교상담자를 위한

학교상담의 실제

The Professional School Counselor

An Advocate for Students, 1st Edition

Jeannine R. Studer | 지음

임경희 · 조봉환 · 임은화 | 공역

CENGAGE Learning™ 아카데미프레스

Australia · Brazil · Japan · Korea · Mexico · Singapore · Spain · United Kingdom · United States

The Professional School Counselor: An Advocate for Students, 1st Edition

Jeannine R. Studer

This edition first published in 2008 jointly by
Cengage Learning Korea Limited and Academy Press.

Original edition © 2005 Wadsworth, a part of Cengage Learning. The Professional School Counselor: An Advocate for Students, 1st Edition by Jeannine R. Studer. ISBN: 978-0-534-60777-7.

This edition is translated by license from Wadsworth, a part of Cengage Learning, for sale in Korea only.

ISBN-13: 978-89-91517-57-8

Cengage Learning Korea Ltd.
Suite 1801 Seokyo Tower Building
353-1 Seokyo-Dong Mapo-Ku
Seoul 121-837 Korea
Tel: (82) 2 322 4926
Fax: (82) 2 322 4927

Cengage Learning products are represented in Canada by Nelson Education, Ltd.

For product information, visit cengageasia.com

Printed in Korea
1 2 3 4 11 10 09 08

역자 서문

최근 급속한 사회변화에 따라 청소년 문제가 심각해지고 다양화되면서 이에 대한 학교 차원에서의 개입이 시급히 요청되고 있다. 이러한 사회의 요구에 부응하기 위하여 우리나라에서는 1999년부터 전문상담교사가 양성되어 각급 학교에 배치되기 시작하였으며, 앞으로 전체 학교에 전문상담교사를 배치해야 한다는 요구가 꾸준히 확산되고 있다.

이처럼 학교상담의 필요성과 중요성이 부각되고 있음에도 불구하고, 현재 학교상담 활동은 인적, 물리적 환경과 활용 가능한 실제 프로그램의 부족 등으로 제대로 기능하지 못하고 있으며, 이미 배치되어 있는 상담교사의 정체성과 역할에 대한 견해조차도 너무 분분한 실정이다. 이러한 견해의 차이는 일반교사, 행정가, 학부모 사이에서는 물론이고, 상담관련 전문가나 당사자인 전문상담교사 사이에서도 종종 드러난다. 현재 학교에 배치되어 있는 전문상담교사들은 학교행정가의 운영방침에 따라 학생에 대한 개인상담만을 수행하기도 하고, 전체 학생을 대상으로 심리교육 수업을 진행하기도 하며, 심지어는 부전공 교과의 과목을 가르치기도 한다. 이는 전문적인 상담교사들이 학교에서 어떤 업무를 수행해야 하며, 또 어떤 능력을 갖추고 있어야 하는지에 대한 인식조차 형성되지 못한 상태에서 청소년 문제를 해결하기 위한 방안으로 시간을 다투어 전문상담교사들이 투입되면서 생겨난 문제라 할 수 있다.

역자들은 다양한 상담교육 장면을 통해 전문상담교사와 일반교사는 물론 학교행정가, 학부모, 상담관련 전문가들을 접하면서 학교상담의 실제적인 운영에 관한 그림이 제시되어야 한다는 점에 공감하게 되었으며, 이 책의 번역을 통해 이러한 밑그림을 그려 나가는 데 다소나마 기여하게 될 수 있으리라는 데 뜻을 모았다.

이 책은 아직 학교상담의 정체성이 모호한 현재 우리나라의 상황에 시의적절하다. 이 책을 통해 우리는 앞으로 우리나라의 학교상담이 나아가야 할 방향과 정체성에 대한 시사점을 도출해 낼 수 있으며, 상담교사들이 학교장면에 적용할 수 있는 실제적인 프로그램과 기법들을 만나볼 수 있다. 뿐만 아니라 이 책에는 전문적인 학교상담자들이 학교행정가들과 학부모, 관계당국의 인식 부족으로 인해 학교상황에서 실제로 겪게 되는 여러 가지 어려움과 책무성, 윤리적 딜레마, 홍보활동, 재원, 수퍼비전 등이 매우 현실적인 시각에서 묘사되어 있다. 특히 치료와 처방, 위기상담 중심의 기존 전통적인 접근 대신, 학교가 갖는 특수성을 반영한 예방 및 교육 중심의 종합적 발달적 학교상담 프로그램을 제시하고 있으며, 학부모와 지역사회, 행정가들과의 협력과 자문, 조정에 대한 학교상담자의 포괄적인 역할에 대해서도 실질적인 제안을 내어 놓고 있다.

저자가 서문에서 밝히고 있듯이 이 책은 전문적인 학교상담자의 역할에 대한 개별적인 훈련을 위해 학교상담자들을 수련시키면서 쓰여진 것으로, 현직 상담교사와 상담자 교육을 받고 있는 예비상담교사들에게 필요한 중요한 정보와 활동, 개인적인 경험들을 제공하고 있다. 여기에 제시되어 있는 예들은 미국 상황을 반영하고 있는 것이지만 우리나라의 경우에도 충분히 예상될 수 있는 문제들을 담고 있어 예측되는 문제들에 대한 대안을 미리 마련하고 학교상담이 발전해 갈 수 있는 방안을 구상하는 데 도움이 될 것으로 생각된다.

아무쪼록 이 책이 초·중등학교에서 활동하고 있는 전문상담교사들에게 아직은 모호한 학교상담에 관한 청사진을 마련하고, 앞으로 학교상담 활동에 종사하고자 하는 예비상담교사들에게도 학교상담에 대한 비전을 그려나가는 데 나침반 역할을 할 수 있기를 소망한다. 더불어 학교상담 전반의 활동을 전개해 가면서 필요할 때 꺼내어 현장에서 적용해 볼 수 있는 유용한 지침으로 활용될 수 있다면 더할 나위 없을 것이다. 끝으로 학교상담자의 위상과 역할에 대한 일반교사와 학교행정가, 학부모의 인식 형성과 개선에 기여함으로써 우리나라 학교상담의 기틀이 형성되고 발전해 가는 데 작으나마 실제적인 기여를 하게 되기를 기대해 본다.

어려운 사회적 상황에도 불구하고 본서의 출판을 도와 주신 아카데미프레스의 홍진기 사장님과 꼼꼼한 교정으로 완성도를 높여 가도록 조력해 주신 직원 여러분에게도 큰 감사를 드린다.

2008년 7월
역자 일동

저자 서문

- 학교상담자는 학교에서 폭력행동이 일어날 때 도움을 준다.
- 학교상담자는 학부모가 자녀의 학업적, 개인적 성장에 관한 정보를 필요로 할 때 중요한 정보를 알려 준다.
- 학생의 발전을 저해하는 학습상의 장애가 있을 때 교사는 교수활동을 촉진시킬 수 있는 전략에 대해 학교상담자와 논의한다.
- 학교상담자는 학생이 어른의 관심을 필요로 할 때 청소년에게 귀 기울이고 이들을 지지해 줄 수 있다.

학생의 생활에 영향을 미치는 학업, 진로, 개인/사회적 문제를 겪고 있는 학령기 청소년들에게 이들을 돕는 전문적인 학교상담자라는 직업보다 더 중요한 직업은 없다. 이 책은 전문적인 학교상담자의 역할에 대한 개별적인 훈련을 위해 학교상담자를 수련시키면서 쓰여진 것으로, 중요한 정보와 활동, 개인적인 경험을 제공하고 있다. 이 책에서 제공된 정보는 학교상담 분야를 소개하는 데 목적이 있지만 다른 이차적인 목적도 있다. 학교상담 전문가 과정에 들어온 많은 학생은 종종 학교에서 학생을 돕는 데 필요한 자료와 활동이 부족하다는 이야기를 한다. 따라서 이 책은 수련 중인 학교상담자가 필요로 하는 정보와 활동에 접근하는 데 도움을 주고자 하는 목적도 가지고 있다.

이 책의 내용은 상담자 및 관련교육 프로그램 인증위원회(Council for the Accreditation of Counselor and Related Educational Programs, CACREP)에서 정한 핵심적인 교육과정과 임상 영역으로 개관되는 네 부분으로 구성되어 있다.

- 1부: 학교상담의 기초. 이 부분은 역사와 법적, 윤리적 문제를 다루고 있으며, 특수한 도움이 필요한 학생을 포함하여 다양한 배경의 학생을 도와 주기 위한 절차를 포함하고 있다. 세부적인 장은 다음과 같다.
  - 생활지도 담당자에서 전문적인 학교상담자로
  - 학교상담자와 법적 윤리적 문제
  - 문화적으로 민감한 전문적인 학교상담자
  - 특수한 학생들
- 2부: 전문적인 학교상담자: 상황적 차원에서의 학생옹호자. 이 부분에는 학교상담 프로그램이 책무성, 진로발달, 예방과 중재전략 등을 포함하여 학교 전체의 업무와 어떻게 관련되어 있는지에 관한 내용이 들어 있다. 2부는 다음 장들로 구성된다.
  - 발달적 종합적 학교상담 프로그램
  - 전문적인 학교상담자와 책무성
  - 진로발달에서 전문적인 학교상담자의 역할
- 3부: 학교상담자의 필수 지식과 기술. 이 부분은 두 영역으로 나뉜다. 첫 번째 영역은 검사와 공학의 활용에 대한 내용을 포함해서 프로그램 개발에 대한 이해를 담고 있다. 두 번째 영역은 위기상담에서 학교상담자의 역할, 가족과의 협력관계, 학교에서의 집단상담과 학령기 청소년 상담에서의 표현적인 기법들을 포함한 상담과 생활지도 정보를 담고 있으며, 다음과 같이 구성되어 있다.

  영역 I: 프로그램 개발과 실행, 평가
  - 검사와 평가에서 전문적인 학교상담자의 역할
  - 학교상담에 대한 인터넷의 영향

  영역 II: 상담과 생활지도
  - 위기상담과 위기관리
  - 학교상담자와 가족의 협력관계
  - 학교 집단상담의 계획과 실행

- 아동과 청소년 상담에서의 표현적 기법

■ 4부: 임상지도. 학교상담 수련생들은 종종 상담자 교육 프로그램에서 요구되는 임상 경험에 관심을 나타낸다. 이 영역에는 임상 경험에서의 수퍼비전에 관한 정보가 들어 있으며, 훈련에서 종종 간과되고 있는 학교상담자의 중요한 역할인 자문에 관한 영역이 포함되어 있다. 4부에서는 학교상담자에게 필요한 지식과 기술이라고 볼 수 있는 자문뿐만 아니라 수퍼비전에 대해서도 다루고 있으며, 이는 학교상담자를 위한 임상지도에 포함된다.

- 수퍼비전 과정과 자문가로서의 전문적인 학교상담자

감사의 말

이 책을 위해 여러 가지 아이디어와 제안 및 통찰을 제공해 준 많은 이들에게 감사하고 싶다. 먼저 사려 깊은 논평과 제안을 해 준 익명의 비평가들에게 감사한다. 또한 이 책의 여러 장에서 도움을 준 사람들에게도 감사를 표한다.

■ Dr. Theresa A. Quigney, Ohio Cleveland의 Cleveland 주립대학교 특수교육 부교수. Dr. Quigney는 4장 특수한 학생들을 집필하였다.

■ Dr. Judith A. Sommers, Ohio Tiffin의 Heidelberg 대학의 학교상담 부교수이자 Norwalk 고등학교의 전 학교상담자. Dr. Sommers는 6장 진로발달에서 전문적인 학교상담자의 역할을 집필하였다.

■ Dr. Carole S. Robinson, 교수 설계. Dr. Robinson은 10장 학교상담에 대한 인터넷의 영향을 썼다.

이전의 나의 학생들과 현재 활동하고 있는 학교상담자들에게도 감사하고 싶다. 특히 William Karcher, Robert Douglas Ramsey와 Marlene Putnam; 그리고 Perkins 고등학교의 상담자인 Vicki VanNess에게 감사한다.

Tennessee 대학교의 Dr. Marla Peterson 교수의 통찰력 있는 제안에 대해 감사한다.

마지막으로, 이 책을 쓸 기회를 준 Wadsworth Publishing Company에 깊은 감사를 표한다. 특히 Shelley Gesicki와 Marquita Flemming의 인내와 격려에 감사하고 싶다.

차 례

제4부 임상지도

01

| 제1부 |

학교상담의 기초

1부 학교상담의 기초에서는 학교상담직의 역사와 현재 동향, 학교 전체 업무에 통합된 구성요소로서의 학교상담자 훈련과 리더십에 관한 정보를 제공하고 있다. 법적, 윤리적인 문제들은 학생들의 성장에 관여하는 많은 구성요소들과 관련하여 전문적인 학교상담의 방향을 잡아주며, 프로그램의 토대가 되는 구조를 제공해줄 수 있다. 더 나아가 학교상담자들은 사회 변화에 따라 다양한 학생들에 대해 이해하고, 학생과 그들의 가족을 도울 수 있는 방법을 개발해야 하는 상황에 놓이게 되었다.

1부는 1장 생활지도 담당자에서 전문적인 학교상담자로, 2장 학교상담자와 법적 윤리적 문제, 3장 문화적으로 민감한 학교상담자, 4장 특수한 학생들로 구성되어 있다.

| 제1장 |

생활지도 담당자에서 전문적인 학교상담자로

최근에 조카가 교직을 처음 제안받고는 흥분해서 전화를 했다. 조카는 나의 아버지이자 조카의 할아버지가 교장으로 근무하셨던 고등학교에서 근무하게 되었을 뿐만 아니라 자기가 두 가지 운동을 훈련받고 코치를 담당했던 지역에서 가르치게 되어서 매우 기뻐했다. 나는 이 소식을 듣고 조카가 너무나 감격해하는 것을 보면서 내가 대학을 졸업하고 처음으로 “진짜” 직업을 갖게 되었던 때가 떠올라 미소를 지었다. 하지만 나머지 소식을 듣고 나서는 마음 속에서 여러 가지 생각이 한꺼번에 맴돌며 심장이 요동 치는 것을 느꼈다. 내가 그렇게 당황한 것은 조카가 두 학기 동안 학교상담자로 일하게 되었다는 것이었다.

학교상담자로서의 자격과 석사학위를 따기 위해 내가 보낸 시간과 훈련(비용은 물론이고)을 돌이켜 생각해 볼 때, 나는 상담에 대해 아무런 훈련도 받지 않은 조카에게 우연히 자리가 주어진 것을 진심으로 축하해주고 조카와 기쁨을 나누기가 어려웠다. 코치, 교사, 자문가와 그 밖의 다른 사람들이 상담자가 사용하는 경청, 재진술, 질문, 직면과 그 밖의 기술을 가지고 청소년을 긍정적으로 변화시킬 수 있다 하더라도 그들이 상담자가 아니라는 사실은 변함이 없다. 청소년과 그들에게 영향력이 있는 어른들과의 관계에서 성장을 촉진시킬 수 있는 변화가 일어날 수도 있지만 그렇다고 해도 대인적인 관계를 상담관계로 볼 수는 없다. 그렇다면 상담이란 무엇인가?

상담과 **상담자**라는 용어는 많은 사람들이 다양하게 정의하고 있다. 매체에서는 몸무게를 줄이고 싶다면 **체중조절 상담자**를 찾아가라고 한다. 책정한 예산 안에서 최고 모델의 새 자동차를 구입하는 것에 대해 상의하고 싶다면 **자동차 상담자**가 필요한 정보를 제공함으로써 도움을 줄 수 있으며, 재정적 조언이 필요한 경우에는 재정 상담자가 도움을 줄 수 있다.

상담자라는 단어를 둘러싼 폭넓은 정의 때문에, 사람들은 상담자가 무엇을 하는지, 어떤 훈련과 교육이 요구되는지, 특히 학교상담자와 다른 상담전문가는 어떻게 다른지를 알기 어렵다.

상담이란 무엇인가?

여타 전문직과 마찬가지로 상담자 자격을 받은 사람은 전문직에서 말하는 기준과 기대, 교육적 요구사항들을 준수해야 한다(Gibson & Mitchell, 2003). 미국 학교상담자협회(American School Counselor Association, ASCA)는 학교상담자를 위한 방향을 제시해 주는 전문적 조직이다. '전문적 학교상담자와 자격증과 면허' 라는 제목으로 되어 있는 ASCA의 직무에 대한 진술에 따르면(2003), "…… ASCA는 CACREP의 기준에 따라 정해진 모든 지역에서 훈련을 받고, 자격이 있는 학교상담자와 대학의 수퍼바이저의 수퍼비전하에 학교에서 1년간 인턴십 과정을 가지며, 상담관련 분야에서 석사학위를 가지고 있는 사람에 대해 자격을 부여하고 고용을 지원해 준다." 라고 되어 있다.

전문적인 학교상담자는 생활지도와 상담에 관한 독특한 서비스를 제공하며, 학령기 청소년들의 학업, 진로, 개인/사회적 관심사에 초점을 둔다. 상담과정은 전문적인 관계를 수반하며, 이론이 추구되며, 의사결정과 개인적 변화를 수반한다(Gladding, 2004; Nugent, 1994).

생활지도, **상담**, **치료**라는 용어들은 유사한 의미를 가지고 있어 종종 서로 바꾸어 쓸 수 있는 단어들이다; 이들은 사실 약간 겹치는 부분은 있지만 다소간의 차이가 있다. 생활지도는 학생들이 개인적 가치에 기초해서 교육적, 개인적, 진로 결정을 하도록 돕는 데 초점을 두는(Gladding, 2004) 반면, 상담은 학생의 학업적, 개인적, 직업적 요구에 초점을 둔 전문적으로 훈련받은 상담자와의 관계이다(Gibson & Mitchell, 2003). 이에 혼란을 더하는 것은 **치료**라는 용어가 종종 상담과 생활지도와 어떻게 다른지 거의 이해하지 못한 채 사용되고 있기 때문이다. 전통적으로 치료—즉 심리치료—는 좀더 심각한 문제에 초점을 두는 것으로 간주되어 왔다. 그러나 종종 상담이론에 심리치료와 서로 바꾸어 사용할 수 있는 기술이 있기 때문에 상담과 심리치료라는 용어 사이의 구분은 명확하지 않다(Gladding). 학교상담자들은 훨씬 심각한 심리적 장애를 가진 학생들을 다룰 시간이 없을뿐더러 훈련도 받지 않는 경우가 허다하다. 상담자는 학업, 진로와 개인/사회적 발달상의 문제들을 가진 사람들에게 상담을 제공한다.

전문적인 학교상담자보다 아동과 청소년의 생활에 더 중요한 전문가는 없다. 다른 전문가들은 청소년의 성장을 촉진하고, 학생들을 옹호하며, 부모나 보호자를 도와주며, 학교 교사들을 도와주고, 지역사회의 전문가들을 자문해 줄 기회가 없다. 이 모든 것은 아동과 청소년을 위한 의미 있는 교육적 경험을 주는 데 목적이 있다.

이 장에서는 학교상담 전문가의 역사와 발달, 그리고 상담직이 직면하고 있는 위험에 대해 알아본다. 현재 상담직이 당면한 문제와 향후 전망에 대해 고찰해 본다. 상담직에 영향을 끼쳐 왔던 역사적, 사회적, 경제적 사건에 대해 읽어 가면서 각 단계마다 오늘날의 학교상담자는 어떤 활동에 참여하고 있는지 생각해 보고, 학교상담자들은 여러분에게 어떤 영향을 미쳐 왔는지, 그리고 상담직은 앞으로 어떤 방향으로 나아가게 될 것인지 생각해 보자. 또한 학생의 성장에 영향을 줄 수 있는 상담직에 대한 여러분의 기술, 경험, 가치, 태도와 지식 등에 대하여 스스로 돌아볼 수 있는 계기를 가져 보자.

학교 생활지도의 역사

세계의 역사를 보면, 사람들은 삶의 의미를 이해하기 위해 자신과 타인, 그리고 누군가의 도움을 구해 왔다. 인간의 잠재력을 개발하고 향상시키는 내용의 역사적인 이야기들이 그리스 사회의 문학작품에서 발견되었으며, 중세 시대에는 신부들이 교구민들에게 생활지도를 해주었고(Neukrug, 1999), 힌두교도 또한 지혜를 얻으려고 추구하였다. 산업혁명으로 인해, 정보와 조언을 원하는 사람들을 안내해 주기 위해 학교에 생활지도 담당자들을 배치하게 되었다.

산업혁명은 농업사회에서 도시공장 체제로의 변화를 가져 왔다. 공장은 저렴한 노동 공급원으로 여성과 어린 아동에게 의존하게 되었다(Santrock, 1996). 겨우 여섯 살짜리 가난한 도시 아이들이 돈으로 바꿀 수 있는 석탄부스러기, 밧줄, 병 등을 구하기 위하여 거리로 내몰렸다. 거리로 내몰린 아이들은 어른들의 보호감독을 받지 못하고 방치되었기 때문에 도박, 매춘, 절도 등을 일삼게 되었다. 아이들이 기초교육이나 윤리교육조차 없이 성장하는 것을 우려하여 아동 노동과 보호에 관한 법률이 생겨났다.

1916년 아동노동법은 열악한 작업조건으로부터 아이들을 보호했고, 아이들이 최소한 초등교육을 받을 수 있도록 규정하였다. 이 때까지는 학교가 지극히 선택적인 사항이었으며, 오직 부유한 남성 엘리트 집단만이 법관, 의사, 또는 성직자가 되기 위한 교육기관에 입학하였다(Schmidt, 1993). 이제 다양한 배경을 가진 학생들이 이전에는 논의되지도 않았던 많은 문제를 가지고 학교에 들어오고 있다. 학교의 조직구성이 변화되어야 할 필요가 있다는 것은 분명했지만 문제는 '어떻게 하는가?'였다.

학급 담임교사들은 학생들을 조력해야 할 책임을 맡게 되었다. 하지만 교사들은 시간이 없었고 관련된 훈련도 받지 못했기 때문에 학교 생활지도 담당자가 필요한 것이 분명했다(Muro & Kottman, 1995; Schmidt, 1993). 특별한 그룹의 학생들에게는 진로에 대한 관심뿐만 아니라 사회적, 정서적인 지도도 필요했다. 또한 많은 사람들이 도덕교육을 교육체제에서 나타나고 있는 이전과 비교할 수 없는 현재의 상황에 대한 해결책이라고 믿었다.

교육과정 속에 도덕적 가치를 포함시켜야 한다는 제안은 특히 로마 카톨릭 교회의 거센 반대에 부딪쳤는데, 이는 이러한 가치들이 프로테스탄트적 시각을 가지고 있다는 인식 때문이었다(Herr, 2001). 정신건강에 대한 확대된 인식에 도덕교육을 학교 교육과정의 근본 요소로 보는 인식이 동반되었다는 것은 그리 놀라운 일이 아니다.

교육과정의 구성요소로서 직업지도와 인성교육이라는 주제와 학령기 청소년들을 위한 정신위생이 20세기 내내 학교에서의 생활지도에 영향을 주었다.

1900~1920

> 불복종했다는 이유로 방에 갇혀 있었던 내가 베개에 화풀이를 하자, 그는 어떤 경고도 하지 않고 갑자기 내 팔을 꽉 움켜 잡아서는 침대에서 확 잡아당겼다. 다행히도 아직 완전히 접합되지 않은 다리와 발목뼈를 다시 다치지는 않았다. 이 일은 내가 자해를 하지 못하도록 내 손을 토시로 묶어 두었었던 바로 그 남자의 소행이었다(Beers, 1908).

위에 인용한 글의 작가인 Clifford Beers의 작품을 통해 20세기 초반 동안 정신건강에 대한 관심이 크게 증가하였다. 진로와 직업결정, 평가와 사정도구의 활용이 생활지도 영역에 들어 왔으며, 훈련받지 않은 생활지도 담당자들에게 이러한 업무들을 수행해야 할 책임이 주어졌다.

정신건강 문제 Clifford Beers는 자신이 직접 정신병원 생활을 경험하였기 때문에 정신병으로 입원한 환자들의 비참한 곤경을 주목하게 했다. 그는 1908년에 정신병원에 감금된 사람들의 가슴 아픈 경험을 담은 저서 『다시 찾은 마음(A Mind That Found Itself)』을 저술했다(Neukrug, 1999).

이 시기에 정신건강에 대한 인식에 공헌한 또 다른 사람으로는 Sigmund Freud와 John Dewey가 있다. 개인의 성장과 발달에 대한 Sigmund Freud의 생각은 생활지도 담당자들이 '전체' 학생에 대해 생각하도록 영향을 주었다. John Dewey는 교육체제가 학생들의 학업, 개인적, 사회적, 도덕적 성장에 책임이 있다고 생각하였다(Nugent, 1994). 정신건강은 생활지도 담당자의 관심사로 뜨거운 논쟁거리가 되었지만, 직업지도가 생활지도 담당자들의 중요한 책임이라는 점에 대해서는 거의 논의되지 않았다.

직업지도 1900년 Eli Weaver 박사는 뉴욕 시에서 도시 소년들에게 여름 활동으로 농장 체험을 하게 함으로써 직업/정보 생활지도 서비스를 특성화해서 조직하였다. 뉴욕 시의 학교장들은 이러한 교육적 접근을 지지하였지만, 일부 **생활지도**의 의미를 둘러싼 논쟁 때문에 발전하지 못하였다. 어떤 이들은 생활지도를 주로 직업에 배치하는 것으로 생각했으며, 어떤 이들은 직업을 구하기 위해 정보를 수집하는 것이라고 생각하였고, 또 다른 이들은 직업훈련으로 정의하였다(Zeran, Lallas, & Wegner, 1964). 그러나 또 다른 사람들은 생활지도가 그들 자신의 문제들을 해결할 수 있도록 도와주는 것이라고 주장하였다(Fitch, 1936).

Jesse B. Davis는 학교에서 범조직적인 생활지도를 수행해야 한다고 생각했던 최초의 인물이다. Davis는 1989년부터 1907년까지 성격발달, 대인관계와 직업흥미를 강조한 생활지도 단원을 교육과정에 포함시키도록 영어교사들에게 장려하였다. 진로지도를 진작시킨 다른 개척자로는 워싱턴 주의 시애틀에서 자발적인 생활지도 운동을 설립한 Anna. Y Reed(Zeran 등, 1964)와 오하이오 주의 신시내티에서 생활지도 전달 체계를 개발한 Frank Goldwin(Muro & Kottman, 1995)이 있다. 그러나 '생활지도 운동의 아버지'로 가장 널리 알려져 있는 사람은 Frank Parsons이다(Baker, 2000; Gladding, 2000; Herr, 2001; Muro & Kottman; Schmidt, 1993; Zeran 등).

Frank Parsons는 1869년 코넬 대학교에서 공학 학위를 받았지만, 그 분야에서 일하지 않았다. 그는 노동자, 교사, 변호사, 작가, 강사, 정치평론가, 성인교육 옹호자로 활동하였는데 이러한 경험은 충분한 훈련을 받지 않고 노동시장에 들어간 사람들에 대한 관심을 증가시키는 데 촉매역할을 하였다(Zeran 등, 1964).

Parsons 이전의 다른 이들이 그랬던 것처럼, Parsons는 학업을 강조하는 경직된 공립학교를 공격하였다. Parsons는 학업과 직업교육의 결합을 통해 사람들이 학교에서 직장으로 보다 잘 옮겨갈 수 있다고 생각했다. 그는 이것이 학교에 학생들을 도울 수 있는 훈련된 전문가들을 배치해야만 이루어질 수 있는 일이라는 강한 신념을 가지고 있었다(Parsons, 1909).

Parsons는 직업에 관한 조언을 원하는 사람들을 돕기 위해 1908년 보스턴 직업국을 조직하였는데, 특별히 주목할 만한 것은 **직업지도**라는 용어가 회의에서 처음으로 사용되었다는 점이다. 이러한 움직임은 학교에 직업적 의사결정을 포함시키도록 촉진하였다(Zeran 등, 1964). 보스턴의 초등학교와 중등학교에 이른바 **보스턴 계획**(Boston Plan)에서 직업상담자로 활동할 교사들이 선발되었다(Nugent, 1994).

Parsons 사후에 출판된 저서 『직업의 선택(Choosing a Vocation)』(1909)은 직업적 의사결정 모델을 개괄적으로 설명하였다.

1. 자신의 적성, 기술, 흥미에 대해 잘 이해하기
2. 다양한 직업유형에서 요구되는 사항에 대해 잘 알기
3. 직업만족은 앞의 두 가지 조건이 일치될 때 이루어진다(Zaccaria, 1969).

'생활지도' 의 의미는 여전히 논쟁에 둘러싸여 있다. 직업지도와 교육을 결합하려는 많은 노력이 집중되었음에도 불구하고 많은 사람들은 이 두 가지가 완전히 분리된 것이라고 생각했다. 어떤 학교행정가들은 상담자들이 학업과 진로관련 문제만을 논의하고 개인적인 문제를 가진 학생들은 의뢰를 하도록 요구하였다. 다른 행정가들은 학업적 진보에 영향을 미치는 개인적인 문제가 크다는 것을 인식하게 되었다. 이러한 논쟁이 이 시기 상담자의 역할에 어떤 영향을 미쳤을지 상상해 보라!

1910년 이러한 차이를 해결하기 위해 보스턴에서 회의가 개최되었다. 그러나 불행히도 이 회의의 기록은 남아있지 않으며, 문제는 해결되지 않은 채로 있다. 두 번째 국가적 회의가 1913년 뉴욕에서 열렸는데, 이는 다양한 생활지도 조직을 통합하는 데 목표가 있었다. 그 결과 국가직업지도협회(National Vocational Guidance Association, NVGA)가 설립되었는데(Zeran 등, 1964), 이는 오늘날의 미국상담협회(American Counseling Association, ACA)의 전신이다. NVGA는 학업과 직업교육을 통합할 것을 주장하고 옹호하였으며, 이러한 신념을 『Vocational Guidance Bulletin』으로 출판하였다. 이 저널은 『Career Development Quarterly』로 바뀌었으며(Zeran 등), 현재는 『Journal of Counseling and Development』로 알려져 있다(Gladding, 2000).

1917년 Smith Hughes 법령의 통과로 직업교육을 위한 자금이 제공되었으며, 학업훈련과 직업훈련이 분리되었다(Gysbers, 2001; Nugent, 1994). 그 법안은 진로의 중요성을 인식시키는 데는 의미가 있었지만 생활지도 담당자들을 혼란스럽게 했다;

생활지도 담당자들이 학생을 직업 세계로 안내하는 데 전념해야 하는지, 아니면 학생들에게 사회적 또는 학업적 관심사에 대해 안내해야 하는지.

심리측정 운동 측정운동은 생활지도 담당자에게 또 다른 영역의 역할을 부여하였다. 검사들이 개발되면서 훈련을 거의 받지 않은 생활지도 담당자들이 검사를 관리하고 해석하는 책임을 맡게 되었다. 최초로 지능검사를 개발한 Alfred Binet는 측정운동에 강력한 힘을 제공하였다(Ferguson, 1963). 프랑스 정부는 Binet에게 낮은 능력으로 인해 학업수행을 하지 못하는 학생과 동기 부족 등의 다른 이유로 학업수행을 하지 못하는 학생을 구별할 수 있도록 요청하였다. 1905년에 개발된 이 검사는 오늘날 학교에서 사용되는 지능검사의 선구가 되었다. 교육 전문가들은 개인의 흥미와 능력, 결함을 평가하는 과학적인 수단으로서 평가에 가치를 두기 시작하였고(Myrick, 1993; Schmidt, 1993), 생활지도 담당자들은 그 검사를 관리하고 해석하는 업무를 맡게 되었다.

1920년대

> 소수의 사람들에 대한 직업지도는 학교 자체만큼이나 오래된 것이지만 대중을 위한 직업지도는 비교적 최근에 시작되었다(Ginn, 1924, p. 3).

1900년대 초반에 학교 생활지도 담당자들을 위한 토대가 마련되었음에도 불구하고, 그 후 10년간 이러한 문제들은 실망스럽게도 거의 해결되지 못한 채 되풀이되었다. 이 시기 동안 생활지도 프로그램의 구성과 생활지도 전문가들에게 요구되는 훈련들이 변화되었다. 많은 생활지도 전문가들이 학교에 들어왔기 때문에 보스턴 직업국이 직업 자격증을 요구사항으로 처음 권고하였다는 점은 놀라운 일이 아니다(Ginn, 1924). 그 요구사항은 다음과 같다.

> 교육감독위원회의 인가를 받은 대학이나 대학교 졸업 또는 학사에 준하는 기관 수료, 교육경력 3년, 교육감독위원회에서 인가된 직업학교나 직업관련 직장에서 일한 충분한 경험; 또는 교육감독위원회의 인가를 받은 고등학교와

정규학교 졸업, 교육경력 5년, 교육위원회의 인가를 받은 직업학교나 직업 관련 직장에서 일한 충분한 경험(p. 14)

보스턴 직업국은 나중에 교육부의 직업지도국(Bureau of Vocational Guidance)으로 이름이 바뀌었다. 그리고 보스턴 시가 생활지도의 중요성에 관한 모델이자 옹호자가 되면서, 이 기구는 나중에 하버드 대학교의 교육대학원이 되었다(Ginn, 1924). 최초의 대학중심 상담자 교육프로그램이 됨으로써 하버드 대학교는 생활지도 담당자들의 훈련을 선도하게 되었다(Schmidt, 1993). 그 첫 번째 상담자 인증 프로그램에서는 생활지도 담당자들이 교수적인 토대뿐만 아니라 직업적인 경험도 있어야 한다는 조건이 채택되었다.

생활지도 서비스는 지역 재량에 따라 "가르치는 데 필요한 자격조건과 임무를 맡은 교사들에 의해서 계속되었으며, 직업 교사(남자)와 직업 보조교사(여자)는 특수한 학교나 주요 부서에서 풀타임으로 일하는 사람들"(Ginn, 1924, p. 14)이었다. 이들 고등학교의 생활지도 담당자들은 종종 여 사제 혹은 남 사제로 불렸다. 이는 여자는 여학생들만을 조력해 주고 남자는 남학생들만을 조력해 주었기 때문이다. 서비스 조정을 위한 모델이 없었기 때문에 서비스 중심적인 또 다른 사람들이 학교에 들어와 학생들에게 중복해서 조력을 제공하였다. 이러한 문제를 바로잡기 위해 대학생 인력 모델을 중등학교 모델로 채택하였으나 이러한 모델에 누가 포함되어야 하는지에 대해서는 합의가 이루어지지 않았다. 일반적으로 학생 인력 프로그램에는 정보제공, 사정, 상담, 지도, 연구와 평가 서비스가 포함되었다(Schmidt, 1993; Zaccaria, 1969).

생활지도 담당자들은 학교와 지역에 따라 진로선택과 직업지도를 도와 주었으며, 개인적인 의사결정의 촉진을 도왔다. 어떤 사람들은 훈육, 간호, 행정적인 업무를 수행하기도 하였으나 이러한 일들을 하지 않는 사람들도 있었다(Muro & Kottman, 1995). 문제가 발생했을 때 생활지도 담당자들이 '불을 끄는' 위기 모델이 가장 보편적으로 이용된 접근 방식이었다(Muro & Kottman).

1900년대 초에 '초등학교 상담의 아버지'로 알려져 있는 William Burnham은 Freud와 Dewey가 표방한 견해를 확고히 하였다(Faust, 1968). Burnham은 개인의 전체 복지를 촉진하는 것을 학교 생활지도 전문가의 역할로 보았으며, 초기 성장기에 있는 청소년들에게 조력이 미쳐야 함을 주장하였다. 그 당시 단지 4개 주만이 특별한 훈련과 자격증을 요구하고 있었으며(Muro & Kottman, 1995), 초등학교 상담자는 사실상 알려져 있지 않았었다.

1930년대

> 공립학교와 학생취업지도실, 교정기관, 사회기관 등에서 수행되고 있는 생활지도는 지난 4반세기의 대단히 중요한 발전 가운데 하나이다(Fitch, 1936, p. 760).

1930년대 대공황은 진로지도에 대한 새로운 필요성을 야기하였다. 또한 학생 인력서비스 조정활동이 다시 부각되었으며, E. G. Williamson에 의해 상담활동에 대한 최초의 체계적인 접근이 제안되었다.

대공황 산업혁명이 학교에 다양성을 불어 넣었듯이 대공황 시기의 일자리 부족은 광범위한 층의 학생들을 중등학교로 불러들였다. 실직한 많은 사람들이 1933년 Wagner-Peyser 법안 통과를 요구하였다. 이로 인해 미국 고용국이 설립되었으며, 진로정보에 대한 요구가 높아져 『직업목록사전(Dictionary of Occupational Titles)』의 초판이 1939년에 발간되었다(Gladding, 2000). 이 사전은 직업정보에 관한 종합적인 원천으로, 현재는 O*NET으로 대치되었다. 1936년 George-Deen 법령을 통해 기존 직업 프로그램의 확산을 위한 자금이 제공되었으나, 진로정보의 필요성이 증가함에도 불구하고 사람들은 직업교육의 필요성에 대해서는 여전히 의구심을 갖고 있었다.

생활지도 담당자들의 역할에 대한 논쟁도 계속되었다. Myers(1935)가 언급한 바에 따르면 "생활지도만큼 조정되어 있는 프로그램이 부족한 활동은 없을 것이며, 특히 상담 측면이 그렇다"(p. 807). 생활지도 전문가들이 공통적으로 기대하는 것은 학생들의 문제 행동을 변화시키는 것이었다. 비록 성공적인 결과를 얻지는 못했지만 교직원들은 여전히 이러한 서비스의 필요성과 여지가 있으며, 직업적, 교육적 의사결정과 심리측정을 강조해야 한다고 느꼈다(Zeran 등, 1964).

학생 인력 서비스의 조직 학교상담자들은 학생 인력 서비스 모델 내에서 가장 빨리 팽창한 전문가들의 그룹으로 구성되었다. 이들의 주요 역할은 학생들이 교육적이고 직업적인 계획을 세우도록 도와주는 것이었지만 미네소타 대학교의 E. G. Williamson이 상담에 대한 지시적 접근을 발표할 때까지 이러한 과정을 안내해 줄 만한 모델은 없었다. 미네소타 모델로 알려져 있는 이 체계적인 접근은 문제가 있는 학생들을 도와주는 의학적 모델에 기반을 두고 있었다. Williamson의 모델은 1939년에 저서 『학생들을 상담하는 방법: 임상적 상담자를 위한 기술 안내서(How to Counsel Students: A Manual of Techniques for Clinical Counselors)』로 출간되었다(Nugent, 1994).

> 상담은 …… 인간의 가치와 인간 발달을 강조하는 교육에 관한 하나의 관점이자 철학이다. 상담은 조력과 안내된 학습을 통해 젊은이들이 정상적으로 성장하도록 도와주는 여러 기술의 구현체이다. 상담은 …… 새로운 목표를 성취하고 다른 한편으로는 예전 목표를 더 효과적으로 성취하도록 고안된 부가적인 수단으로서 확장된 교육의 구조 속에 자리하고 있다(Williamson, 1950, p. 18).

대체로 Frank Parsons의 철학적 접근에서 빌어온 Williamson 방식은 다음 6단계 모델로 제시된다(Muro & Kottman, 1995).

1. 분석—학생에 대한 자료 모으기
2. 종합—학생을 이해하기 위해 정보를 선택하고 조직하기
3. 진단—학생의 관심사에 관하여 가설 세우기
4. 예측—학생의 문제 해결에 기반한 결과 예측하기
5. 치료—목표를 달성하기 위한 전략 선택하기
6. 추수지도—상담 효과 평가하기(Schmidt, 1993)

어떤 이들은 학생들을 조력하는 이러한 과학적 접근을 긍정적으로 평가하였으나, 이러한 접근이 너무 협소하고 문제중심적이라고 비판하는 이들도 있었다(Schmidt).

1940년대

> 생활지도나 인력 서비스에 포함되어야 한다고 요구되는 오늘날의 기능과 활동, 그리고 관리자들이 생각하는 이런저런 것들이 그 속에 포함되어야 할 법적인 근거는 없다(Reed, 1947, p. 381).

1940년대 학교 생활지도의 목적, 목표, 방침은 일관성이 없었으며(Landy & Kroll, 1966), 학교체제와 생활지도 상담자에 따라서도 다양했다. 이러한 혼란에 더해, Carl Rogers 박사는 Williamson의 지시적 상담과 완전히 대조적인 비지시적 상담접근 방식을 제안했다. Rogers(1965)는 저서 『상담과 심리치료(Counseling and Psychotherapy)』에서 다음과 같이 서술하였다.

> 인간은 자신이 속한 사회의 방식이나 전통을 그저 마음 편히 따를 수만은 없을 뿐만 아니라 자신을 중심으로 한 많은 기본적 문제들과 삶의 갈등을 겪는다. 각 개인들은 이전에는 사회가 완전히 책임을 져 주었던 문제들을 스스로 해결해야만 한다(p. 4).

1936년의 George-Deen 법안을 개정한 1946년의 George-Barden 법안을 통해 진로에 대한 강조가 고조되었다. 지방의 교육위원회들은 이 법안이 상담교사의 급여와 생활지도에 관한 연구를 위해 연방정부의 자금을 제공해 주었기 때문에 추가로 상담교사를 고용하는 데 더 수용적일 수 있었다(Gysbers & Henderson, 2000).

1950년대

> 어떤 의미에서 보면, 어떤 학교 교원에게 전문가라는 용어를 사용하는 것과 마찬가지로 학교상담자에게 '전문가' 라는 용어를 사용하는 것은 적당하지 않다. 학교상담자는 다음과 같은 점에서 전문가이다: (1) 아동과 청소년의 성장과 발달에 대한 이해 (2) 인성발달과 교육적-직업적 관심사와 적용 가능한 정보 (3) 생활지도 기술과 검사를 강조하는 상담면접(Peters & Farwell, 1959, p. 23).

1950년대에는 상담관련 조직의 재조직(표 1.1)과 많은 학생들의 입학 및 기념비적인 국가방위교육법안의 제정과 같은 중요한 사건들이 있었다.

표 1.1 학교상담 전문가를 태동시킨 조직 (계속)

1908년 보스턴의 직업국
Frank Parsons의 연구결과 설립됨.

1913년 국가직업지도협회(NVGA)
현재 *Journal of Counseling and Development*로 바뀐 *Vocational Guidance Bulletin*을 출판함.

1952년 미국 인력과 생활지도협회(APGA)
다음 4개의 유사 조직들로부터 형성됨.
미국대학인력협회(ACPA)
국가직업지도협회(NVGA)
이후 인간교육과 발달협회로 바뀐
교사교육을 위한 학생인력협회(SPATE)
현재의 상담자 교육자와 수련감독자 협회(ACES)인 *국가 생활지도 수련감독자와 상담자 훈련가 협회(NAGCT)*

1953년 미국 학교상담협회(ASCA)가 APGA의 분과가 됨.

1983년 미국 상담 및 발달협회(AACD)
APGA가 AACD로 이름을 바꿈.

1992년 미국 상담협회(ACA)
AACD가 ACA로 이름을 바꿈.
ACA에는 18개의 분과와 1개 지부가 있음.
상담과 교육평가협회(AACE):
상담에서의 평가를 촉진함.
성인발달 및 노인협회(AADA):
성인 발달과 노인 문제에 초점을 둠.
미국대학상담협회(ACCA):
단과대학과 종합대학의 학생발달 촉진에 초점을 둠.
상담자와 교육자 정부협회(ACEG):
정부와 군사관계 기관의 내담자와 가족 상담을 목적으로 함.
인간교육과 발달상담협회(C-Head):
인간발달과 관련된 인간적 요소를 촉진함.
집단상담 전문가협회(ASGW):
집단상담의 훈련과 연구를 위한 기준 설립함.
영성, 윤리, 종교 상담협회(ASERVIC):
영성, 윤리, 종교와 인간적 가치를 촉진함.
미국 학교상담자협회(ASCA):
학교상담 전문가와 학생들을 촉진함.
미국 정신건강 상담자협회(AMSHCA):
내담자들이 질 좋은 건강관리 서비스를 받을 수 있도록 정신건강 상담자들을 도움.
다문화 상담 및 발달협회(AMCD):
인종간 공감과 이해를 옹호함.
미국 재활상담협회(ARCA):
재활상담 전문가와 장애우의 발달을 촉진함.
상담자 교육과 수련감독자협회(ACES):
모든 상담자의 질 높은 훈련과 수퍼비전을 강조함.
게이, 레즈비언, 양성애 상담협회(AGLBIC):
틀에 박힌 생각과 호모에 대한 편견을 줄이는데 초점을 둠.
사회정의 상담자협회(CSJ):

표 1.1 학교상담 전문가를 태동시킨 조직

사회적 행동전략을 촉진하고 실행함.
중독자 및 범죄자 상담 국제협회(IAAOC):
중독 행위에 대한 효율적인 상담과 재활 프로그램의 개발을 옹호함.
결혼과 가족상담자 국제협회(IAMFC):
예방, 교육, 치료를 통한 건강한 가족체계의 발달을 도움.
국제직업발달협회(NCDA):
평생 진로발달을 촉진함.
국제고용상담협회(NECA):
고용과 진로장면의 상담자들에게 리더십을 제공하는 데 초점을 둠.
상담의 창의성협회(ACC):
상담에서의 창의성을 위해 ACA의 지부로 설립됨.
미국 학교상담자협회(ACSA):
미국 전역에 4개 분과로 나뉘어 있음.
해당지역: 중서부, 남부, 대서양 북부와 서부.
각 지역은 정부 위원회의 부의장이 대표한다.
ACSA는 50개 주 각각에 분과설립허가증을 수여한다. 개인은 ACSA의 회원이 되지 않고도 주립 분과에 가입할 수 있으나 양쪽 모두에 가입할 것을 권장한다.

상담 관련 조직의 통합 1913년에 직업지도 조직들이 당면했던 문제들이 1950년대에 다시 표출되었다. 이렇게 재차 발생되는 문제를 완전히 해결하기 위해 '뜻을 같이 한' 생활지도 조직의 연합회의가 1952년 로스엔젤레스에서 열렸다(Newcombe, 1993). 4개의 조직이 합쳐져 미국 인력 및 생활지도협회(American Personnel and Guidance Association, APGA)를 형성하였다: 미국 대학인력협회(American College Personnel Association, ACPA); 국가직업지도협회(National Vocational Guidance Association, NVGA); 이후 인간교육과 발달협회(Humanistic Education and Development Association)로 알려진 교사교육을 위한 학생인력협회(Student Personnel Association for Teacher Education, SPATE); 그리고 지금은 상담자 교육자와 수련감독자협회(Association of Counselor Educators and Supervisors, ACES)가 된 상담자 훈련가와 생활지도 수련감독자 국가협회(National Association of Guidance Supervisors and Counselor Trainers, NAGCT).

1952년에는 미국 학교상담자협회(ASCA)가 설립되었으며, 1953년에 APGA의 분과가 되었다(Simmons, 2002). 통합이 됨으로써 더 많은 지원을 얻는 데 도움이 되었지만 개별 분과들은 그들만의 정체성과 자율성을 잃게 될까 걱정했다(Gladding, 2000; Muro & Kottman, 1995; Simmons, 2002).

인원의 증가 지난 10년간 이전의 어느 때보다 많은 어린이들이 학교에 다니고 있다. 이에 따라 더 많은 생활지도 상담자들이 학교에 배치되었으며(Simmons, 2002), 재원은 George-Barden 법령을 통해 가용될 수 있는 기금으로 부분적으로 충당되었다.

국가방위교육법령 학교상담의 역사에서 가장 중요한 사건은 국가방위교육법령(National Defense Education Act, NDEA)의 통과였을 것이다(Herr, 2001; Muro & Kottman, 1995; Myrick, 1993; Schmidt, 1993). 1957년 소련은 첫 번째 인공위성 Sputnik I을 쏘아 올렸고 이로 인해 미국인들은 소련이 과학에서 주도권을 가지게 되었다는 위협을 느끼게 되었다(Herr, 2001). 우주 경쟁에서 소련과 겨뤄야 하는 미국의 능력에 대한 걱정이 확산되었고, 많은 사람들이 미국의 학생들은 수학이나 과학에서 충분히 훈련되어 있지도 않고 수학이나 과학 쪽의 진로를 추구하려는 동기부여도 되어 있지 않다고 생각하였다. 1958년 9월 의회는 중학교나 고등학교 상담교사직에 관심이 있는 사람들에게 기금과 인센티브를 주는 국방교육법을 통과시켰다. 상담교사들은 수학과 과학에 재능이 있는 학생들을 찾아내고 양성하는 일을 맡게 되었다(Herr, Muro & Kottman, 1995; Schmidt). NDEA의 5장에는 다음과 같이 쓰여 있다.

> 위원장은 중등학교 상담교사 양성기관을 운영하는 대학과 계약을 하게 된다. 양성기관은 1959년 회계년도 동안 625만 달러를 받게 되며, 그 후 3년 동안에는 725만 달러를 받게 된다. 이 기관에 참여하는 공립학교 직원은 주당 75달러의 수당을 받으며, 부양가족에 대해서 주당 16달러의 수당을 받는다.

1960년대

> 생활지도는 …… 자동차의 다섯 번째 바퀴라고 할 수 있는 핸들과도 같다. 생

> 활지도는 학생의 삶에 대해 직접적이고 종합적인 영향력을 가진 교육적 기능이라고 할 수 있다. 생활지도는 학생들이 자신의 교육경험을 조직화하고 더 잘 기능하는 사람이 될 수 있도록 돕는다. 이러한 서비스는 우연히 이루어진다거나 부수적으로 학습될 수 있는 것으로 보아서는 안 되며 정해진 생활지도 직원들에게만 맡겨서도 안 된다(Zeran 등, 1964, p. 3).

1960년대에 자격기준이 만들어짐으로써 생활지도 상담자의 역할을 정의하는 데 도움이 되었으며, 학령기 학생들의 요구가 증가되면서 이들을 도울 수 있는 최상의 상담 모델에 대한 논의가 가속화되었다. 입법을 담당하고 있는 이들이 기꺼이 학교상담자들을 지원하고자 했지만 학교상담자들은 이러한 전문상담직에 필요한 최상의 교육적 필수조건에 관해 합의를 도출하지 못했으며, 설상가상으로 이 전문가들조차도 학교에서 자신들의 역할에 대해 의견이 일치하지 않았다. 1967년 Hill(1967)에 의해 진술된 것을 살펴보자.

> 초등학교 생활지도와 관련된 이른바 '생각의 학교'는 혼돈의 학교(Chaos School)라고 이름지을 수 있을 것이다. 이 그룹의 구성원들은 다양한 실습과 이론의 일관성이 부족하며, 개업상담자와 생활지도 서비스라는 새로운 분야의 상담자 교육자의 등급이 무질서해 보인다는 점 등을 비난하였다(p. 188).

학교상담자의 역할을 분명하게 하기 위해 1964년 미국 학교상담자협회(ASCA)에서는 학교상담자들의 기능과 역할을 구체화한 진술문을 작성하였다(Gibson & Mitchell, 2003). 그러나 학교체제에서 이러한 역할을 수행할 수 있는 전략이 빠져 있었기 때문에 이러한 노력은 대부분 승인을 받지 못하였다.

학교상담자 지원 법률 이 당시 어린 학령기 학생들은 십대의 임신, 약물과 알코올의 사용, 가족구조의 변화, 자살, 공격과 같은 전례 없는 문제들을 학교에 가지고 왔다. 부분적으로는 이러한 문제들이 1965년 초·중등교육법을 제정하게 하였으며, 이로 인해 초등학교 상담자 훈련 기금이 제공되었다(Paisley & Borders, 1995). 그러나 불행하게도 이 상담자들이 학교에 계속 존재하는 경우는 드물었다.

높아진 교육적 요구조건 학교상담자들이 학교에 많이 진입하게 되면서 학교상담자 자격증과 실행기준이 높아지게 되었다. 1960년까지 훈련기관들 간에 준비가 일치되지 않은 가운데 38개 주마다 학교상담자에 대한 일정한 자격유형을 갖게 되었다(Nugent, 1994). 대부분의 주에서는 교사자격증을 요구하였으며, 교사들은 학교상담자 자격을 얻기 위해 여름 동안 4, 5개의 대학원 강좌만 이수하면 되었다. 그러한 과정에는 보통 상담이론, 검사와 측정, 직업정보 및 생활지도 서비스에 대한 오리엔테이션이 포함되도록 되어 있었으며, 인턴십을 요구하는 프로그램은 거의 없었다. APGA는 학교상담자에게 필요한 교육훈련을 정할 수 있도록 1961년에 첫 번째 상담자 윤리강령을 발행하였으며(Gladding, 2000), 1965년에는 학교상담자가 석사학위를 받도록 권고하였다(Nugent).

학령기 학생들의 요구 위기에 처한 학생을 조력하는 모델이었던 1920년대에 형성된 위기 접근은 효과를 거두지 못했다. J. C. Gilbert Wrenn 박사는 상담자들이 치료적, 위기적 접근을 버리고, 예방적 접근을 하도록 권고하는 역할을 하였다(Herr, 2001). Wrenn(1962)은 다음과 같이 진술하였다.

> 학교상담자의 업무를 아동과 청소년의 요구를 수용하도록 하는 것만으로 여길 수 있다. 왜냐하면 상담자는 사회의 요구와 동떨어져서는 존재할 이유가 없기 때문이다(p. 3).

Wrenn의 이러한 신념은 미국 학교 생활지도를 연구하는 위원회의 의장직에 임명되게 하였으나, 저서 『변화하는 세계에서의 상담자(The Counselor in a Changing World)』는 상담자가 학생 집단상담과 개인상담, 학부모와 교사 자문, 사정과 평가, 교육적/직업적 계획, 그리고 교육과정 개발에 관여해야 한다는 관점을 담고 있는 이 위원회의 보고서를 출판한 것이다.

1970년대

생활지도와 상담의 역사를 보면 학교행정가들이 상담 전문직의 발달에 커다

> 란 제약이 되기도 함을 볼 수 있다. 학교행정가들은 대개 학교상담자가 무엇을 하는지, 시간을 어떻게 보내는지를 통제하기 때문이다. 또한 역사를 돌아보면 학교행정가들은 학교의 주요 목적을 교수와 학습으로 생각하고 있었음을 볼 수 있다(Aubrey, 1975; Costar, 1978에서 인용, p. 220).

1970년대에는 **모든** 학생의 요구를 조력하기 위한 **정의적** 발달이 강조되었을 뿐만아니라 **진로**발달도 또 다시 강조되었다. 학교상담자들은 부여된 업무의 증가로 인해 '주어진 시간동안 이 모든 요구에 어떻게 대응해야 하는가?' 에 답해야 했다.

모든 학생을 조력 전장애아동교육법(Education for All Handicapped Children Act, 공법 94-142)을 통해 특별한 도움이 필요한 아동에 관련하여 중요한 진보를 하였다. 이 법안에서 학교상담자는 특별히 언급되어 있지 않았지만, 상담자들은 특수학생들의 교육적 요구에 대한 이해와 관련된 훈련을 거의 또는 전혀 받지 않은 채로 교육과정 계획, 정치활동과 개입에 관여하였다.

진로중심 진로발달의 중요성이 다시 한 번 강조되었다. 1976년 국가 직업정보조정위원회(National Occupational Information Coordinating Committee, NOICC)는 직업정보를 조정하고, 능력 기반의 직업 프로그램 개발을 도와주며, 개인의 진로의사결정을 조력하기 위해 연방정부에 의해 설립되었다.

점점 더 많은 업무가 학교상담자에게 가중됨에 따라 학교상담자들이 많은 유용한 활동에 관여하고 있다는 것이 눈에 띄게 드러났다. 그러나 사람들은 여전히 '상담자가 학생들의 생활을 변화시키는가?' 라는 의문을 제기하였다.

이로 인해 APGA는 1977년에 생활지도와 상담의 현황을 조사하기 위한 프로젝트를 수행하였다. 연구결과, 학생을 돕는 데 많은 시간과 에너지를 헌신했던 학교상담자들은 혼란스러워졌다. 체계화된 구조와 상담자의 임무 측면에서는 큰 차이가 있지만(Henderson & Gysbers, 1998), 상담서비스가 학생들의 생활을 긍정적으로 변화시킨다는 증거는 거의 없다고 보고되었기 때문이다. 또 연구결과뿐만 아니라 학생 수의 감소로 인해 많은 학교상담직이 없어지게 되었다(Myrick, 1993).

1980년대

> 슬픈 사실은 전문적인 학교상담에 대한 구체적인 연구가 상대적으로 부족한 형편이며, 수행된 연구들도 대부분 별로 유용하지 않다는 것이다. 다른 전문직에 비교해서, 학교상담 활동이 유용하며 성공적임을 증명할 수 있는 경험적 자료가 거의 없다(Loesch, 1998, p. 170).

1980년대에는 교육적인 결손이 공공연하게 드러났으며, 상담자 훈련에 통일성을 기할 수 있도록 상담기준이 제정되고, 초등학생들의 요구가 강조되었다. 교육체제의 심각한 결손은 『위기에 선 국가(A Nation at Risk)』라는 제목의 간행물을 통해서도 드러났다(Gardner, 1983, Schwallie-Giddis, ter Matt, & Pak, 2003에서 인용; Herr, 2002). 이 보고서로 인해 교육의 질에 대한 심각한 우려와 미국 학교를 '고치려는' 최선의 방법들에 대한 토론이 고무되었으나 학교상담자들은 문제에 대한 해결책을 갖고 있지 않았다. 이는 전국의 학교상담자 교육과정을 표준화한 훈련과정을 정하는 데 노력을 기울이게 하였다.

기준의 격상 1981년 상담자 인증 및 관련교육 프로그램 협회(Council for Accreditation of Counseling & Related Educational Programs, CACREP)가 석·박사 상담자 훈련 프로그램에 대한 공통된 목표를 설정하고 평가하기 위한 독립된 분과기구로 설립되었다(Gladding, 2000; Nugent, 1994). 이 협회의 설립은 교육 및 훈련을 표준화하는 중요한 걸음이 되었으며, 현재 CACREP는 국가적인 차원에서 153개 학교 상담 프로그램을 인증해 준 바 있다(CACREP, 2003).

학생들의 요구 1980년대는 역설로 특징지어진다. 1980년대와 1990년대에 많은 학교들이 재정적인 어려움으로 상담자의 자리를 없애는 반면, 초등학교 학생들의 요구에 대한 인식은 증가되었다. 몇몇 주는 초등학교 상담자를 임명하였는데, 이는 어릴 때의 중재전략이 훗날 문제를 예방할 수 있다고 표방했던 1920년대 Burnham의 신념이 재개되었기 때문이다.

학교상담자의 역할은 모든 학생들의 요구에 관심을 가져야 함에도 불구하고, 중등 수준의 생활지도 상담자들은 중등학교 이후 대학에 입학하기를 원하는 학생들을 돕는 데에 많은 시간을 들였으며, 다른 학생들의 발달상의 요구는 실질적으로 무시하였다. 모든 학생들이 도움을 받아야 한다는 인식이 성장하게 되었다. 1983년 APGA의 명칭이 미국 상담 및 발달협회(AACD)로 바뀐 데에서 일부 기인하였으며, 이로 인해 상담자의 임무와 철학, 개인의 발달적 요구들을 더 정확하게 반영할 수 있게 되었다(Gladding, 2000; Nugent, 1994).

1990년대

> '학교상담자들은 어느 정도로 학급 속에 함께 존재해야 하는가?', '학교상담자는 직접적인 서비스와 행정 업무에 어떤 비율로 시간을 들여야 하는가?' 와 같은 역할-관련 질문에 대한 많은 논쟁이 계속되고 있다(Paisley & Borders, 1995, p. 152).

1990년대는 학교상담직에 대한 전망과 진보로 넘쳤다. 법률과 의안들의 통과, 학교상담직을 옹호하는 강력한 노력과 진로발달을 강조하는 혁신적인 시도들이 이 시대를 특징지었다. 더욱이 학교상담자들은 전국적으로 많은 학교를 황폐화시킨 폭력으로 최전선에 놓인 학교 위기를 관리함으로써 칭찬과 인정을 받았다.

법률과 의안 1989년에 국가 정부연합과 부시 대통령은 모든 학생들의 학업성취능력을 향상시키기 위해 국가적 교육목표를 채택하였다. 이 위원회는 '목표 2000(Goals 2000): 미국교육법(Educate America Act)' 가 제정된 1994년에 부활되었다. 이 법률에는 학교상담자가 포함되기는 했지만 구체적으로 언급되지는 않음으로써 상담자들이 학생들의 학업적 성장에 중요한 사람은 아니라는 생각을 다시 한 번 확인하게 되었다.

그러나 1987년에 시작되어 10년간 지속적으로 성장한 High Schools That Work(HSTW) 의안에서 학교상담자에 대해 다루어졌다. HSTW의 목표 중 하나는 학생과 학교상담자를 연결함으로써 학업적, 직업적 개념을 향상시킬 수 있도록 학생, 학부모, 지역사회와 학교가 제휴하도록 하는 것이었다(SREB High Schools That

Work, 날짜 미확인).

1990년의 '퍼킨스 직업과 응용공학 법률 개정안(Carl D. Perkins Vocational and Applied Technology Act Amendment)' 에 통합되어 있는 'Tech Prep' (종종 '2+2 프로그램' 으로 알려져 있는)가 적절한 준비 없이 고등학교를 떠나 기술공학과 관련된 일터로 가는 '소외된 다수' 에게 도움을 주고, 지방 교육기관과 중등학교 졸업 이후 기관의 프로그램을 통합하기 위해 설계되었다. 학교상담자들은 이러한 학생들을 상담하고 계획해 주는 통합적인 역할을 하게 되었다.

1991년에 모든 직업에 공통적인 기본 기술들을 정하기 위해 '필수기술 습득에 관한 장관위원회(Secretary' s Commission on Achieving Necessary Skills, SCANS)' 가 미국노동부에 의해 만들어졌다. 위원회를 통해 기술이 부족하다는 것이 모든 측면에서 드러났다. 이러한 결과 때문에 1994년 5월, '학교에서 일터로의 기회법안(School-to-Work Opportunities Act, STWOA)' 이 통과되었다. 이 법안은 학업과 직업관련 기술을 연결시켰으며, 학교상담자들은 또다시 진로발달과 직업관련 기술 훈련에 관심과 시간을 들였다(School-to-Work Transition, 1996). 1992년에 미국 상담 및 발달협회(AACD)는 상담전문직을 명확히 하기 위해 미국상담협회(ACA)로 명칭을 바꾸었다(Sheeley, 2002).

1995년 공법 103-382조 10항하에 '초등학교 상담실연법안(Elementary School Counseling Demonstration Act, ESCDA)' 이 통과됨으로써 학교상담자의 중요성이 고조되었다. 이 법안은 후에 '초 · 중등학교 상담법안(Elementary and Secondary School Counseling Act)' 으로 개명되었다. 1999년에 다시 인가된 이 법안은 지역교육청이 상담서비스에 더 잘 접근하고, 학교의 안전을 개선하며, 학업적 성공을 강화할 수 있도록 지역교육청을 위해 경쟁적으로 기금 2억 달러를 조성하였다(ACA; Herr, 2003). 1999년 7월 20일 '10만 명의 새로운 학교상담자(100,000 New School Counselor)' 법안의 통과로 10만 명의 학교상담자, 학교 심리학자, 학교 사회복지사를 모집하고 훈련시키며 고용할 수 있는 보조금이 학교에 제공되었다.

DeWitt Wallace Readers Digest는 The Education Trust와 제휴하여 불우한 청소년의 옹호와 조력을 위한 학교상담자 역할수행에 관련된 연구기금을 허가해 주었다. 1996년에는 학부수준의 학교상담자 준비 프로그램의 변화를 위한 이론적 모델을 고안하기 위해 전국적으로 10개의 대학이 선정되었다. 모든 프로그램들의 공통 주제는 (a) 교육적 과정을 잘 알고, (b) 학생들의 교육적, 개인적 목표를 돕는 기술이 있으며, (c) 가난하거나 소수자인 학생들의 학업적 성공의 장애요소를 감소시킬 수 있는 학교상담자 훈련의 강조였다. 이 의안은 상담자 교육을 변화시키려는 요구와 관련하여 유용한 정보를 제공해 주었으며(Paisley & Hayes, 2003), 학교상담 프로그램을 촉진하고 재정의할 수 있도록 ASCA 국가 표준 문서가 마련되었다.

국가 표준 1997년 ASCA 지도부는 협회를 적극적으로 쇄신해서 학교상담자의 역할을 이행하고 정의하였다. 과거의 노력에도 불구하고, 많은 이들은 "프로그램 개발과 전달을 위한 설계나 골격에 대한 국가적인 초점"이 빠져 있음을 느꼈다(Campbell & Dahir, 1997, p. 2).

국가 표준 문서는 학교체제 안에서 학교상담을 종합적이고 발달적인 프로그램에 통합하는 프로그램 전달과 개발에 관한 국가적인 골격이라고 할 수 있다. 2001년 3월에 ASCA 관리위원회는 "국가 표준 문서가 가진 충분한 잠재력을 극대화하고 현행 교육개혁 운동을 반영하는" 학교상담 프로그램에 관한 국가 모델을 만드는 것에 동의하였다(Bowers & Hatch, 2002, p. 10). 국가 표준 모델에 관한 부가적인 정보와 상담자들이 어떻게 기존의 학교상담 프로그램을 변형하여 활용할 수 있는지를 5장에 제시하였다.

위기 관리자로서의 학교상담자 Columbine과 Paducah, Springfield는 특별한 사건에 당면한 학교들이 있는 도시였다. 이들 학교에서의 폭력은 일부 학생들의 싸움과 그로 인한 황폐한 모습을 드러내고 있었다. 학교상담자들은 개인적 위험과 환경여건에 대해 알려주고, 학교분위기를 개선하며, 부정적인 행동과 태도를 확산시키고 있는 또래집단을 상담하면서 그들의 지도성을 인정받게 되었다.

학교상담자의 역할이 모호한 것은 부분적으로는 역사적, 사회적 추세와 전문적인 옹호의 부족, 그리고 학교상담자 자신들 내에서의 주요 관심사 때문이다. 심지어 전문적(professional)이라는 명칭조차도 학교상담자들 사이에서 다양하게 사용되고 있다. 어떤 이들은 자신을 학교 생활지도 상담자(school guidance counselor)라고 일컫고, 또 다른 이들은 전문적인 학교상담자(professional school counselor)라고 일컫는다. 대개 ASCA는 전문성을 인정하기 위해 '전문적인 학교상담자' 라는 명칭을 장려하고 있다(J. Cook, personal communication, 2002. 2. 7). 학교상담에 관한 연대표가 표 1.2에 제시되어 있다.

표 1.2 전문적인 학교상담에 영향을 준 역사적 사건들 (계속)

연도	사건
1900	산업혁명은 농업 경제를 도시 공장 체제로 변화시켰다.
1908	Clifford Beers는 『다시 찾은 마음(A Mind Found Itself)』을 저술했다. 이 책은 정신병을 가진 사람들의 요구에 대한 관심을 불러일으켰다. 학교 도덕교육의 필요성에 대한 논쟁이 있었다.
1900	Eli Weaver 박사는 생활지도 서비스를 조직하고 특성화하였다. 생활지도라는 단어의 의미를 둘러싼 논쟁이 있었다.
1905	Alfred Binet은 최초의 지능검사를 개발했다. 후에 개정을 도와준 스탠포드 대학 이름을 따서 Stanford-Binet으로 명명되었다.
1908	'생활지도의 아버지' Frank Parsons는 보스턴의 직업국을 설립하였으며, 사후 출간된 『직업선택(Choosing a Vocation』을 저술했다. 보스턴 직업국은 나중에 교육분과의 직업지도국으로 바뀌었으며, 나중에 하버드 대학 교육대학원이 되었다.
1913	국가직업지도협회(NVGA)가 설립되었다.
1916	아동노동법은 어린이들을 학교에 보내게 하였다. 교육자들은 이들 다양한 학생의 유입에 대처할 준비가 되어있지 않았다.
1917	1917년 Smith-Hughes 법안으로 노동시장에 진입하거나 이를 계획하는 14세 이상의 개인에 대한 교육을 위해 농업, 경제, 기술, 산업 분야에 자금이 제공되었다.
1929	대공황－다양한 배경을 가진 학생들이 대거 중등학교에 들어왔다.
1933	Wager-Peyser 법안－미국 고용국이 설립되었다.
1936	George-Deen 법령－농업, 경제, 기술, 산업, 직업교육 프로그램에 연간 1천2백만 달러가 제공되었다.
1939	『직업목록사전(Dictionary of Occupational Titles, DOT)』이 출판되었으며, 이는 현재 O*NET으로 대체되었다.
1939	E. G. Williamson은 상담에 대한 지시적 접근(미네소타 모델로도 알려져 있는)의 윤곽을 완성했다.
1942	Carl Rogers는 상담에 대한 비지시적 접근을 고안했다. 이러한 내담자 중심 모델은 Williamson의 모형을 탈피한 것으로 저서 『상담과 심리치료(Counseling & Psychotherapy)』에 나타나있다.
1946	George-Barden 법안(George-Deen Act의 개정안)－생활지도 활동과 급여를 지원하는 데 기금을 사용할 수 있게 되었다.

표 1.2 전문적인 학교상담에 영향을 준 역사적 사건들

연도	사건
1952	미국 인력 및 생활지도협회(APGA)가 설립되었다.
1953	미국 학교상담자협회(ASCA)가 APGA의 5번째 분과가 되었다.
1957	러시아가 Sputnik I호를 발사했다.
1958	국가방위교육법(NDEA)－수학과 과학에 재능이 있는 학생들을 도울 수 있도록 상담자 훈련을 위한 기금이 마련되었다.
1962	J. C. Gillbert Wrenn은 『변화하는 세계 속의 상담자(The Counselor in a Changing World)』를 저술하여, 예방상담모델을 옹호하였다.
1965	초 · 중등학교 교육법－초등학교 상담자 훈련을 위한 기금을 제공하였다.
1974	전장애아동교육법(공법 94-142)은 특별한 도움이 필요한 학생들을 위한 비제한적 학습환경을 구체화하였다.
1976	국가직업정보조정위원회(NOICC)－능력 기반의 진로 프로그램을 제공하였다.
1977	APGA는 생활지도와 상담의 현황을 조사하고 부정적인 결과를 제시하였다.
1981	상담자 및 관련 교육 프로그램 인증 위원회(CACREP)가 설립되어 상담자 교육 프로그램을 표준화하였다.
1983	『위기에 선 국가(A Nation at Risk)』의 출판은 미국 교육체제에 대한 심각한 우려를 불러일으켰다.
1983	APGA는 미국 상담 및 발달협회(AACD)가 되었다.
1987	High Schools That Work(HSTW)는 학업과 직업적 성취를 향상시킬 수 있도록 학교와 학부모, 지역사회 구성원들을 연계하였다.
1989	성취 기준을 높이기 위해 목표 2000(Goal 2000)이 수립되었다.
1990	Carl D. Perkins의 Vocational and Applied Technology 법안은 Tech Prep 개념들을 통합하였다.
1991	필수기술 습득에 관한 장관위원회(SCANS)는 노동시장의 기술 부족을 보고하였다.
1992	AACD는 미국상담협회(ACA)로 이름을 바꾸었다.
1994	학교에서 일터로의 기회법안(School-to-Work Opportunities)－학업과 직업 기술을 연결시켰다.
1994	목표 2000: Educate America Act－학업적 기준을 상향시키기 위해 조항들을 개정했다.
1995	초 · 중등학교 상담법안－상담 서비스가 더 제공될 수 있도록 지역교육청에 자금을 지원해 주었다.
1996	Dewitt Wallace Readers Digest는 상담자 준비 프로그램을 바꾸기 위해 경쟁에 의해 대학에 보조금을 제공하였다.
1997	ASCA는 국가 표준을 실행하였다.
1999	100,000 New School Counselor의 입법으로 학교상담자, 학교 심리학자, 학교 사회복지사를 모집, 훈련, 고용하기 위한 자금이 제공되었다.
2001	ASCA는 학교상담자에 관한 국가 모델을 만들었다.
2004	상담에서의 창의성협회(ACC)가 ACA의 분회로 설립되었다.

오늘날의 전문적인 학교상담자

> 학교 생활지도와 상담 프로그램에서 학생들의 인성, 사회, 진로, 학업 발달을 다루는 것은 매우 중요하다. 학교상담자들은 학생들을 옹호하고, 학생들의 학습과 발달을 촉진하는 최전선에 있는 것이 분명하다. 전문적인 학교상담자들의 노력으로 학생들은 혜택을 받는다(Hughey, 2001, iii).

20세기가 끝나고 새 천년이 시작된 지금 '오늘날의 학교상담자는 과거에 비해 어떻게 다른가?' 라는 질문이 제기될 수 있다. 학교 생활지도 담당자들이 학교에 들어온 지 거의 한 세기가 지났지만 상담자들은 여전히 많은 행정/사무 기능을 수행하고 있으며, 훈련을 받지 못한 임무를 수행하고, 일관성 없는 훈련을 받고 있으며, 자신들의 역할을 확립하려는 노력을 계속함과 동시에 이해 관계자들에게 자신들이 제공하는 서비스가 학생들의 생활을 긍정적으로 변화시킬 수 있다는 설득을 계속하고 있다. 오늘날 훈련받은 학교상담자들은 상담직이 직면하고 있는 도전을 다룰 수 있도록 잘 준비되어 있으며, 조직화되어 있다. 오늘날 학교상담자들에게는 다양한 배경의 학생을 돕는다는 증거와 청소년들이 학교상담 프로그램에 참여함으로써 혜택을 받을 수 있다는 것을 증명할 기회가 부여되어 있다. 학교상담자들은 이제 그들이 받은 교육과 기술, 훈련에 대해 알려야 하는 중요한 위치에 있게 되었다.

다양성과 다문화 문제는 변화하는 사회의 인구통계학적 특성으로 인해 중요한 고려사항이 되었으며, 전통적인 상담 접근방법에 도전을 주고 있다. 이러한 관습적인 접근방법은 서양철학에 근거하고 있기 때문에 때로는 다른 문화의 사람들에게 맞지 않을 수 있다. 문화 인식에 대한 준비는 비교적 최근에 요구된 문제이기 때문에 예전부터 학교에서 근무한 상담자들은 다문화 문제에 대해 공식적인 훈련을 받지 못했을 수 있다. 또한 대부분의 프로그램이 단순히 다문화 인식에 대한 한 개의 과정만 제공해 주고 있을 뿐 상담자 준비 교육과정에서 이러한 개념을 적용해 볼 기회는 거의 없다(Paisley & McMahon, 2001).

학교상담자들은 학생들이 거둔 긍정적인 결과를 제시해 주어야 한다. 상담자들은 책무성을 다할 적합한 방법에 대한 이해의 부족과 제한된 시간, 적은 재정, 연구

방법에 대한 자신감 부족으로 종합적으로 평가하는 것을 주저하게 되었다(Paisley & McMahon, 2001). 이로 인해 학교상담자들과 상담 프로그램은 많은 비판을 받게 되었다. 오늘날의 학교상담자 훈련은 책무성 실천 쪽으로 많이 전환되어 있다.

ASCA가 국가 표준을 열심으로 지원하고 있으며, 이러한 노력에 더하여 많은 시간과 훈련에 투자하고 있기는 하지만 믿을 만하고, 일관된 서비스를 전달하려면 여전히 상당히 많은 일들이 남아있다. 예를 들어, ASCA가 학교상담자들에게 석사학위를 받도록 강력히 장려하고는 있지만 9개 주는 아직도 석사학위가 없이도 학교상담자로 일할 수 있도록 하고 있다(Office of Public Policy and Legislation, 2001). 또한 시간과 프로그램에 관한 요구 측면에서는 상담자들이 모든 사람들을 언제나 만족시켜야 하는 비현실적인 위치에 놓여 있다. ASCA에서 제안한 이상적인 상담자와 학생의 비율은 1:100이며, 최대한으로 권고되어 있는 비율은 1:300이다. 그러나 현실적으로는 종종 1:1, 115를 넘을 때도 있는데(ACA, 2001), 이처럼 불가능한 취급건수는 좋지 않은 결과를 낳게 한다.

학교상담자들이 시간을 보다 효율적으로 사용하기 위해서는 자신의 직업을 강력히 열정적으로 옹호할 수 있는 기술을 배워야 한다(Paisley & McMahon, 2001). 학교상담자들이 얼마나 중요한 역할을 하고 있는지는 다음 장에서 설명한다.

학교상담자의 미래

다양한 도전에 직면해 있는 학교상담자들에게 미래에는 어떤 일이 펼쳐질까? 산업혁명 이후 학교개혁이 요구되었던 것처럼 이제 교육에서도 비슷한 개혁이 일어나고 있다. 현재 학교상담자들은 어떻게 학생들에게 도움을 줄 것인지에 대해 한 목소리를 냄으로써 지도적 역할을 하기에 가장 좋은 시기에 와 있다(Paisley & Hayes, 2003). 상담자 교육 프로그램은 미래의 전문적인 학교상담자들이 철학의 공유, 프로그램 개발, 책무성, 다양성 문제에 대한 인식의 향상 , 공학, 전문적 기술의 개발, 학교상담에 대한 체제적 접근, 진로발달, 위험에 노출된 학생들을 위한 예방과 중재 전략, 집단상담, 협력, 옹호에 대해 적극적으로 캠페인을 할 수 있도록 이끌어야 한다.

공통된 철학

학교 교육개혁의 일환으로 학교상담이 전통적인 위기중심 상담모델에서 학생중심적이고 결과중심적인 모델로 전환되어야 한다는 이유들이 지지되고 있다(Johnson & Johnson, 2003). 이러한 전통적인 모델하에 교육을 받고 활동 중인 많은 학교상담자들은 '일상화된 업무'를 계속하고 있으며, 종합적이고 발달적인 상담접근을 받아들이려고 하지 않는다. 이러한 상담자들은 그들이 현재 하고 있는 일이 잘 돌아가고 있다는—그리고 많은 경우 잘 돌아가고 있다—신념 속에 살고 있지만 자신들의 상담효과를 평가해 보는 시간은 거의 가지지 않는다. 미래의 학교상담자들은 조직화된 상담 기술과 새로운 모델에 대해 배우는 훈련과 지원을 받으며, 상담 프로그램의 전달을 위해 이러한 접근을 자신 있게 지지하게 될 것이다.

만약 상담자들이 변화의 리더로서 서비스를 제공하는 선도적 역할을 하지 못한다면, 다른 사람들이 그러한 변화과정을 이끌게 될 것이다. 예를 들어, 학교상담자들은 교육과정에서 요구되는 것들을 매우 잘 이해하고 있지만, 학교 교육과정 개편위원회에 상담자를 포함시키는 학교는 거의 없다(Hart & Jacobi, 1992). 미래의 학교상담자는 자신들의 역할을 알리는 데 도움이 되는 옹호 기술을 배워야 한다.

프로그램 개발

학교상담에 대한 발달적인 접근을 수행하려는 이전의 시도들은 원하는 결과를 내지 못하였는데, 이는 성공적이라는 증거도 없이 상담자 중심으로 조직구성이 이루어졌었다는 데 일부 이유가 있다(Gysbers, 2001). 학생들의 성취를 촉진할 수 있도록 설계된 서비스와 활동(Green & Keys, 2001)에는 상담 효과를 문서화할 수 있는 절차가 포함되어 있는 종합적인 프로그램의 이면에 교육과 예방이라는 주요한 목적이 있다.

종합적인 생활지도 프로그램을 시행해야만 하는 이유가 있다(Gysbers, 2001). 그 예로, 종합적인 상담 프로그램을 잘 실행한 Utah 고등학교의 학생들은 훨씬 좋은 성적을 받았으며, 고급 수학과 과학과정을 이수하였고, ACT에서 더 높은 점수를 얻었다(Lapan, Gysbers, & Petroski, 2003). 이러한 프로그램을 충분히 받아들이기 위해서는 앞으로 학교상담자들이 발달적 학교상담 프로그램에 참여함으로써 학생들이 어떤 도움을 받았는지를(Whiston, 2002) 기록할 수 있도록 잘 준비해야 한다.

책무성

모든 교육자들이 점점 더 자신과 자신이 속해 있는 프로그램의 효과를 입증해야 하는 압박을 받고 있다. 전통적 상담자들은 상담한 학생의 수, 프로그램 실행 횟수, 보고서 제출 기일 등으로 평가를 받았는데, 이러한 활동들은 상담자의 '직관', 자격증, 또는 개인적인 인상에 기반해서 가치가 부여된 것들이었다(Myrick, 1993). 미래의 학교상담자는 학생들에게 기여한 점과 개입한 효과를 적극 기록해야 하는 지속적인 책임을 져야 한다(Hart & Jacobi, 1992). 미래의 학교상담자는 자료 수집절차와 자료 해석방법, 프로그램 수행에 대한 평가에 관해 더 많은 훈련을 받아야 할 것이다(Green & Keys, 2001). 자료를 이해하기 쉬운 정보로 자신 있게 해석할 수 있는 상담자들은 상담 프로그램이 학업과정에 중요하다는 신념을 강화시켜 줄 수 있을 것이다(Hart & Jacobi).

다양성

학교상담자는 모든 학생의 성장에 책임이 있다. 개인의 생각을 알아보고, 다양한 사람들을 더 잘 이해하며, 상담 프로그램 내에서 문화에 대해 알려주고, 다양한 사람들에게 더 잘 맞는 이론이나 기술을 활용하는 것은 관용성과 이해를 증진시키는 데 필수적이다(Green & Keys, 2001; Paisley & McMahon, 2001). 상담자들은 소수민족이나 빈곤가정 학생들에게 익숙치 않거나, 상담자의 개인적인 고정관념이나 과도한 학생비율로 인해 자신도 모르게 교육적인 편견에 계속 사로잡히게 되는 경우가 너무 많은데, 이는 주로 시내 학교에서 나타난다(Hart & Jacobi, 1992). 또한 미래의 상담자들은 성적 정체성, 장애, 가족구조, 사회경제적 지위와 학습양식이 포함되도록 자신의 정체성을 확장시켜 감으로써 다양성에 대한 이해를 넓힐 수 있어야 한다(Gysbers, 2001; Paisley & McMahon).

공학

공학기술은 문서에 매달리는 일을 줄이고, 프로그램 개발과 책무성 증진을 위한 기회를 향상시키는 데 도움이 된다(Adelman, 2002). 컴퓨터는 학생에 관한 정보에 쉽게 접근할 수 있게 해 주며, 다른 사람들과 협력하여 상담할 수 있는 수단이 되기도 하고, 전문적인 자료를 얻는 데 도움을 줄 뿐만 아니라, 시간과 공간적인 제약 없이 의사소통을 할 수 있게 해 준다(Bowers, 2002). 불행히도 많은 상담자들은 공학에 접근할 수 있는 훈련이나 재정적인 지원을 받지 못하고 있다(Sabella & Booker, 2003). 재정적 문제 때문에 학교가 소프트웨어를 업데이트하지 못하거나 학교상담자가 학생에게 가장 효과적인 서비스를 제공하지 못하게 될 수 있다. 미래의 학교상담자는 더 나은 공학기술을 위한 자금을 확보하기 위해 보조금을 받기 위한 제안서를 작성하는 더 나은 능력과 자원을 가져야 할 것이다.

전문성

전문성 개발은 '학교상담자를 위한 윤리 기준(The Ethical Standards for School Counselors)' (ASCA, 1998)에서 특별히 언급되고 있는 윤리적 의무이다. 학교상담에서 '전통적인' 접근법을 바꾸기 위해서는 상담자들이 변화할 수 있도록 돕고, '현재 상태' 에 만족하여 머물러 있지 않도록 하기 위한 특별한 리더십 훈련이 필요하다(Hart & Jacobi, 1992).

ASCA와 같은 전문협회와 주 및 지역상담 분회들은 정책 개발에 영향을 주며, 상담자의 전문성에 많은 기여를 한다. 미래의 전문적인 학교상담자는 전문기구에서 훨씬 적극적으로 활동해야 한다. 마찬가지로 이러한 기관들도 필요한 회원서비스를 제공하기 위해 더 활동적이며 적극적으로 로비활동을 해야 할 것이다.

학교에서의 체제적 접근

전통적인 상담접근법은 개인을 둘러싸고 영향을 주는 체제(또래집단, 가족, 이웃)를 고려하지 않고 개인의 변화에 초점을 두었었다(Green & Keys, 2001). 학생에게 영향을 주는 사건은 학교에도 영향을 끼치며 지역사회에도 영향을 미치므로 이는 근시안적인 태도라고 할 수 있다. 가족, 학교, 지역사회 간의 관계 확립이 학생들의 성장과 가족 상호작용에 긍정적인 영향을 미친다는 점은 오래 전부터 인식되어 왔다. 미래의 학교상담자는 상담과 협력에 대해 체제적 관점에서 더 잘 이해해야 할 것이다.

진로

산업혁명이 전혀 상상하지 못했던 직업을 양산한 것처럼, 오늘날의 사회진보 또한 상상하지 못했던 직업을 만들어 내고 있다. 21세기의 학교상담자는 가족, 여가, 인종 및 성차별, 작업환경과 같은 삶의 다른 측면을 진로발달과 연결시키도록 끊임없는 도전을 받고 있다. 개인의 삶 속에서 다양한 직업 전환이 늘어나고 있고, 세계적으로 진로에 영향을 주는 사회 변화가 일어나고 있으며, 잘 알려지지 않은 미래의 직업이 생겨나고 있기 때문에 진로발달은 앞으로도 계속 학교상담자가 책임져야 할 임무가 될 것이다. 그러나 이러한 전망으로 인해 과거 많은 사람들이 상담자의 역할로 여겼던 것처럼 상담자의 역할을 진로전문가의 하나로 한정해서는 안 된다. 오히려 상담자의 역할은 학업, 의사결정, 개인적인 관심사 및 진로와의 관련성을 증진시키는 것이라고 정의할 수 있다.

위기에 놓인 학생들

1장의 서두에서, 나는 상담자가 아닌 교사로 공식 훈련을 받은 조카가 두 학기 동안 매일 학교 상담활동을 수행하게 되었다는 점을 밝힌 바 있다. 조카는 빈곤, 결석, 임신, 약물과 음주, 범죄, 일관성 없는 양육, 무분별한 성관계와 같은 문제를 얼마나 적절히 다룰 수 있을까? 그러나 이러한 문제는 단지 오늘날 젊은이들이 경험하는 어려움 중 몇 가지일 뿐이다. 위기에 놓인 학생들은 종종 어린 시절의 생활에서 기능적이지 못한 행동이나 부적절한 대처 기술을 가지게 되었으며, 이때 적절히 개입해 주지 않으면 성인이 되어서 여러 가지 문제를 갖게 될 수 있다(McWhirter, McWhirter, & McWhirter, 1998). 여기에서 학교상담자가 필요하다. 학교는 아이들을 교육시킬 책임이 있다. 학교상담자는 학생들을 보호하고, 예방과 중재 전략을 가르쳐서 더 행복해지도록 도와줄 의무가 있다(Carlisle & Frare, 2003). 그리고 이러한 위기에 놓인 아이들을 돕기 위한 기술은 계속해서 촉진되어야 한다.

집단상담

집단상담은 사회적 능력을 더 잘 개발시킬 수 있으며, 개인상담을 통해 깨닫지 못할 수 있는 통찰을 제공하고, 사회적 기술을 촉진시킬 수 있는 효과적인 방법이다. 더욱이 집단은 때로 더 많은 학생에게 상담 서비스가 제공될 수 있다는 면에서 시간적으로도 훨씬 효율적이다(Roland & Neitzschman, 1996). 미래의 학교상담자는 과거나 오늘날의 상담자에 비해 집단상담을 더 많이 하게 될 것이며, 학생들이 학업성취와 관련하여 사회적, 개인적인 효율성을 촉진시킬 수 있는 기술을 갖게 할 더 좋은 방법들을 사용할 수 있게 될 것이다.

협력

학교는 대체로 학령기 아이들이 학교에 가지고 오는 늘어난 걱정거리에 대응할 수 있는 충분한 자원을 가지고 있지 못하다. 학교상담자는 현재 지역사회와 학교자원을 같이 엮어내는 데 있어 지도적인 역할을 할 수 있는 이상적인 전문가라고 할 수 있다(Adelman, 2002; House & Hayes, 2002). 상담자는 교사와 협력해서 학생을 도울 수 있는 새로운 혁신적인 방법들을 개발하거나, 통상적인 문서업무를 수행할 수 있도록 직원을 가르칠 수도 있고, 행정가를 만나 학습에 방해가 되는 문제에 관해 논의할 수도 있고, 학생에게 부가적인 도움을 주기 위해 지역사회 인사들이 가지고 있는 전문기술을 이용할 수도 있다(Hart & Jacobi, 1992).

학교와 지역사회 간의 협력적인 제휴는 이러한 기회를 갖기 원하는 학부모와 가족에게 더 매력적이고 접근가능한 것이 될 수 있다. 학교상담 서비스를 제공하는 팀 구성원들은, 이러한 서비스의 조정자이자 중개자로서, 학교상담자가 하는 좋은 일들을 공식적으로 홍보함으로써 학교상담 프로그램의 사절의 역할을 해야 한다(Paisley & McMahon, 2001).

학생 옹호

학교상담자는 광범위한 학교 장면에서 모든 학생의 성공을 촉진시킬 수 있다. 상담자가 학생의 성장을 방해하는 요소뿐만 아니라 이들을 개인적으로 성장하게 하는 가치와 신념, 행동에 대해 인식할 수 있도록 도와 주려고 할 때, 학습에 대한 장애요소를 없애는 것은 학교상담자의 중요한 역할이다(Herr, 2002). 학교상담자는 전체적인 교육 분위기를 이해하는 핵심적인 위치에 있다. 상담자는 자료를 가지고 있으며, 학생이 가장 관심을 갖고 있는 교사에 대해 알고 있을 뿐만 아니라, 행정가의 결정에 영향을 주며, 학부모와 의사소통하고, 지역사회 자원에 접근한다. 학교상담자가학생의 성취를 도와줄 수 있을 때 모든 청소년을 위해 체제 전체를 변화시킬 수 있는 리더로 보다 널리 인정을 받을 수 있게 될 것이다(House & Hayes, 2002).

요약

조카의 소식은 학교상담직의 역사에 대해 곰곰이 생각해 볼 수 있는 기회가 되었다. 학교에 생활지도 담당자가 출현한 이래로, 같은 질문과 관심사, 수행에 대한 혼란은 해결되지 않은 채 다시 표면화되는 일이 계속되고 있다. 생활지도와 직업적 조직들은 일관된 결과도 없어 보이는 상담직이라는 직업을 위해서 만나고, 논쟁하고, 타협하며, 로비를 해 왔다. 그렇다면 왜 사람들은 혼란스럽고, 불명확하며, 답보다는 문제가 더 많은 막연한 직업에 들어오고 싶어했을까? 답은 분명하다: 학생들을 위해서.

현재는 학교상담자의 미래에 대한 시작점이라고 할 수 있다. 상담직에 관련된 역사는 우리에게 중요한 교훈을 제공해 주었다; 그리고 이전에 있었던 문제들에 대해 인식함으로써 우리는 더 맑은 렌즈를 가지고 미래를 볼 수 있다. 과거의 상담자들이 상담직이 직면한 도전들을 받아들였던 것처럼 미래의 상담자들도 그렇게 해야 할 것이다.

미래의 학교상담자들은 상담 프로그램이 어떻게 학생의 성공을 조력할 수 있는지를 입증할 수 있는 훈련을 받아야 한다. 상담자 교육 프로그램은 설득, 옹호, 협력

기술을 더 잘 교육할 책임이 있다. 훈련기관들도 초보 학교상담자를 더 잘 준비시키기 위해 수퍼바이저를 두고 운영해야 할 것이다. 학교 주변환경에 대한 이해를 돕는 활동을 촉진하고, 전통적인 프로그램에서 변형된 학교상담 모델을 실행하고, 학생을 옹호하는 것은 훈련 중인 상담자가 더 활동적으로 참여해야 하는 단지 몇 가지 활동에 속한다고 할 수 있다.

학생들이 더 다양해지고 새로운 과학기술과 소프트웨어가 개발됨에 따라 미래의 상담자들은 공학적 진보에 부응해야 할 필요가 있다. 전문기관의 회원이 되는 것은 상담자들이 새로운 아이디어를 배우고, 학교체제 내에서 변화하기 위한 지원을 받으며, 전문적 동향에 대해 알 수 있게 하는 중요한 열쇠가 된다.

학교상담자에 의해 촉진된 학교와 지역사회 간의 협력적 제휴는 학생들의 발달과 성취를 제고하는 데 도움이 될 수 있다. 특히 진로발달은 경제적 환경 변화와 과학기술 진보로 인해 학교상담자의 역할 가운데 중요한 요소로 자리잡을 것이다.

나는 미래의 학교상담자에 대해 고무되어 있으며 희망을 가지고 있다. 미국 학교상담협회는 ASCA 국가 표준과 모델이 미래의 학교상담자들과 학생들을 지지해 줄 것이라는 공약을 표명함으로써 큰 진보를 이루었다. 현재 학교 행정가를 위한 많은 대학의 준비와 지속적인 교육 프로그램에는 국가 표준과 모델이 교육과정에 포함되어 있다. 이는 미래의 행정가들이 학업적 성공을 돕는 학교상담자의 중요한 기술에 대해 알 수 있게 할 것이다. 지속적인 교육과 에너지, 열정을 통해, 미래의 학교상담자들은 훈련받은 업무와 임무를 수행하고 현재 그리고 미래에 들어올 모든 학생들을 도와 주어야 한다.

참고문헌

Adelman, S. H. (2002). School counselors and school reform: New directions. *Professional School Counseling, 5,* 235-248.

American Counseling Association. (n.d.). *Counseling Proposals for the Elementary and Secondary Education Act (ESEA).* Alexandria, VA: Author.

American Counseling Association. (2001). *U.S. student to counselor ratios* (Briefing

Paper). Alexandria, VA: Author.

American School Counselor Association. (1998). *Ethical standards for school counselors*. Alexandria, VA: Author.

American School Counselor Association. (2003). *The professional school counselor and credentialing and licensure*. Alexandria, VA: Author.

Baker, S. B. (2000). *School counseling for the twenty-first century* (3rd ed.). Upper Saddle River, NJ: Merrill.

Beers, C. W. (1908). *A mind that found itself*. Garden City, NY: Doubleday, Doran & Company.

Bowers, J. L. (2002). Using technology to support comprehensive guidance program operations. In N. C. Gybers & P. Henderson (Eds.), *Implementing comprehensive school guidance programs: Critical leadership issues and successful responses* (pp. 115-120). Greensboro, NC: ERIC/CASS.

Bowers, J. L., & Hatch, P. A. (2002). *The national model for school counseling programs* (Draft). Alexandria, VA: American School Counselor Association.

CACREP. (2003). Council for the Accreditation of Counseling and Related Educational Programs. 5999 Stevenson Avenue, Alexandria, VA: Author.

Campbell, S., & Dahir, C. A. (1997). *Sharing the vision: The national standards for school counseling programs*. Alexandria, VA: American School Counselor Association.

Carlisle, C., & Frare, S. (2003, December). Resiliency in the wake of crisis. *ASCA School Counselor, 41*, 28-33.

Costar, J. W. (1978). The relationship of counselors to school principals. In American Personnel and Guidance Association, *The status of guidance and counseling in the nations' schools: A series of issue reports* (pp. 211-221). Washington, DC: Author.

Faust, V. (1968). *History of elementary school counseling: Overview and critique*. Boston: Houghton Mifflin.

Ferguson, D. G. (1963). *Pupil personnel services*. Washington, DC: The Center for Applied Education.

Fitch, J. A. (1936). Professional standards in guidance. *Occupations, 14*, 760-765.

Gibson, R. L., & Mitchell, M. H. (1999). *Introduction to counseling and guidance* (5th ed.). Upper Saddle River, NJ: Merrill.

Gibson, R. L., & Mitchell, M. H. (2003). *Introduction to counseling and guidance* (6th ed.). Upper Saddle River, NJ: Merrill.

Ginn, S. J. (1924). Duties of a vocational counselor in Boston public schools. *The Vocational Guidance Magazine, 3*, 3-7.

Gladding, S. T. (2000). *Counseling: A comprehensive profession* (4th ed.). Upper Saddle River, NJ: Prentice-Hall.

Gladding, S. T. (2004). *Counseling: A comprehensive profession* (5th ed.). Upper Saddle River, NJ: Prentice-Hall.

Green, A., & Keys, S. (2001). Expanding the developmental school counseling paradigm: Meeting the needs of the 21st century student. *Professional School Counseling, 5*, 84-95.

Gysbers, N. C. (2001). School guidance and counseling in the 21st century: Remember the past into the future. *Professional School Counseling, 5*, 96-105.

Gysbers, N. C., & Henderson, P. (2000). *Developing and managing your school guidance program* (3rd ed.). Alexandria, VA: American Counseling Association.

Hart, P. J., & Jacobi, M. (1992). *From gatekeeper to advocate: Transforming the role of the school counselor.* New York: College Board Publications.

Henderson, P., & Gysbers, N. (1998). *Leading and managing your school guidance program staff.* Alexandria, VA: American Counseling Association.

Herr, E. L. (2001). The impact of national policies, economics, and school reform on comprehensive guidance programs. *Professional School Counseling, 4*, 236-245.

Herr, E. L. (2002). School reform and perspectives on the role of school counselors: A century of proposals for change. *Professional School Counseling, 5*, 220-234.

Herr, E. L. (2003). Historical roots and future issues. In B. T. Erford (Ed.), *Transforming the school counseling profession* (pp. 21-38). Upper Saddle River, NJ: Merrill.

Hill, G. E. (1967). Agreements in the practice of guidance in the elementary schools. *Elementary School Guidance and Counseling, 1*, 171-188.

House, R. M., & Hayes, R. L. (2002). School counselors: Becoming key players in reform. *Professional School Counseling, 5*, 249-256.

Hughey, K. (2001). The complex, changing environment: A relative perspective. *Professional School Counseling, 5*, iii.

Johnson, S., & Johnson, C. D. (2003). Results-based guidance: A systems approach to student support programs. *Professional School Counseling, 6*, 180-184.

Landy, E., & Kroll, A. M. (Eds.). (1966). *Guidance in American Education 111:*

Needs and influencing forces (Selected papers from the 1965 Summer Institute for Administrators of Pupil Personnel Services). Boston: Harvard Graduate School of Education.

Lapan, R. T., Gysbers, N., & Petroski, G. F. (2003). Helping seventh graders be safe and successful: A statewide study of the impact of comprehensive guidance and counseling programs. *Professional School Counseling, 6*, 186-197.

Loesch, L. C. (1988). Is "school counseling research" an oxymoron? In G. R. Walz (Ed.), *Building strong school counseling programs*. Alexandria, VA: American Association for Counseling and Development.

McWlurter, J. J., McWlvrter, B. T., McWhirter, A. M., & McWlvrter, E. H. (1998). *At-risk youth: A comprehensive response* (2nd ed.). Pacific Grove, CA: Brooks/Cole.

Muro, J. J., & Kotwian, T. (1995). *Guidance and counseling in the elementary and middle schools: A practical approach*. Madison, WI: Brown & Benchmark.

Myers, G. E. (1935). Coordinated guidance: Some suggestions for a program of pupil personnel work. *Occupations, 13*, 804-807.

Myrick, R. D. (1993). *Developmental guidance and counseling: A practical approach* (2nd ed.). Minneapolis: Educational Media Corp.

Neukrug, E. (1999). *The world of the counselor: An introduction to the counseling profession*. Pacific Grove, CA: Brooks/Cole.

Newcombe, B. H. (1993). A historical descriptive study of the American Personnel and Guidance Association from April 1963 through July 1983 (Doctoral dissertation, Virginia Polytechnic Institute and State University, 1993).

Nugent, F. A. (1994). *An introduction to the profession of counseling* (2nd ed.). Upper Saddle River, NJ: Prentice-Hall.

Office of Public Policy and Legislation. (2001, March). *A guide to state law and regulations on professional school counselors*. Alexandria, VA: Author.

Paisley, P. O., & Borders, L. D. (1995). School counseling: An evolving specialty. *Journal of Counseling & Development, 74*, 150-153.

Paisley, P. O., & Hayes, R. L. (2003). School counseling in the academic domain: Transformations in preparation and practice. *Professional School Counseling, 6*, 198-203.

Paisley, P. O., & McMahon, G. (2001). School counseling for the 21st century: Challenges and opportunities. *Professional School Counseling, 5*, 106-115.

Parsons, F. (1909). *Choosing a vocation*. New York: Agathon Press.

Peters, H. J., & Farwell, G. F. (1959). *Guidance: A developmental approach*. Chicago: Rand McNally.

Reed, A. Y. (1947). *Guidance and personnel services in education*. Ithaca, NY: Cornell University Press.

Rogers, C. R. (1965). *Client-centered therapy*. Boston: Houghton Mifflin.

Roland, C. B., & Neitzschman, L. (1996). Groups in schools: A model for training middle school teachers. *Journal for Specialists in Group Work, 21*, 18-25.

Sabella, R. A., & Booker, B. L. (2003). Using technology to promote your guidance and counseling program among stake holders. *Professional School Counseling, 6*, 206-213.

Santrock, J. W. (1996). *Adolescence: An introduction* (6th ed.). Madison, WI: Brown & Benchmark.

Schmidt, J. J. (1993). *Counseling in schools: Essential services and comprehensive programs.* Boston: Allyn and Bacon.

School-to-Work Transition. (1996). Educational Resources Information Center, National Library of Education, Office of Educational Research and Improvement, U.S. Department of Education.

Schwallie-Giddis, P., ter Maat, M., & Pak, M. (2003). Initiating leadership by introducing and implementing the ASCA national model. *Professional School Counseling, 6*, 170-179.

Sheeley, V. L. (2002). American Counseling Association: the 50th year celebration of excellence. *Journal of Counseling and Development, 80*, 387-393.

Simmons, J. (2002, January). A golden opportunity. *Counseling Today, 45.*

SREB High Schools That Work. (n.d.). *New partnerships and national network to improve high school education.* Retrieved November 19, 2001, from
http://www.sreb.org./programs/hstw/background/brochure.asp

Whiston, S. C. (2002). Response to the past, present and future of school counseling: Raising some issues. *Professional School Counseling, 5*, 148-155.

Williamson, E. G. (1950). *Counseling adolescents.* New York: McGraw-Hill.

Wrenn, C. G. (1962). *The counselor in a changing world.* Washington, DC: American Personnel and Guidance Association.

Zaccaria, J. S. (1969). *Approaches to guidance in contemporary education.* Scranton, PA: International Textbook Company.

Zeran, F. N., Lallas, J. E., & Wegner, K. W. (1964). *Guidance: Theory and practice.* New York: American Book Company.

| 제2장 |

학교상담자와 법적 윤리적 문제

나는 학생이 950명 정도 있는 초등학교에 근무하고 있다. 그런데 그 지역에서 근무했던 교장선생님 한 분이 상담자로 봉사하면서 도움을 주도록 학교에 재배정되었다. 그분은 학교상담자 자격증은 없지만 학생들을 '상담하고', 소규모 집단상담을 이끌며, 교사들을 자문해 주고, '가족상담'을 한다. 나는 그분의 이러한 임무 수행에 대해 법적, 윤리적 문제를 걱정하고 있다. 당신이라면 나에게 어떤 조언을 해 주겠는가?

이 이야기는 이전에 동료였던 어떤 사람에게서 최근에 들은 소식으로, 학교상담자가 직면하게 되는 걱정거리 가운데 한 예일 뿐이다. 이 장에서는 전문적인 학교상담자를 둘러싸고 있는 법률적 윤리적 문제들에 대해 설명하고, 학교상담자가 일반적으로 만나게 되는 상황들을 제시해 놓았다.

학교상담자는 믿을 만한 위치에 있으며, 이러한 기대를 충족시킬 수 있도록 활동해야 한다. 모든 상담자를 위한 조직인 미국상담협회(ACA)는 인간의 성장을 촉진하는 데 관심이 있는 18개의 분과로 구성되어 있다. ACA의 한 분과인 미국 학교상담자협회(ASCA)는 ACA 윤리지침에 근거하여 전문적인 학교상담자와 관련된 윤리적 기준을 제시하고 있다(Linde, 2003). 이 장은 이러한 윤리지침을 토대로 한다.

법령은 윤리적 기준에 기반을 두고 있으며, 위반에 대해 더 강력히 처벌함으로써 학교상담자의 수행을 규제하고 있다. 연방과 주 입법기관들은 상담자의 행동에 영향을 주는 법률과 조례를 제정하였다. 주 교육위원회와 지역 교육청은 해당 주와 지역사회의 요구를 반영하여 정책과 절차들을 입안할 수 있지만(Linde, 2003), 위원회들은 법에 명시된 한계를 넘어서 정책을 만들 권한이 없다(Schmidt, 1993). 어려운 점은 윤리적 지침과 법령이 항상 일치하지 않으며 때로는 충돌하기까지 한다는 것이다.

윤리적 지침

ASCA는 학교상담자를 위한 실무기준을 제시하고 있다; 기준은 부록 A에 제시되어 있다. 모든 상황에 대한 구체적인 지침이 제공되어 있지 않기 때문에 상담자는 법의 테두리 내에서 자신의 신념에 따라 상황을 해석해야 하는 책임을 갖게 된다(Huey, 1986). 사례와 함께 각각의 윤리적 지침에 대해 논의해 보기로 한다.

학생에 대한 책임

상담자는 미성년자에게 개인적인 신념을 강요해서는 안 되며, 학생들이 자신의 신념에 근거해서 결정하도록 도와 주어야 한다(Huey, 1986). 상담자는 자신에 대한 탐색을 통해 자신의 가치와 신념을 인식함으로써, 이러한 태도가 상담관계를 맺은 학생과 다른 사람들에게 어떤 영향을 주는지를 깨달을 수 있다. 상담자가 자신의 개인적 가치를 표현해야 하는 특정 상황이 생길 수도 있다. 만약 자신의 가치가 학생의 자율성을 방해하게 된다면 상담자는 효과적인 관계를 맺을 수 있는 다른 전문가에게 학생을 의뢰해야 한다. 현행 법률과 조례, 정책을 지키는 것도 학교상담자가 학생 및 관계자들에 대해서 가지는 윤리적 의무이다(Cottone & Tarvydas, 1998).

Murdoch는 매우 불편하고 좋지 않은 감정을 느끼게 만드는 한 학생을 맡았다. 그녀는 이런 감정의 원인에 대해 이해하려고 노력할수록 강하고 불쾌한 감정에 압도됨을 느낀다. 그 학교에는 상담자가 두 명뿐인데, 이미 엄청난 상담건수를 맡고 있는 동료에게 학생을 더 맡겨서 불편하게 하고 싶지는 않았다. Murdoch는 결국 자신의 감정을 무시하고 학생을 상담하기로 결심하였다. 이 상담자의 결정에 대해 어떻게 생각하는가?

비밀보장 상담전문직의 윤리인 **비밀보장**은 내담자에게 자신이 상담자에게 이야기한 것이 외부에 공유되지 않을 것이라는 확신을 준다(Baker, 2000; Nederson & Fall, 1998). 비밀보장은 내담자가 사적 권리를 보호받아야 한다는 전제에 기초하고 있으며(Baker, 2000; Cottone & Tarvydas, 1998), 이러한 권리는 성공적인 상담관계의 토대가 된다(Jagim, Wittman, & Noll, 1978, Strein & Hershenson, 1991에서 인용). 상담한 내용의 비밀이 지켜진다는 보장이 없으면, 학생은 도움을 청하지 않을 것이고, 전적으로 솔직하지도 않을 것이며, 의도적으로 중요한 정보를 드러내지 않을 수도 있다.

법원에서 상담과정에 대한 이해와 동의에 관한 미성년자들의 권리에 대해 모르고 있는 경우가 있기 때문에 비밀보장은 상담자가 경험하는 가장 어려운 딜레마가 되었다(Isaacs & Stone, 1999). 상담자가 학생에게 비밀보장의 의미와 한계에 대해 알려줄 때에도, 아동 학대가 의심되거나 자기 또는 다른 사람에게 해를 끼치려는 의도가 있을 때는 예외가 된다(Baker, 2000; Cottone & Tarvydas, 1998; McCarthy & Sorenson, 1993). 비밀이 보장될 수 없으므로(McCarthy & Sorenson), 학생들이 법적으로 보고해야 하는 어떤 이야기를 한 다음에 학생들에게 이러한 제한점에 대해 알려 주기보다는 상담을 시작하기 전에 이 점에 대해 조언을 해 주어야 한다.

Tyrone은 상담자에게 친구들과 함께 과학 선생님의 서류함에서 기말시험지를 훔쳤다고 말했다. 상담자가 비밀을 지키고 과학 선생님에게 이 사실을 알리지 않아야 할 의무가 있는지 토의하시오.

상담계획 달성할 수 있는 결과를 분명하게 하기 위해서는 목표설정이 필요하다. 학생들의 관점에서 상황을 바라보면, 현실적인 기대와 실현 가능한 해결책을 찾을 수 있다. 상담자가 맞닥뜨리는 도전 가운데 하나는 변화하려는 동기의 측면에서 각각의 학생을 평가하고, 이들이 선택한 목표에 도달할 수 있게 돕는 것이다.

Tyla는 몇 가지 개인적인 문제로 상담을 받고 있다. 한 가지는 어머니가 Tyla가 매우 싫어하는 어떤 남자와 데이트를 하고 있다는 것이다. 또 Tyla는 남자친구와 문제가 있었으며 성적이 떨어지고 있었다. Tyla는 어머니의 남자친구와 맞설 수 있는 방법을 찾기로 결심했다. 상담자는 Tyla의 어머니와 이야기 해 보는 것이 더 중요한 목표라고 생각한다. 상담자는 이 상황을 어떻게 처리해야 하는가?

이중관계 상담자가 한 가지 이상의 역할을 가지고 내담자와 상호작용하는 경우 상담과정에 부정적인 영향을 줄 수 있는 이중관계가 생긴다(Cottone & Tarvydas, 1998). 이러한 이중관계의 예를 들면, 상담자와 학생 사이에 사적인 친분이 있는 것, 개인적으로 친한 친구의 자녀를 상담하는 것, 또는 교사나 다른 교직원을 상담하는 것 등이 있을 수 있다. 이는 학교에서 모든 학생을 한 사람의 상담자가 책임지고 있는 교육장면에서 일반적으로 발생할 수 있는 상황이라고 할 수 있다. 상담자가 가족과의 관계로 인해 상담 서비스를 거절할 경우 학생에게는 최선이 되지 않을 수도 있다. 그러나 상담자는 상담 회기가 어떤 영향을 받게 될 수 있을지에 대해 고려해 볼 필요가 있다. 또한 상담자가 학교규칙을 어기는 것을 처벌하는 관리자로서의 역할을 하면서 같은 학생에 대해 상담자로 일하는 이중역할을 맡게 되는 것은 드물지 않은 일이다. 이는 상담자가 자신의 업무범위 밖의 일을 하고 있을 수 있다는 점에서 윤리적인 문제뿐만 아니라 법적인 문제까지도 될 수 있다.

14세 Susan은 2개월 전 부모님의 이혼으로 인한 개인적 문제로 상담자를 정기적으로 만나고 있다. 학교상담자는 여섯 살 된 아들과 세 살 된 딸을 가진 어머니였는데, Susan에게 토요일 저녁에 자기의 아이들을 돌보아 줄 수 있는지를 물었다. 이러한 요구를 이중관계로 볼 수 있는가? 이유는?

적절한 의뢰 학교상담자의 지식과 훈련 수준을 넘어서는 상황이 발생하는 것은 드물지 않은 일이다. 이러한 상황에서 학생들은 종종 학교장면이나 지역사회의 다른 전문가를 통해 더 나은 서비스를 받을 수 있다. 상담자는 도움이 필요한 학생을 위해 외부 전문가 네트워크를 구축할 필요가 있다. 그리고 만약 의뢰가 필요하다면 학생이나 부모에게 의뢰할 곳을 세 곳 정도 알려주는 것이 좋다. 경험을 통해서 볼 때 나는 적어도 세 가지 의뢰처를 제공하는 것이 중요하다는 점을 강조하게 되었다. 자해행동을 하는 어떤 학생이 있었는데 나는 그가 지역사회의 정신건강전문 상담 서비스를 통해 더 좋은 서비스를 받을 수 있을 것이라고 생각했다. 그래서 학생의 부모에게 상담자의 이름을 알려 주었는데, 그 어머니는 며칠 후 전화를 걸어 그 상담자가 상당히 비전문적이며 내가 잘못 알고 있는 것 같다고 이야기하였다. 전문가 목록을 제공해 주는 것은 학생과 학부모가 결정할 수 있게 하기 위한 것이지만, 그러한 결정의 결과는 그 가족의 몫이다. 더욱이 의뢰가 이루어지는 경우 법적 효력이 생길 수 있다. 예를 들어 만약 의뢰가 개별화교육 프로그램(IEP) 회의와 비슷한 어떤 상황에서 이루어질 경우, 교육청은 의뢰처에게 비용을 지불할 책임을 지게 된다.

학교상담자인 Scherger는 폭식을 하고 토하는 행동을 계속하는 6학년 Marianne 학생을 상담하고 있었다. 또한 그녀는 부모님이 만나지 못하게 했던 다른 인종의 소년을 몰래 만나고 있다고 이야기했으며, 정기적으로 술을 마시는 16세 언니를 염려하고 있었다. 상담자는 폭식을 하는 것에 대해 어머니에게 연락을 취하고, 폭식을 전문적으로 다루는 인근 지역사회 전문가를 알려 주었다. Marianne의 어머니는 이러한 권고를 따랐으며, 지역사회 상담자는 이 사례를 의논하기 위해 상담자에게 전화를 했다. 상담자의 행동에 대해 당신은 어떻게 생각하는가?

집단상담 미국학교상담협회(ASCA)와 집단상담 전문가협회(ASGW)는 집단상담에 관한 윤리적 기준의 틀을 만들었으며, 두 협회는 학교상담자가 자신들이 자격과 훈련을 받은 서비스만을 제공해야 한다는 점을 강조했다(Linde, 2003). 예를 들어 약물남용 문제가 있는 학생에게는 중독 청소년에게 나타나는 독특한 역기능(예, 분노, 부인 등)에 관한 지식을 포함하여 약물의존 문제에 관해 훈련을 받은 상담자가 필요하다. 또한 상담자들은 집단상담의 참가자들에게 집단상담 과정에 관한 정보를 제공할 윤리적 책임이 있으며, 학교장면에서의 이러한 지침에는 학생뿐만 아니라 부모 또는 보호자에게(Terres & Larrabee, 1985) 정보를 제공해 주어야 한다는 점이 포함되어 있다.

집단상담 시에는 학교라는 한계 안에서 계획과 실행 측면을 고려해야 한다. 집단의 목적, 회기 수, 모임 시간, 평가와 지도자의 자격에 대해 교사, 참가학생, 부모, 보호자에게 알려 주어야 한다. 또한 상담자는 모든 구성원들이 항상 비밀을 지킬 수 없을 것이므로 비밀을 보장할 수 없다는 것을 알릴 필요가 있다(Terres & Larrabee, 1985). 이는 집단상담을 시작할 때 논의해야 할 주제이며(McCarthy & Sorenson, 1993; Strein & Hershenson, 1991), 비밀을 지키지 못했을 경우의 결과에 대한 계획이 포함되어 있어야 한다.

> 자기존중감 집단상담에 참여했던 한 학생이 눈물을 흘리며 상담실에 찾아와서 집단구성원 중 한 학생이 자기가 집단 내에서 이야기했던 것을 다른 학생에게 말했다고 이야기하였다. 이런 경우 상담자는 어떻게 해야 하는가?

자신이나 타인에 대한 위험 학생의 행동이 학생 자신이나 타인에게 해를 끼칠 수도 있다고 예상이 될 때 상담자는 당국에 알려야 한다. 주마다 기준이 일치하지 않기 때문에 상담자는 주 지침과 교육청 정책에 대해 알아야 한다(Strein & Hershenson, 1991).

> 소규모 중학교의 6학년생인 Mike와 Susan은 어떤 학생이 다른 반 학생에게 앙갚음을 할 것이라고 말하는 것을 들었다며 상담실에 찾아왔다. 상담자는 이 학생이 다른 학생을 주먹으로 때리고 발로 차는 등 몇 건의 작은 사건들을 저질렀던 것을 알고 있었다. 상담자는 이러한 사실을 보고할 윤리적인 책임이 있는지 논의하시오.

학생에 대한 기록 전문적인 학교상담자는 종종 상담과정을 돕기 위해 개인기록을 보존한다; 그리고 그것은 교육 기록과 별개로 보관되므로 상담자의 사유물로 간주된다. 일단 이러한 정보가 공유되면 더 이상 비밀은 보장될 수 없다. 그러므로 기록은 상담자 이외의 어느 누구도 모르는 곳에 두어야 하며, 다른 이들이 접근할 수 있는 컴퓨터나 CD에 학생 개인의 기록을 넣어둘 때는 신중해야 한다(Linde, 2003).

학생에게 양질의 도움을 주기 위해서 학교상담자는 개인상담 회기 동안 논의했던 문제를 기억해 두려고 개인적으로 기록을 해 둔다. 상담자는 매일 일과가 끝난 후 아무도 이러한 기록을 보지 못하게 캐비닛에 넣고 잠근다. 그런데 교장선생님이 이러한 상담자의 자료에 대해 알고, 그것을 보기 원한다면 상담자는 이 상황에서 어떻게 해야 하는가?

평가와 사정, 해석 학교상담자는 각종 심리검사에 대해 훈련을 받고, 검사를 선택하고, 안내하며, 관리하고, 해석하는 데 타당한 규준을 적용해야 할 의무가 있다(Cottone & Tarvydas, 1998; Muro & Kottman, 1995). ASCA 윤리 지침에는 특정 형태의 컴퓨터 기반의 검사를 사용하려면 이를 사용하기 전에 특별한 훈련을 받아야 한다고 되어 있다. 상담자는 컴퓨터를 사용해서 심리검사를 할 때 비밀이 유지되도록 특별한 주의를 기울여야 한다.

지방 고등학교의 어떤 전문적인 학교상담자는 600명 이상의 학생을 책임지고 있는데, 역부족이라고 느꼈다. 이 때문에 상담자는 보조학생에게 검사의 일부를 관리하게 하였다. 이러한 행동에 대해 당신의 생각을 이야기해 보시오.

컴퓨터 기술 사생활은 상담자에게 밝힌 비밀뿐만 아니라 기록 관리, 녹음과 기록을 남기기 위한 컴퓨터 사용 문제에서도 비밀보장이 이루어져야 한다(Cottone & Tarvydas, 1998). 상담자들은 컴퓨터 활용과 관련하여 서비스를 촉진하고, 컴퓨터 사용이 갖는 이점과 제한점에 대해 설명해 줄 의무가 있다. 상담관련 문서 기록을 빠르고 쉽게 할 수 있도록 많은 컴퓨터 프로그램들이 고안되었다. 그러나 이를 사용할 때 상담자는 컴퓨터 자료와 학생의 정보를 보호해야 할 필요가 있다(Nederson &

Fall, 1998). 온라인 상담에 관한 특수한 윤리적 문제는 상담자 자격 국가위원회(NBCC)에 의해 제시되어 있다(Dollarhide & Saginak, 2003).

> Santos는 600명의 학생이 있는 중학교의 유일한 상담자로서 학생들을 개인적으로 파악하는 데 어려움을 겪고 있다. 그녀는 개인적 문제와 진로문제를 겪고 있는 학생들을 더 잘 도와 주기 위해 학생들이 필요로 하는 정보를 찾을 수 있도록 많은 웹 사이트를 알려 주고 있다. 상담자의 이러한 행동에 대해 논의하시오.

또래도우미 프로그램 학생들은 때로 또래 사이에 긍정적인 변화를 불러일으키며, 학교의 또래상담 프로그램에서 강력한 촉진자로서 활동할 수 있다. 학교에서 또래상담자는 친구를 가르치거나 갈등을 조정하며, 학생이 새 학교에 적응할 수 있게 안내하고, 집단을 지도하는 등의 영역에서 도움을 주기도 한다. 선발된 학생은 경청, 비밀보장, 의사소통 훈련을 받는다. 또래상담자는 자신이 상담자는 아니지만 대인관계 기술을 훈련받는다는 것을 알고, 자신이 받는 훈련의 한계에 대해 배운다. 이것은 분명히 구별되어야 한다. 또래상담자는 주의 깊게 선발되고 감독되어야 하며, 훈련된 상담자 없이 집단상담을 수행하게 해서는 안 된다(Dollarhide & Saginak, 2003).

> Hinton은 또래도우미 프로그램의 효과를 확신하는 고등학교 상담자이다. 그는 또래상담 프로그램을 위해 학생을 선정해서 학기 초에 훈련을 시켰다. 또한 또래도우미들에게 토론할 문제가 있으면 언제든지 찾아 오라고 이야기 해 주었다. 상담자의 행동이 적절한 것인지 논의하시오.

부모에 대한 책임

ASCA는 학교상담자가 부모에 대한 책임에 대해 상술하고 있다(Cottone & Tarvydas, 1998). 부모 또는 보호자에게 미성년자에 대한 권리가 부여된 이후(Isaacs & Stone, 1999), 상담자가 학생의 비밀을 보장하려고 할 때 심각한 걱정거리가 생겨났다.

ASCA는 학교상담자가 책임져야 할 여러 구성원들이 있으며 관련된 모든 이들에게 가장 좋은 방향으로 의사결정을 하는 것이 어렵다는 점에 대해 인식하고 있다(Isaacs & Stone, 1999). ASCA의 기준에는 양육권이 없는 부모에 대해 구체적으로 언급되어 있으며, 학교상담자들은 이들 부모와 정보를 공유하게 될 때 특수한 딜레마를 겪는다. 법원에서 분명히 다른 결정을 내리지 않은 경우라면, 모든 주에서 친부모나 보호자가 법적으로 동등한 부모의 권리와 책임을 갖는다. 학교상담자는 가족, 부모 또는 보호자의 법적 지위에 대한 지식을 토대로 양육권이 없는 부모를 참여시키는 노력을 해야 할 책임이 있다(Wilcoxon & Magnuson, 1999).

Jeffersons은 어머니가 양육권을 갖는 조건하에 부모님이 이혼을 했다. 이 약속 때문에 그의 어머니는 전 시부모에게 손자를 만나지 못하게 하고 있다. 그의 조부모는 지역사회에 꽤 알려져 있고 존경받는 사람들이다. 그들은 손자의 복지를 걱정하며 어떻게 해야 할지를 알고 싶어서 상담실에 왔다. 이러한 상황을 어떻게 다루어야 하는가?

전문적인 학교상담자는 학부모에게 상담과정의 비밀보장에 대해 글이나 말로 알려줄 의무가 있다. 상담자들은 학교상담자의 역할과 책임에 대해 학부모에게 알려주는 안내책자를 만든다. 그러나 지침을 제공해 주어도 학부모는 자녀가 상담자와 나누었던 정보를 알고 싶어한다. 상담자가 아동의 비밀을 알려주면 아동의 권리가 위협을 받게 되는 윤리적 문제가 생긴다. 설상가상으로 그 분야의 전문가들 사이에서도 명확한 답은 없는 상태이다.

Huey와 Remley(1988b, Strein & Hershenson, 1991에서 인용)는 부모는 아이에 대해 가장 많은 관심을 가지고 있으며, 심지어 학생이 정보가 공유되기를 원하지 않는다 해도 부모는 이를 알 권리가 있다고 주장한다. 다른 연구자들(Fisher & Sorenson, 1996, Isaacs & Stone, 1999에서 인용)은 학교 정책상에 구체적으로 기록되어 있지 않다면 학생에 대한 정보를 부모와 공유할 필요가 없다고 본다. 어떤 학교상담자는 구체적인 세부사항은 알리지 않고 본질적인 일반적 정보만을 알려 주며(Glosoff & Pate, 2002), 또 다른 상담자는 여전히 아이의 비밀에 대해 알리지 않으면서 부모가 아이를 도와 줄 수 있는 방법에 관해 부모들을 교육하는 것이 가장 분별 있는 행동이라고 믿고 있다. 그러나 다른 전문가는 어린 아동에 대해서는 부모나 보호자에게 좀더 자세히 알려 주어야 한다고 본다(Wagner, 1981, Huey, 1986에서 인용).

> Wilson 부부는 아들이 친구들과 너무 많은 시간을 보내고 있으며, 부모님과는 함께 시간을 보내지 않는다고 아들 Ryan을 상담자에게 보냈다. 게다가 Ryan은 최근에 부모가 대화를 하려고 노력하자 '좋지 못한' 태도를 보였다. Wilson 부부는 상담자가 Ryan을 '바로잡아' 줄 수 있으리라고 기대하고 있다. 상담자가 Ryan과 이야기를 해 보니 그는 부모님이 너무 엄격하고, 자신에게 심한 말을 하며, 지나치게 많은 것을 요구한다고 말했다. 몇 주 후 Wilson 부부는 상담자를 찾아와 Ryan이 어떤 이야기를 했는지 알고 싶어한다. 상담자는 어떻게 해야 하는가?

동료와 전문가 협회에 대한 책임

전문적 관계 모든 학교상담자에게는 수행해야 할 의무와 업무가 담겨 있는 직무규정이 있다. 학교상담자는 민감한 문제들을 다루고 있다. 학교상담자가 교육적 문제만을 다루어야 한다고 직무규정에 명시되어 있는 경우, 사회적/개인적 문제와 교육적 문제를 분리시키기 어렵기 때문에 역할 혼란이 생긴다(Isaacs, 1997).

> Aaron은 장학금을 받을 수 있는지를 의논하려고 학교상담자를 만났다. 상담 중에 자신의 목표에 대해 상담자와 이야기하면서 의사가 되기를 원하는 아버지의 바람과 예술학교에 가고 싶은 자신의 바람 사이에서 갈등을 하고 있는 것이 분명해 보였다. 상담자는 어떤 기준으로 개인적 문제와 학업적 문제를 분리할 수 있겠는가?

직무규정은 기관 관리자와 상담자가에 의해 공동으로 계획되어야 하며, 학교상담자의 훈련과 교육을 반영하고, 교육위원회의 승인을 받은 것이어야 한다.

다른 전문가들과의 정보 공유 상담자는 다분야 협력팀의 구성원으로서 때로 이러한 팀에서 유일하게 비밀보장의 제한을 받는 사람이다(Strein & Hershenson, 1991). 상담자는 비밀보장에 대한 학생의 권리와 학생의 최대 이익을 위하는 다른 이들의 염려 간에 균형을 유지해야 하는 딜레마를 겪는다(Isaacs & Stone, 1999). 교사와 행정가들은 비밀보장의 제한을 받지 않기 때문에, 이들은 종종 학교상담자가 왜 중요한 정보를 알려줄 수 없는 지를 이해하지 못한다(Nederson & Fall, 1998).

지금까지 상담자들은 여러 가지 방법으로 응해 왔다. 한쪽 극단에서는 개업상담자의 경우 학생이 이야기한 어떤 정보도 팀 구성원들에게 알리지 않는다. 다른 쪽 극단에서는 학생에게 긍정적인 영향을 줄 수 있는 결정을 할 수 있는 전문가 집단으로 팀이 구성되어 있는 경우라면 상담자가 제한 없이 정보를 공유할 윤리적 책임을 느끼게 된다. 대부분의 상담자는 다분야의 협력팀에게 비밀보장에 관한 윤리적 지침에 대해 알려주고, 필수적인 정보만을 알려줌으로써 이러한 양 극단에서 중간적인 입장을 취한다. 공개할 내용을 결정하는 데는 다음과 같은 질문들이 지침이 된다: '내가 공개하려고 하는 정보가 학생과의 개인적 상담 작업을 촉진시켜 줄 수 있는가?' 그리고 '다른 사람들이 이 정보를 알 필요가 있는가?' (Glosoff & Pate, 2002).

Arturo는 학급에서 숙제를 하지 않고, 출석이 불규칙하며, 수업 시간에 주의를 기울이지 않아서 학교의 다분야 상담 협력 팀에 의뢰되었다. 의뢰가 되기 전에 그는 평범한 학생이었으며, 규칙적으로 출석을 했었다. 학교상담자인 McLaughlin은 Arturo와 상담을 하면서 부모의 계속된 싸움 때문에 잠을 잘 수 없었음을 알게 되었다. Arturo의 아버지는 학교 교사 한 사람과 불륜관계를 가지고 있었다. 상담자는 협력 팀에 어느 정도 공개를 해야 하는가?

학교에 대한 책임

지역의 학교위원회는 주의 규정과 법률에 의거해서 정책과 절차를 개발하고, 채택한다(Linde, 2003). 상담자는 학교위원회의 정책으로 해를 입은 학생들을 옹호하고 보호할 수 있는 해결책을 찾아야 할 책임이 있다. 학생은 상담자가 가장 중시해야 할 대상이며, 학교는 두 번째로 고려해야 할 대상이다(Huey, 1986). 만약 제도적 정책이 자신의 가치와 철학, 윤리적 지침과 충돌한다고 느낀다면 상담자는 상황을 바로잡거나 고용관계를 끝낼 의무가 있다(Cottone & Tarvydas, 1998).

Raymond는 임신하는 학생이 증가되고 있는 고등학교에서 상담자로 일했다. 학교위원회는 학부모와 지역사회 구성원들과 협력하여 다른 학교가 이 문제를 어떻게 처리했는지를 조사하고는 예방책으로 학생들이 콘돔을 이용할 수 있게 하자는 결정을 내렸다. Raymond는 지역사회 기관에서 제공된 콘돔을 나누어 주는 책임을 맡게 되었는데 그는 그 일에 전혀 찬성하지 않았다. 그는 학년 말에 이 자리를 사임했다. 그의 결정에 대해 논의하시오.

지역사회에 대한 책임

전문적인 학교상담자는 지역사회에서 어떤 서비스를 이용할 수 있는지를 알고 있어야 하며, 관련 기관과의 협력적인 관계를 형성해야 하는 윤리적인 의무를 가진다. 동시에 학교상담자는 자신이 받은 훈련과 교육, 역할에 대해 알려 줄 필요가 있다. 그렇지 않으면 학교상담자의 역할과 기능은 바람직하지 않은 협력을 하게 만드는 가정이나 오해에 기반을 두게 될 수 있다. 학교의 지역사회가 가지고 있는 인식을 통해서 상담자는 상담프로그램에 찬성하는 철학을 가진 사람들뿐만 아니라 학교상담자 프로그램에 반대하는 사람들에 대해서도 알 수 있다(Linde, 2003). ASCA는 상담하는 학생의 비율을 이상적으로 1인당 100명에서 최대 300명까지로 제안하고 있다. 권고된 이 비율은 많은 학교에서 훨씬 초과되고 있다. 많은 학교의 경우 상담자에 대한 학생 비율은 상담자가 적절한 서비스를 제공할 수 없을 정도로 엄청나서, 궁여지책으로 학생들을 다른 전문가에게 필요한 서비스를 제공받도록 의뢰한다(Nederson & Fall, 1998).

학교상담자는 여러 기관에 근무하는 사람과 그들의 교육 및 훈련 수준에 대한 목록을 얻기 위해 지역사회의 여러 사회 기관을 방문하는 동시에 방문했던 여러 기관에 자신의 훈련과 교육에 대해 알려 주었다. 이에 대한 당신의 생각은 어떠한가?

자신에 대한 책임

전문적 능력 전문적 능력은 훈련과 교육의 범주에서 제공된 서비스의 질과 관계가 있다. 윤리적 기준과 법적 기준은 전문가가 내담자(학생)(Linde, 2003)와 직업(Cottone & Tarvydas, 1998)에 가장 큰 이익이 되는 적절한 서비스를 제공할 수 있도록 보장하기 위한 것이다. 몇 가지 자격증을 갖고 있는 상담자들은 자신이 고용된 기관의 정책을 알고 이를 따를 필요가 있다. 예를 들어 전문적인 학교상담자가 임상상담 자격을 가지고 있는 경우에도 그 상담자는 학교 정책에서 정해진 자격 내에서 일을 해야 한다(Linde). 훈련과 교육이 정확히 표시되어 있는 자격증이 수요자들에게 공개되어 알려져야 하며, 상담자는 결코 자신의 자격증으로 훈련받지 않은 영역에서도 일할 수 있다고 시사해서는 안 된다(Cottone & Tarvydas, 1998). 더욱이 상담직이 아닌 영역에서 박사학위를 받은 상담자가 상담자로 일을 하는 경우 박사라는 명칭을 사용해서는 안 된다(Linde).

학교상담자는 자기 반성을 하고, 자신의 심리적 건강을 살펴보며, 회의와 워크숍 참여를 통해 전문적 정보를 계속해서 업데이트할 의무가 있다. 자기 인식은 상담자들이 자신의 개인적인 문제가 어떻게 행동의 동기로 작용하는지를 이해할 수 있게 한다(Varhely & Cowles, 1991). 예를 들어 상담자는 자신이 게이라고 밝힌 학생을 상담하는 것이 불편할 수 있으며, 학생을 고려하지 않고 부모에게 이 정보를 알리고자 하는 개인적 동기를 가질 수 있다.

> Garcia는 학생들의 생활에 깊이 관여하고 있는 7학년 상담자로서 학생들을 도울 프로그램을 개발하기 위해 저녁 7~8시까지 학교에 남아 있는 경우가 빈번하다. 그는 상당히 심각한 걱정거리가 있는 학생들에게는 집 전화번호를 알려주고 이야기할 필요가 있으면 언제든 전화를 하라고 하였다. 학생들은 Garcia에 대해서 자신을 진심으로 보살펴 주는 몇 안 되는 사람들 중 하나라고 종종 말한다. Garcia의 행동에 대해 어떻게 생각하는지 논의하시오.

다문화적 기술 상담이론은 서구의 관점에서 개발된 것인데도 어떤 상담자들은 학생들의 세계관을 고려하지 않은 채 이러한 서구적 상담이론들에 상담과정의 토대를 두고 있다(Cohen & Cohen, 1999). 상담자들은 관계당사자에게 가장 큰 이익이 되도록 해야 하는 의무를 가지고 있으며, 이를 위해서는 상담관계에 부정적인 영향을 주는 개인적인 편견과 선입견에 대해 알 필요가 있다. 학교상담자는 자신의 다문화적 능력을 평가하고, 내담자의 자율성을 위해 선입견을 없애도록 해야 하며(Cohen & Cohen, 1999), 개선이 필요한 영역이 있다면 훈련을 받아야 할 의무가 있다(Nederson & Fall, 1998).

Nishimura는 최근 이민 온 스페인계 학생들로 구성된 집단을 지도해 줄 것을 부탁받았다. Nishimura는 히스패닉계 사람을 대해 본 경험이 전혀 없었지만 "이러한 학생을 연구해" 볼 수 있다고 말하면서 집단을 지도했다. 이 행동이 윤리적인지 설명하시오.

전문성에 대한 책임

전문성 상담자는 연방, 주, 지방 정부의 정책 내에서 활동하고; ASCA에서 제정한 대로 수행하며; 자신의 전문적 능력을 이용해서 사설 상담소를 위해 내담자를 모집하지 않고; 개인적으로 이득을 얻으려고 하지 않아야 한다(McCarthy & Sorenson, 1993). 연구활동과 관련된 학생의 사적 정보가 보호되어야 하며, 참가자는 해를 받지 않도록 보호되어야 한다. 연구를 목적으로 한 자료 수집에 참여하기 전에 학생에게 알려 주고 동의를 얻는 것이 의무화되어 있다.

Taylor는 학교상담자 자격증과 임상상담자 자격증을 가지고 있다. 그녀는 기관이 부족한 작은 시골 도시에서 근무하고 있다. 그녀는 정신건강에 대한 지역사회의 요구로 사설 상담소를 시작했으며, 자기가 학교에서 제공할 수 있는 것보다 더 많은 개입이 필요하다고 생각되는 학생을 종종 자신의 상담소로 보냈다. Taylor의 결정에 대해 논의하시오.

전문직에 대한 기여 학교상담자는 학교상담직을 옹호하고, 회의와 워크숍에 참석하며, 동료들과 전문지식을 공유하면서 전문직에 공헌해야 할 책임이 있다.

고등학교 상담자 Smythe는 학기 중에 이틀 동안 열리는 주 상담자 회의에 참석하고 싶다. 회의에 참석하기 위해 허락을 받으려고 학교장에게 갔는데, 교장은 교육청에 출장비가 배정되어 있지 않으며, 회의에 참석하는 것보다 수업이 중요하다고 말한다. Smythe는 어떻게 해야 할까?

규정의 준수

ASCA와 많은 주 상담자 협회에는 윤리적인 민원을 처리하고, 윤리적 딜레마를 겪고 있는 이들을 자문해 주는 윤리위원회가 있다. 학교상담자는 다른 회원의 윤리적 위반행위에 대해 알게 되면 동료에게 자문을 해 주어야 하며, 공식적으로 고소되기 전에 적절한 시기에 문제가 되는 행동을 한 동료와 대화를 해야 한다.

고등학교 상담자인 Perez는 18세 여학생인 Alena를 상담해 왔는데, Alena는 근처 학교의 상담자 Alpine과 관계를 갖고 있다고 말했다. 그녀는 관계를 불안해하고 있으며, Alpine과의 관계를 어떻게 끝낼 수 있을지에 대해 의논하고 싶어했다. Alena는 상담자가 전문가 모임을 통해 개인적으로 Alpine을 알고 있다는 것을 모른다. Perez는 어떻게 해야 할까?

자원

전문적 학교상담자들은 윤리적 지침과 자원을 이용할 수 있다. ASCA는 상담자들에게 중요한 여러 가지 이슈에 대한 입장이 담긴 진술문을 출간했다. 국가, 주, 지역협회의 회원들에게는 ASCA 윤리 규정에 들어있는 자원 목록과 추가적인 자원이 제공된다. 또한 목록 서비스는 정보를 획득하는 데 편리한 자원이며, 이러한 사이트에 접근할 때는 비밀보장이 되어야 한다(Dollarhide & Saginak, 2003).

지방 초등학교의 교장이 학교상담자에게 행정적인 임무를 맡겼다. 교장은 "실제로 상담이 효과적이라는 것을 증명하는 어떤 기록도 없다."고 말한다. 이러한 상황을 어떻게 다루어야 할까?

윤리적 규정과 법적 규정은 관련된 모든 사람들의 이익을 위한 적절한 행동을 보장하기 위한 것이다. 앞서 언급했듯이 이 두 가지 문제는, 특히 아동의 권리 면에서 종종 충돌한다. 아동이 이성적인 선택을 할 능력이 있는지, 아니면 부모만이 이러한 권리를 갖는지에 대해 논쟁이 계속되고 있다(Muro & Kottman, 1995). 상담자가 자신의 직업적 의무를 다하는 데 무책임한 경우, 직무상 과실 또는 태만이 될 수 있다(Baker, 2000; Linde, 2003). **직무상 과실**은 전문적인 행위에 관한 것이다. 상담자가 자신의 훈련 밖의 활동을 수행하는 경우 해로운 결과를 초래하게 된다. 예를 들어 최면술을 훈련받지 않은 상담자가 시험불안을 겪고 있는 학생에게 이러한 접근을 사용한다면(Baker, Linde), 이것은 직무상 과실이 된다.

태만은 전문가의 의무에 속하는 의무를 수행하는 데 상담자가 **실패**한 것이다. 자살 의도를 보고하지 않은 것이 그 예가 될 수 있다(Baker, 2000; Linde, 2003). Hermann(2002)에 의해 수행된 연구에서, 학교상담자가 빈번히 부딪히는 법적 문제가 무엇인지를 물었는데 다음과 같은 세 가지 공통적인 반응이 나타났다: 내담자가 자살할 것인지 아닌지를 결정하는 것(응답자의 90%), 아동 학대가 의심되는 보고를 할 것인지 확인하는 것(응답자의 89%), 내담자가 다른 사람에게 위험을 가했는지 평가하는 것(응답자의 73%).

학교상담자에게 영향을 미치는 법적 논쟁

학교상담자에게 영향을 미치는 모든 법적 논쟁에 대한 논의를 이 장에서 다루지는 않는다. 상담내용을 공개하지 않을 특권, 미성년자 동의에 관한 법률, 아동 학대, 자살, 교육적 기록과 정책, 프로그램에의 배치, 교육개정안 9조, 학업적 조언의 과실에 관한 문제들이 다음에서 논의된다.

상담 내용을 공개하지 않을 특권

이 장의 앞에서 논의한 바와 같이, 비밀보장은 법적 기준이 아니라 윤리적 규정이다. 비밀보장에 관한 법적 지위는 **상담 내용을 공개하지 않을 특권**으로 알려져 있다(Nederson & Fall, 1998; Stanard & Hazler, 1995). 상담 내용을 공개하지 않을 특권은 내담자(학생)의 권리이며, 이것은 사적인 상담내용이 법정에서 공개되는 것에서 학생이 보호를 받을 수 있음을 의미한다(Baker, 2000; Nederson & Fall). 그러나 내담자가 부모나 보호자에게서 독립되지 않은 학생인 경우, 학교상담자는 문제를 겪게 된다: '비밀보장의 권리를 갖는 것은 누구인가? 학생인가 아니면 부모인가?' (Isaacs, 1997).

상담자는 개인의 **사생활의 권리**를 지켜 줄 윤리적인 책임이 있지만 18세 이하의 청소년에게는 언제나 이 권리가 주어지는 것이 아니다(Glosoff & Pate, 2002). 어떤 주에서는 부모나 보호자, 법정이 이러한 권리를 어떻게 해석하느냐에 따라 이에 관한 학생의 권리가 달리 적용된다(Nederson & Fall, 1998). 상담 내용을 공개하지 않을 특권은 한계를 정하고 있는 연방, 주, 지방의 법에 따라 제한을 받고 있으며, 어떤 지역에서는 기관에 있는 상담자에 대해서는 적용되고 있으나 학교상담자에 대해서는 적용되지 않는 경우도 있다(Linde, 2003; Stanard & Hazler, 1995). 어떤 주에는 학생/상담자 관계에서의 이러한 특권이 법률에 명시되어 있으며, 또 다른 주에서는 학생에게 이러한 특권이 적용되지 않는다(Baker, 2000). 주마다 법이 다양하기 때문에 학교상담자는 자기가 속한 주에서 정해진 한계에 대해 알고 있어야 하며, 법정에서 정보가 공개되었을 때, 상담관계에 미치는 긍정적, 부정적 영향을 고려해야 한다(Morse, 1990; McCarthy & Sorenson, 1993에서 인용).

그러나 이러한 법률들도 다음의 경우는 예외가 된다: (a) 내담자가 상담자에게 정보를 공개해도 좋다고 허락한 경우, (b) 상담자가 법원으로부터 정보공개 명령을 받은 경우, 그리고 해당 주에 공개를 하지 않아도 되는 특권에 관한 법령이 없는 경우, (c) 내담자가 자기나 타인에게 해를 가할 것을 드러낸 경우(Remley & Sparkman, 1993). 학생이 '분명하고 긴급한 위험'의 지표를 보이는 경우 상담자는 학교나 부모, 보호자에게 알릴 의무가 있으며, 이것은 **경고의 의무**라고 한다(Nederson & Fall, 1998).

경고의 의무는 1974년 캘리포니아의 Tarasoff 사례로 생겨났다. 상황은 다음과 같다. 캘리포니아 버클리 대학의 한 대학원생이 심리학자에게 여자친구가 헤어지자고 했기 때문에 브라질에서 돌아오면 죽이겠다고 말했다. 그 치료자는 두 명의 동료와 의논을 했고 그 학생에게 물어보기 위해 붙들어 두라는 결정을 내렸다. 학교 경찰은 심리학자에 의해 고지를 받은 후 그를 감금하였고, 나중에 그가 여자친구의 집에서 멀리 떨어진 곳에 산다는 것을 확인한 후에 그를 풀어 주었다. 여자친구와 가족들은 경고를 받지 못했으며, 두 달 후 그 학생은 그녀를 죽였다. 캘리포니아 대법원은 심리학자가 피해자에게 알릴 의무가 있다고 판결했다(Henderson, 1987; Isaacs, 1997; Linde, 2003). 이런 결정은 캘리포니아에서 있었지만 다른 주의 법원들은 이를 비슷한 법률에 대한 범례로 사용하였다(Baker, 2000). Tarasoff의 사례의 경우, 경고의 의무가 비밀보장보다 우위에 있었다(Cottone & Tarvydas, 1998). 비밀유지와 관련해서 고려해야 할 다른 사항으로는 다음과 같은 것이 있다.

1. 기록이나 개인정보를 다루는 사무 보조원. 학생에 관한 기록에 접근할 수 있는 법적인 근거가 있는 학교 직원. 학교상담자는 직원에게 기록과 관련된 비밀보장 문제에 대해 이야기해 줄 책임이 있다(Cohen & Cohen, 1999).
2. 다른 사람들의 자문. 학교상담자는 종종 팀 회의나 학부모 회의 같은 상황에 놓이게 되는데, 이 때 학생의 최대 이익을 위해 관련된 정보를 공유하게 된다. 학교상담자는 정보를 공유하는 것이 학생에게 실제로 이익이 되는지(Newman, 1993), 아니면 상담관계를 위협하는지를 결정할 필요가 있다.
3. 집단상담 회기. 한 사람 이상이 있는 집단 안에서 비밀은 보장될 수 없다(Linde, 2003). 학교상담자는 집단 장면에서 비밀을 유지할 수 있는 방법을 찾기 위해 다른 전문가의 안내를 받을 수 있다(Strein & Hershenson, 1991).
4. 정보에 입각한 동의. 이것은 법적, 윤리적 원리 모두에 해당된다(Glosoff & Pate, 2002). 학생은 제공받게 될 조력의 형태에 대해 이해한 다음에 상담이나 다른 서

비스에 참여할 권리가 있다(Baker, 2000; Isaacs & Stone, 1999). 상담을 받는 학생은 상담과정에 대해 안내를 받아야 한다. 즉, 비밀보장의 의미, 제한사항, 상담자가 학생과 관계가 있는 다른 이들에게 이야기할 수도 있는 가능성에 대해 알려주어야 한다(Cottone & Tarvydas, 1998; Nederson & Fall, 1998). 대부분의 학생은 법적으로 동의를 할 만한 나이가 되기 않기 때문에 상담자는 부모나 보호자에게 상담과정에 대해 알려 주어야 한다. 이러한 정보에는 윤리적 쟁점과 비밀보장의 한계가 포함되어 있다. 그러나 다른 지역교육청에서는 상담 프로그램이 학교교육 프로그램의 일부이므로 부모의 동의는 불필요하다고 명시하고 있다(Remley & Herlihy, 2001, Glosoff & Pate에서 인용). 또 어떤 학교의 정책에는 학교상담자가 2, 3회기 동안은 부모의 허락 없이 학생을 상담할 수 있지만 이후 회기부터는 부모의 허락이 필요하다고 되어 있다(Glosoff & Pate). 또 다른 학교는 학교상담자가 상담 프로그램의 유익함에 대해 모든 부모에게 서면으로 알리는 방식을 채택하고 있으며, 만약 부모나 보호자가 학생이 상담에 참여하는 것을 원하지 않는다면, 서면으로 상담자에게 알리도록 하고 있다.

5. 명령된 상담. 때로 학생은 개인상담을 받도록 명령을 받는다. 예를 들어, 법원에서는 보호관찰 중인 학생에게 상담을 받도록 명령할 수 있다. 만약 그 지역에 정신건강 상담자가 없다면 그 임무는 학교상담자에게 주어지며, 그런 경우 비밀은 보장될 수 없다. 이런 경우 문제를 해결하기 위해서 상담자는 상담을 명령한 사람에게 비밀보장의 한계를 분명히 하고, 정보가 공개될 수도 있다는 점에 대해 학생과 함께 논의할 수 있다(Strein & Hershenson, 1991). 아니면 상담자는 의뢰 목적에 맞는 정보만 공개될 것이라는 점을 확실히 해 둘 수도 있다(Strein & Hershenson, 1991). 어떤 경우든, 상담자는 첫 회기에 상담을 하는 동안 공유될 정보와 협력하지 않았을 때의 결과에 대해 내담자에게 알려 주어야 한다.
6. 수련감독. 수련감독의 목적은 수련상담자의 능력을 향상시키는 데 있다. 수련상담자가 학생을 상담하는 경우, 상담의 질을 향상시키기 위해 수련감독자에게 정보를 공개할 필요가 있다.

미성년자 동의 법안

앞에서 논의했듯이, 정보에 입각한 동의에는 상담과정과 서비스에 대해 완전히 알고 이해한 상태에서 상담 서비스 허락을 받는 것이 포함된다. 부모의 허락에 대해 법률로 명시되어 있지는 않지만 상담을 받는 학생의 법적 자격은 논쟁거리이다(Remley & Herman, 2000, Dollarhide & Saginak, 2003에서 인용). 학생들은 18세가 되면 성인과 같은 권리를 가지며 자율성이 있는 것으로 여겨진다(Dollarhide & Saginak).

일반적으로 모든 주가 물질남용, 정신건강 문제, 성병과 같은 사례에서는 부모의 동의 없이도 청소년이 치료를 받을 수 있다는 조건을 달고 있다. 1976년 약물남용국과 치료법령(Sealander, Schwiebert, Oren, & Weekley, 1999)은 18세 미만의 학생을 포함해서 약물과 알코올 사용으로 치료를 받는 개인의 정체성과 비밀을 보호해 주고 있으며, 이는 프로그램이 연방정부에 의해 없어질 때까지 계속된다. 이 법은 또한 내담자가 미성년자인 경우에도 내담자의 동의 없이는 기록을 공개하는 것을 금지하고 있다. 부모나 보호자가 알지 못하게 치료에 의뢰하고 치료를 마치는 것이 가능하므로(Linde, 2003), 이러한 기록의 비밀을 유지하기 위해서는 더 조심해야 한다(Dollarhide & Saginak). 학교 정책 또한 다양하다. 동의에 관련된 어떤 법령에는 특수한 경우 의료 직원까지 포함된다. 예를 들면 학교상담자뿐만 아니라 학교 간호사도 포함될 수 있다.

상담자는 종종 미성년자의 비밀보장 문제를 고려할 때 종종 생활연령 평가보다는 발달적인 방법에 기초한 평가를 활용한다(Glosoff & Pate, 2002). 예를 들면 많은 주에서 14세는 부모에게 알리지 않고 자기 의뢰를 할 수 있는 나이로 여겨진다. 그러나 14세 학생이 가지고 있는 발달적 능력은 개인에 따라 다양하다. 학교상담자는 학생의 성숙 수준과 학생이 부모의 지도 없이 삶을 개선시킬 수 있는 능력을 갖고 있는지를 결정해야 한다(Isaacs & Stone, 1999).

아동 학대

모든 주에 아동 학대로 의심되는 경우 보고하게 하는 절차가 있다(Dollarhide &

Saginak, 2003; Muro & Kottman, 1995; Nederson & Fall, 1998). 휴먼 서비스 관련 자격을 가지고 근무하는 모든 사람들은 **위임을 받은 보고자**에 해당되며, 이 사람들은 학대나 방치 혐의를 보고할 책임이 있다. 많은 주가 학대의 구성요소와 일단 학대로 의심된 경우는 보고하는 데 필요한 시간에 대해 다양하게 정의하고 있다(Baker, 2000). 아동 학대를 보고한 사람은 모든 주에서 조사결과에 상관없이 고소가 되지 않는다(Baker).

학교 직원은 언제, 누구에 대해, 어떻게, 무엇을 보고해야 할지에 대한 방안을 정한다. 학교 직원에 의한 학대의 경우, 학교 밖에서 학대가 일어나더라도 이는 반드시 보고되어야 한다(Newman, 1993). 예를 들어 도시의 대규모 중학교의 한 상담자가 새 아버지가 같은 학교 교사로 있는 신입생을 상담하고 있었다. 그 학생은 새 아버지로부터 육체적 언어적인 학대를 받았다고 밝혔다. 이러한 호소를 받고 상담자는 이 문제를 해결할 수 있는 가장 좋은 방안이 무엇인지에 대해서 갈등을 느꼈다. 보고할 위임을 받은 사람으로서 학생과 법에 대한 책임감을 느꼈다. 상담자는 보고를 해도 자신의 이름이 밝혀지지 않을 것을 알고 있었지만, 부모가 정보의 출처를 알아내게 될까 걱정했다. 동시에 상담자는 새 아버지와 동료들과 직업적인 관계를 유지해야 했기 때문에, 보고를 하기에 앞서 새 아버지와 그 상황에 대해 논의를 하지 않을 수 없다고 느꼈다.

일부 교육자들은 아동 학대와 징후에 관해 알지 못하고 있으며, 학대의 구성요건이 무엇인지를 잘 모른다고 항변했다. 그러나 법을 몰라서 보고하지 않는 경우에도 용납되지 않는다(Newman, 1993). 많은 학교가 아동 학대가 의심되는 경우 교사나 상담자들은 이를 교장에서 보고해야 한다는 정책을 제정했다. 만약 위임을 받은 사람들이 보고를 하지 않으면 처음에 학대를 의심했던 사람은 책임을 질 수도 있다(Dollarhide & Saginak, 2003; Linde, 2003). 보고를 하지 않으면 전문가 면허와 전문분야 활동을 상실하게 되거나 고용 종결과 같은 심각한 처벌을 받게 된다(Linde).

자살

학교상담자는 자살의 경고 징후를 확인하고 취해야 할 적절한 행동을 결정하기 위해 전문적 판단을 해야 할 의무가 있다(Remley & Sparkman, 1993). **교육위원회와 Eisel**의 사례에 기초하여, Maryland 고등법원은 학교상담자가 부모에게 학생의 자살의도에 대해 알려 주어야 할 의무가 있다고 판결했다(Newman, 1993). Eisel의 사례는 다음과 같다. Nicole Eisel의 친구들은 학교상담자에게 Nicole이 자살을 깊이 생각하고 있음을 보고했다. 상담자가 Eisel에게 이야기를 해보았지만 그는 이를 부인했다. 나중에 Nicole의 한 친구가 다른 수업에 참석해서 Nicole을 쏘고, 방학 동안 학교 뒤 공원에서 자신도 자살했다. 이 사고 이후 Maryland의 모든 학교상담자는 학생의 자살의도에 대해 부모에게 보고를 해야 했으며, 이는 다른 주의 학교상담자들을 위한 지침으로 제공되었다(Linde, 2003).

학교상담자는 경고의 의무를 가지고 있지만, 이런 절차들이 정당한지, 그리고 학생과 가족들에게 심각한 손실을 가져 오지는 않을 것인지를 결정할 때 적절한 판단을 해야만 한다. 예를 들어 학교에서 적응을 잘 하고 있는 한 학생이 수학 성적이 나빠져서 상담자를 찾아가 "다른 시험에 실패하면 죽어 버릴 거예요."라고 말한 경우를 생각해 보자. 상담자가 이 사실을 부모에게 알린다. 그러면 부모도 놀라고 스트레스를 겪게 될 것이며, 나중에는 상담자가 사실무근의 진술을 보고해서 심한 불안과 염려를 하게 만들었다고 주장하게 될 수도 있다. 상담자가 학생이 자신을 해칠 위험이 있음을 부모나 보호자에게 알리면 그것으로 법적 책임은 끝나지만, 학생에 대한 신뢰는 돌이킬 수 없이 손상될 수도 있다(Remley & Sparkman, 1993).

교육적 기록과 절차

1974년 11월에 버클리 개정안으로 알려져 있는 '가족의 교육적 권리와 사생활에 관한 법률(Family Right and Privacy Act, FERPA)' 이 입법되었다. 이 법안의 통과로 부모와 글을 읽을 줄 아는 학생은 학교 기록을 볼 수 있는 권리와 교육적 기록의 공개 여부를 허락할 권리를 갖게 되었다. 이 법안으로 인해 각급 학교는 절차를 밟아서 기록을 부모에게 공개해야 한다(Cottone & Tarvydas, 1998; McCarthy & Sorenson, 1993). 부모가 자녀의 교육 기록을 살펴보고 싶어하고 다른 사람이 기록을 보는 것을 원하지 않는데, 부모의 허락 없이 제삼자에게 정보를 제공하는 경우 연방기금이 철회된다(McCarthy & Sorenson). 학생이 18세가 되면 부모와 동일한 권리를 갖게 된다. 학교상담자는 학부모가 상담 프로그램을 포함한 학교활동에 아동이 참여하는 것을 거부하는 문제에 특별히 관심을 기울일 필요가 있다(Sealander 등, 1999, Schmidt, 1993). 법원은 부모가 자녀에게 교육 기회를 빼앗을 권리가 없다고 진술하고 있지만, 법률은 부모가 반대하는 상담 서비스에 참여할 수 있는 아동의 권리에 대해 상세하게 제시하고 있지 않다(Muro & Kottman, 1995).

FERPA에는 공개명령에 대한 예외가 있다. 예를 들면, 상담을 진척시켜 가고 있는 상담자의 개인적 기록은 공개되어야 할 의무가 없다(Dollarhide & Saginak, 2003). 그러나 어떤 개인적 기록이든 다른 전문가와 공유했다면 그 자료는 법적 규제를 받게 된다(McCarthy & Sorenson, 1993).

이름, 주소, 전화번호, 생일, 출생지 등과 같은 공적인 인적사항 정보는 부모의 허락 없이 공개되어서는 안 된다. 부모가 자녀에 관한 기록이 공개되기를 원하지 않는 경우 이런 정보를 공개하기 위해서는 학교정책으로 어떤 사항을 인적사항 정보로 볼 수 있는지를 정하고, 이러한 결정을 알려주고, 부모들에게 이에 대응할 충분한 시간을 주어야 한다. 예를 들어 학생이 새로운 학교로 전학을 가게 되는 경우 학생 기록은 사전에 부모가 알지 못한 상황에서 부모의 허락 없이 새로운 학교에 공개될 수 있으며, 기관은 의례적으로 이러한 방식으로 운영되고 있다(McCarthy & Sorenson, 1993). 개인적 자료는 지역교육청에서 명령한 기록 파기와 일치하도록 연도에 따라 정기적으로 파기되어야 한다(Dollarhide & Saginak, 2003). 연방 지침하에, 연구와 실험 프로젝트를 위해 연방정부에 의해 사용된 자료들은 부모들이 이용 가능하도록 해야 하며, 만약 부모가 기록을 반대하면 아동은 참여하지 않아도 된다(McCarthy & Sorenson).

프로그램에의 배치

학생을 특수 교육과정에 배치할 때 종종 논쟁이 일어난다. 교직원은 특수 학생에 관한 법을 준수해야 한다. 1975년 전장애아동교육법(Education for All Handicapped Children Act, 공법. 94-142)이 통과되었으며, 1990년에 장애인교육법(Individual with Disabilities Education Act, IDEA)(101-476)으로 개정되었다. 이 법안들은 모든 학생을 위한 자유롭고 적절한 교육을 제공하며(Sealander 등, 1999), 장애학생을 배치하기 전에 종합적인 준거에 의거해서 충분히 평가를 하도록 요구하고 있다. IDEA의 중요한 신조 가운데 하나는 목적, 필요, 목표, 조정과 평가 기준이 분명하게 정해져 있는 개별화 교육계획(Individual Education Plan, IEP)이다(McCarthy & Sorenson, 1993). 이 계획은 법적인 계약으로 간주된다.

1972년 교육개정안 9조

교육개정안 9조는 성, 결혼, 임신으로 인한 차별에서 학생을 보호한다(Baker, 2000; Schmidt, 1999; Dollarhide & Saginak, 2003에서 인용). 이 법은 교육 프로그램과 특별활동, 직업훈련을 동등하게 받을 수 있도록 명시하고 있다. 또한 이 법안은 성적 편견이 있는 평가도구를 사용하지 못하게 하고 있으며, 성학대 관련 사건에서 학교 직원이 따라야 할 지침을 제정하도록 요구하고 있다(Dollarhide & Saginak).

학업적 조언의 과실

역사적으로 볼 때 2001년까지는 학교상담자가 학생에게 정확하지 않은 학업적 조언을 해 준 데 대한 책임을 묻지는 않았었다. **Sain과 Cedar Rapids 지역교육청**의 사례를 보면, 오하이오의 Cedar Rapids에 있는 Jefferson 고등학교 학생인 Brace Sain은 농구로 북부 일리노이 대학의 장학금을 받게 되었다. 입학에 앞서 국립대학체육협회(National Collegiate Athletic Association, NCAA)로부터 장학금 수여 자격에 필요한 영어 학점 수가 부족하다는 편지를 받았다. 고등학교가 NCAA에서 요구하는 영어수업 성적 하나를 제출하지 않았기 때문에 장학금을 받을 수 있는 자격이 안 된다는 것이다. Sain의 부모는 탈락에 대해 학교상담자를 상대로 고소를 했다. 법정은 교육청에 대한 소송을 기각했지만, 이는 상담자가 제공해야 할 정보의 중요성을 인식할 필요가 있으며, "부주의하게 과실로 해석된 정보에 대한 소송은 잘못된 조언을 해 주었을 때 변호사와 회계사를 대상으로 제기되는 소송과 비슷하다는" 점에서 주목할 만하다(Stone, 2002, p. 31).

미성년자 상담 시 특수한 고려사항

학교 상담자의 법적 책임은 주마다 다르며, 심지어는 같은 지역사회에 있는 학교 간에도 다양하다(Baker, Linde, 2003에서 인용). 상담자는 근무상황에 따라 학생의 권리를 보호하기 위한 다양한 활동을 취하게 된다. 성, 출산 조절, 낙태, 후천성면역결핍증을 둘러싼 논쟁적인 문제들은 때로 학교상담자를 딜레마에 빠지게 한다. 어떤 주들은 이러한 문제에 대해 부모에게 알리지 않고 미성년자가 상담자와 논의할 수 있게 하고 있으며(Sadler, 1989, Nederson & Fall, 1998에서 인용), 다른 주에서는 부모에게 고지를 하도록 하고 있다. 일부 학교체제, 특히 종교단체에서는, 상담자가 학생과 출산 조절에 대해 논의하는 것을 엄격히 금하고 있다. 상담자는 학교와 주의 정책에 대해, 특히 논쟁의 소지가 있는 문제에 관한 정책에 대해서 알고 있어야 한다. 이런 정책이 없는 경우에는 상담자가 주도해서 위원회에서 승인하는 정책을 고안해야 한다.

자신을 해치는 것

학교상담자는 종종 어떤 행동이 자신과 타인에게 해를 끼치는지를 결정하는 데 어려움을 겪는다. 예를 들어, 약물중독이 된 임신 4개월의 16세 여성은 자신과 타인에게 해가 되는가? 흡연과 문신, 피어싱, 약물사용, 사이비 종교, 범죄행위, 섭식장애, 임신에 대한 생각이 상담자마다 다르기 때문에 상담자는 자신의 개인적 가치를 탐색해 볼 필요가 있다. 학생이 파괴적인 행동을 그만두도록 설득하기 위해 다양한 활동을 시도하게 된다. 그럼에도 불구하고 바람직한 결과가 나오지 않는다면, 상담자는 학생에게 이름을 공개하지 않고 당국(교장이나 교사)에 알릴 것이라고 학생에게 말해 주어야 한다. 그런데도 결과가 좋지 않다면, 상담자는 그 상황을 어떻게 다루어야 할 것인지 결정을 내릴 필요가 있다(Stude & McKelvey, 1979). 어떤 상담자는 부모에게 앞서 있었던 문제의 일부 또는 전부를 알리기도 하고, 또 다른 상담자는 그렇게 하지 않는다(Isaacs & Stone, 1999). Vernon(Isaacs & Stone에서 인용)은 상담자는 학생이나 타인에게 해가 될 것이라고 결정을 내린 개인 정보를 공개할 것인지를 결정하기에 앞서 학생의 나이, 성숙, 상담과정을 공개했을 경우 상담관계에 미치는 윤리적 규정, 주나 학교의 법규를 고려해야 한다고 말하고 있다(Isaacs & Stone).

때로 행동의 위험 정도를 알면 상담자가 비밀보장을 깨뜨려야 할 시기를 결정하는 데 도움이 된다. 약물사용, 낙태, 강도, 여러 명의 상대와 성관계를 하는 문제 등이 종종 비밀보장이 깨지는 행동으로 간주된다. 그러나 다른 장면에서 근무하는 상담자는 비밀보장 문제를 다르게 다룬다. 초등학교 상담자는 비밀보장 적용에 엄격하지 않으며, 중학교 상담자는 의사결정을 할 때 부모를 더 많이 포함시킨다. 고등학교 상담자는 부모를 가장 적게 참여시킨다. 역으로 초등학교 상담자는 학생에게 상담 기록을 알려주는 것을 꺼리는 반면 중등학교 상담자는 학생과 이러한 기록에 대해 더 많이 논의한다(Wagner, 1981). 그러나 비밀유지에 대한 아동의 권리를 결정하는 데 생활연령과 아동의 성숙 단계는 둘다 중요한 비중을 갖는다(Isaacs & Stone, 1999). 만약 상담자가 부모를 만날 필요가 있다고 결정할 경우 아동이 털어놓은 모든 정보를 알려 주는 대신 부모가 어떻게 아동을 도와 줄 수 있는지에 관한 지침을 제공해 줄 수 있다(Zingaro, Nederson & Fall, 1998에서 인용). 그러나 역시 상담자는 때때로 어른을 참여시켜야만 한다(Sheeley & Herlihy, 1987).

정보의 공개

종종 상담자는 학생에 대해 좋지 않은 문서를 작성해야 하고, 다른 사람에게 좋지 않은 영향을 줄 수 있는 파괴적인 행동에 대해 알려야 하는 책임에 대해 의아하게 생각한다. FERPA의 개정안인 1994년의 미국 학교법은 정보가 사실인 경우 자신이나 타인을 해치려고 위협하는 학생에 대해 학교 직원들이 취해야 할 원칙적인 행동들을 포함해서 관련 자료를 공개해야 할 책임이 있다고 규정했다(Sealander 등, 1999). 예를 들어 학교 직원은 기록된 정보에 한해서 중학생의 파괴적인 행동전력을 고등교육 기관에 전해 주어야 할 책임이 있다(McCarthy & Sorenson, 1993). 도시 근교의 한 고등학교 졸업생이 대학으로 진학하기 위해 소규모 교양 예술 대학에 입학했는데, 첫 학기에 미술품을 파괴하고, 도둑질을 하는 사건이 있었으며, 나중에는 기숙사 방화죄로 이어졌다. 대학의 대표자들이 자세히 조사해 보니 그가 고등학교 재학시절 이러한 행동전력이 있었다는 것을 알게 되었다. 단순히 학생에 대한 정보가 좋지 않은 것이라고 자료를 공개하면 안 된다고 생각하면 안 된다. 개인적인 의견을 가지고는 책임에 관련된 문제가 일어날 수 있으므로 사실적이고, 증빙자료가 있는 정보를 제공하는 것이 바람직하다(McCarthy & Sorenson).

윤리적 의사결정을 위한 지침

1. 공개/정보에 입각한 동의에 관한 진술문을 사용하라. 이러한 진술은 이해하기 쉬운 형식으로 기록되어야 하며 비밀보장의 문제와 상담내용 비공개 특권에 관한 문제를 담고 있어야 한다. 또한 목표, 목적 및 개인적 책무성에 대해서도 설명되어 있어야 한다.
2. 비밀을 깨뜨릴 것인지 신중하게 결정하라. 학교 상담전문가, 행정가, 주 또는 국가 학교상담자협회의 자문을 받거나 학교 변호사의 조언을 구하는 것이 현명하다.
3. 조치를 취할 때 근거와 활동과정에 대한 타당한 이유를 함께 기록해 둔다.
4. 관련된 정보만을 제공하라. 개인 정보가 너무 많이 드러나지 않도록 내담자를 보호할 수 있도록 해당 문제에 관련된 정보와 제삼자가 내담자를 어떻게 도와 줄 수 있는지에 관한 정보만을 제공한다(Glosoff, Herlihy, & Spence, 2000).
5. 사실에 대해서만 진술하라. 법정에 출두명령을 받아 조사를 받을 경우 상담자는 개인적인 견해보다는 사실적 정보만을 진술해야 한다(Remley & Herman, 2000, Dollarhide & Saginak, 2003에서 인용).
6. 정보를 알아 두라. 학교상담자는 보호와 관리에 관한 현행 직업규정을 지켜야 하며, 지역교육청의 정책을 반영하는 직무설명서 작성을 도와야 한다(Isaacs, 1997). 직무설명 외의 임무를 잘못 수행하면 소송이 일어날 수 있다(Muro & Kottman, 1995).
7. 법을 알아 두라. 상담자는 연방, 주, 지역의 법이 바뀌는 것을 잘 알고 있어야 하며; 학생들의 이익을 보호하는 법을 옹호하고, 법과 조항의 변화를 가장 먼저 받

아들이게 되는 지역의 인사들과 협력해야 한다.

8. 예방적 접근을 활용해서 다른 사람들이 어떤 때에 학생과 관계자에 관한 정보를 요구할 것이라는 점을 알아 두고, 관계자에게 정기적으로 상담과정에 대해 알려 주어라(Glosoff & Pate, 2002).
9. 아동은 정보가 알려지는 것을 원치 않을 것이라고 가정하지 말고 학생이 기꺼이 공개하는 정보에 관해서 대화하라(Glosoff & Pate, 2002).
10. 중요한 정보를 제공할 때, 정확한 사실을 제공해야 하는 책임이 있는 경우에는 다른 사람들과 협력하라(Stone, 2002).
11. 미래 계획을 위한 과정, 즉 미래의 계획에 영향을 줄 수 있는 졸업 자격에 관한 것과 같이 결정적인 정보를 제공할 때는 학생과 학부모가 그 정보를 받았다는 것을 문서로 확인할 수 있게 해 두어야 한다(Stone, 2002).

상담자와 법원 체제

> 나는 월요일에 법정에 갔다. 그렇게 나쁘지는 않았지만 비밀보장 문제가 걱정되었다. 변호사마다 "비밀보장 문제를 고려하고, ~에 대해 말해 줄 수 있을까요?" 라고 질문을 시작하는 것에 나는 놀라고 기뻤다. 그러한 결정을 해야만 하지 않아도 된다는 것을 알고 마음이 편했다.

이것은 초등학생 대신 법정에 출두하라는 소환을 받은 초등학교 상담자에게 받은 전문이다. 소송을 좋아하는 사회에서, 상담자는 자녀 양육권, 이혼, 아동 학대, 직업 문제와 같은 사건의 증인으로 법정에 서고 있다(LaForge & Henderson, 1990). 이것은 종종 두려운 상황이기는 하지만, 두려움을 덜어 주는 정해진 수행절차가 있다. 공통 절차에는 사례에 대한 정보를 준비하고, 공판 전 회의에 출석하며, 증인 자격으로 조사를 받고, 조서진술을 위해 출석하는 것이 포함된다. 소환장을 받으면, 학교상담자는 학생, 학부모, 학교 변호사와 같이 의논하는 것이 현명하다. 법정에서 증언을 하는 경우 기록을 신중하게 보관하고 있는 것이 중요하다(Linde, 2003). 상담자가 가지고 있는 사례 기록에는 학생을 만난 때, 수행된 계획과 보낸 시간 등에 관한 정보가 포함되어 있다. 법정 출두에 앞서 이러한 사례 기록을 다시 살펴보면 기억을 새롭게 하는 데 도움이 된다.

재판을 준비하기 위해서 상담자는 법정에서 무엇을 해야 할지에 대해 더 알아 보기 위해 변호사와 만나야 한다. 변호사 입회하에 '사실을 밝히기 위한' 조서진술이 법적으로 구속력 있는 정보가 수집되는 공판 날짜 전에도 이루어질 수 있다. 상담자는 전문가로서의 증인이나 사실 확인을 위한 증인으로서 증언을 하도록 요청을 받는다. 전문가로서의 증인은 교육과 경험을 기초로 선발되며, 전문성에 기초해서 분명하고 정확한 사실을 제공하게 된다. 사실 확인을 위한 증인은 자기가 알고 있는 것이나 관찰한 것을 증언한다. 나는 전문가로서의 증인 자격으로 법정에 소환되었을 때 상담자의 역할에 대해 분명하게 알게 되었다.

그 상황에서 나의 자격이 문제가 되었었다. 검사는 내가 심리학자가 아니라 상담자라서 증언이 효력이 없다고 진술했다. 변호사가 나의 자격증과 경험에 대해 설명하려고 애썼지만, 변호사 또한 상담자가 정신건강 체제와 얼마나 관련되어 있는지 그다지 확신하지 못하고 있는 것이 분명했다. 내가 증인이 될 수 있는지에 대해 상당한 논쟁을 한 후(잠시 휴식한 후), 나에게 나의 직책이 심리학자와 어떻게 다른지 설명해 보라고 하였다(LaForge & Henderson, 1990). 이 사건을 계기로 나는 상담이라는 직업에 대해 알리는 것이 얼마나 중요한지를 다시 한번 분명히 깨닫게 되었다.

상담자가 비밀을 지켜야 하는 정보를 공개하도록 요청을 받을 때, 상담자는 다음 두 가지 활동을 고려해 볼 수 있다. 상담자가 정보를 공개하는 것이 상담자로서 비밀보장을 위반하는 것이라는 점을 판사에게 알리고 판결을 요청하거나 아니면 청중이 참여하지 않은 상태에서 상담자가 정보를 말할 수 있도록 요청할 수 있다(Sheeley & Herlihy, 1987). 재판관이 상담자에게 정보를 공개하도록 요구한다면 법정은 내담자에 의해—상담자가 아니라—비밀보장 위반으로 고소될 수 있다.

상담자가 직무상 과실과 태만으로 법정에 소환되는 경우 교육과 경험에서 전문가라고 할 수 있는 동료의 증언을 통해 업무수행에 관한 규정이 정해지게 된다. 많은 훈련과 교육을 받은 상담자일수록 법정에서 더 높은 규정을 적용받게 될 것이다(Linde, 2003).

요약

전문적인 학교상담자는 때때로 명쾌한 답이 없는 상황에 처한다. 미국상담협회(ACA) 분과인 미국학교상담자협회(ASCA)는 ACA가 제정한 윤리적 규정을 근거로 윤리적 지침을 제정했다. 윤리적 기준이 전문상담자에게 방향을 제시해 주기는 하지만, 이러한 기준들은 법률적인 상황에서는 종종 충돌된다. 혼란을 더욱 가중시키는 것은 학교상담자가 성인에 상응하는 권리가 없는 미성년 학생을 상담하는 것으로, 이는 상담관계를 복잡하게 한다. 이 장에서는 ASCA의 윤리적 지침을 요약하였으며, 생각해 보아야 할 윤리적 딜레마들을 제시하였다. 나아가 이 장에서는 법적 문제와 특별히 아동을 상담할 때의 고려사항, 법정 출석을 위한 준비와 관련된 정보를 제시하였다.

참고문헌

Baker, S. (2000). *School counseling for the 21st century*(3rd ed.). Upper Saddle River, NJ: Prentice-Hall.

Cohen, E. D., & Cohen, G. S. (1999). *The virtuous therapist: Ethical practice of counseling & psychotherapy*. Pacific Grove, CA: Thomson.

Cottone, R. R., & Tarvydas, V. M. (1998). *Ethical and professional issues in counseling*. Upper Saddle River, NJ: Prentice-Hall.

Dollarhide, C. T., & Saginak, K. A. (2003). *School counseling in the secondary school: A comprehensive process and program*. Boston: Allyn and Bacon.

Glosoff, H. L., Herlihy, B., & Spence, E. B. (2000). Privileged communication in the counselor-client relationship. *Journal of Counseling & Development, 78*, 454-461.

Glosoff, H. L., & Pate, R. H. (2002). Privacy and counseling in school counseling. *Professional School Counseling, 6*, 20-27.

Henderson, D. H. (1987). Negligent liability and the foreseeability factor: A critical issue for school counselors. *Journal of Counseling and Development, 66*, 86-89.

Hermann, M. A. (2002). A study of legal issues encountered by school counselors and perceptions of their preparedness to respond to legal challenges. *Professional School Counseling, 6*, 12-27.

Huey, W. C. (1986). Ethical concerns in school counseling. *Journal of Counseling and Development, 64*, 321-322.

Isaacs, M. L. (1997). The duty to wam and protect: Tarasoff and the elementary school counselor. *Elementary School Guidance & Counseling, 31*, 326-342.

Isaacs, M. L., & Stone, C. (1999). School counselors and confidentiality: Factors affecting professional choices. *Professional School Counseling, 2*, 158-166.

LaForge, J., & Henderson, P. (1990). Counselor competency in the courtroom. *Journal of Counseling & Development, 68*, 456-459.

Linde, L. (2003). Ethical, legal, and professional issues in school counseling. In B. T. Erford (Ed.), *Transforming the school counseling profession* (pp. 263-292). Upper Saddle River, NJ: Prentice-Hall.

McCarthy, M. M., & Sorenson, G. P. (1993). School counselors and consultants: Legal duties and liabilities. *Journal of Counseling & Development, 72*, 159-167.

Muro, J. J., & Kottman, L. (1995). *Guidance and counseling in the elementary and middle schools: A practical approach*. Madison, WI: Brown & Benchmark.

Nederson, D. A., & Fall, M. (1998). School counseling. In R. R. Cottone & V. M. Tarvydas (Eds.), *Ethical and professional issues in counseling* (pp. 263-292). Upper Saddle River, NJ: Prentice-Hall.

Newman, J. L. (1993). Ethical issues in consultation. *Journal of Counseling & Development, 72*, 148-156.

Remley, T. P. (1985). The law and ethical practices in elementary and middle schools. *Elementary School Guidance and Counseling, 19*, 181-189.

Remley, T. P., & Sparkman, L. B. (1993). Student suicides: The counselor' s limited legal liability. *The School Counselor, 40*, 164-169.

Schmidt, J. J. (1993). *Counseling in schools: Essential services and comprehensive programs*. Boston: Allyn and Bacon.

Sealander, K. A., Schwiebert, V. L., Oren, T. A., & Weekley, J. L. (1999). Confidentiality and the law. *Professional School Counseling, 3*, 122-127.

Sheeley, V. L., & Herlihy, B. (1987). Privileged communication in school counseling: Status update. *The School Counselor, 34*, 268-272.

Stanard, R., & Hazler, R. (1995). Legal and ethical implications of HIV and duty to warn for counselors: Does Tarasoff apply? *Journal of Counseling & Development, 73*, 397-406.

Stone, C. (2002). Negligence in academic advising and aborting counseling: Courts rulings and implications. *Professional School Counseling, 6*, 28-35.

Strein, W., & Hershenson, D. B. (1991). Confidentiality in nondyadic counseling situations. *Journal of Counseling & Development, 69*, 312-320.

Stude, E. W., & McKelvey, J. C. (1979). Ethics and the law: Friends or foe? *Personnel and Guidance journal*, 453-456.

Terres, C. K., & Larrabee, M. J. (1985). Ethical issues and group work with children. *Elementary School Guidance and Counseling, 19*, 190-197.

Varhely, S. C., & Cowles, J. (1991). Counselor self-awareness and client confidentiality: A relationship revisited. *Elementary School Guidance & Counseling, 25*, 269-276.

Wagner, C. A. (1981). Confidentiality and the school counselor. *Personnel and Guidance Journal, 59*, 305-310.

Wilcoxon, S. A., & Magnuson, S. (1999). Considerations for counselors serving noncustodial parents: Premises and suggestions. *Professional School Counseling, 2*, 275-279.

Zingaro, J. C. (1983). Confidentiality: To tell or not to tell. *Elementary School Guidance and Counseling, 17*, 261-267.

| 제3장 |

문화적으로 민감한 전문적인 학교상담자

우리 모두는 익숙하지 않은 환경과 사람들, 우리에게 요구되는 기대로 인해 불편한 상황에 처해 본 적이 있다. 익숙하지 않은 나라에 유학을 가서 낯선 관습과 외국어를 접하게 되는 신입생과 같은 이러한 경험이 어떠할지를 상상해 보자. 내가 처음 Yung Ling을 만났을 때 그는 중국에서 미국으로 유학을 와 있었다. 그의 부모님은 몇 년 전에 먼저 들어온 친척의 보증하에 가족들이 지역 식당에서 일할 수 있도록 허가된 비자를 받았다. 그의 부모는 영어를 전혀 못했고, 그는 영어를 아주 조금밖에 못했으며, 보증을 해준 친척은 조카가 학교에 등록하도록 도와 주러 학교에 올 수가 없었다. 나는 시골 지역교육청의 상담자로서 그에게 필요한 자료를 별로 갖고 있지 못했다. 그가 약간 영어를 할 줄 알았고, 그에게 연습 문제를 풀도록 내주었던 수학 교사가 도와 주었기 때문에, 나는 그 아이를 도울 수 있는 자료를 찾아볼 최소한의 시간을 내어서 대강의 일정을 세울 수 있게 되었다. 재미있게도, 그와 이야기할 때는 마치 목소리를 크게 하면 내가 하는 말을 더 잘 이해할 수 있을 것처럼 매우 천천히 큰 목소리로 말을 하고 있었다.

미국의 학교는 자신에 대한 인식을 발달시키고, 문화적으로 다양한 환경에서 온 다른 사람에 대해 배울 수 있는 기회를 제공함으로써 수용력과 문화적 민감성을 키우는 중요한 위치에 놓여 있다(Johnson, 1995). 상담자는 다양한 배경을 가진 모든 학생을 조력할 수 있도록 자기 인식과 지식 및 기술을 개발할 필요가 있다.

대부분의 상담자 교육 프로그램은 상담에서 문화적 다양성에 관한 주제를 다루는 별도의 과정을 제공하고 있다. 이 장은 이러한 과정을 대체하려는 것이 아니라 청소년의 문화적 발달에 관한 정보를 보충하려는 데 목적이 있다.

지금처럼 미국 사회에서 광범위한 다인종과 다언어 인구로 구성된 인구 통계상의 거대한 변화가 있었던 적이 없었다(Sue, 1991; Holcomb-McCoy, 2003에서 인용). 미국인구조사국(2001)의 예측에 따르면, 2005년에 이르면 백인의 인구 증가율이 가장 낮고, 히스패닉, 아프리카계 미국인 및 아시아계 미국인의 인구 증가율이 가장 높을 것이라 한다. 수년 동안, 이스라엘 Zangwill의 1908년 희곡에서 신조어로 등장했던 "인종의 도가니(melting pot)"라는 개념은, 늘어나고 있는 다양한 배경의 미국 이주민들이 자신의 문화적 가치를 버리고 지배적인 문화의 관습과 가치를 갖게 될 것이라는 가정을 했었다(Pederson, 1994). 그러나 여러 가지 이유로 사람들은 그들 고유의 신념과 전통 및 유산을 고수하는 쪽을 선택했으며(Baruth & Manning, 2003), 그러한 예측은 빗나갔다. 상담자들은 전통적인 접근방식을 고수하여 상담 서비스를 찾는 사람들을 도울 수 없게 되었으며, 다양한 배경의 학생과 가족을 효과적으로 상담하기 위해 자신의 기술을 수정해야만 하게 되었다.

다문화 상담이라는 분야가 비교적 새롭기 때문에 너무나 많은 상담자가 문화적으로 다양한 사람에게 맞지도 않고 도움이 되지 않는 관점인 백인의 세계관을 반영하고 있는 이론적 접근과 개입 전략들을 배워 왔다(Baruth & Manning, 2003; Sue, Ivey, & Pederson, 1996, Baker, 2000에서 인용). 문제를 더 복잡하게 만드는 것은 다문화 상담을 정의하기가 어렵다는 것이다(Holcomb-McCoy, 2003). 미국상담협회(ACA)의 분과인 다문화 상담 및 발달협회(Association for Multicultural Counseling and Development, AMCD)는 다문화주의를 미국과 그 영토 내에 있는 5개의 주요 문화 집단인 아프리카, 아시아, 코카서스, 히스패닉 및 아메리카 원주민과 관련되어 있는 것으로 협소하게 정의하고 있다(Holcomb-McCoy, 2003). 상담 및 관련 교육 프로그램 인증위원회(Accreditation of Counseling and Related Educational Programs, CACREP)는 다문화주의를 인종의 특징뿐만 아니라 "나이, 성, 성적 성향, 민족, 언어, 장애, 문화, 영성, 개인과 집단 및 특정 집단에 대한 평가 및 사정과 관련된 기타 요소들"을 포함하는 것으로 더 광범위하게 정의하고 있다(CACREP. 2001, p.

5). 더 폭넓은 특성이 고려되어야 한다는 많은 전문가의 논쟁으로 넓은 범위의 다양한 집단을 반영하기 위해 **다양성을 고려한 상담(diversity-sensitive counseling)**이라는 용어가 만들어졌으며(Sue, 1992, Weinrach & Thomas, 1998; Baker, 2000에서 인용), 이 장에서는 이 용어를 사용한다. 다양한 학생 집단과 미국 내에서 상당히 증가하고 있는 집단의 특성 및 청소년의 성적 성향 문제에 대해 상담하는 것이 이 장의 주안점이다.

용어의 정의

인종은 때로 인간이 만들어 낸 산물로 간주된다(Armelagos, Carlson, & Van Gerven, 1982, Cameron & Wycoff, 1998에서 인용). 인간의 차이를 설명하기 위해 유래된 이 개념은 이후 '열등한' 인간을 이용하는 것을 정당화하기 위해 사용되었다(Armelagos, Carlson, & Van Gerven, 1982, Carmeron & Wycoff, 1998). 인종은 일반적으로 특정한 물리적 속성을 통해 판단되지만, 동일한 특징을 가지고 사람들을 분류하는 것은 불가능하다(Carmeron & Wycoff, 1998). **인종**을 과학적인 구성개념으로 믿지 않게 되었음에도 불구하고, 이는 심리적으로나 정치적으로 여전히 중요한 역할을 하고 있다. 학교와 기타 기관들은 학생의 진보, 입학률과 졸업률, 대학 입학 허가, 장학금 등을 알아보는 데 이러한 정보를 필요로 한다(Baruth & Manning, 2003; Freitag, Ottens, Gross, 1999).

문화는 세대에서 세대로 전승되는 물리적이고 주관적인 특성을 통해 정의된다(Carmeron & Wycoff, 1998). **물리적 문화**는 사용된 도구, 도로, 건물, 식음 도구의 형태와 같은 것을 말하는 반면, **주관적 문화**는 신념, 가치 및 규준을 포함한다. 같은 인종의 구성원은 자신들의 고유한 문화를 가지고 있는 반면, 같은 인종 안에서도 민족마다 다른 문화를 가지고 있다(Root, 1993). 문화는 개인의 민족이나 국적과 같은 좁은 의미뿐만 아니라 사회경제적 지위, 성, 종교, 가치, 성적 성향 및 장애와 같은 인구통계적 특성을 포함하는 것으로 더 넓은 관점에서 정의되어 왔다(Baruth & Manning, 2003; Freitag 등, 1999; Holcomb-McCoy, 2003).

문화에 대한 넓은 관점의 정의에 대한 비판이 없는 것은 아니다. 어떤 연구자는 연령, 생활양식 및 기타 관계들이 실제로 문화적으로 다른지에 대해 의견이 일치하지 않기 때문에, 이러한 정의가 순수한 의미를 훼손한다고 주장한다. 그러나 더 넓고 포괄적인 정의를 지지하는 사람들은 한 집단 안에서도 다른 민족은 서로 다른 문화를 가지고 있을 뿐만 아니라, 같은 민족 집단에 속해 있는 사람들조차도 서로 다른 문화를 가지고 있을 수 있다고 주장한다(Pederson, 1994). 문화는 사람들이 서로 상호작용하고 변화함에 따라 유동적이며 진화해간다.

개인들의 하위문화와 내부문화뿐만 아니라 집단 내 및 집단 간 문화의 차이도 함께 이해될 필요가 있다. 예컨대, 상담자는 모든 아시아계 미국인들이 같은 신념을 가지고 있다거나 모든 히스패닉 여성들이 같은 방식으로 예배를 드린다고 가정할 수는 없다. 갱단에 속해 있거나, 동성애자이거나, 장애인 지역사회에 있는 사람들은 주된 사회의 행동양식과는 다른 특징적인 행동양식을 가지고 있다. 마찬가지로, 각 개인들은 경험, 교육, 사회경제적 배경, 지리적 위치 등에 토대를 둔 **개인적 문화**를 가지고 있다(Baruth & Manning, 2003). 다양성을 염두에 두는 상담자는 개인과 집단 간의 역동뿐만 아니라 개인과 집단 내의 역동에 대해서도 인식하고 있다(Yagi, 1998).

민족성은 "문화 안에 들어" 있다(Carmeron & Wycoff, 1998. p. 278). 민족은 그 구성원들이 집합적인 독특성을 공유하고 있으며, 문화적 다수와 따로 구별되는 공통된 전통을 공유하고 있는 문화적으로 독특한 집단이다(Diller, 1999). 민족적 특성에는 공통된 가치, 행동, 신념, 의사소통 및 역사적 관점에서 기인한 정체성에 대한 의식을 공유하는 것이 포함되어 있다(Holcomb-McCoy, 2003). 더 큰 문화 집단은 몇 개의 민족들로 구성되어 있다. 민족적 특성과 문화가 유사하다고 해도 이들은 서로 다르다(Carmeron & Wycoff). 미국은 국가 내에서 다수의 사람들이 수용하고 공유하고 있는 개념들로 구성된 국가 문화가 있다. 예를 들어, 돈의 가치를 인정하는 것, 자동차의 우측통행, 정지 신호에 정지하기, 나이프와 스푼, 포크로 식사하기 등이다. 국가 문화에는 각 집단마다 독특한 태도, 신념과 행동을 공유하고 있는 많은 민족 집단들이 존재한다(Carmeron & Wycoff). 예를 들어, 유대계 미국인 여성은 국가 문화의 일원이면서 이러한 문화 내에 있는 민족 집단의 일원이고, 개인의 태도와 경험 및 신념에 따른 자신의 문화를 가지고 있는 것이다.

다양성을 고려한 상담 기술 익히기

상담자의 과제는 새로운 정형을 만들어 내지 않으면서, 다른 배경을 가진 사람들을 효과적으로 조력할 수 있는 인식과 지식, 기술을 획득하는 것이다(Baker, 2000; Carney & Kahn, 1984; Freitag 등, 1999, Holcomb-McCoy, 2003). 이 장에서는 다음과 같은 능력에 대해 살펴본다.

1. 자신의 개인적인 세계관에 대한 인식과 이러한 세계관이 어떻게 문화적 사회화라는 결과를 낳게 되는지에 대한 인식
2. 다른 문화적 배경을 가진 사람들의 세계관에 관한 지식
3. 다른 배경을 가진 사람들을 조력하는 데 필요한 기술(Corvin & Wiggins, 1989, Holcomb-McCoy, & Myers, 1999)

인식

상담자들은 다른 인종/민족 집단의 구성원이라는 것이 무엇을 뜻하는지 거의 생각하지 않기 때문에(Parker, Moore, & Neimeyer, 1998), 자신의 사회화가 갖는 영향력을 종종 과소평가한다(Pederson, 1994; Yagi, 1998). 자기에 대해 이해하기 위해서는 더 많은 능력이 요구되는 영역을 파악할 필요가 있다. 다음과 같은 연습을 사용해서 자기 인식을 확장시킬 수 있다.

| 연습 |

문장을 읽으면서 처음으로 떠오르는 형용사나 문구를 써서 다음 문장을 완성하시오. 생각을 정리하지 말고, 처음에 떠오르는 것을 쓰시오.

아만파 신도들은 일반적으로 ___________ .

아프리카계 미국인은 ___________라고 알려져 있다.
나는 이슬람인을 만나면 ___________한 기분이 든다.
멕시코계 미국인에게 ___________라고 말하고 싶다.
동성애자들의 문제는 ___________이다.
아메리카 원주민은 일반적으로 ___________이다.
아시아 문화권의 사람을 설명할 수 있는 한 낱말을 쓴다면 ___________이다.
이탈리아인은 ___________이다.
여성은 ___________이다.
남성은 ___________라는 점에서 여성과 다르다.

자신이 한 반응을 살펴보면서 어떤 패턴이나, 모순을 발견했는가? 놀랐는가? 더 많은 훈련이 필요한 영역이 있는가? 다른 사람들과 함께 응답한 내용을 나누어 보면 또 다른 인식에 대해 알아볼 수 있는 기회가 될 수 있다.

지식

문화적으로 다른 내담자들의 세계관을 이해하고 수용하는 데 사용되는 두 가지 다른 모델이 있다(Holcomb-McCoy, 2003). **Emic 모델(특수성 모델)**은 문화적으로 특수한 접근방식을 강조한다. 이 모델에서 상담자는 문화에 대해 가능한 한 많은 것을 배우고 특수한 문화의 사람들을 조력할 때 이러한 정보들을 적용한다. 예를 들어, 상담자가 아시아 문화권의 사람들이 자기 노출을 꺼릴 수 있다는 것을 모르고 있다면, 이들을 '내성적' 이라고 치부해 버릴 수 있다. 또 다른 Emic 접근방식에서 보면 아메리카 원주민들은 전통적 치료사를 존경하며 상담자를 찾기 전에 이들의 지혜를 받아들일 수도 있다는 점을 깨닫게 된다. 또 신속함을 중시하는 서구 사회에서 자란 상담자는 시간을 융통성 있게 여기는 문화에서 온 사람들의 '느림' 을 받아들이기 어려울 것이다(Diller, 1999). **Emic 모델(특수성 모델)**은 상담자가 집단 간의 차이에 초점을 두기보다는 공통된 참조 틀을 사용하여 모든 문화에서 공유되고 있는 유사한 특성이나 특징을 찾아내려고 하는 문화-일반적 개념이다(Baruth & Manning, 2003; Freitag 등, 1999; Santrock, 1996). 이러한 접근방식은 상담 방법이나 기술이 문화와 상관없이 모든 사람과 관계가 있음을 강조한다(Diller). 예를 들어, Ekman과 Frusen(1975, Simmons, 1998에서 인용)의 연구에서 수집한 자료에 따르면, 다양한 민족의 사람들이 얼굴 표정과 이에 따른 감정을 확인하는 데 매우 일치하고 있음을 보여줌으로써 얼굴 표정과 감정에 대한 보편적인 인식에 대해 결론을 내리고 있다.

일부 전문가들은 Emic 접근방식은 집단 간의 차이를 강조하는 한편 Etic 모델은 이러한 차이를 무시하기 때문에, 두 모델 모두 문화적 무감각을 이끌어 낸다고 본다(Baruth & Manning, 2003). 다음 연습은 다른 문화 또는 민족/인종 집단에 대해 더 많은 지식을 갖도록 하기 위한 것이다.

| 연습 |

자신이 다른 문화에서 온 사람이라고 상상해 보라. 생활은 어떻게 달랐을까? 성 차이, 가족 상호작용, 경제적 고려사항, 교육의 불일치, 가치관, 믿음 등의 관점에서 생각해 보라.

기술

다른 문화의 학생과 부모를 이해하기 위해서는 문화에 대한 지식도 중요하지만 그것만으로는 충분치 않다. 특정 문화 집단에 익숙해지기 위한 기술도 필요하다(Holcomb-McCoy, 2003). **기술훈련**은 상담자가 적절한 개입 기술을 개발하고 연습하는 데 도움이 된다(Holcomb-McCoy, 2003). 더 작은 단위로 기술 영역이 세분되어 있는 **미시기술 훈련**은 다른 배경과 관심사를 가지고 있는 사람들을 돕는 데 적절한 기술을 선택할 수 있다는 점에서 효과적이다(Pederson, 1994). 모든 사람은 자신의 지각과 신념, 감정, 사고 및 행동에 영향을 주는 여러 집단에 속해 있으므로, 개인상담은 다양성을 고려한 상담이라고 할 수 있다(Patterson, 1996).

상담이라는 용어만으로도 무의식적으로 선입견을 드러낼 수 있다. 예컨대, **자기 존중감**과 **자기 이해**라는 용어는 서구적 견해에 기초를 두고 있는 일반적인 상담 용어이지만 일본과 같은 집단주의 문화의 사람들에게는 맞지 않다. 이러한 문화에서는 가족이나 집단의 복지가 개인의 복지보다 더 중요하며, 가족보다 개인의 자아 개념을 더 중시하는 것은 무책임하고 심지어는 피해를 주는 것으로 여겨진다(Pederson, 1994).

더욱이 상담자가 개인의 자연스러운 지지 체제보다 공식적인 개인상담이 더 도움이 된다고 믿고 있는 경우, 서구적 이데올로기는 무의식적으로 차별을 조장하게 될 수 있다. 상담자들은 가족과 친구, 지역사회의 다른 구성원이 가지는 영향력을 인식하고, 지지하고, 촉진해 주어야 한다(Pederson, 1994). 이러한 의미 있는 타자들은 개인에게 활력을 주고 격려를 준다. 어떤 사람들은 상담자보다는 부모나 친구, 다른 가족과 개인적인 걱정거리에 대해 논의하는 것을 더 좋아할 수도 있다(Baruth & Manning, 2003).

중서부의 한 고등학교는 모든 외국 교환 학생과 다른 국가에서 온 학생들의 국기를 게양해서 환영받는 느낌을 가질 수 있도록 했다. 부모가 다른 국가 출신인 학생들의 국기도 모든 사람들이 볼 수 있도록 구내식당에 게양했다.

학생의 세계관을 이해하는 것은 상담자의 임무 중 일부이다(Baruth & Manning, 2003). 한 사람의 세계관에 영향을 주는 여러 가지 요소에는 사회정치적 요소(Merchant & Dupuy, 1996)와 발달적 특징뿐 아니라 문화 집단, 인종 또는 민족 집단, 가족, 주 또는 국가, 사회 계층, 성, 성적 성향, 장애(Baruth & Manning, 2003)가 포함된다. 이러한 요소들과 각 발달 단계의 발달적 생애 주기와 발달과업이 엇갈리는 부분이 중요하다. 어린이와 청소년은 다양한 생애 주기의 문화와 상당히 다른 독특한 발달적 특징을 가지고 있다.

어린이와 청소년의 발달적 문제

어린이와 청소년의 발달적 문제를 이해하는 것은, 특히 발달이 문화적 문제와 겹쳐져 있기 때문에 상담자에게 어려운 임무이다(Baruth & Manning, 2003). 예를 들어, 청소년의 발달은 사회적 지지, 생활 스트레스 및 스트레스에 대한 개인의 반응이 백인 중류층을 기준으로 설명되었다는 점에서 서구적인 개념으로 등장한 것이다.

미국과 다른 산업화된 국가들은 성취와 독립성을 갖도록 개인을 사회화시키는 반면, 비산업화된 나라의 청소년은 복종과 가족에 대한 성실성에 더 큰 가치를 두어 사회화된다(Santrock, 1996). 심지어 미국 사회의 다양한 청소년들도 서로 다르게 사회화된다. 멕시코계 미국인 청소년은 코카서스계 미국인 청소년에 비해 덜 경쟁적이고, 덜 성취지향적이며, 더 협동적으로 사회화된다(Santrock). 또한 아시아계 미국인 청소년은 코카서스계 미국인 학생에 비해 더 성취지향적이다(Sue & Okazaki, 1990, Santrock에서 인용).

청소년들 사이에서 성적인 차이도 문화에 따라 달리 나타난다. 어떤 문화에서는 청소년의 성적 활동이 정상적인 것으로 여겨지지만 다른 나라에서는 금지되어 있다. Ines Beag는 아일랜드 해안의 작은 섬에 살고 있다. 이 문화권의 사람들은 성교는 건강하지 못한 것이며 자신의 에너지 수준을 감소시킨다고 믿고 있다. 프렌치 키스와 손으로 성기를 자극하는 것을 경멸한다. 이와는 대조적으로, 남태평양 Mangaian 문화권의 소년들은 6세 또는 7세의 어린 나이에 자위행위를 배우고 열세 살에는 성기에 작은 상처를 내는 수술을 받는다. 이러한 절차를 거친 후, 소년들은 성교를 하고 오르가즘을 배우며 성적 경험이 있는 여성들과 함께 성교 상대를 즐겁게 해주는 방법을 배운다. 미국 청소년은 성적 행동에 있어 이런 양 극단의 중간 지점 쯤에 놓여 있다(Santrock, 1996).

미국의 소수집단은 낮은 사회경제적 집단을 대표하는 것으로 지나치게 과장되어 설명되고 있기 때문에, 종종 그 차이가 사회경제적 지위로 인한 것이라기보다 민족적인 태도나 행동에서 나오는 것으로 잘못 설명되고 있다. 민족적인 특성과 사회계층 간의 상호작용에 관한 연구는 거의 없다. 예컨대, 자녀 양육태도는 미국의 가정 내에서도 서로 다르다. 민족/인종적 배경에 상관없이 노동자 계층, 낮은 사회경제적 계층은 복종과 단정함을 강조하며, 질책과 체벌을 통해 교육이 이루어진다. 이와는 대조적으로 중산층 부모는 자기 통제에 가치를 두며 주장 및 협상과 같은 방법을 통해 교육한다(Santrock, 1996).

다양한 문화에 속해 있는 대부분의 사람들은 청소년기에 처음으로 자신의 민족적 특성에 직면하게 되며 자신의 집단이 받고 있는 부정적인 평가에 대해 더 많이 깨닫게 된다(Baruth & Manning, 2003). 청소년들이 직면하는 한 가지 주요 과업은 문화적 정체성을 포함해서 정체성을 발달시키는 것이다. 너무나 많은 청소년들이 자신의 민족/문화 집단에서 대표되는 역할모델이 거의 없는 상태에서 빈곤, 편견 및 비관주의와 같은 문제가 있는 어려운 상황에서 자신의 정체성을 발달시켜 가고 있다(Baruth & Manning, 2003). 이들 청소년은 자신의 집단과 지배적인 문화 집단 간의 가치와 신념, 행동을 어떻게 절충해야 할 것인지에 대해 갈등을 겪고 있으며, 자신들에게 기회가 제한되어 있다고 인식하게 되면 목표 설정은 어려워진다. 학교상담자는 인간을 존중하고, 차별을 하지 못하도록 고안된 활동을 촉진하고 옹호해야 하는 전문적, 윤리적 의무를 가지고 있다(Johnson, 1995).

이 장의 뒷부분은 AMCD에서 주장하고 있는 능력과 학교에서 가장 크게 증가되고 있는 아프리카계 미국인, 아시아계 미국인, 히스패닉 미국인에 초점을 둔다. 성적 정체감 문제를 겪고 있는 사람들을 포함하여, 여성과 남성 상담에 관한 문제도 논의한다. 영재 학생을 포함한 특수 학생의 상담에 대해서는 다른 장에서 다룰 것이다.

아프리카계 미국인 학생과 가족에 대한 상담

> 교외의 한 고등학교 교장은 11학년생인 아프리카계 미국인 학생 때문에 어려움을 겪고 있었다. 이 학생은 계속 지각을 했고 숙제를 하지 않았다. 교장이 의논을 하려고 가정을 방문했을 때 어머니와 할머니, 이모가 모임에 참석한 것을 보고 놀랐다.

빈곤, 제한된 고용, 적은 교육 기회와 차별은 아프리카계 미국인에게 영향을 미치고 있는 문제들이다(Young, 1993). 아프리카계 미국인은 종종 상담자가 문화적으로 무감각하고, 아프리카계 미국인 상담자는 거의 없으며, 상담자들이 아프리카계 미국인 문화를 거의 이해하지 못할 것이라고 인식하고 있기 때문에 상담 서비스를 이용하지 않는다(Baruth & Manning, 2003). 친척관계, 가족 역할과 종교에 초점을 둔 상담개입은 아프리카계 미국인 학생과 그 가족을 상담하는 학교 상담자에게 유용한 전략이다(Diller, 1999).

인식

학교상담자는 아프리카계 미국인의 개인적 이력과 가족 경험에 대해 이해해야 한다. 대부분의 아프리카계 미국인 가족들은 개인적, 감정적 생존에 중요한 지지체가 되는 생물학적, 비생물학적 관계를 모두 포함하는 복잡한 가족망을 가지고 있다. Fordham과 Ogbu가 "가상 친척관계"(Howard-Hamilton & Behar-Horenstein, 1995에서 인용)라고 언급한, 집단적 정체성은 만족과 자아 개념의 가장 큰 근원 가운데 하나이다(Gary 등, Wilson & Stith, 1993에서 인용). 많은 아프리카계 미국인 학생들이 편부모 가정이나 때로 아버지 상이 없는 여성 가장의 가정 및 조부모가 손자녀 양육을 책임지는 가정에서 살고 있다(McDavis & Parker, 1993).

아프리카계 미국인들 사이에서 보이는 강한 영성은 강력한 자원이다. 때로 교회는 아프리카계 미국인이 소속감과 수용감을 느끼는 유일한 장소가 된다. 교회 안의 구성원들은 긍정적인 자아 개념을 가질 수 있게 하는 어떤 역할을 교회 내에서 맡고 있는 경우들이 있다(McDavis & Parker, 1993). 스트레스 상황에 있을 때 학교상담자는 가족들이 문제 상황에 대해 도움을 받을 수 있도록 목사의 도움을 받아 보도록 하는 것을 고려해 볼 수 있다.

지식

아프리카계 미국인 청소년이 상담하고자 하는 가장 큰 공통 관심사는 정체성 문제, 학업, 인간관계, 공격성 및 목표 설정이다(Baruth & Manning, 2003). 문화에 대한 인식이 있는 상담자는 아프리카계 미국인과 백인 미국인의 가치관의 차이를 알고 있다. 백인 미국인은 독립심, 성취, 물질주의, 목표 및 권력에 더 큰 가치를 두는 반면, 많은 아프리카계 미국인은 나눔, 권위에 대한 복종, 영성과 개인적 전통을 더 강조한다(Wilson & Stith, 1993). 상담자들은 어린이와 청소년이 종종 언어 문제와 학교에서의 갈등을 겪고 있다는 것을 알고 있다. 아프리카계 미국인의 악센트는 가정과 지역사회에서는 받아들여지지만(McDavis & Parker, 1993), 학교에서는 표준 영어가 사용되고 있기 때문이다.

기술

문화적으로 유능한 상담자는 아프리카계 미국인 학생들의 언어와 비언어적 의사소통 패턴에 대해 알고 있어야 한다. 아프리카계 미국인들은 비언어적 의사소통을 언어적 의사소통보다 더 정직하다고 생각하기 때문에 비언어적 의사소통에 주목한다. Sue(1981, Exum & Moore, 1993에서 인용)는 아프리카계 미국인들은 대화를 할 때 다른 문화의 사람들에 비해 공간적으로 가까이 있는 것을 더 좋아한다고 지적했다. 게다가, 아프리카계 미국인은 남의 이야기를 들을 때 눈을 맞추지 않는 경향이 있는데, 많은 교육자들은 이러한 행동을 무관심의 표시로 잘못 이해하고 있다(Young, 1993).

아프리카계 미국인이 직면해 있는 가장 심각한 문제 중 하나는 교육 수준의 저하이다. 아프리카계 미국인 학생들은 불균형한 비율로 특수교육 학급과 읽기와 수학 낙제생으로 드러나고 있다. 아프리카계 미국인 청소년들은 학습장애, 정신지체, 학업부진으로 판명되는 경우, 학업적, 사회적, 정서적으로 성취를 하지 못하고, 부족한 자기 정체성을 발달시키게 되는 더 큰 위험에 놓이게 된다(Campbell-Whatley, Algozzine, & Oblakor, 1997). Faribaldi(1992, Exum & Moore, 1993에서 인용)의 연구에서는, 아프리카계 미국인 남성의 95%가 고등학교를 졸업하려고 했었지만 교사들이 고등학교 공부를 지속할 만한 동기를 주지 못했다고 느꼈다. 개인지도와 역할놀이 및 자기 조력 서적과 같은 교육 자료들이 아프리카계 미국인 청소년들 사이에서 자아 존중감을 향상시키고, 긍정적인 태도를 촉진시키는 데 효과적이었다(Washington, 1989, Holcomb-McCoy & Myers, 1999에서 인용).

| 연습 |

다음 문제는 배경이 서로 다른 자신과 타인에 대한 인식을 발달시키기 위해 고안된 것이다.

1. 자신의 인종이나 민족에의 소속감에 대해 처음 깨달았던 것은 무엇인가?
2. 어린 시절로 돌아가서 내가 다른 사람과 '다르다' 고 느꼈던 때를 떠올려 보시오.

느낌은 어떠했고, 어떤 생각을 했으며, 무엇을 했었는가?

3. 어떤 사건을 계기로 다른 사람들과의 '차이'을 확인하게 되었는가? '같은 점'에 초점을 두게 한 사건은 무엇인가?
4. 자신이 달랐더라면 좋았을 것이라고 생각해 본 적이 있었는가? 이러한 사건을 촉발시킨 것은 무엇이었는가? 그 때 어떻게 했는가?
5. 어린 시절에 만났던 사람들 중에 자신과 달랐던 사람들에 대해 생각해 보자. 그 사람들을 어떻게 대했는가? 어떤 경험을 통해 이러한 사람들에 대해 다르다고 생각하게 되었는가?

아시아계 미국인 학생과 가족에 대한 상담

일본의 홋카이도에서 대학원생들을 가르칠 때 나는 학생들이 교육과 학습을 매우 존중하고 가치를 두는 데 매력을 느꼈다. 수업이 끝날 때마다 적어도 한 학생은 가르침에 대해 반드시 고맙다는 말을 했다. 또한 지방의 한 고등학교 교사였던 대학원생 하나가 수업에 지각한 것에 대해 장황하게 사과하는 것을 보면 그들이 집단 조화를 중시하는 것이 매우 분명했다. 그는 자기 학생 한 명이 상점에서 도둑질을 하다 경찰에 잡혔고, 자신이 담임선생이어서 경찰서에 가야 했다고 설명했다. 문제가 해결되고 난 뒤에야 부모들이 호출되었다.

학교에서 가장 빠르게 증가하고 있는 집단 가운데 하나인 아시아계 미국인 학생들은 동질집단은 아니지만 자신들의 독특한 문화와 역사를 가진 많은 하위문화 집단들로 구성되어 있다(Baruth & Manning, 2003; Morrisey, 1997). 이들 집단에는 동아시아인(중국, 한국, 일본), 태평양 제도인(하와이, 사모아), 동남아시아인(캄보디아, 베트남) 및 남아시아인(인도, 파키스탄)이 포함되어 있다. 아시아계 미국인들 사이에는 가족, 성, 역할, 종교, 전통, 관습, 언어 및 정체성 면에서 강한 문화적 공통점도 있지만(Morrisey, Yagi, 1998), 이들 집단 간에는 상당한 다양성이 있다(Root, 1993).

많은 아시아계 사람들이 집단에 대한 충성에 도덕적 가치를 부여하고, 공적으로 창피를 줌으로써 나쁜 행동을 통제하며, 권위에 복종해야 한다는 유교적 신념을 고수하고 있다(Pederson, 1994). 이들은 숙제를 하고, 교육에 관련된 활동을 하거나 개인 교습을 받는 데 시간을 보내기 때문에 많은 사람들은 이들을 '모범적인 소수'라고 부르고 있다. 이러한 인식으로 인해 아시아계 미국인은 거의 문제가 없다고 생각하게 되었지만, 사실 이들은 코카사스 미국인 또래들보다 더 불안하고 걱정이 많으며, 다른 청소년들이 겪는 문제들을 같이 겪고 있음이 확인되었다(Morrisey, 1997; Sue & Sue, 1993).

인식

이들의 문화에서는 가족 단위가 존중되고, 좋지 않은 행동은 가족 내에서 관리가 된다. 청소년과 어린이들은 전통적인 아시아적 신념과 지배적인 집단의 문화 간에 충성심을 절충해야 하기 때문에 엄청난 스트레스를 받고 있다.

아시아계 학생들은 기계, 과학, 수학과 같은 분야에 흥미를 보이는 경향이 강한데, 이는 부분적으로 이들 직업이 가지고 있는 구조적이고 명확한 특성 때문이다. 상담자들은 이런 분야에 아시아인이 매우 많기 때문에 무의식 중에 학생들이 이런 직업을 갖도록 이끌게 될 수도 있다(Sue & Sue, 1993).

지식

아시아계 미국인 청소년과 어린이는 '모범적인 소수 집단' 에게 기대되는 역할을 수행해야 하는 도전에 직면해 있다. 연구에 따르면 아시아계 미국인들은 다른 인종이나 민족 집단에 비해 숙제를 하는 데 더 많은 시간을 할애하며, 상급과정을 이수하거나 고등학교 및 대학교를 졸업하는 비율이 더 높다고 한다(Baruth & Manning, 2003). 반대로, Hmong과 같은 동남아시아인들은 쓰기에 대한 선행 경험이 부족해서 학교에서 추가적인 어려움을 겪게 될 수도 있다. 이는 학습장애, 청각장애 또는 언어장애로 인해 더 악화될 수 있다(Schwartz, 날짜 미확인).

아시아계 미국인들은 사회적으로 더 억제되어 있고 사회적인 활동에 참여하는 것을 꺼리는 경향이 있다(Sue & Sue, 1993). 이러한 사회적 고립은 맞벌이 부모, 저녁 학원 수업(방과 후 개인 교습) 및 핵가족화로 인한 것이다(Woronoff, 1980). 아시아계 후손들은 분명하게 정해진 기대를 가지고 있는 부모와 권위적 인물에게 의존한다. 아시아계 미국인 학생들은 종종 개인주의, 독립심 및 자립과 같은 서구적 가치관과 가족에 대한 의무와 의존과 같은 아시아적 가치관 사이에서 갈등을 겪는다(Sue & Sue).

기술

아시아 학생들은 종종 신체 통증을 호소하거나 교육적/직업적 문제와 같은 사회적으로 용납되는 형태의 문제를 가지고 상담을 받으러 온다(Diller, 1999; Morrisey, 1997; Sue & Sue, 1993). 위계가 세워져 있는 의사소통 양식 때문에 어린이들은 윗사람을 존경하고, 어른에게 질문을 삼가야 한다는 교육을 받고 있으며, 어른들이 조언이나 실제적인 해결책을 제공해 주는 구조화된 상황을 더욱 편안하게 여기는 경향이 있다(Sue & Sue). 이 때문에 학교상담자는 아시아 학생들에게 직접적이고 구체적인 상담개입을 함으로써 상담을 촉진한다.

상담자들은 아시아계 미국인이 가지고 있는 강한 가족 중심적 가치 때문에 부모가 참여하도록 할 수 있다. 숙제에 관한 문제를 다룰 때 긍정적이고, 문제해결적이며, 현재 중심적으로 문제를 다루는 해결 중심적 전략을 사용하는 것도 아시아 배경의 학생을 상담하는 좋은 방법이다(Morrisey, 1997).

이들은 사적인 일을 공개하는 것을 가족에게 누를 끼치는 것으로 여긴다(Diller, 1999; Sue & Sue, 1993). 자제하고 침묵하는 것은 강함과 존경심을 나타내는 반면(Root, 1993), 감정표현은 미성숙(Sue & Sue)과 개인적 나약함(Root)을 나타내는 것으로 해석된다. 게다가, 아시아계 미국인들은 비언어적 표현에 민감하며, 자세, 얼굴표정과 같은 비언어적인 표현에 주의를 기울인다(Schwartz, 날짜 미확인).

아시아계 학생들에게는 집단상담이 어려울 수 있는데, 이것은 이들이 조화와 질서에 가치를 두고 있으며, 의견이 맞지 않는 경우 자신과 의견이 다르다는 생각이 없어지지 않고 마음 속에 쌓이는 경향이 있기 때문이다(Woronoff, 1980). 갈등이 생겼을 때, 동료들의 신념이나 태도와 다른 자신의 신념이나 태도는 표현하지 말아야 한다는 위계적인 사회 '규칙' 때문에 타협이 어렵다. 그러나 이 때문에 동료집단은 부정적인 행동을 바꾸는 데 영향력이 있을 수 있다(Kim, Omizo, & Salvador, 1996).

사회극은 다양성 문제를 다루는 데 사용되어 온 방법으로, 심리극이 특정 개인의 상황을 다루는 것과 매우 비슷한 방법으로 지역사회와 집단의 문제를 다룬다. 이러한 극/활동은 편견과 다양성 문제가 많은 대학생 사회에서 성공적으로 사용되었으며, 다른 연령의 집단에 맞도록 쉬운 형태로 변형되어 사용되고 있다. 다음의 사회극 연습은 학교상담자들이 학령기 청소년에게 사용할 수 있도록 고안된 것이다.

| 연습 |

참가자들에게 자신이 다른 사람들과 다르다고 느꼈던 때에 대해 생각해 보게 한다. 한 지원자가 이러한 기억을 실연하고, 다른 한 사람은 상담자 역할을 하고, 다른 참가자들은 기억 속의 중요한 출연자 역할을 하도록 정한다. 더 사실적으로 사회극을 하기 위해 소도구도 사용한다.

재현이 끝난 다음 상담자는 다음과 같은 질문을 할 수 있다.

1. 어떤 통찰을 하게 되었는가?
2. 이 장면에 들어와 있어 보니 어떠한가?
3. (기억을 재현했던 지원자에게) 이런 경험을 되살려 보면서 지금 새로 갖게 된 생각은 무엇인가?

히스패닉 미국인 학생과 가족에 대한 상담

Esperanza는 1세대 멕시코계 미국인 대학원생으로 학교상담자가 되기 위해 공부하고 있는 중이다. "스페인어를 할 수 있는 상담교사가 더 필요해요."라고 그녀가 설명한다. "학창 시절에 부모님이 학부모 회의에 참석했을 때, 부모님은 영어를 잘 하지 못했기 때문에 상담자나 교사가 하는 말을 제가 통역하곤 했어요. 자연스럽게 저는 저에게 유리한 쪽으로 통역을 했고, 부모님은 제가 학교에서 종종 징계를 받았던 것을 거의 모르셨어요. 제가 그렇게 말하지 않았기 때문이죠."

히스패닉 미국인은 미국에서 가장 빨리 증가하고 있는 문화 집단 중 하나이다. 그리고 아시아계 미국인과 마찬가지로, 몇 개의 국가, 문화, 민족이 이 집단에 포함되어 있다. 히스패닉은 멕시코, 중앙아메리카 및 남아메리카, 푸에르토리코, 쿠바 및 과테말라 출신 등이다.

인식

남성적 자부심은 남성에 대한 기대와 행동을 여성에 대한 기대나 행동과 뚜렷하게 구별짓는 강력한 가치이다(Baruth & Manning, 2003). 남성이 여성보다 더 가치가 있고, 여성은 복종적이며 의존적이라는 생각은 남녀평등을 강조하는 서구의 이데올로기와 일치하지 않는다(Hayes, 1997). 여성이 권위적인 지위(예, 교사)에 있고 남성(예, 학생)이 여성의 지시에 따라야 할 때 갈등이 일어난다(Hayes). 아프리카계 미국인과 마찬가지로, 히스패닉인들은 가정에서는 스페인어를 사용하고 학교에서는 영어를 사용하는 경향이 있기 때문에, 언어 또한 문제가 된다.

지식

많은 히스패닉 미국인 청소년들은 가난하고 불리한 교육환경과 경험을 하면서 산다. Baruth와 Manning의 연구(2003)에 의하면, 히스패닉 미국인 고등학생 6명 중 한 명은 영어 과목에서 좋은 성적을 받지 못하고 있으며, 타 문화 집단의 또래들에 비해 중퇴율이 더 높고, 더 폭력적인 행동을 하며, 학업에 대한 욕구가 낮다. 이러한 특성은 때로 자아개념에 부정적인 영향을 주기도 한다.

강한 가족 유대가 의사결정을 하는 기초가 된다. 가족의 요구가 개인의 요구보다 더 중요하다. 때로 종교 또한 많은 히스패닉 문화에서 중요한 부분을 차지한다; 상담자가 종교적 믿음의 문제를 피해 간다고 해도, 종교는 때로 히스패닉인을 평가할 때 고려되어야 할 필수적인 요소라고 할 수 있다(Hayes, 1997).

기술

상대적으로 히스패닉 청소년에게 필요한 정신적 건강에 관련된 정보가 거의 없기 때문에, 학교상담자들은 효과적으로 상담방법을 선택하기가 어렵다(Baruth & Manning, 2003). 히스패닉은 개인적이고, 친밀한 수준의 관계를 선호하며, 문화적으로 숙달된 상담자는 이러한 내담자와 접촉할 때 '잡담'이 중요하다고 주장한다(Hayes, 1997). 집단응집력이 강한 그들의 성향 때문에 히스패닉 학생들에게는 집단상담이 적합할 수 있다.

아동의 진로계획에 가능한 한 일찍 가족을 참여시키도록 권고되고 있으나(Baruth & Manning, 2003), 이들은 미래보다는 현재를 중시하기 때문에 중등학교 이후의 의사결정과 목표설정을 하는 것이 어렵다(Avila & Avila, 1993). 안타깝게도 상당한 수의 히스패닉 어린이들이 백인 상담자와 히스패닉 가족 간의 가치 체계의 차이—민간 처치와 종교적 치료 영역과 같은—로 인해 가족들로부터 버려지거나 입양된다. 예컨대, 어떤 히스패닉들은 위장에 끼어 있는 음식 때문에 결장이 생긴다고 생각하고 있으며, 이것이 어린이의 피부를 잡아당기거나 몸에 기름을 발라 문지르고, 진흙투성이 약초를 바르면 치료된다고 믿고 있다(Beal & Beal, 1993).

다음 연습은 다른 집단의 사람들에 대해 가지고 있는 개인적 인식을 알아보기 위한 것이다. 연습을 마친 후 자기가 한 응답과 통찰에 대해 짝과 함께 논의해 보라.

| 연습 |

다음 표에 나열되어 있는 각 항목에 가장 잘 맞는 집단에 표시하시오. 너무 오랫동안 생각하지 말고 처음에 떠오르는 느낌대로 표시하시오. 처음에 한 응답이 일반적으로 가장 정확하다. 표를 작성한 다음, 항목들을 다시 검토해 보고, 놀랍다고 생각되는 항목이 있는지 찾아 보시오. 어떻게 생각하는가? 느낌은 어떠한가?

	히스패닉	아시아인 미국인	아프리카계 교도인	이슬람	영재	신교도들	게이	레즈비언	양성애자	유대인	고아	혼혈아
어렸을 때 알았던 사람												
고등학교에 가서 알게 된 사람												
일하면서 알게 된 사람												
더 친해지고 싶은 사람												
가장 두려운 사람												
가장 잘 피하는 사람												
가장 잘 모르고 있는 사람												

상담에서 성차의 문제

대부분의 상담 및 인간발달 모델들은 남성을 기준으로 한 남성중심 사고에 기초를 두고 있다(Wastell, 1996). 남성과는 다른 여성의 발달적 문제들을 고려하지 않은 채 여성을 이러한 기준에 맞추어 비교하는 경우 적절하지 않은 상담이 이루어지게 된다. 상담자가 성차에 대해 자신이 가지고 있는 태도와 신념에 대해 인식하지 못하고 있으면 상담과정에 부정적인 영향을 미칠 수 있다(Wastell). Simon, Gaul, Friedlander와 Hetherington(1992)의 연구에서는 성, 성역할 성향 및 상담자의 인상과 기대치 사이에 의미 있는 관계가 있는 것으로 나타났다. 사실, 남성적인 특징이라거나 여성적인 특징이라고 명명하는 것 자체가 바로 정형화하거나 상담에 의뢰되도록 만드는 것이다.

소녀가 소년보다 덜 경쟁적이라는 생각은 여성의 자아개념에 부정적인 영향을 주며(Santrock, 1996), 소년에 비해 더 낮은 학업적, 직업적 야망을 갖게 한다. Carol Gilligan은 소녀가 소년보다 높은 평가를 받지 못한다는 것을 인식하게 되는 청소년 초기(11~12세)에 소녀는 발달과정에서 중요한 지점에 도달한다는 것을 발견했다(Santrock). 여성은 감성적이고 남성은 이성적이라는 고정관념(Shields, Santrock에서 인용)은 의사소통과 관계를 맺는 양식에서 남성과 여성의 차이에 대한 인식을 만들어 낸다(Tannen, 1990, Santrock에서 인용). 그러나 지금까지 성차는 매우 과장되어 왔다. 예컨대, 남성과 여성은 같은 얼굴표정을 보이며, 유사한 감정적 경험을 하고, 같은 말을 사용해서 감정을 묘사한다(Santrock).

다른 연구자들은 남성이 가지고 있는 요구들이 종종 무시되고 있음을 지적한다. 남성은 종종 자신을 적절하게 표현할 수 없을 것이라고 느끼기 때문에 방어를 하며, 다른 사람들과 거리를 두고, 가족보다 일을 우선시한다(Santrock, 1996). 상담자는 여성의 잠재력과 그 잠재력이 고정관념에 의해 어떻게 차단되고 있는지에 대해 생각해야 하며, 학생들이 전통적인 성역할에 의문을 갖고 삶 속에서 의사결정을 할 수 있도록 격려해 주어야 한다(Thomas, 1977, DeVoe, 1990에서 인용).

인식

청소년의 성과 학교상담자의 성, 그리고 상담관계에서 이들의 동성, 이성 여부가 갖는 효과에 관해서는 많이 알려져 있지 않다. 연구자들은 상담을 꺼려 하거나 자신을 드러내기 싫어하는 것과 같은 남성 관련 특성에 비해 표현과 유대감, 친밀감과 같은 여성 관련 특성이 상담과정에서 더 바람직하다는 것을 밝히고 있다(Heatherington & Clinchot, 1988, Simon 등, 1992에서 인용). 반면 이러한 여성적 특성은 상담과정의 성공에 있어서는 더 바람직하다고 인식될 수 있지만, 여성이 의존적이고 의사결정 능력이 부족하다고 인식되는 경우에는 좀더 병리적인 것으로 간주될 수도 있다. 다음 연습은 자신이 가지고 있는 성 태도에 대한 인식을 발달시키는 데 도움이 될 수 있다.

| 연습 |

처음에 떠오르는 생각을 써서 다음 문장을 완성하시오.

1. 나는 어릴 때 소녀들은 ___________해야 한다고 배웠다.
2. 나는 어릴 때 소년들은 ___________해야 한다고 배웠다.
3. 여성에 대해 내가 가지고 있는 생각 중 한 가지는 ___________이다.
4. 남성에 대해 내가 가지고 있는 생각 중 한 가지는 ___________이다.
5. 여성에 대해 어머니께서 가르쳐 준 것 중 한 가지는 ___________이다.
6. 남성에 대해 아버지께서 가르쳐 준 것 중 한 가지는 ___________이다.
7. 남성에 대해 어머니께서 가르쳐 준 것 중 한 가지는 ___________이다.
8. 여성에 대해 아버지께서 가르쳐 준 것 중 한 가지는 ___________이다.
9. 선생님은 소녀들에게 항상 ___________라고 말했다.
10. 선생님은 소년들에게 항상 ___________라고 말했다.

지식

Erik Erikson은 정체성 대 역할 혼란을 청소년기에 수행되어야 할 과업으로 정의하였다(Wastell, 1996). 이 이론은 여성보다는 남성에 기초하여 초점을 두고 연구한 것이라는 점에서 비판을 받아 왔다(Peck, 1986, McBride, 1990에서 인용). 청소년에 관한 국가적 연구결과 남성과 여성 간에 정체성 형성은 매우 다르게 나타났다. 소년은 직업 관련 기술과 능력 측면에서 미래에 대한 정체성을 묘사했던 것과 달리, 소녀는 사랑과 인간관계 측면에서 미래의 자신에 대해 이야기했다(Douvan & Adelson, 1966, Horst, 1996에서 인용).

상담분야에서 자율성의 문제 역시 주목을 받았다(McBride, 1990). 여성은 전통적으로 재정적 자원과 생활을 다른 사람에게 의존하고, 자신이 원하는 것에 주목하기보다는 다른 사람의 요구를 만족시켜 주도록 사회화되었다(McBride). 다음 연습은 성차와 관련된 문제를 더 잘 이해할 수 있게 하는 데 도움이 된다.

| 연습 |

다음 표에 제시된 것처럼 종이에 2개의 목록을 작성하시오. 한쪽에는 여성에 대해 사회가 기대하는 것을 열거하고, 다른 쪽에는 남성에 대해 사회가 기대하는 것을 써 보시오.

여성에 대한 사회적 기대	남성에 대한 사회적 기대

1. 이러한 기대는 당신에게 어떤 영향을 미쳤는가? 다른 사람에게는?
2. 당신이 다른 성이었다면 이러한 기대는 어떻게 달라졌을까?

기술

자서전적이고 전기적인 이야기를 통해 다른 사람들이 성별과 관계있는 상황에서 어떻게 적응했는지를 대리 경험해 보면 새로운 가능성이 드러난다. 학생들에게 매체나 전기를 통해서 접했던 역할 모델에 대해 설명해 보게 할 수 있다. 자기가 가장 좋아하는 인물의 장점과 한계점, 이들 인물이 어려움과 성공에 어떻게 대처하였는지를 이야기해 보게 할 수 있다.

또 다른 활동으로는 미래에 되고 싶은 자신에 대해 설명하거나 그리기, 책, 텔레비전 또는 동화 속 인물 가운데 자기와 비슷해 보이는 인물을 찾아 보도록 하는 활동이 있다. 이야기하기를 통해 학생들은 자신의 인생 이야기와 개인적 선택이 변화에 어떻게 영향을 주는지를 인식하게 된다.

많은 여성들은 다른 사람들의 기대에 순응하고 때로는 자신의 성장과 주장을 방해하는 비합리적인 신념체계를 발달시키고 있다(예, "성공하려면 모든 것을 잘해야 해"). 남성 상담자들은 여성을 상담할 때 어떤 문제들에 주의를 기울여야 한다. 분노, 자율, 권력과 정형화된 역할의 문제는 여성들에게 상당한 영향을 미치고 있으며 상담에서 중요한 문제이다. 여성들은 화를 내서는 안 된다고 생각하도록 사회화된다. 따라서 상담자들은 분노를 적절히 표현하고 주장하는 기술을 가르칠 수 있는 안전한 환경을 제공해 주어야 한다(DeVoe, 1990).

주장훈련에는 자기주장 기술의 습득, 인지과정의 수정, 세상에 대한 중요한 신념의 변화가 포함되어 있다. 다음 연습은 분노에 대한 자신의 관점을 알아보는 데 도움이 될 수 있다.

| 연습 |

다음 문장을 완성하고 응답한 내용에 대해 급우들과 이야기를 나누어 보시오.

1. 화가 날 때 나는 보통 ___________.
2. 누군가 나에게 화가 나 있을 때, 나는 ___________.
3. 다른 사람이 ___________ 때, 나는 화가 난다.
4. 여자가 화를 내면, 나는 보통 ___________.

5. 남자가 화를 내면, 나는 보통 __________.

게이와 레즈비언 청소년이 학생의 약 10%를 차지하고 있다(Schneider, 1988, Marinoble, 1998에서 인용). 교직원들은 종종 편견을 가지고 남성과 여성을 대한다. 성적 성향의 문제를 가진 학생들이 받는 대우에 대해 생각해 보자. 정체성 문제는 청소년들에게 성적 성향이 부정적인 태도나 행동과 관련되어 있다는 점을 알려 주지 않으면 이해하기 어려운 문제이다.

보수적인 남부 지방 교외 고등학교 상담자인 Alvarez는 Ella의 사례에서 느꼈던 딜레마를 떠올렸다. Ella는 2학년 여학생으로 Mary와 성적인 관계를 가지고 있다고 밝혔다. Mary는 1년 전에 학교를 중퇴한 나이가 많은 여학생으로 학교에 종종 나타나곤 했다.

Ella는 사교성이 부족해서 친구가 거의 없는 부적응 학생이었다. Mary는 Ella에게 관심을 보여 주었고, 친구가 되어 주었으며, Ella가 갈망했던 관심과 주의를 기울여 주었다. 결국 이러한 관심은 좋아하는 감정에서 키스로 발전하고, 애무에서 성행위로 발전함에 따라 더 심각해졌다. "제가 레즈비언인지 몰랐어요. 부모님께 말씀드릴 수 있도록 선생님이 도와 주세요."라고 Ella는 Alvarez에게 털어 놓았다.

Alvarez는 청소년들이 종종 정체성을 찾기 위한 파트너로서 동성의 친구들과 자유롭게 실험을 해 보기도 한다는 것을 알고 있었고, 동시에 Ella가 레즈비언이라는 것을 확신할 수 없어서 이 문제로 고심했다. Alvarez는 이 상황을 회상하면서 한숨을 쉬었으며, "이 문제를 어떻게 처리했어야 했는지 여전히 확신이 없다."고 말했다.

폭력과 학대가 난무하는 미국에서 학교는 동성애를 가장 혐오하는 기관 중의 하나이다. 동성애 청소년, 특히 레즈비언 청소년에 관해서는 지식이 부족해서 거의 알려져 있지 않다(Center for Population Options, 1992; Robinson, 1994). 여러 가지 이유로 게이와 레즈비언 학생들의 요구는 사실상 주목받지 못하고 있으며, 그들의 정체성은 소수 집단으로 무시되고 있다.

게이와 레즈비언 청소년

동성애 혐오가 만연한 현재 문화 속에서 레즈비언과 게이, 양성애 청소년이 증가되고 있어 상당한 어려움을 겪고 있다(Gonsforek, 1988, Marinoble, 1998에서 인용). 동성애 혐오는 공공연한 희롱과 학대에서부터 학교 정책과 절차에서 이들을 제외시켜 버림으로써 무시를 당하는 것에 이르기까지 범죄혐오로 표현된다(Herek, 1989; Fontaine, 1998).

동성애 청소년에 대한 학교상담자의 관여에 관한 연구결과들은 혼재되어 있다. Price와 Telljohann(Fontaine, 1998에서 인용)의 연구에서, 학교상담자들은 성 정체성 문제가 있는 학생들을 상담하고 있다고 보고했다. 중 · 고등학교 상담자의 절반 이상이 **성 정체성** 문제로 혼란을 겪고 있는 학생을 적어도 한 명 이상 상담하고 있음을 보고했다. 응답한 초등학교 상담자 가운데 21% 이상이 자기가 게이 또는 레즈비언임을 밝혔거나 자신의 정체성에 혼란을 겪고 있는 학생들이 있다고 보고하였다. 그러나 이와 달리, 다른 연구에서는 중학교 상담자 여섯 명 가운데 한 명은 학교에 게이 학생이 없다고 생각하고 있는 것으로 나타났다(Center for Population Options, 1992).

어떤 사람들은 게이, 레즈비언 및 양성애 청소년 문제는 학교에 들어설 여지가 없다고 주장하지만 현실적으로 이들은 이미 학교 내에 존재하고 있다. 최근에 이루어진 법적 판결에서는 학교가 반동성애 학대문제에 제대로 개입하지 못한 것에 책임을 지도록 했다.

배심원은 Ashland Wisconsin의 한 게이 학생인, Jamie Nabozny가 희롱과 폭력으로부터 보호를 받지 못했다고 판결했다. 그의 성적 성향 때문에 다른 학생들이 그를 괴롭힐 때 중 · 고등학교의 관리자들에게는 그를 보호해 줄 책임이 있었다(Pflag, 날짜 미확인). 1997년 3월, 미국 교육부 시민권 사무국은 어떠한 유형의 희롱도 불법이며, 따라서 학교는 성희롱 지침서를 채택해야 할 법적 의무가 있다는 새로운 지침을 제정했다.

동성애 혐오를 종식시키기 위한 옹호자로서의 역할 또한 학교상담자의 역할에 포함된다. 게이 학생과 게이로 인식된 학생들은 친구와 가족들이 있음에도 불구하고 학대받을 위험에 처해있다. 모든 학생들에게 학교는 반드시 안전한 환경이 되어야 하지만, 불행히도 교사, 상담자 및 관리자들은 동성애에 대해서 비참할 정도로 심한 동성애 혐오적인 태도와 감정을 보이고 있다(Fontaine, 1998).

인식

상담자들이 모든 내담자가 이성애자일 것이라고 잘못된 가정을 하게 되면 상담은 정상적으로 이루어지지 못한다. 더욱이 정신건강 전문가들조차도 여전히 동성애 성향이 발달적 문제이거나 정신병이라고 생각하고 있으며(McFarland, 1998), 어떤 상담자들은 동성애 학생들이 겪고 있는 문제가 그들의 성적 성향 때문에 나타난 결과라고 믿고 있기도 하다. 사실, 동성애 학생은 이성애 학생들과 동일한 비율과 동일한 많은 문제들로 상담 서비스를 찾고 있다(Robinson, 1994). 동성애 청소년을 상담한 상담자들은 게이와 레즈비언 학생들의 문제들 중에 가장 눈에 띄는 것으로 낮은 자존감, 우울, 자기 의심과 같은 발달적, 사회적 정체성 문제가 있음을 보고하고 있다. 자신이 동성애자임을 드러내지 않으려면 또래와 가족들과 사회적 거리감이 생기고 상당한 에너지와 노력이 필요하다(Cooley, 1998; Fontaine, 1998).

게이와 레즈비언 청소년은 세상에서 자신이 혼자라고 느끼며 믿을 수 있는 사람이 아무도 없다고 생각한다. 상담자들은 이러한 청소년들을 도와 주어야 한다(Cooley, 1998).

무지개 깃발은 1978년 샌프란시스코 게이와 레즈비언 자유 퍼레이드에서 처음으로 나타났다. 이 깃발은 히피와 시민권리 운동에서 차용한 심벌과 지역사회의 중요한 가치를 나타내는 여러 가지 색(예, 빨간색은 생명, 오렌지색은 치유, 녹색은 자연 등)으로 디자인되었다. 핑크색 삼각형은 히틀러가 권력을 위해 봉기한 제2차 세계대전에서 유래된 것이다. 이 체제 동안 동성애 관계는 금지되었으며, 동성애로 기소되면 범법자들은 투옥되었고, 강제 수용소에 보내졌다. 처벌은 불임법으로, 거세의 형태로 행해졌고, 이후 처형되었다. 강제 수용소에서 이러한 수감자들은 자신이 동성애자임을 표시하기 위해 핑크색 역삼각형을 착용해야 했다(TeenCentre.net, 날짜 미확인).

다음 연습은 게이와 레즈비언 청소년에 대해 자기가 가지고 있는 개인적인 느낌과 생각에 대해 잘 인식하도록 하는 데 사용될 수 있다.

| 연습 |

처음에 떠오르는 솔직한 생각을 정리하지 말고 답하시오. 짝과 함께 응답한 내용에 대해 논의하시오.

1. 누군가가 게이나 레즈비언이라는 이야기를 들으면 나는 ___________.
2. 동성애는 ___________의 결과이다.
3. 어떤 학생이 나에게 누군가가 게이나 레즈비언이라고 말해 준다면, 나는 ___________할 것이다.
4. 다른 교사가 동성애 혐오적인 말이나 농담을 하는 것을 듣게 된다면, 나는 ___________할 것이다.
5. 어떤 학생이 성적 성향으로 인해 희롱을 당하고 있다면, 나는 ___________할 것이다.

지식

Marino(1995, Fontaine, 1998에서 인용)는 게이와 레즈비언, 양성애 청소년들은 가장 큰 고통을 겪고 있다고 진술했다. 고립감, 교우관계 문제, 가족 붕괴와 약물남용은 이들 청소년이 겪고 있는 많은 문제에 속한다.

고립감과 낙인 고립은 모든 소수집단이 겪고 있는 문제이지만 동성애 청소년에게는 특히 심각하다(Robinson, 1994). 학교 환경은 종종 게이와 레즈비언 청소년이 경험하는 고립과 낙인을 심화시키기도 한다. 학업수행의 저하, 회피적 행동 및 기타 학교 관련 문제들(Black & Underwood, 1998; Fontaine, 1998)이 게이와 레즈비언 청소년의 행동과 관련되어 있다. 미국 보건후생성은 연간 5,000건에 이르는 15세에서 24세 청소년의 자살 가운데 30% 이상이 성적 정체성 문제와 직접 관련되어 있을 것으로 추정하고 있다. 청소년 가운데 동성애 청소년은 자살 시도 확률이 다른 청소년에 비해 2~3배에 이르며(Black & Underwood, 1998; McFarland, 1998), 대개는 이성애 청소년보다 더욱 치명적인 방법을 사용한다.

자신의 성적 성향을 드러내는 학생들은 이러한 문제를 다루기를 거부하거나 부적절한 언급을 하는 동성애 혐오 교사나 상담자, 관리자들을 만나게 된다. 고립이라는 결과에 대처하기 위해서 이 청소년들은 가끔 '통과의례적' 미학을 완성한다. 예컨대, 어떤 이들은 자신의 성에 적합한 옷을 입고 사회가 기대하는 상에 맞추어 행동할 수 있다. 또 다른 이들은 많은 사람들이 싫어하는 깊은 비밀을 간직한 채 특별활동, 학급임원, 또는 우수한 성적을 유지하여 모범적인 학생으로 살아간다(Black & Underwood, 1998).

어떤 학생들은 '커밍아웃' 을 선택함으로써 다른 사람들에게 자신이 동성애자임을 밝힌다(Black & Underwood, 1998). 어떤 경우에는 친구들이 커밍아웃하도록 강요해서 선택의 여지를 빼앗기도 한다. 어떤 경우든 이러한 과정에서 이들은 거부를 당하거나 언어적, 물리적 학대를 받게 될 가능성이 있다.

교우관계 문제 게이와 레즈비언 학생들은 가끔 친구들과 교류하는 데 어려움을 느끼며, 자신감 부족을 나타낸다. 이들은 종종 자신이 지지적인 집단에 속해 있지 못하고 있다고 생각하며(Gumaer, 1987), 자신의 성적 성향을 숨기기 위해 이성애 관계를 갖는다. 가끔 이러한 학생들은 우수한 학업 성적을 보이지만 그와 동시에 친구에게 들키는 것(Marinoble, 1998)과 우정을 잃게 되는 것이 두려워서 특별활동이나 사교활동에 참여하기를 꺼린다.

가족 붕괴 "부모님께 알려야 하나?", 알린다면, "어떻게 알려야 하나?" 하는 것이 일반적인 질문이다(Cooley, 1998). 동성애에 관한 가족들의 태도는 다양하다. 어떤 가족들은 지지적인 반면, 또 어떤 가족들은 거부적이다(Gibson, McFarland, 1998에서 인용; Hunter & Schaecher, 1987). 가정에서는 게이와 레즈비언 청소년에 대한 폭력이 종종 일어나며, 이는 가족들에 의해 끊임없이 계속되고 있다. Gonsiorek(1988, Cooley, 1998에서 인용)의 연구에서, 게이와 레즈비언 청소년은 어머니보다는 아버지로부터의 처벌을 두려워하고 있으며, 그들 가운데 22%는 자신의 성적 성향이 알려진 후에 가족에게 성적으로 학대를 당했다고 이야기했다.

부모들은 종종 자녀에게 동성애 성향이 있다는 것을 알게 되면, 자녀가 죽은 것과 같은 슬픔을 겪는다(Gumaer, 1987). 또한 이들의 부모들은 자녀에게 상담을 받게 하기도 하고 자녀의 성적 성향이 자신들이 가지고 있는 종교에서 죄로 간주되는 경우에는 집을 떠나도록 강요한다(Gibson, McFarland, 1998에서 인용). 게이 청소년의 26%는 집을 떠나도록 강요를 받고 있으며, 많은 이들이 생존을 위해 매춘을 한다(Center for Population Options, 1992).

약물 남용 많은 게이와 레즈비언 청소년은 감정적 고통을 감소시키거나 완화하기 위해 약물이나 알코올을 남용하며(Dempsey, 1994, Cooley, 1998에서 인용), 이러한 행동은 자살에 대한 생각과 관련되어 있다.

다음 연습은 성적 성향 문제를 가지고 있는 청소년들이 경험하게 되는 몇 가지 문제에 대해 통찰해 볼 수 있게 해준다.

| 연습 |

최대한 솔직하게 다음 문제에 답하시오. 응답한 내용에 대해 급우들과 함께 논의하시오.

1. 자신의 삶 가운데 '자신에게 잘 맞지' 않았던 곳에서의 시간에 대해 생각해 보자. 그러한 경험은 어떠했는가?
2. 성적 차이에 관해 가족은 당신에게 어떠한 메시지를 주었는가?
3. 여성을 특징짓는 특성은 무엇이라고 생각하는가? 남성은? 게이/레즈비언은?

기술

게이와 레즈비언 학생을 교육과정에서 제외하거나 비차별적인 정책을 시행하지 않거나 이러한 정책이 없다는 점, 이용 가능한 자원이 거의 없으며, 게이와 레즈비언의 역할 모델이 적다는 점 등에서 동성애자에 대한 부정적 태도를 찾을 수 있다(Fontaine, 1998). 상담자는 모든 학년 수준에서, 정책과 절차를 제정하고, 정보를 제공하며, 적절한 경청 기술을 사용하고, 교직원 훈련을 제공함으로써 게이, 레즈비언 및 양성애 학생들을 위한 지지적 환경을 촉진하는 데 중요한 역할을 할 수 있다.

정책과 절차 교육청 직원들은 종종 성적 성향에 관한 정책에 대해 공개적으로 논의하는 것에 대해 염려하며, 이러한 문제를 다루는 것조차 거부한다. 학교 직원들은 공개적으로 논의를 하면 동성애 성향의 발달을 조장하게 될 것이라는 학부모들의 반응이나 생각 때문에 걱정을 하지만(Robinson, 1994), 이러한 생각을 뒷받침할 수 있는 증거는 없다(Black & Underwood, 1998; Robinson).

정보와 교육과정 Tellojohann과 Price(1993, Black & Underwood, 1998에서 인용)의 조사에서 레즈비언 학생들은 동성애에 관해 논의하는 것이 학교생활을 얼마나 편안하게 해주었는지를 반복해서 이야기하였다. 상담자와 간호사, 학교 심리학자의 사무실에 동성애에 대해 알 수 있는 게이와 레즈비언에 관한 글과 포스터를 비치해 둘 필요가 있다(Marinoble, 1998). 또 동성애와 지지기관에 대해 알려주는 학부모 정보 모임은 부정확한 정보를 없애는 데 도움이 된다(표 3.1 참조).

동성애 문제는 도서관의 서적과 교과서에 포함되어야 하며, 교사들은 자기 교과 영역에서 동성애 성향을 가진 유명인사에 대해 논의해야 한다(Anderson, 1994)(표 3.2 참조).

표 3.1

지원받을 수 있는 곳

PFLAG P. O. Box 27650 Washington, DC 20038	Project 10 Fairfax High School 7850 Melrose Ave. Los Angeles, CA 90046

표 3.2

게이와 레즈비언 역할 모델	
Martina Navratilova, 테니스 선수	Tchaikovsky, 작곡가
Bruce Hayes, 1984 올림픽 금메달 선수	Walt Whitman, 시인
Janis Ian, 작사가 및 가수	Thornton Wilder, 작가
K.D. Lang, 작사가 및 연예인	Roman Emperor Hadrian, 로마황제
May Sarton, 소설가 및 시인	Barney Frank, 미국 하원의원

조력 기술 상담자는 관계에 대해 논의를 할 때 이성의 성 파트너에 대해 말하기보다 성-특수적이지 않은 언어를 사용하는 것만으로도 지지와 감수성을 더 잘 보여줄 수 있다(Marinoble, 1998). 예를 들면 "누군가를 사귀고 있습니까?" 또는 "각별하게 지내거나 가까운 친구에 대해 이야기해 줄 수 있습니까?" 와 같은 개방형 질문을 사용할 수 있다(Dillon, 1980, Robinson, 1994에서 인용).

교직원 훈련 게이, 레즈비언 및 양성애 사회의 지도자들은 동성애 청소년을 둘러싼 문제에 관한 인식의 개선을 위해 교육자와 부모들에게 정보가 될 수 있는 자원의 역할을 할 수 있다(Robinson, 1994). 교사들은 겉으로는 거의 단순한 욕까지도 제재한다; 그러나 만약 어른들이 욕을 포함한 다른 형태의 희롱에 대해서는 비난하면서도, 반동성애적 언급에 대해서는 무시해 버린다면, 결국 아이들은 이런 종류의 말들이 받아들여질 것이라고 생각하게 된다(Gordon, 날짜 미확인).

상담자는 낱말에 들어 있는 의미가 이해되지 않은 채 사용되고 있는 어떤 낱말들에 대해서 시간을 내어 그 의미를 가르칠 수 있다. 예컨대, 'faggot' 이라는 말은 게이를 가리키는 좋지 않은 용어이다. 이 용어는 게이들이 처형대에 매달린 마녀를 화형하기 위한 불쏘시개 역할을 했던 때로부터 유래되었다. 이들은 자신이 불쏘시개임을 나타내도록 셔츠에 막대 한 다발(또는 faggot)을 달도록 강요받았다(Gordon, 날짜 미확인).

상담자는 모든 학생들에게 상담을 제공해 주어야 할 전문적인 의무가 있다. 게이와 레즈비언 청소년은 희롱, 고립 및 이에 수반되는 자신에 대한 부정적인 인식으로 인해 이성애 학생에 비해 더 복잡하고 어려운 발달상의 문제를 지닌 채 학교에 다니고 있다. 학교상담자는 자신의 성적 성향이 어떠하든 모든 학생의 개인적인 안녕감을 도와 주어야 할 중요한 위치에 놓여 있다.

요약

이 장은 다문화 상담 및 발달협회(AMCD)에서 제시한 다양성을 고려한 상담에 관한 문제와 이에 대한 인식, 지식 및 기술에 관한 내용을 중심으로 구성되어 있다. 미국 사회에서 빠르게 증가하고 있는 아프리카계 미국인, 아시아계 미국인, 히스패닉 미국인에 대해 요약하고 논의하였다. 또한 잊혀져 있는 소수 학생 집단인 게이와 레즈비언 청소년과 더불어 남성과 여성의 발달적 요구에 초점을 두었다. 학교의 모든 학생을 옹호해야 하는 학교상담자를 위해 이들 다양한 집단에 대한 인식과 지식 및 기술을 향상시킬 수 있는 연습이 포함되어 있다.

참고문헌

Anderson, J. D. (1994). School climate for gay and lesbian students and staff members. *Phi Delta Kappan, 6*, 151-154.

Avila, D. L., & Avila, A. (1993). MexicanAmericans. In N. A. Vacc, J. W. Wittmer, & S. B. Devaney (Eds.), *Experiencing and counseling multicultural and diverse populations* (2nd ed.), (pp. 289-315). Muncie, IN: Accelerated Development.

Baker, S. B. (2000). *School counseling for the 21st century* (3rd ed.). Upper Saddle River, NJ: Prentice-Hall.

Baruth, L. G., & Manning, M. L. (2003). *Multicultural counseling and psychotherapy: A lifespan perspective* (3rd ed.). Upper Saddle River, NJ: Merrill Prentice-Hall.

Beal, M. J., & Beal, K. L. (1993). Transcultural counseling and the Hispanic community. In J. McFadden (Ed.), *Transcultural counseling: Bilateral and international perspectives* (pp. 213-238). Alexandria, VA: American Counseling Association.

Black, J., & Underwood, J. (1998). Young, female, and gay: Lesbian students and the school environment. *Professional School Counseling, 1*, 15-20.

CACREP. (2001). Council for the Accreditation of Counseling and Related Educational Programs. Alexandria, VA: Author.

Cameron, S. C., & Wycoff, S. M. (1998). The destructive nature of the term race: Growing beyond a false paradigm. *Journal of Counseling & Development, 76*, 277-285.

Campbell-Whatley, G. D., Algozzine, B., & Oblakor, F. (1997). Using mentoring to improve academic programming for African American male youths with mild disabilities. *The School Counselor, 44*, 362-367.

Center for Population Options. (1992). *Lesbian, gay and bisexual youth: At risk and underserved.* 1025 Vermont Ave. NW, Suite 210, Washington, DC 20005.

Cooley, J. J. (1998). Gay and lesbian adolescents: Presenting problems and the counselor' s role. *Professional School Counseling, 1*, 31-34.

DeVoe, D. (1990). Feminist and nonsexist counseling: Implications for the male counselor. *Journal of Counseling & Development, 69*, 33-36.

Diller, J. V. (1999). *Cultural diversity: A primer for the human services.* Albany, NY: Brooks/Cole.

Exum, H. A., & Moore, Q. L. (1993). Transcultural counseling from African American perspectives. In J. McFadden (Ed.), *Transcultural counseling: Bilateral and international perspectives* (pp. 193-12). Alexandria, VA: American Counseling Association.

Fontaine, J. H. (1998). Evidencing a need: School counselors' experiences with gay and lesbian students. *Professional School Counseling, 1*, 8-14.

Freitag, R., Ottens, A., & Gross, C. (1999). Multicultural themes from bibliotherapeutic literature: A neglected resource. *Counselor Education and Supervision, 39*, 120-133.

Gordon, L. (n.d.). What do we say when we hear "faggot"? *Interracial Books for Children Bulletin, 14*, 25-28.

Gumaer, J. (1987). Understanding and counseling gay men: A developmental perspective. *Journal of Counseling & Development, 66*, 144-146.

Hayes, L. L. (1997, August). The unique counseling needs of Latino clients. *Coun-*

seling Today. Alexandria, VA: American Counseling Association.

Holcomb-McCoy, C. (2003). Multicultural competence. In B. T. Erford (Ed.), *Transforming the school counseling profession*(pp. 317-330). Upper Saddle River, NJ: Merrill Prentice-Hall.

Holcomb-McCoy, C. C., & Myers, J. E. (1999). Multicultural competence and counselor training: A national survey. *Journal of Counseling & Development, 77*, 394-302.

Horst, E. A. (1996). Reexamining gender issues in Erikson' s stages of identity and intimacy. *Journal of Counseling & Development, 73*, 271-278.

Howard-Hamilton, M. F., & Behar-Horenstein, L. S. (1995). Counseling the African American male adolescent. *Elementary School Guidance & Counseling, 29*, 198-205.

Hunter, J., & Schaecher, R. (1987). Stresses on lesbian and gay adolescents in schools. *Social Workers in Schools, 9*, 180-189.

Johnson, L. S. (1995). Enhancing multicultural relations: Intervention strategies for the school counselor. *The School Counselor, 43*, 103-113.

Kim, B. S., Omizo, M. M., & Salvador, D. S. (1996). Culturally relevant counseling services for Korean American children: A systematic approach. *Elementary School Guidance & Counseling, 31*, 64-74.

Marinoble, R. M. (1998). Homosexuality: A blind spot in the school minor. *Professional School Counseling, 1*, 4-7.

McBride, M. C. (1990). Autonomy and the struggle for female identity: Implications for counseling women. *Journal of Counseling & Development, 69*, 22-26.

McDavis, R. J., & Parker, W. M. (1993). Counseling Black people. In N. A. Vacc, J. W. Wittmer, & S. B. Devaney (Eds), *Experiencing and counseling multicultural and diverse populations* (2nd ed.), (pp. 127-150). Muncie, IN: Accelerated Development.

McFarland, W. P. (1998). Gay, lesbian, and bisexual student suicide. *Professional School Counseling, 1*, 26-34.

Merchant, N., & Dupuy, P. (1996). Multicultural counseling and qualitative research: Shared worldview and skills. *Journal of Counseling & Development, 74*, 537-541.

Morrissey, M. (1997, October). The invisible minority: Counseling Asian Americans. *Counseling Today.* Alexandria, VA: American Counseling Association.

Parker, W. M., Moore, M. A., & Neimeyer, G. J. (1998). Altering White racial identity and interracial comfort through multicultural training. *Journal of Counseling & Development, 76*, 302-310.

Patterson, C. H. (1996). Multicultural counseling: From diversity to universality. *Journal of Counseling and Development, 74*, 227-231.

Pederson, P. (1994). *A handbook for developing multicultural awareness* (2nd ed.). Alexandria, VA: American Counseling Association.

Pflag. (n.d.). A brochure for educators. From our house to the schoolhouse. Families & educators partnering for safe schools. 1726 M St. NW, Suite 400, Washington, DC 20036.

Robinson, K. E. (1994). Addressing the needs of gay and lesbian students: The school counselor' s role. *The School Counselor, 41*, 326-331.

Root, M. P. P. (1993). Guidelines for facilitating therapy with Asian American clients. In Atkinson, Morten, & Sue (Eds.), *Counseling American minorities* (4th ed.), (pp. 211-223). Madison, WI: Brown & Benchmark.

Santrock, J. W. (1996). *Adolescence.* Dubuque, IA: Brown & Benchmark.

Schwartz, W. (n.d.). *A guide to communicating with Asian American Families.* ERIC Clearinghouse on Urban Education. (Digest No. 94). Columbia University, NY.

Simmons, C. (1998). Are emotional expressions universal or cultural specific? In T. M. Singelis (Ed.), Teaching about culture, ethnicity, and diversity (231-235). Thousand Oaks, CA: Sage Publications.

Simon, L., Gaul, R., Friedlander, J. L., & Heatherington, L. (1992). Client gender and sex role: Predictors of counselors' impressions and expectations. *Journal of Counseling & Development, 71*, 48-52.

Sue, D. M., & Sue, D. (1993). Asian Americans. In N. A. Vacc, J. W. Wittmer, & S. B. Devaney (Eds.), *Experiencing and counseling multicultural and diverse populations* (2nd ed.), (pp. 239-262). Muncie, IN: Accelerated Development.

TeenCentre.net. (n.d.). *Flags and symbols: What they mean.* Retrieved September 2, 2003, from http://www.enqueue .com/na

U.S. Census Bureau. (2001). *Resident population by race, 1980 to 2000, and projections* (No. 14). Statistical Abstract of the United States: Author.

Wastell, C. A. (1996). Feminist developmental theory: Implications for counseling. *Journal of Counseling & Development, 74*, 575-581.

Wilson, L. L., & Stith, S. M. (1993). Culturally sensitive therapy with Black clients. In D. R. Atkinson, G. Morten, & D. W. Sue (Eds.), *Counseling American minorities* (4th ed.), (pp. 101-111). Madison, WI: Brown & Benchmark.

Woronoff, J. (1980). *Japan: The coming social crisis.* Tokyo, Japan: Yohan Publications.

Yagi, D. T. (1998). Multicultural counseling and the school counselor. In J. M. Allen (Ed.), *School counseling: New perspectives and practices* (pp. 29-34). Greensboro, NC: ERIC.

Young, C. (1993). Psychodynamics of coping and survival of the African American female in a changing world. In D. R. Atkinson, G. Morten, & D. W. Sue (Eds.), *Counseling American minorities* (4th ed.), (pp. 75-87). Madison, WI: Brown & Benchmark.

| 제4장 |

특수한 학생들

Theresa A. Quigney, Ph.D.
Cleveland State University, Cleveland, Ohio

미국학교상담자협회(ASCA)의 대표자 회의에서는 전문적인 학교상담자의 역할에 대한 기술에서 "위기에 처해 있는 학생과 특별한 도움이 필요한 학생을 포함하여 모든 학생과 함께하는 학교상담자의 역할"에 주목하였다(ASCA 대표자회의, 1999, p. 1). 이 단체는 더 나아가 '전문적인 학교상담자와 특별한 도움이 필요한 학생'이라는 제목의 성명서에서 학교상담자의 주요 목표는 장애에도 불구하고 모든 학생이 성공할 수 있도록 도와 주는 것이라는 점을 설명했다(ASCA, 1999).

학교상담자는 여러 가지 방법으로 이러한 목표를 성취할 수 있다. 그들은 개인상담과 집단상담 활동을 하고, 장애의 판별을 위해 여러 전문분야의 팀에 참여하며, 관련 문제에 대해 교직원 및 학부모들과 협력하고, 진로계획과 전환 프로그램으로 도움을 줄 수 있다(ASCA,1999; Bowen & Glenn, 1998; Erk, 1995; Quigney & Studer, 1998; Quigney & Studer, 1999). 학교상담자의 역할은 학교상담과 생활지도가 특별한 도움이 필요한 청소년에게 필요한 최고의 서비스라는 미국 교육부의 공표를 통해 그 중요성을 인정받았다(Bowen & Glenn에서 인용).

그럼에도 불구하고 역사적으로 볼 때 학교상담자들을 위한 준비 프로그램은 특수교육과 장애 학생에 관련된 내용에서 미진한 면이 있다(Bowen & Glenn, 1998; Frantz & Prillaman, 1993; Greer, Greer, & Woody, 1995; Korinek & Prillaman, 1992; Scarborough & Deck, 1998; Studer & Quigney, 2004). 이 장은 특수교육 문

제에 있어서 전문적 학교상담자를 위한 확고하고 실제적인 근거가 되는 출발점이 될 것이다. 이를 위해 이 장에서는 특수교육의 주요한 개념과 실제에 대한 정보와 더불어 법적인 배경에 대해서도 개관한다.

특수교육과 법

장애인교육법

많은 소송과 입법 역사를 통해서 특수교육이 도출되는 동안 장애 학생에 대한 특별한 서비스 제공에 가장 큰 영향력을 준 것은 법률이었다는 점은 의심의 여지가 없다. 흔히 IDEA(Individual with Disabilities Education)라고 불리는 장애인교육법은 입법에서 획기적인 사건으로 1975년에 처음 통과되었다. 당시 그 법은 전장애아동교육법(Education for All Handicapped Children Act)(공법) 94-142를 참조한 것이었다. 1990년에 그 법률을 개정한 것 중 하나가 장애인교육법이라는 명칭으로 바뀌었다. 특수교육의 분야에서 이 법률이 갖는 중요성에 대해 충분히 이해하기 위해 역사적인 발달과정과 중요한 구성요소들을 간략하게 개관하고, 주요한 개정 또는 재개정 내용을 조명해 볼 필요가 있다.

전장애아동교육법, 공법 94-142(1975) 역사적인 이 법안의 제정은 장애 아동에게 적절한 교육과 관련 서비스를 제공해야 할 필요성을 설명하고 있으며, 다음과 같은 여섯 가지 중요한 원리들을 통해 그 목적을 잘 보여주고 있다(Friend & Bursuck, 2002; Heward, 2003; Katsiyannis, Yell, & Bradley, 2001; Kirk, Gallagher, & Anastasiow, 2003; Smith, Polloway, Patton, & Dowdy, 2001; Turnbull, Wilcox, Turnbull, Sailor, & Wickham, 2001).

- **완전 취학:** 장애 아동은 적절한 무상 공교육에서 제외되어서는 안 된다. 주정부는 장애로 의심되는 아동들을 찾아내고 평가하는 체제를 실행해야 한다.
- **공정한 평가:** 아동의 장애 여부를 결정하기 위해, 학교는 치우치지 않은 다방면

에 걸친 평가방법을 이용하여야 한다. 인종, 언어, 문화적 배경에 따라 평가절차를 차별해서는 안 된다. 3년마다 재평가가 이루어져야 한다(Kirk 등, 2003).

- **적절한 무상 공교육:** 모든 장애 아동은 부모의 부담 없이 공적 비용으로 교육을 제공받아야 한다. 또한 아이들의 특수한 요구에 근거하여 아동에게 맞는 개별화된 교육이 제공되어야 한다. 이를 위해 개별화 교육 프로그램(IEP)이 개발, 실행되어야 한다. 개별화 교육 프로그램에는 아동의 현재 수행수준에 대한 평가, 교육활동의 목적과 단기목표, 활동을 책임질 사람에 대한 규정, 서비스 지역과 범위, 그리고 과정의 평가를 위한 방법 등에 관한 항목들이 포함된다(Friend & Bursuck, 2002).
- **제한적 환경의 최소화:** 장애 학생은 최대한 적절한 범위 내에서 비장애 학생들과 함께 교육을 받아야 한다. 장애가 너무 심해서 추가적인 도움과 서비스를 제공해도 일반교육 장면에서 적절한 교육을 받는 것이 불가능한 경우에만 장애 아동을 분리해서 교육해야 한다. 즉, 장애 학생이 적절하고 이행할 수 있는 한 가능한 많이 일반교육 환경에서 교육을 받도록 하려는 것이다. 그러나 최소한의 제한적인 환경으로 일반교육을 받을 수 없는 학생을 위한 교육배치에 관한 충분한 규정이 있어야 한다. 이 규정은 특수학급과 학교, 가정이나 병원에서의 교육에도 적용된다.
- **적법 절차:** 학교는 장애 아동과 부모의 권리를 보호할 수 있는 일련의 절차적 보호 장치를 제공해야 한다. 예를 들면, 부모는 아동의 판별, 평가, 배치 또는 교육과 같은 쟁점에 있어서 학교에 동의하지 않을 경우 심리를 요청할 권리가 있으며, 만약 그것이 장애 아동의 특수교육에 관한 부모의 요구와 일치되지 않는 경우 교육청은 적법한 절차를 밟을 수 있다.
- **부모 참여:** 부모에게는 자녀의 교육 기록을 볼 수 있는 권리가 있다. 여기에는 아동의 배치, 개별화 교육 프로그램, 관련 서비스에 대한 결정이 포함된다.

또한 전장애아동교육법(1975)은 이 법률 규정에 해당되어 특수교육 서비스를 받을 수 있는 장애의 범주에 대해 기술하고 있다. 모든 장애의 범주와 1975년에 제정된 법에 포함되는 모든 장애와 이후 개정에서 추가된 것들을 포함한 목록을 표 4.1

표 4.1 장애인교육법(IDEA)의 장애 범주 (계속)

장애	설명
자폐증	언어적, 비언어적 의사소통과 사회적 상호작용에 중요한 영향을 미치는 발달장애는 일반적으로 3세 이전에 현저하게 나타나며, 아동의 교육적 수행에 불리한 영향을 미치는 경우. 자폐증과 관련된 다른 특징으로는 반복적 상동행동과 정형화된 움직임, 환경변화와 일상생활의 변화에 대한 저항, 감각경험에 대한 비정상적 반응 등이 있다.
농-맹	청각과 시각적 장애가 동반되는 경우. 농아 또는 맹아들을 위한 특수교육 프로그램만으로는 충분치 않은 심각한 의사소통 장애와 발달적, 교육적인 필요가 제기되는 경우
농	청각장애가 너무 심각해서 소리를 증폭시키는 보조도구를 사용하더라도 청각을 통한 언어적 정보를 처리하는 것이 어려워 아동의 교육적 수행에 불리한 영향을 미치는 경우
정서장애	다음 특징 중 한 가지 또는 그 이상의 특징이 상당 기간에 걸쳐 현저한 정도로 나타나서 아동의 교육적 수행에 불리한 영향을 미치는 경우 1. 지능과 감각, 건강상의 요인으로 설명할 수 없는 학습의 무능력 2. 또래 및 교사들과 만족스러운 대인관계를 형성하거나 유지하지 못함 3. 정상적인 상황에서 부적절한 행동을 하거나 느낌을 가짐 4. 불행하거나 우울한 기분의 지속 5. 개인문제나 학교문제와 관련된 신체 증상이나 두려움을 나타내는 경향 여기에는 정신분열증이 포함된다. 정서장애로 판명되지 않으면 사회적으로 부적응하는 아동은 포함시키지 않는다.
청각장애	영구적인 것이든 일시적인 것이든 아동의 교육적 수행에 불리한 영향을 미치는 청각장애. 농에 포함되지는 않는다.
정신지체	발달기간 동안 평균보다 현저하게 낮은 지적 기능과 적응행동의 결핍이 함께 나타나서 아동의 교육적 수행에 불리한 영향을 미치는 경우.
중복장애	한 가지 장애를 가진 학생들을 위한 특수교육프로그램만으로는 충분치 않은 심각한 교육적 요구가 제기되는 중복장애(정신지체-시각장애, 정신지체-정형외과적 장애와 같이). 농-맹은 포함되지 않는다.

표 4.1 장애인교육법(IDEA)의 장애 범주

장애	설명
정형외과적 장애	아동의 교육적 수행에 불리한 영향을 미치는 심각한 정형외과적 장애. 여기에는 선천적인 이상에 의한 장애(예: 만곡족(clubfoot, 彎曲足), 신체 기관 중 어떤 부분이 없는 것), 질병에 의한 손상(예: 척수성 소아마비, 골 결핵), 그리고 다른 원인에 의한 장애(예: 뇌성마비, 신체의 절단, 골절, 수축을 유발하는 화상)가 포함된다.
기타 건강장애	근력, 지구력, 민첩성이 부족함. 환경 자극에 대해서는 민첩하나 교육적 환경에서는 민첩성이 제한되어 있는 경우 1. 천식, 주의력결핍/과잉행동장애, 당뇨병, 간질, 심장병, 혈우병, 납중독, 백혈병, 신염, 류머티즘열, 겸상 적혈구 빈혈증과 같은 만성 또는 급성의 건강 문제로 인해 2. 아동의 교육적 수행에 불리한 영향을 미치는 경우
특정 학습장애	구어나 문어를 이해하고 사용하는 것과 관련된 한 가지 이상의 기본 정신과정상의 장애로 듣기, 생각하기, 말하기, 읽기, 쓰기, 철자법 혹은 수학계산 등에서 불완전한 능력을 보이는 경우. 지각장애와 두뇌손상, 미세 뇌기능 손상, 난독증, 실어증과 같은 상태가 포함된다. 주로 시각 · 청각 · 운동장애, 정신지체, 정서장애, 환경 · 문화 · 경제적 결핍으로 인한 학습장애는 포함되지 않는다.
언어장애	아동의 교육적 수행에 불리한 영향을 미치는 더듬거림, 조음장애, 언어장애, 음성장애와 같은 의사소통 장애.
외상성 뇌 손상	외부의 물리적 힘에 의해 뇌에 손상을 입어 전체 또는 부분적인 기능장애 또는 심리사회적 장애를 일으키며 아동의 교육적 수행에 불리한 영향을 미치는 경우. 인식, 언어, 기억, 주의, 추리, 추상적 사고, 판단, 문제해결, 감각/지각/운동능력, 사회심리적 행동, 신체기능, 정보처리, 담화와 같은 한 가지 이상의 장애를 유발하는 두뇌 손상에 적용된다. 유전적이거나 선천적 또는 출생 시 외상은 포함되지 않는다.
맹과 시각장애	교정에도 불구하고 시각에 장애가 있어서 아동의 교육적 수행에 불리한 영향을 미치는 경우. 부분 시야와 맹이 모두 포함된다.

주: Adapted from U.S. Department of Education, Office of Special Education and Rehabilitative Services, (n.d.). *IDEA '97 Final Regulations*, 34 C. F. R., Part 300, S30.7.

에 제시하였다.

더 나아가 이 법률은 대상 학생들이 받을 수 있는 관련 서비스를 표시해 주었다. 관련 서비스는 장애가 있는 개인들이 특수교육 서비스의 혜택을 받도록 하기 위한 것이다. 관련 서비스의 많은 부분이 1975년에 지정되었으며, 이후 다른 것들이 추가되었다. 관련 서비스에는 청각 서비스, 의학 서비스, 상담 서비스, 작업치료, 심리학 서비스, 아동의 장애에 대한 조기 판별과 평가, 학교보건 서비스, 오리엔테이션과 전환교육, 재활상담 서비스, 물리치료, 언어치료, 부모 상담과 훈련, 레크리에이션, 학교 사회복지 서비스와 교통 등이 포함되어 있다(미국 교육부, 특수교육 및 재활 서비스국, 날짜 미확인, 34 C.F.R., S300.24).

장애인교육법 개정안, 공법 99-457(1986) 이 개정안은 특수교육 서비스의 해당 연령 규정을 3세까지 낮추고 영유아 조기 개입 프로그램을 확립하였다(Culatta, Tompkins, & Werts, 2003). 개별화가족 서비스계획(IFSP)은 부모를 포함한 여러 분야의 전문팀에 의해 작성된 것으로 조기 개입에 필요한 특수한 서비스를 제시해 주고 있다.

장애인교육법 개정안, 공법 101-476(1990) 이 개정안의 주요한 결과 중의 하나는 장애인교육법(IDEA)으로 명칭이 바뀐 것이다. 장애 목록을 확대시키는 것과 관련된 두 번째의 주요 개정에는 IDEA에 자폐증과 외상성 뇌손상 아동을 포함시킨 것이 포함된다.

또한 개별화 교육 프로그램을 위해 이용 가능한 특수교육 서비스로 전환교육과 지원 기술 서비스가 추가되었다. 전환교육은 학생이 학교를 졸업한 후 일상생활을 성공적으로 영위할 수 있도록 도와 주는 활동을 말한다. 지원 기술에는 키보드가 큰 컴퓨터, 커뮤니케이션보드, 터치스크린, 음성 구동기와 같은 장치들과 확대나 확장 보조장치들이 포함된다. 사회복지 서비스와 재활상담이라는 두 가지 서비스가 관련 서비스로 추가되었다(Culatta 등, 2003).

1997년 개정된 장애인교육법(IDEA), 공법 105-17 이 법률 재개정안은 법안에 대한 처음 관점에서 규정들을 계속 지지하면서, 다른 중요한 개념들에 대해 검토하고 있다. 이 개정안은 "공법 94-142가 1975년에 통과된 이래로 장애 아동의 교육에 관한 가장 실제적인 개정안이다." (Hunt & Marshall, 2002, p. 19).

이하는 공법 105-17에서 언급된 주요한 쟁점 몇 가지를 요약한 것이다.

- **개별화 교육 프로그램(IEPs)과 일반 교육과정으로의 접근:** 1997년 개정 전에 미국장애인교육법에는 장애 학생이 일반 교육과정에 참여할 수 있는 범위가 명확하게 규정되어 있지 않았다. 1997년 IDEA의 재개정의 주요한 논점은 장애 학생들이 일반 교육과정을 받을 수 있다는 것이었다(Wehmeyer, Lance, & Bashinski, 2002). 학생들이 일반 교육과정을 잘 경험할 수 있도록 하기 위하여 개별화 교육 프로그램을 사용할 것을 특별히 강조하였다.

  현재의 개별화 교육 프로그램에는 일반 교육과정에 접근하고 참여할 수 있도록 학생의 능력에 초점을 두고 있을 뿐 아니라 진보를 이룰 수 있도록 하는 방침들이 들어 있다. 특히, 개별화 교육 프로그램은: (a) 학생의 장애가 일반 교육과정에의 참여와 진보에 어떤 영향을 미치고 있는지 (b) 아동이 최대한 적절한 범위에서 일반교육에 참여하고 진보할 수 있도록 도와 줄 수 있는 목표와 (c) 아동이 일반 교육과정에 참여하고 진보하도록 돕기 위한 적응 및 수정 프로그램에 대해 진술하고 있다(미국 교육부, 특수교육 프로그램국, 날짜 미확인). 장애 학생들을 학급에 단순히 있게 하는 것이 아닌, 일반 교육과정에 참여해서 진보를 이루는 데 필요한 추가적인 지원을 제공하는 것이 분명한 이 법률의 취지이다 (Pugach & Warger, 2001).
- **일반교사의 참여:** 1997년 미국장애인교육법은 만일 장애 아동이 현재 일반교육 환경에 참여하고 있거나, 이후 참여하게 될 수 있다면, 정규교육교사가 장애 아동을 위한 개별화 교육 프로그램 팀의 구성원이 되어야 한다고 규정하였다(미국 교육부, 특수교육 및 재활 서비스국, 날짜 미확인, 34 C.F.R., S300.344). 정규교육교사는 개별화 교육계획에 대한 비판과 개정은 물론, 개별화 교육계획의 발전에 관련된 활동에 참여할 수 있다.
- **부모 참여:** 개별화 교육 프로그램의 과정과 아동의 배치 및 교육 프로그램에 관

한 의사결정에 대한 부모의 참여는 1997년 IDEA와 더불어 더욱 분명해지고 강화되었다. 부모들은 교육과 배치에 관한 의사결정에 참가하는 것과 더불어 아동이 특수교육 서비스의 대상이 되는지를 결정하는 팀의 일원으로도 참여한다. 또한 장애 학생들의 진보에 대해서도 최소한 비장애 아동과 같은 정도로 자주 부모에게 알려 주어야 한다(Friend & Bursuck, 2002).

- **대상과 평가:** 만약 영어능력이 부족하거나, 수학 및 읽기 학습이 부족해서 특수교육 서비스 대상이 되었다면 그 학생은 장애를 가진 것으로 보아서는 안 된다. 더 나아가 특수교육 서비스 대상에 대한 3년 주기의 재평가를 하기 위해 의사결정을 할 때 현재의 현존하는 평가 정보를 사용할 수 있다(Salend, 2001).
- **주의력결핍/과잉행동장애(AD/HD):** 주의력결핍/과잉행동장애는 IDEA에서는 장애의 분류 범주에 들어있지 않다. 그러나 **기타 건강장애의 범주**(other health impaired, OHI)하에 아동이 **특수교육 서비스**를 받을 수 있도록 장애로 간주되고 있다. 장애에 대한 이러한 범주에 AD/HD를 포함시켜야 한다는 근거는 기타 건강장애의 정의에 대한 논쟁을 참조하고 있는 것으로 보인다(미국 교육부, 특수교육 프로그램국, 날짜 미확인).
- **전환교육:** Lewis와 Doorlag(2003)는 **전환**을 "중등 교육과정 이후의 교육과 구직, 가정과 지역사회 생활에 수반되는 성인기의 과제에 맞서도록 학생들을 준비시키는 과정" (p. 446)으로 정의한다. 장애 학생의 전환 문제를 다루는 과정은 14세에 시작된다. 이 시기의 학생에 대한 개별화 교육계획은 학생의 학습과정에 초점을 둔 전환교육의 필요성을 다루어 주어야 한다(Mastropieri & Scruggs, 2000). 전환과 관련된 쟁점은 개별화 교육계획의 한 부분으로 계속 새로 바뀌고 있으며, 16세 이상(적절하다면 더 어릴 때)이 되면 학생이 살고 있는 지역사회 내의 학교 환경 밖에서 받을 수 있는 교육이 계획에 포함된다.
- **주 단위와 교육청 단위 평가:** 2000년 7월까지 주에서 주 단위와 교육청 단위의 책무성에 관한 시스템에 모든 학생을 포함시키라는 법률이 제정되었다(Ford, Davern, & Schnorr, 2001). 장애 학생들은 그들이 이용하기 적절하게 만들어진 시설과 개조된 형태(예: 시간 연장, 점자로 된 검사, 구두 테스트 등)로 구성된 평가 프로그램에 참여해야 한다. 이러한 유형의 평가에 참여하지 못하는 학생들이 사

용할 수 있는 대안적인 평가방법이 만들어져야 한다. 의사결정은 개인별로 이루어지며, 개별화 교육 프로그램(IEP) 팀에 의해 수행된다.

1997년 IDEA의 개정안(공법. 105-17)은 장애 아동이 학생의 성취에 대한 공식적이고 광범위한 평가에 참여하기 위해 필요한 개인 시설을 선택하고 행정을 수정할 수 있는 권한을 IEP 팀에게 부여하고 있다. 만약 아동이 학생 성취도(또는 평가의 한 부분)에 대한 어떤 공식적이거나 광범위한 평가에 참여하지 않으려고 한다고 판단이 되면, IEP 팀은 아동을 어떻게 평가할 것인지를 정한다(Cohen & Heumann, 2001, p. 1).

또한 법률에는 주가 정규평가와 대안평가 모두에 대해서 장애 학생의 수행에 대한 공적인 보고서를 작성해야 한다고 되어 있다. 학생의 비밀보장을 유지하되 장애가 없는 학생과 마찬가지로 자주, 자세하게 보고가 이루어져야 한다(Heumann & Warlick, 2001).

- **정규 졸업증서 부여:** 주 단위와 지역 단위 평가에 장애 학생을 포함시키는 것이 강조되면서 자연스럽게 졸업요건에 대한 논쟁이 일어나고 있다. **IDEA의 '97 최종 조례(Final Regulation)의 주요 쟁점 문서**(미국 교육부, 특수교육 프로그램국, 날짜 미확인)에는 다음과 같이 나타나 있다.
  - 정규 졸업증서를 받는 고등학교 졸업은 사전에 기록으로 고지해 줄 것을 요구하는 배치에서의 변화라고 볼 수 있다;
  - 무상의 적절한 공교육[free, appropriate, public education(FAPE)]을 받을 학생의 권리는 정규고등학교 졸업증서(학생의 자격 변동 이전의 재평가에 대한 법률적 요구는 적용되지 않는다)를 받고 졸업을 하면서 끝난다; 그리고
  - 학생의 FAPE에 대한 권리는 다른 종류의 졸업증명서나 졸업증서로는 종결되지 않는다(미국 교육부, 특수교육 프로그램국, 날짜 미확인, p. 3).
- **징계:** 정학과 제적 문제에 대해, IDEA 1997에는 다음과 같은 절차가 명시되어 있다.
  - 학교는 제적에 해당되지 않는 한 어떤 교칙 위반의 경우도 한 번에 최고 10일까지만 학교에 오지 못하게 할 수 있다.
  - 장애 아동은 장애 행동으로 인해 장기간 정학을 받거나 제적될 수는 없다.

- 학교에서 정학을 당하거나 제적된 장애 아동에 대해서도 서비스는 계속해 주어야 한다(미국 교육부, 특수교육 프로그램국, 1999, p. 1).

학생이 학교에 위험한 무기를 가지고 오거나, 고의로 불법적인 약을 소유하거나 금지된 약물을 사려고 부탁하거나 파는 일에 관여하면 학교당국은 45일 동안 학생에게 임시적 대안교육을 받게 할 수 있다. 또한 만약 거기에 가서도 학생이 그대로이거나 타인이나 자신에게 해로운 행동을 할 것 같으면 학교는 관리자에게 45일간 오지 못하게 하도록 요구할 수 있다. 학생은 이 기간 동안 계속해서 교육적 서비스를 받아야 하며, 이는 학생들이 개별화 교육의 목적과 목표에서의 진보뿐만 아니라 일반 교육과정에서도 진보할 수 있도록 하기 위한 것이다. 나아가 장애 학생이 그들이 현재 배치된 곳에서 처음으로 한 학년 동안 10일 넘게 제적되고 있으면 IEP 팀은 행동평가와 행동 중재계획을 개발하거나 재고할 필요가 있다(미국 교육부, 특수교육 프로그램국, 1999).

- **조정:** 장애 아동의 평가, 판별 및 배치와 같은 문제와 관련하여 학교와 학부모 간에 의견이 다를 경우, 공식적인 절차심의에 들어가기에 앞서 조정을 통해 이런 분쟁을 해결할 기회를 갖는다. 1997년 장애인교육법에 의하면 이러한 문제를 해결하기 위해 주에서 지역교육청과 학부모에게 조정 서비스를 제공해야 한다. 조정은 엄격하게 말하자면 자발적인 절차로서 학부모가 조정에 참여해야 할 의무는 없으며, 이것이 적법한 심리절차를 요구할 학부모의 권리를 지연시키거나 막는 데 사용되서는 안 된다(Friend & Bursuck, 2002; Katsiyannis 등, 2001; Salend, 2001; Smith 등, 2001).

1973년 재활법, 504항, 공법 93-112

특수교육 분야의 두 번째 주요 법안은 1973년 재활법 504항(공법 93-112)으로서, 이 법은 장애인을 위한 시민권리 법으로서 중요한 기능을 한다. 이 법은 연방정부의 재정적 지원을 받고 있는 어떤 활동이나 프로그램에서 장애로 인해 장애인이 차별대우를 받지 않도록 보호한다. 504항에 따르면

> 미국 내의 장애인들은 누구라도 연방정부의 재정적 지원을 받고 있는 어떤 계획이나 활동 프로그램에서 단지 장애라는 이유로 참가하지 못하거나 혜택을 받지 못하거나 차별대우를 받아서는 안 된다(1973년 재활법 504항, 미국법 29조 794항 개정, 미 교육부 시민권리국, 1991, p. 1에서 인용).

이 법은 연방정부의 재정 지원금 수령 조항 때문에 지역 공립학교, 몇몇 대학교와 고등교육기관, 지방 및 주 교육기관들을 포함하여 이런 종류의 기금을 받는 학교나 기관에 적용된다(미 교육부, 시민권리국, 1999).

장애의 정의 재활법 504항에서 장애를 가진 사람을 다음과 같이 설명하고 있다: "(i) 실제적으로 주된 일상 활동에 제약을 받을 수 있는 육체적 또는 정신적 장애가 있는 사람, (ii) 그런 장애의 기록이 있는 사람, (iii) 그런 장애를 가지고 있다고 간주되는 사람" (미 법 29조 706항(8), 특수교육 관리자 협의회, 1999, p. 18에서 인용). 나아가 전술한 육체적 또는 정신적 장애라는 용어는 다음과 같이 정의되어 있다.

(A) 생리적인 장애 또는 질환, 기형, 신체에 다음과 같은 한 가지 이상의 해부학상의 손상이 있는 경우: 신경계; 골근육계, 특정 감각기계; 발화기관 포함; 호흡계; 심혈관계, 생식계, 소화계, 배뇨계, 림프관계, 피부 및 내분비계; 또는

(B) 정신지체 및 기질적 뇌 증후군, 정서적 또는 정신적 질병, 특정 학습장애와 같은 정신 또는 심리 장애(연방 조례법 104.3권 34조, 특수교육 관리자 협회, 1999, p. 18에서 인용)

장애인에 관한 앞의 설명도 장애가 주요 일상 활동을 실질적으로 제약한다는 언급을 하고 있다. 이러한 활동에는 "자신을 스스로 돌보는 기능"; 즉 업무 수행, 걷기, 보기, 듣기, 말하기, 호흡, 학습, 일이 포함된다(연방 조례법 104.3권 34조, 특수교육 관리자 협회, 1999, p. 18에서 인용). 학교 교직원들에게 특히 중요한 주된 일상활동이 학습이라는 것은 분명하다.

대상 학생 504항에 명시된 장애의 정의는 IDEA에서 사용된 정의보다 더 광범위하

기 때문에 IDEA에서는 서비스 대상이 되지 않는 학생도 504항에서는 대상이 될 수 있다. 504항에 해당되는 집단에는 주의력결핍/과잉행동장애 학생들과 건강상 및 의학상의 문제를 가진 학생, 예를 들면 간질, 천식, 에이즈 또는 간염을 보유한 학생들이 포함된다(Friend & Bursuck, 2002; Smith, 2002). 이러한 학생들과 더불어 장애가 있는 다른 집단의 사람들을 위한 504항의 서비스를 적용받기 위해서는 장애가 학습할 능력을 제한하는지, 또는 다른 주요 일상활동 참여를 제한하는지가 결정되어야 한다.

미국장애인법(ADA), 공법 101-336

미국장애인법(ADA)은 1990년에 통과되었다. 이 법은 1973년의 재활법에 근거를 둔 것이었지만 장애인에게 시민권과 보호를 제공해 주려는 목적을 가진 여러 가지 법 조항들로 확장되었다. 여기에는 장애인들이 교통 및 공공시설 등의 공공 서비스와 취업, 공공 편의시설(편의점, 식당, 공원, 극장 등), 통신과 같은 영역에서 동등한 기회를 가질 수 있도록 하는 내용이 들어 있다(Culatta 등, 2003; Hunt & Marshall, 2002).

ADA는 장애인교육법(IDEA)만큼 장애인들의 교육적 요구와 교육 프로그램들에 대해 다루고 있지 않지만 특수교육 서비스에 영향을 끼치고 있다. 이 법의 2조에서는 공립 초등학교 및 중등학교, 직업교육과 공립 고등교육기관을 포함하여 지방 및 주 정부가 시행하는 프로그램에서 장애인들을 차별하는 것을 금하고 있다(Culatta 등, 2003). 또한 3조에서는 장애인들이 학교 시설물을 이용할 수 있도록 분명히 하고 있다(Salend, 2001).

2001년 낙제학생방지법, 공법 107-110

2002년 1월 부시 대통령은 2001년 낙제학생방지법(No Child Left Behind Act)을 승인했다. 이 법은 1965년에 처음 시행되었던 초·중등학교 교육법을 새로 재승인한 것이다. 동 법의 주요 조항에는 다음 내용이 포함되어 있다.

> 주와 지역교육청 및 각급 학교의 책무성 증대; 학부모와 학생, 특히 수행능력이 낮은 학교에 다니는 학생을 위한 폭넓은 선택의 기회; 주와 지방 교육기관을 위한 연방 교육예산 사용상의 유연성 확대; 특히 저학년 아동들의 읽기능력 강조(미교육부, 2002, p. 1)

이 법은 특수교육법은 아니지만 미국의 특수교육전문협회인 특수아동위원회(Council for Exceptional Children, CEC)는 이 법이 특수교육 분야의 정책 및 실행에 중요한 함의점이 있음에 주목하고 있다. 그 주요 영역 중 하나는 책무성에 관한 것이다. 학교는 12년 내에 3학년부터 8학년의 모든 학생이 읽기와 산수의 숙달목표 달성을 위한 충분한 연간 진보(adequate yearly progress, AYP)를 했다는 것을 보여줄 책임이 있다. 평가결과는 장애 학생들을 포함하여 특수 집단들로 분류된다.

> 만약 학교에서 3학년부터 8학년의 장애아들이 2012년까지 읽기와 산수를 100% 숙달하는 데 적절한 연간 진보를 하지 못하면 해당 학교는 AYP 도달에 실패한 학생들의 수행향상을 위한 방법을 강구해야 할 책임이 있다(특수아동위원회, 2002, p. 7).

낙제학생방지법이 특수교육에 영향을 미치는 두 번째 영역은 교직원의 면허에 관한 것이다. 장애아를 포함한 모든 학생들이 2012년까지 앞서 언급된 충분한 연간 진보 목표를 달성할 수 있도록 주 당국은 2005~2006학년도까지 모든 교사가 고등자격을 가지도록 하는 계획을 구상해야 한다. 이는 바람직한 목표이기는 하지만 현재로서는 특수교육 인력이 부족하기 때문에 요구된 날짜까지 목표에 도달하는 것은 어려울 수 있다(특수아동위원회, 2002).

장애의 판별과 프로그램 서비스

선행 법을 기초로 학교상담자들은 장애 학생을 조력할 수 있는 특수한 유형의 활동에 대해 토론을 진전시킬 수 있다. 학교상담자가 특수교육이나 특수 서비스 대상 학생에 대한 평가와 관련된 활동에 참여하고 대상 학생들의 개별화 교육 프로그램이나 504항 계획을 개발하는 데 참여하는 것은 당연한 일이 되었다. 다음에서는 장애가 어떻게 판정되며, 학생을 위한 프로그램이 개발되는지를 학교상담자가 이해할 수 있도록 돕기 위한 정보를 제공한다. 먼저 장애에 대한 정의에 토론의 초점을 둘 것이며, 다음으로 장애인교육법(IDEA)에 따른 판별과 정치(placement)에 대한 정보를 다루고, 재활법 504항에 대해 논의하기로 한다.

장애의 정의

법률에 대한 논의에서 보았던 것처럼, 표 4.1을 다시 살펴보자. 이 표에는 현행 IDEA에 망라되어 있는 13가지 특정 장애 영역과 그 개념 정의가 제시되어 있다. 1973에 제정된 재활 법 504항에서는 분명히 장애의 모든 영역이 IDEA의 해당 범주에 들어있지 않다. 표 4.1에 포함되지 않은 모든 장애 영역을 정의하는 것은 이 장의 범위를 넘어서는 것이지만 학교상담자들이 자주 만나게 되는 영역의 하나로서 보다 많은 주의를 요하는 한 가지 장애에 대해 살펴보기로 한다.

주의력결핍/과잉행동장애(AD/HD)는 IDEA의 보호하에 있지만 표 4.1에는 구체적으로 기술되어 있지 않다. 그러나 앞서의 언급한 것처럼 이것은 **기타 건강장애(OHI)**라는 명칭하에 아동이 서비스를 받을 수 있는 질병으로 인식될 수 있다. 앞서의 논의에서 AD/HD 학생들은 504항에서 서비스를 받을 수 있는 학생이 될 수 있다고 보고되었다. 결과적으로, 상기 질환 장애아들은 법과 규정의 필요조건이 만족될 때, IDEA나 504항 하에서 특수교육 서비스를 받을 수 있다. AD/HD의 정의를 이해하기 위해서는『정신장애의 진단 및 통계 편람』제4판(미국정신의학회, 1994)의 범주에 익숙해져야 한다.

또한 학교상담자는 영재성을 가진 학생들과 같이 이중 진단을 받게 될 가능성을 인식하고 있어야 한다. 대체로 영재 집단을 고려할 때 장애와 영재성을 가진 학생들은 무시되는 경우가 흔히 있다(Grimm, 1998). 예를 들면 영재성과 특정 학습 장애나 혹은 AD/HD를 가진 학생을 두 가지 특수 영역으로 아동을 판별하려고 할 때 부딪치는 과제가 될 수 있다(Fetzer, 2000; Leroux & Levitt-Perlman, 2000).

지금까지의 논의를 통해 많은 장애 영역들이 영재성을 가지고 있는 것으로 중복 진단을 받을 수 있다는 것에 대해 알게 되었을 것이다. 그러나 장애 아동들이 어떻게 영재일 수 있는지를 진심으로 제대로 이해하기 위해서는 **영재성**이라는 용어의 정의를 설명할 필요가 있다. 이것은 비교적 쉬운 일인 것처럼 보이지만 이 주제에 대한 많은 논의가 있었다. 이는 종종 영재성의 요소로 간주되는 지능이 상당한 논쟁의 여지가 있는 개념이기 때문이다.

수년 동안 영재성에 대한 다양한 개념이 판별을 위한 다양한 함의점과 더불어 제기되어 왔다. 이 주제에 대한 자세한 토의는 이 장에서 가능한 일이 아니므로 이 영역에서 교육적 사고의 전형으로 다음의 정의를 사용하고자 한다. 이 정의는 1993년 10월 미교육부의 교육연구 및 개발부의 『국가 수월성: 미국의 재능 개발 사례(National Excellence: A Case for Developing America' s Talent)』라는 문서에서 인용된 것이다.

> 탁월한 재능을 가진 아동이나 청소년들은 또래의 다른 아이들과 비교하여 현저히 높은 수준의 성취를 수행하는 잠재성을 보이거나 수행한다. 이 아동들이나 청소년들은 지적, 창의적, 예술적 영역에서 높은 수행능력을 보이거나 특출한 리더십 능력을 가지고 있으며, 특수한 학문 분야에서 탁월성을 보인다. 그들은 학교에서 통상적으로 제공되지 않는 서비스나 활동을 요구한다. 탁월한 재능은 모든 문화 집단, 모든 경제 계층, 그리고 인간 노력의 모든 분야에서 아동과 청소년에게 나타난다(p. 4).

영재성에 대해 기본적으로 이해를 하고 있으면 장애가 있는 학생이나 없는 학생의 영재성을 인식할 수 있다. 그러나 이 장의 초점은 장애 학생들에 관한 것이므로 IDEA와 504항에서 요구되는 장애에 대한 정의에서 판별과 배치 과정으로 논의를 옮기도록 한다.

장애인교육법(IDEA): 판별과 배치

장애의 정의 『IDEA 시행에 관한 의회의 22번째 연례보고』에 의하면, 1998~1999학년 동안 6세부터 17세 학생 중 11%가 넘는 수가 특수교육 또는 이와 관련된 교육을 받았다. 『IDEA 시행에 관한 의회의 23번째 연례보고』에 의하면, 6세부터 21세의 장애 학생들이 교육을 받은 비율은 1998~1999학년에 비해 2.6% 증가되었다. 학생들이 IDEA하에서 교육을 받기 위해 요구되는 구체적인 요구조건과 범주는 다음과 같다.

때로 장애가 있음을 결정하는 과정의 첫 단계는 의뢰 전 개입체계이다. 이 시기에 일반적으로 일반교육 교사들은 특수한 학생에 관한 관심사를 확인하고 일반 교실에서 학생들에게 수행될 수 있는 수업전략에 대해 알기 위해 학교의 다른 직원들과 협력한다. 이 단계는 특수교육을 받도록 평가하기 위한 공식적인 의뢰 이전에 이루어진다. 일반 교사를 도와주는 의뢰전 개입팀을 이르는 명칭에는 **개입 조력팀**(intervention assistance teams) 또는 **단계 조성팀**(building level teams)과 같은 다양한 이름들이 있다.

의뢰 전 개입이 만족할 만한 결과를 얻지 못했다고 보일 때, 종종 다음 단계는 의심되는 장애에 대한 평가를 위한 공식적 의뢰이다. 평가 과정에 대해서는 부모의 동의가 있어야만 한다. 평가는 의심되는 장애를 포함하여 아이들의 능력과 기능에 관한 다양한 영역이 평가되어야 한다는 점에서 포괄적이고 비차별적이며 다요인적인 것이어야 한다. 만약 적절하다면 이 분야는 시각, 청각, 건강, 일반 지능, 의사소통 정도, 사회적 정서 상태, 감각운동 능력, 그리고 학문적 수행을 포함할 수도 있다(미 교육부, 특수교육 및 재활서비스국, 날짜 미확인. 34 C.F.R., S300.532).

다요인 평가(MFE)가 끝나면 수행을 위해, 부모를 포함한 평가팀이 아이가 장애를 가지고 있는지를 결정한다. 만약 아이에게 장애가 있고 특수교육이 필요하다고 결정되면, 개별화 교육 프로그램이 개발되고 배치 문제가 설명되어야 한다. IEP는 연 단위로 관찰되고 검토되어야 한다. 그리고 적어도 3년마다 특수교육이 계속 필요한지를 결정하기 위하여 재평가가 실시되어야 한다.

IDEA 1997 조례는 특별히 평가 고려 항목에 대한 부가적 단계에 대해서는 공지해 줌으로써 세부적인 학습장애의 영역을 명시하고 있다. 평가팀은 학생의 능력과 연령에 상응하는 수행을 했는지 그리고 다음에 기술된 범주 가운데 하나 또는 그 이상에서 지적인 능력과 수행 사이에 심각한 불일치가 있는지의 여부를 고려해야 한다.

- 구두 표현
- 듣기 이해
- 쓰기 표현
- 기본적 읽기 기술
- 독해
- 수학적 계산
- 수학적 추론

특수한 학습장애가 있는지를 결정하기 위해 팀은 배제 범주에 대해서도 조사해 보아야 한다. 즉, 만약 수행과 능력 사이의 심각한 차이가 (a) 시각, 청각, 또는 감각운동 장애 (b) 정신지체 (c) 정서장애 또는 (d) 환경, 문화, 또한 경제적 결손에서 주로 기인하는 것이라면 학습장애를 가지고 있는 것으로 간주해서는 안 된다. 또한 아동의 정규학급 교사를 제외한 팀의 구성원 중 적어도 한 명이 일반 교실 수업이나 취학 전 학생에게 적절한 환경에서 아동의 교육적 수행을 관찰해야 한다(미 교육부, 특수교육 및 재활서비스국, 날짜 미확인. 34 C.F.R., S300.540).

개별적 교육계획(IEP)과 배치 앞서 기술한 것처럼, 만약 학생이 특수교육 서비스를 받을 수 있다고 결정되면 개별화 교육계획에서 요구되는 분야를 알 수 있도록 개발되어야 한다. 이 계획은 개인으로 구성된 팀에 의해서 개발되어야 하며 지역교육청도 특별한 개인들이 이 팀에 참여하도록 보장해야 한다. 1997 IDEA에 의하면, IEP팀에는 다음과 같은 사람들이 포함되어야 한다.

- **학생의 부모** 학부모는 이 과정에서 필수적인 동반자이며 IEP가 개발되거나 수정될 때는 항상 참여해야 한다.
- **정규교육 교사** 만약 학생이 정규교육에 현재 참여하고 있거나 이후 참여하게 된다면, 정규교육 교사는 IEP팀의 일원이 되어야 한다.
- **특수교육 교사** 개별화 교육의 발전을 위해 특수교육 교사의 전문성이 요구되며, 이러한 사람은 의심할 여지없이 조정의 주요 요인이자 학생에게 전문화된 서비스를 제공하는 주된 요소가 될 수 있다.

- **평가 결과를 해석할 수 있는 사람** 학교 심리학자나 평가 결과를 해석하고 설명할 수 있는 사람이 참여해야 한다.
- **지역 교육기관을 대표하는 개인** 개별화 교육을 수행하기 위한 재원을 사용할 권력을 가진 사람이어야 한다.
- **아동에 관한 특별 전문지식이나 지식을 가지고 있을 수 있는 사람** 여기에는 부모나 학교에서 초빙한 가정교사 또는 의사(내과 · 의사)와 같은 사람이 포함될 수 있다.
- **가능하다면, 학생을 포함** 만일 학생이 개별화 교육개발에 기여할 수 있다면, 학생이 참여하는 것이 적합하다. 전환 계획이 문제가 되는 경우, 중학생이 참여할 필요가 있다. 더 나아가, 만일 전환 계획이 개별화 교육과정의 한 부분이 된다면 서비스 기관에서 온 대표이사도 적합할 수 있을 것이다.

개별화 교육계획은 학생을 위한 교육적 서비스와 특수화된 지도를 하는 문서자료이다. 개별화 교육팀은 평가 결과와 그밖에 적절한 자료에 근거해서 연간 목표와 단기 목표를 세우고, 진보에 대한 평가와 교육 서비스를 결정한다. 앞서 언급했듯이, 개별화 교육계획은 적어도 1년 단위로 검토되어야 한다. 표 4.2는 개별화 교육의 내용에 포함되는 주요 특징 몇 가지를 요약해 놓은 것이다.

앞서 언급한 서비스 제공의 문제에 있어서 최소 제한된 환경의 원리가 중요하다. 그 내용을 살펴보면 이 원리는 장애를 가진 모든 학생들이 최대한 정상 아동들 속에 섞여야 하며, 장애의 정도가 심해서 보조 기구, 서비스와 교육으로도 안 되서 환경이 만족스럽게 조성되지 않을 때만 정규 교육환경에서 제외될 수 있도록 하고 있다(미 교육부, 특수교육 및 재활서비스국, 날짜 미확인. 34 C.F.R., S300.550). 인용자료인 『IDEA '97 최종 조례』는 일련의 대안적인 배치가 이루어져야 함을 계속 역설하고 있으며, 여기에는 자료실, 정규수업 장면과의 협력과 같은 보조 서비스의 선택권뿐만 아니라 정규 수업반, 특별 수업반, 가정교수, 특별학교 그리고 병원과 공공시설의 교육이 포함된다(S300.551).

학교 상담교사들은 개별화 교육계획 발달과정을 촉진시키는 데 매우 중요한 역할을 한다. 왜냐하면 그들은 학생들의 학업/행동 문제뿐만 아니라 학생들의 특별한

표 4.2 개별화 교육계획(IEP)의 주요 구성요소 (계속)

구성요소	설명
현재 수행	IEP는 학생이 현재 학교에서 어떻게 하고 있는지(교육적 수행의 현재 수준)를 진술해야 한다. 이 정보는 보통 교실평가와 과제수행; 서비스나 재평가 기간 동안 적격성을 결정하기 위해 시행되는 개별적인 시험; 부모, 교사, 관련 서비스 제공자, 그 밖의 학교 관계자들의 관찰과 같은 평가결과를 통해 얻을 수 있다. "현재 수행"에 관한 진술문에는 아동의 장애가 일반적인 학교 교육과정에서의 진보에 어떻게 영향을 미치고 있는지가 포함되어 있다.
연간 목표	일년 안에 학생들이 합리적으로 성취할 수 있는 목표이다. 그 목표는 단기간의 목표나 수준으로 쪼갤 수 있다. 목표는 학업적인 것일 수 있으며, 사회적이거나 행동적 요구일 수도 있으며, 신체적 요구와 관련되어 있거나, 또는 다른 교육적 요구일 수도 있다. 목표는 측정 가능해야 한다. 학생이 그 목표를 성취했는지 아닌지를 측정할 수 있어야 한다는 것을 의미한다.
특수교육과 관련 서비스	IEP는 어린이나 어린이 측에 제공되는 특수교육과 관련 서비스 목록을 작성해야 한다. 여기에는 추가적인 도움과 어린이가 필요로 하는 보조장치와 서비스가 포함된다. 또한 어린이를 돕기 위해 제공되는 훈련이나 전문성 개발과 같은 학교 직원에 대한 지원이나 프로그램의 수정(변화)이 포함된다.
비장애 학생과 함께 참여	IEP는 만약 정규학급의 수업과 기타 학교활동에서 비장애 학생들과 함께 참여하지 않아야 할 정도의 한계에 대해 설명해야 한다.
주단위와 지역단위 시험에 참여	대부분의 주들은 일정한 학년이나 연령의 어린이들에게 성취도 검사를 한다. IEP는 어린이가 이러한 시험을 보려면 무엇을 고쳐 주어야 하는지를 명시해야 한다. 만약 시험이 그 어린이에게 적당하지 않다면, IEP는 그 시험이 왜 적절하지 않는지, 그 어린이는 대신 어떻게 평가받을 수 있는지에 대해 진술해야 한다.
날짜와 장소	IEP는 서비스가 언제 시작하는지, 얼마나 자주 제공될 것인지, 어디에서 제공받을 수 있는지, 얼마나 지속될 것인지 진술해야만 한다.

표 4.2 개별화 교육계획(IEP)의 주요 구성요소

구성요소	설명
전환 서비스 요구	어린이가 14세가 되면 시작해서(만약 적절하다면 더 어릴 때), IEP는 (IEP의 해당 영역에서) 아동이 졸업 이후의 목표에 도달하기 위해서 받아야 하는 과정에 대해 명시해야 한다. 전환 서비스 요구에 대한 진술문이 후속되는 IEP 각각에 포함되어야 한다.
요구되는 전환 서비스	IEP는 어린이가 16세가 되면 시작해서(만약 적절하다면 더 어릴 때), 학교를 떠나도록 준비시킬 수 있게 도와 주기 위해서 어떤 전환 서비스가 필요한지를 진술해 주어야 한다.
성년의 나이	IEP는 아동이 성년의 나이에 도달하기 최소 1년 전에 시작해서 성인의 나이가 되면 그들이 갖게 되는 권리에 대해 이야기해 주어야 한다는 진술을 포함하고 있어야 한다.(이러한 진술은 성인의 나이가 되면 권리를 아동에게 넘겨주는 주에서만 필요한 것일 수 있다)
평가 과정	IEP는 어린이의 진보가 어떻게 측정되며, 부모가 그러한 진보상태에 대해 어떻게 통보받을 수 있는지 진술해야 한다.

주: 미국 교육부, 특수교육 연구 및 재활서비스(2000). *개별화 교육프로그램 안내*. 워싱턴 DC: Author. 수정.

요구를 만족시킬 수 있는 다양한 접근과 자원, 기회에 대해서도 잘 알고 있기 때문이다. 학생들의 목적과 목표, 서비스에 관한 개별화 교육계획 회의에서 그들이 투입되는 것은 프로그램 계획에 유익하고 실용적이라고 할 수 있다. 게다가 상담 기법과 집단 역동에 대한 전문성으로 인해 학생들에게 정보원이 되며, 서비스를 제공해 줄 수 있을 뿐만 아니라 학부모와 기타 교육과 지역사회 전문가 사이에 중계자 역할을 할 수 있다.

장애 학생의 부모는 때로 IEP나 관련 회의에서 자녀에 대한 너무 많은 정보 때문에 당황하기도 한다. 종종 이러한 회의에는 충고와 아이디어들을 제공하는 많은 교육 전문가들이 참여한다. 학교의 상담자들은 부모를 위한 옹호자 및 지지자로 활동하면서 잠재적으로 두려운 상황을 확산시키는 상황에서 도움을 줄 수 있다. 예를 들어 그들은 IEP 회의에서 다른 학교 관계자가 대부분의 일반인들이 모르는 교육 전문용어로 이야기하지 않고, 확인된 문제와 잠재적인 해결책을 명료하게 하도록 할 수 있다. 또한 학교상담자들은 초점이 되고, 긍정적이며, 편안하고, 학부모와 기타 팀 구성원들 간의 열린 교류를 촉진하는 IEP 회의에서 논의를 계속할 수 있도록 도와 줄 수도 있다. 부모들은 IEP 과정에서 동등한 파트너로 환영받아야 하며, 그들이 들어와서 난감한 질문을 하거나 또는 자세한 설명을 요구하는 데 망설일 필요가 없다.

IEP와 관련된 회의에서 부모를 위한 옹호자 및 지지자로서의 역할을 하는 것과 더불어 학교상담자는 공식적인 회의 환경 밖에서도 학부모들에게 유용한 존재가 될 필요가 있다. 학부모들은 회의가 끝난 후에 추가 질문을 하거나 걱정거리를 갖게 될 수도 있다. 학교상담자는 정보나 서비스에 접촉할 수 있도록 활동하거나 학부모의 요청에 맞는 직원을 중계해 주는 역할을 할 수도 있다.

1973년 재활법 504항: 판별과 배치

장애의 판별 IDEA의 적용을 받는 자격요건은 504항에서 사용된 것보다 많은 제한이 있는 반면, 504항은 특별한 평가조건이 충족되어야 한다. 504항에서 요구되는 자격은 장애에 대한 특수 분류와 관계가 없다; IDEA와 마찬가지로 504항은 주요한 생활 활동에서의 정신적 또는 신체적 손상이 갖는 실제적인 함의점에 근거를 두고 있다(Smith, 2002).

504항하에서, 평가과정은 학습과정의 모든 주요 구성요소를 고려해서 다양한 출처에서 정보가 수집되어야 한다. 그 출처로는 성취와 적성평가, 적응 행동 및 교사 추천을 포함한다. 정보는 반드시 기록되어야 하며, 자료와 배치 선택에 대해서는 집단에 의해 결정되어야 한다. 정기적인 재평가가 이루어져야 한다(미교육부, 시민권리국, 1999).

504항 계획과 배치 IDEA와 더불어 504항하에서 서비스 대상이 되는 학생에게는 적절한 무상 공교육이 제공되어야 한다. 이러한 학생은 정규 교육학급에서 특수교육 또는 관련 서비스를 받을 수 있다. 서비스에 요구되는 조정을 구체적으로 제시하고 교육적 환경 프로그램과 서비스에 접근할 수 있도록 보장하는 계획이 포함되어야 한다(deBettencourt, 2002; Mastropieri & Scruggs, 2000). 504 계획의 형식은 IEP의 형식만큼 공식적으로 규정되어 있지는 않다.

계획은 시험과 과제할당에서의 수정, 녹음테이프의 사용(Smith, 2002), 재료의 능숙한 사용을 위한 대안, 과제 수행을 위한 시간, 필기시험을 대신하는 구두 발표 등 학생들에게 필요한 조정에 대해 진술하게 된다. 추가적으로 조정할 수 있는 내용은 특수교육 관리자협회(1999)에서 제안하고 있다.

전환교육 계획

앞서 논의된 것처럼 분명히 많은 법적, 규정적인 기준들이 특수교육 및 관련된 서비스 제공과 관련되어 있다. 학교상담자는 판별과정에서부터 서비스 전달에 이르기까지 장애 학생들의 교육적 진로의 다양한 면에서 학생이 학교환경의 경계를 떠나 성공적인 삶을 준비하도록 적극적인 참가자로서 도와 주어야 한다는 것 또한 의심의 여지가 없다. 일반적으로 학교상담자의 영역이라고 규정된 많은 활동들은 장애 학생과 함께 활동해야 하는 많은 역할에 직접 적용될 수 있다. 학교상담자가 학생과 보내는 시간에 관한 연구들을 보면 매우 빈번한 활동 가운데 특수 학생에 대한 개인적, 진로관련 상담과 학생들의 요구에 관한 직원들과의 협력, 자문의 제공과 가족에 대한 지지, 필요한 수업과 서비스 일정 정하기와 IEP 회의에 참여하는 것 등이 포함되어 있다(Studer & Quingney, 2003).

그러나 좀더 논의해 볼 필요가 있는 학교상담자의 역할과 관련되어 있는 또 다른 문제는 전환 계획이다. 이것은 장애 학생이 학교에서 졸업한 후의 생활로 유연하며 생산적으로 옮겨 가도록 도와주는 과정이자 계획이다. 효과적인 전환 계획은 공식적인 계획이 끝나야 한다는 점에서 학교상담자에게 전통적으로 기대되는 기능 이상의 것을 요구하는 것이라고 할 수 있다. 분명히 학교상담자는 종종 학생의 미래 계획을 도와주는 데 깊이 관여하게 되지만 IDEA에서 장애 학생으로 확인된 학생에 대한 문서화된 계획은 IEP 과정의 일부로 개별화 팀에 의해 개발되어야 한다는 법령이 있다. 『IDEA '97 최종 조례』에 따르면 전환 서비스는 다음과 같은 조정된 활동들로 정의되어 있다(미교육부, 특수교육과 재활서비스국, 날짜 미확인).

(1) 학교에서 졸업 후 활동으로 옮겨 가도록 촉진하는 성과중심의 과정 안에서 설계되고 있는가. 여기에는 중등과정 이후의 교육과 직업 훈련, 통합된 고용(지원받는 고용을 포함), 지속적인 성인교육, 성인 서비스, 자율적인 삶 또는 사회 참여가 포함된다.
(2) 개별 학생들의 필요에 기초해서 학생들의 선호 흥미를 고려하고 있는가; 그리고
(3) 다음의 내용을 포함한다.
  (i) 교수법
  (ii) 관련 서비스
  (iii) 공동체 경험
  (iv) 고용 및 학교졸업 이후 성인의 삶의 목표 개발
  (v) 가능한 경우 적절하다면 생활기술의 습득과 직업적 평가받는 것

『IDEA '97 최종 조례』를 인용하면, 14세까지 전환 서비스에 대한 진술에는 학생들의 요구가 IEP의 일부로 포함되어야 한다고 되어 있으며, 직업교육이나 진보된 배치과정과 같은 학생의 학업과정에 초점을 맞추고 있다. IEP팀에 의해 적절하다고 결정된다면, 16세 또는 그 이전에 IEP는 학생들을 위해 요구되는 전환 서비스와 요구되는 협력 및 중개 기관의 책임에 대한 진술문을 가지고 있어야 한다(미교육부, 특수교육과 재활서비스국, 날짜 미확인). 장애 학생을 위한 전환 계획을 공식화하도록 조력하는 것은 학교상담자의 훈련과 전문성을 위한 자연스러운 매칭으로 보인다.

정보를 입력하고 참여한 장애 학생들은 학교에 있는 동안 적절한 관련 교육을 받을 것이며, 미래를 위한 중등교육을 받고 학교를 떠나게 된다. 『장애인교육법의 시행에 관한 의회의 23번째 연례보고』에 의하면 14세 이상의 장애 학생들의 졸업률은 1993~1994년 이후로 꾸준하게 늘고 있으며, 중도탈락률은 감소하고 있다(미교육부, 특수교육 프로그램국, 2000). 전환 계획은 고등학교 이후의 삶으로 성공적으로 옮겨 가는 추세를 유지시키는 데 도움이 될 것으로 낙관된다.

요약

전문적인 학교상담자는 장애 학생들의 생활에서 통합적인 역할을 수행할 필요가 있다. 이런 학생들과 특수교육 프로그램의 특징상 학교상담자의 역할이 중요하므로 학교상담자들은 특수교육의 법적, 실용적인 측면과 관련 서비스에 대해 알고 있어야 한다. 특수교육 프로그램의 많은 측면들은 IDEA와 1973년 재활법 504항 및 조례 해석과 같은 법률의 조항들에 응하고 있다. 따라서 학교상담자들은 이러한 법령 등이 법적으로 허용된 것인지뿐만 아니라 특수 학생들에게 효과적인 상담서비스를 공급하는 여러 가지 국면에서 더 효과적인 것인지에 대해 항상 인식하고 있어야 한다.

참고문헌

American Psychiatric Association. (1994). *Diagnostic and statistical manual of mental disorders* (4th ed.). Washington, DC: Author.

American School Counselor Association. (1999). *Position statement: Special needs students, the professional school counselor, and the special needs student.* Retrieved January 10, 2003, from http://www.schoolcounselor.org/content.cfrn?L1=1000&L2=32

Bowen, M. L., & Glenn, E. E. (1998). Counseling interventions for students who have mild disabilities. *Professional School Counseling, 2*(1), 16-25.

Cohen, M., & Heumann, J. E. (2001). *Memorandum: Clarification of the role of the IEP team in selecting individual accommodations, modifications in administration, and alternate assessments for state and districtwide assessments of student achievement.* Retrieved January 2003 from http://www.dssc.org/frc/fed/JointAssessmentMemo.final.doc

Council for Exceptional Children. (2002). *No Child Left Behind Act of 2001: Reauthorization of the Elementary and Secondary Education Act, a technical assistance resource.* Retrieved January 2003 from http://www.cec.sped.org/pp/OverviewNCLB.pdf

Council of Administrators of Special Education, Inc. (1999). *Section 504 and the*

ADA, promoting student access: A resource guide for educators (2nd ed.). Albuquerque, NM: Author.

Culatta, R. A., Tompkins, J. R., & Werts, M. G. (2003). *Fundamentals of special education: What every teacher needs to know* (2nd ed.). Upper Saddle River, NJ: Merrill Prentice-Hall.

deBettencourt, L. U. (2002). Understanding the difference between IDEA and Section 504. *Teaching Exceptional Children, 34*(3), 16-23.

Delegate Assembly, American School Counselor Association. (1999). *The role of the professional school counselor.* Retrieved January 10, 2003, from http://www.schoolcounselor.org/content.cfm?L1=1000&L2=69

Erk, R. R. (1995). A diagnosis of attention deficit disorder: What does it mean for school counselors? *School Counselor, 42*(4), 292-299.

Fetzer, E. A. (2000). The gifted/learning disabled child: A guide for teachers and parents. *Gifted Child Today Magazine, 23*(4), 44-50.

Ford, A., Davern, L., & Schnorr, R. (2001). Learners with significant disabilities: Curricular relevance in an era of standards-based reform. *Remedial and Special Education, 22*(4), 214-222.

Frantz, C. S., & Prillaman, D. (1993). State certification endorsement for school counselors: Special education requirements. *School Counselor, 40*(5), 375-379.

Friend, M., & Bursuck, W. D. (2002). *Including students with special needs: A practical guide for classroom teachers* (3rd ed.). Boston: Allyn & Bacon.

Gibb, G. S., & Dyches, T. T. (2000). *Guide to writing quality individualized education programs: What' s best for students with disabilities.* Needham Heights, MA: Allyn & Bacon.

Greer, B. B., Greer, J. G., & Woody, D. E. (1995). The inclusion movement and its impact on counselors. *School Counselor, 43*, 124-132.

Grimm, J. (1998). The participation of gifted students with disabilities in gifted programs. *Roeper Review, 20*(4), 285-286.

Heumann, J. E., & Warlick, K. R. (2001). *Memorandum: Guidance on including students with disabilities in assessment programs.* Retrieved January 2002 from http://www.dssc.org/frc/fed/OSEP0106.FFAssessment.doc

Heward, W. L. (2003). *Exceptional children: An introduction to special education* (7th ed.). Upper Saddle River, NJ: Merrill Prentice-Hall.

Hunt, N., & Marshall, K. (2002). *Exceptional children and youth: An introduction to special education* (3rd ed.). Boston: Houghton Mifflin.

IDEA '97 Final Regulations, 34 C.F.R. S300.24 (1999).

IDEA '97 Final Regulations, 34 C.F.R. S300.29 (1999).

IDEA '97 Final Regulations, 34 C.F.R. S300.344 (1999).

IDEA '97 Final Regulations, 34 C.F.R. S300.532 (1999).

IDEA '97 Final Regulations, 34 C.F.R. S300.540 (1999).

IDEA '97 Final Regulations, 34 C.F.R. S300.550 (1999).

IDEA '97 Final Regulations, 34 C.F.R. S300.551 (1999).

Katsiyannis, A., Yell, M. L., & Bradley, R. (2001). Reflections on the 25th anniversary of the Individuals with Disabilities Education Act. *Remedial and Special Education, 22*(6), 324-334.

Kirk, S. A., Gallagher, J. J., & Anastasiow, N. J. (2003). *Educating exceptional children* (10th ed.). Boston: Houghton Mifflin.

Korinek, L., & Prillaman, D. (1992). Counselors and exceptional students: Preparation versus practice. *Counselor Education and Supervision, 32*(1), 3-11.

Leroux, J. A., & Levitt-Perlman, M. (2000). The gifted child with attention deficit disorder: An identification and intervention challenge. *Roeper Review, 22*(3), 171-176.

Lewis, R. B., & Doorlag, D. H. (2003). *Teaching special students in general education classrooms* (6th ed.). Upper Saddle River, NJ: Merrill Prentice-Hall.

Mastropieri, M. A., & Scruggs, T. E. (2000). *The inclusive classroom: Strategies for effective instruction.* Upper Saddle River, NJ: Merrill Prentice-Hall.

Pugach, M. C., & Warger, C. L. (2001). Curriculum matters: Raising expectations for students with disabilities. *Remedial and Special Education, 22*(4), 194-196, 213.

Quigney, T. A., & Studer, J. R. (1998). Touching strands of the educational web: The professional school counselor' s role in inclusion. *Professional School Counseling, 2*(1), 77-81.

Quigney, T., & Studer, J. (1999). Transition, students with special needs, and the professional school counselor. *Guidance and Counseling, 15*(1), 8-12.

Salend, S. J. (2001). *Creating inclusive classrooms: Effective and reflective practices* (4th ed.). Upper Saddle River, NJ: Merrill Prentice-Hall.

Scarborough, J. L., & Deck, M. D. (1998). The challenges of working for students with disabilities: A view from the front lines. *Professional School Counseling, 2*(1), 10-15.

Smith, T. E. C. (2002). Section 504: What teachers need to know. *Intervention in School and Clinic, 37*(5), 259-266.

Smith, T. E. C., Polloway, E. A., Patton, J. R., & Dowdy, C. A. (2001). *Teaching students with special needs in inclusive settings* (3rd ed.). Needham Heights, MA: Allyn & Bacon.

Studer, J. R., & Quigney, T. A. (2003). An analysis of the time spent with students with special needs by professional school counselors. *American Secondary Education, 31*(2), 71-83.

Studer, J. R., & Quigney, T. A. (2004). *The need to integrate more special education content into preservice preparation programs for school counselors.* Manuscript submitted for publication.

Tumbull, H. R., III, Wilcox, B., Tumbull, A., Sailor, W., & Wickham, D. (2001). IDEA, positive behavioral supports, and school safety. *Journal of Law and Education, 30*(3), 445-503.

U.S. Department of Education. (2002). *The No Child Left Behind Act of 2001, executive summary.* Retrieved January 2003 from http://www.ed.gov/offices/OESE/esea/execsumm.html

U.S. Department of Education, Office for Civil Rights. (1999). *Free appropriate public education for students with disabilities: Requirements under Section 504 of the Rehabilitation Act of 1973.* Retrieved January 21, 2003, from http://www.ed.gov/offices/OCR/docs/FAPE504.html

U.S. Department of Education, Office for Civil Rights. (2002). *Protecting students with disabilities: Frequently asked questions about Section 504 and the education of children with disabilities.* Retrieved January 21, 2003, from http://www.ed.gov/offices/OCR/504faq.html

U.S. Department of Education, Office of Educational Research and Improvement. (1993). National excellence: A case for developing America' s talent. Retrieved January 28, 2003, from http://www.ed.gov/pubs/DevTalent/intro.html

U.S. Department of Education, Office of Special Education and Rehabilitative Services. (n.d.). IDEA '97 final regulations. Retrieved January 15, 2002, from http://www.ideapractices.org/law/regulations/index.php

U.S. Department of Education, Office of Special Education and Rehabilitative Services. (2000). Guide to the individualized education program. Retrieved January 26, 2003, from http://www.ed.gov/offices/OSERS/OSEP/Products/IEP_Guide

U.S. Department of Education, Office of Special Education Programs. (n.d.). IDEA '97: Final regulations, major issues. Retrieved January 15, 2003, from http://www.ideapractices.org/law/adci_material/majorissues.php

U.S. Department of Education, Office of Special Education Programs. (1999). Discipline procedures-changes from proposed Rules-topic brief. Retrieved January 20, 2003, from http://www.ed.gov/offices/OSERS/policy/IDEA/ brief5.html

U.S. Department of Education, Office of Special Education Programs. (2000). Twenty-second annual report to Congress on the implementation of the Individuals With Disabilities Education Act. Retrieved January 11, 2003, from http://www.ed.gov/offices/OSERS/OSEP/Products/OSEP2000An1Rpt/ExecSumm.html

U.S. Department of Education, Office of Special Education Programs. (2002). Twenty-third annual report to Congress on the implementation of the Individuals With Disabilities Education Act: Executive summary. Retrieved January 20, 2003, from http://www.ed.gov/offices/OSERS/OSEP/Products/OSEP2001-An1Rpt/ExecSumm.html

Wehmeyer, M. L., Lance, G. D., & Bashinski, S. (2002). Promoting access to the general curriculum for students with mental retardation: A multilevel model. Education and Training in Mental Retardation and Developmental Disabilities, 37(3), 223-234.

02

| 제2부 |

전문적인 학교상담자: 상황적 차원에서의 학생옹호자

학교상담의 상황적 차원에 속하는 2부는 옹호, 체계적인 변화, 리더십과 프로그램 개발에 관한 정보를 담고 있다. 학교상담 프로그램의 구성요소들을 교육적 임무에 통합된 것으로 이해하는 것은 현재와 미래의 학교상담자에게 중요한 방향을 제시해 준다.

2부에는 다음 내용이 들어 있다: 발달적 종합적 학교상담 프로그램, 전문적인 학교상담자와 책무성, 진로발달에서 전문적인 학교상담자의 역할.

| 제5장 |

발달적 종합적 학교상담 프로그램

Esperanza는 집에서 20분 정도 떨어진 교외 지역의 중학교 상담자로 고용되어서 매우 흥분해 있었다. Esperanza는 ASCA(미국학교상담자협회) 국가 표준과 국가 모델에 관해 훈련을 받아 왔고, 발달적 종합적 학교상담자 프로그램을 실행하는 데 자신의 전문 지식을 활용할 수 있다는 데 매우 흥분되었다. 그녀는 학생상담에서 서비스 중심적이고 위기 지향적인 접근법을 사용하고 있다는 것을 알게 되고는 자신이 갖게 된 새로운 직업에 대한 열정이 일시적으로 가라앉았다. 시대에 뒤떨어진 이러한 모델에 대해 그녀가 의문을 제기하자 생활지도 담당지도자는 "우리 시스템은 매우 훌륭하다. 우리 학생들은 졸업시험에서 꾸준히 높은 점수를 받고 있고, 우리는 최고의 대학에 학생들을 진학시키고 있다. 분명히 학생들을 돕고 있는 데 왜 무엇인가를 바꾸어야 하는가?" 라고 답하였다.

Esperanza는 많은 학교들이 전통적인 상담 모형을 버리기를 꺼린다는 것을 알게 되었다. 그러나 이와 동시에 그녀는 학교상담 프로그램을 변화시키는 적극적인 지도자 역할을 할 필요가 있음도 깨달았다. Esperanza는 자신이 받은 훈련과 기술을 편안하게 느꼈으며, 자신에게 주어진 업무를 잘 해낼 수 있다고 확신했지만 이러한 변화가 학생들의 최대 이익에 포함된다는 점을 사람들에게 설득하는 데 시간이 걸릴 것이 걱정되었다.

McWhirter, McWhirter, McWhirter와 McWhirter(1998)에 따르면, 소수민족 학생

들이 학교를 중퇴하는 위험이 더욱 커지고 있다. 아프리카계 미국인의 14%와 히스패닉의 28%, 그리고 이보다 더 높은 비율의 아메리카 인디언이 졸업을 하지 못한 채 학교를 떠나고 있다. 성 행위를 하는 15세 이하의 청소년 수가 증가하고 있고, 이보다 어린 청소년의 약 30%가 성행위를 한 것으로 보고되고 있다. 15세 이하의 더 많은 청소년들이 약물과 알코올을 복용하고 있다.

이러한 통계치들과 더불어, 예전에 비해 학교상담자들이 학생들의 학업, 진로, 개인 · 사회적 성장을 촉진시킴으로써 학생들을 도와 주어야 할 필요성이 증가되고 있다. 이러한 요구에도 불구하고, 학교상담자와 프로그램은 잘못 이해되고 부적절하게 사용되기가 쉽다. 전통적인 학생 개인 모형은 더 이상 학교상담자들이 사용할 만한 실용적인 체제라고 할 수 없으며, 변형된 학교상담 모형은 그것이 가진 장점에도 불구하고 변화에 저항하는 많은 이들이 어려움을 느낀다. 그러나 발달적이고 종합적인 모형은 교육운동의 최전선에서 학생들을 성장시키면서 학교상담과 교육 사이에 필요한 다리를 놓아 주고 있다.

왜 발달적 종합적 학교상담 프로그램으로 옮겨 가야 하는가?

미국학교상담자협회(ASCA)가 적극적으로 전문적인 학교상담자의 역할에 대해 정의해 왔음에도 불구하고, 외부세력들이 학교상담자의 역할과 기능에 대해 계속해서 정의를 내리고 있다. 상담자들은 준행정적 의무와 사무적 책임(Gysbers, Lapan, & Jones, 2000; Ripley, Erford, Dahir, & Eschback, 2003), 상담과 관련되어 있지 않은 다른 직무 수행 등에서 소외되고 있다. 역사적으로 학교상담은 프로그램 전달(Ryan & Zeran, 1972, Dahir, 2001 인용)을 위한 일관성 있는 체제가 부족했기 때문에 이러한 전문가들이 어떤 도움을 제공해 줄 수 있는지를 알기가 어려웠다. 예를 들어, 나는 학생 개인 모형에 따라 훈련을 받은 학교상담자로서, 다양한 활동에 적극적으로 관여하고 있었으며, 내가 하고 있는 일에 대해 어떤 의심의 여지도 없다고 잘못 생각하고 있었다. 나는 우수한 고교 축구선수의 부모님 한 분이 찾아와서 아들이 시즌의 나머지 기간 동안 축구를 할 자격을 상실하게 되었다고 말했을 때 내가 얼마나 잘못하고 있는지를 깨달았다. 부모님의 말에 의하면, 내가 아들의 자격 여부를 결정하는 성적을 규칙적으로 점검해 주지 않았기 때문에, 즉 나의 태만 때문에 축구 장학금을 받을 기회가 사라졌다는 것이다. 나는 운동선수의 자격을 점검하는 것은 나의 일이 아니라고 설명하려고 했지만, 부모님은 아무도 이러한 정보를 알려 주지 않았기 때문에 이것이 내가 해야 하는 일 중 하나라고 알고 있었다. 이런 경험을 계기로, 나는 나의 역할에 대해 더 잘 알려야 할 필요가 있음을 분명히 알게 되었다.

전통적인 학생 개인 서비스 모형은 모든 학생들의 요구를 충분히 다루어 주지 못하는 서비스 중심, 위기 지향적 접근을 사용했었다(Bowers & Hatch, 2003). 더욱이 상담자가 이러한 전략들의 효율성을 입증하고 활동들을 문서로 기록해 두는 것을 소홀히 했기 때문에, 정부에서는 학교상담자가 학업 과제를 어떻게 도와 줄 수 있는지에 대해 의문을 갖기 시작했다(Hart & Jacobi, 1992). K-12 교육과정 밖에 놓여 있는 것으로 간주되는 학교상담 프로그램은 금융위기 시기에는 소모적인 것으로 보일 수 있다(Gysbers 등, 2000).

이러한 문제들에 더해 교육개혁 주도자들은 다른 산업화된 나라의 학생들과 비교해 볼 때 미국 학생의 준비도 부족과 낮은 학업 성취도에 주목했다. '목표 2000: 미국교육법' 은 다음과 같은 내용의 1983년 『위기에 처한 국가』 보고서에 대한 지속적인 반응으로 교육개혁을 위한 국가적 준거 틀을 제공하기 위해 1994년에 법률로 제정되었다.

(1) 다른 국가와 비교할 때, 미국 학생들은 학업에 훨씬 적은 시간을 들인다;
(2) 교실에서 그리고 숙제를 하면서 보내는 시간이 자주 비효율적으로 사용된다;
(3) 학교는 학생들이 시간을 잘 활용하기 위해 필요한 학업기술이나 학업에 많은 시간을 보내려는 동기를 촉진하는 일을 충분히 조력하고 있지 않다(교육 수월성 국가위원회, 1983).

1990년대 초에 필수기술 성취에 관한 장관위원회(Secretary' s Commission on Achieving Necessary Skills, SCANS)가 미래의 노동시장에서 요구되는 기술에 대해 미국 노동부 장관에게 조언하기 위하여 구성되었다. 위원회는 젊은이들의 절반이 노동시장에서 적절히 수행할 수 있는 지식과 기술을 배우지 못한 채로 학교를 떠나고 있다는 혼란스러운 소식을 보고하였다(SCANS, 2000). 불행히도 보고서에는 학생들이 "팀으로 작업하는" 능력을 가진 생산적인 시민이 되어야 하며(SCANS), "모든 학생을 위한 공정한 교육적 기회와 높은 수준의 교육적 성취를 제공해야 한다"(목표 2000)는 요구들이 언급되어 있었지만 어떤 보고서에도 학생상담자가 학생의 성공을 향상시키는 필수적인 구성요소라고 언급되어 있지 않았다. 이러한 보고서들은 학교가 책무성을 더 잘 입증해 내고, 성취정도를 보여주며, 기준을 실행하고, 미국 학생들이 미래의 세계에서 성공할 수 있음을 확신시킬 수 있는 기준을 입증하는 촉매로 작용하였다(Dahir, 2001; Johnson, 2000; Ripley et al., 2003; Schmidt & Ciechalski, 2001).

학교상담자들은 학생들이 21세기의 높은 생존 능력을 성취하도록 학교상담 프로그램이 어떻게 도와 줄 수 있는지를 보여 줌으로써 응수할 필요가 있게 되었다(Ripley 등, 2003). ASCA의 이사회는 교육개혁이라는 말이 현행 학교위원회 정책과 교육과정 안에 학교상담 프로그램을 할당하고 체계화하는 데 적용될 필요가 있음을 인식하게 되었다.

1장에서 서술된 것처럼, 학교상담 서비스-반응 프로그램에서 학생 중심적 발달적 도식으로 바꾸려는 움직임은 1960년대에 처음 시작되어 1970년대에는 제한적인 성공을 거두었다. 미주리 주는 학생들이 1970년대 후반의 Norman Gysbers의 연구에 기반을 둔 종합적인 학교상담 프로그램에 참여해서 어떤 도움을 받았는지를 보여 주기 위해 지도력을 발휘하였다(Gysbers, Lapan, Blair, & Starr, 1999). 미주리 주 종합적 학교상담 프로그램(Missouri Comprehensive Guidance Program, MCGP)은 주가 주도권을 가지고 MCGP 모형으로 학교상담자를 훈련시켜서 개발되었다. MCGP 모델과 이전의 발달적 종합적 프로그램의 시도 사이에는 한 가지 차이가 있었는데, 이는 변형된 이 학교상담이 효과가 있다는 증거를 제시해 준 평가적 요소라고 할 수 있다(Lapan, Gysbers, & Petroski, 2003).

Gysbers의 MCGP에서 실시된 연구는 긍정적인 효과와 프로그램 관계자들과의 많은 상호작용, 그리고 학교상담자의 역할을 더 가시화해 주었으며 이에 대한 이해를 넓혀 주었다(Burnham & Jackson, 2000). 또 다른 연구에서는 충분하게 수행된 K-12 종합적인 프로그램에 참여했던 학생들은 참가하지 않은 학생들보다 높은 성적을 받았으며, 미래에 대해 더 잘 준비하고 있었으며, 자신이 받은 교육에 대해 더 긍정적으로 평가하였다. 전통적인 접근으로 활동한 상담자들보다 변형된 학교상담 프로그램으로 활동한 상담자들이 더 긍정적인 영향을 주었음을 보여 주는 증거들이 추가적으로 제시되고 있다(Lapan 등, 2003). 그러나 ASCA가 열성적으로 발달적 종합적 학교상담 프로그램을 설계하고 옹호하는 역할을 담당해 준 후에야 이러한 프로그램들은 변화과정에 필요한 국가적 지원 옹호를 받을 수 있었다. 국가 표준과 ASCA 국가 모형은 주로 Gysbers의 모형에 근거를 둔 것으로, 학교상담 프로그램의 기본골격 역할을 하고 있다(VanZandt & Hayslip, 2001).

미국학교상담자협회의 국가 표준

ASCA는 1997년 7월에 학교의 전체 임무 안에서 학교상담자 프로그램의 역할과 기능을 알려주는 국가 표준(National Standards)을 도입하였다. 국가 표준은 학교상담 프로그램을 교육목표에 통합된 구성요소로 보았으며, K-12 발달적 종합적 프로그램을 위한 준거 틀을 만들고, **모든** 학생을 체계적으로 도울 수 있는 틀을 제공하였다(Dahir, Sheldon, & Valiga, 1998).

국가 표준은 학업, 진로, 개인/사회적 영역의 세 가지 광범위한 영역에서 학생들의 성장을 돕는다. 이들 각 영역 안에 세 가지 기준이 있으며, 이는 학교상담 프로그램을 위한 지침과 방향을 제시해 준다. 아홉 가지 각각의 기준은 학생들이 학교상담 프로그램에 참여한 결과 획득하게 되는 지식, 태도와 기술을 나타내는 학생의 능력과 지표들을 포함하고 있다. 이러한 능력들을 성취하기 위해 전략과 활동을 지도하는 사람과 능력성취를 위한 시간계획을 선택하며, 프로그램의 성공여부를 알아보기 위해 프로그램을 평가하는 방법들도 선택한다.

학업 영역

학업발달을 위한 프로그램의 기준은 학교상담 프로그램이 학생들의 학습능력을 지원하고, 최대화할 수 있는 전략과 활동을 수행할 수 있도록 안내한다(Campbell & Dahir, 1997, p. 18).

진로 영역

진로발달을 위한 프로그램의 기준은 학교상담 프로그램이 학생들에게 학교에서 직업 세계로 성공적으로 이행하고, 일생동안 직장이동을 성공적으로 할 수 있게 하는 기술과 태도, 지식을 획득할 수 있는 토대를 제공할 수 있도록 안내한다(Campbell & Dahir, 1997, p. 19).

개인/사회적 영역

개인/사회적 발달을 위한 프로그램의 기준은 학교상담 프로그램이 학교를 거쳐 성인기로 발달해 가는 학생들에게 개인적이고 사회적인 성장을 위한 토대를 제공할 수 있도록 안내해 준다(Campbell & Dahir, 1997, p. 19).

미국학교상담자협회의 국가 모형

2001년 3월 ASCA의 조정위원회는 프로그램 개발 면에서 상담자들이 변화할 수 있도록 이들을 도울 수 있는 더 많은 연구가 이루어질 필요가 있다고 보고, 국가 모형을 설정할 것을 가결했다(Schwallie-Giddis, ter Maat, & Pak, 2003). 이 모형은 국가 표준 문서에 약술되어 있는 전략들을 활용하고 있으며(Bowers & Hatch, 2003), 더 커진 책무성에 대한 사회적 요구를 반영하고 있다.

기준이 처음 제정된 이후로 기준이 프로그램을 위한 것인지 학생들을 위한 것인지에 대해 많은 이들이 혼란을 겪었다. 2002년 11월에 ASCA 국가 모형 전문위원회는 기준이 프로그램을 위한 것이 아니라 전체 학생들을 위한 것임을 분명히 하였다(Bowers & Hatch). 기준은 각 영역에서 지침과 방향을 제시하고, 능력은 학생에게 기대되는 성취 정도를 나타내며, 지표는 각 영역에서 이루어져야 할 학생의 성취를 더 구체적으로 정의한 것이다. 학교상담 프로그램의 이러한 변화에 따라 '학교상담자들은 실제로 무엇을 하는가?' 라는 전통적인 질문은 '학생들은 학교상담 프로그램에 참여한 결과 어떻게 달라지는가?' 라는 질문으로 바뀌게 되었다.

발달적 종합적 학교상담 프로그램은 어떤 것인가?

체계적인 계획과 입증된 전략, 프로그램 구성이 기술을 활용한 팀 접근(Ripley 등, 2003) 및 인간발달에 관한 지식이 프로그램을 설계하는 방향을 안내한다. 프로그램에서 추가적으로 고려해야 할 사항으로는 학생들의 발달상의 과업과 문화적이고 인종적인 영향 및 대인관계가 있다. '결과에 기초한' 이러한 생활지도 모형은 일련의 프로그램을 모든 학생들에게 전달해야 하는 적극적인 책무성을 가지고 있는 학교상담자에 의해 수행된다. 반면 전통적 접근은 일부 학생들에게 서비스를 제공하는 데 기초를 두고 있다. ASCA 국가 모형의 네 가지 관련 구성요소에는 토대, 전달체제, 관리체계와 책무성이 포함된다. 옹호, 협력, 리더십, 체계적인 변화와 같은 주제들은 프로그램을 통해 구체화된 상담자의 역할로 정해진다. ASCA 모형은 여러 가지 프로그램의 요소들이 잘 이해되어 실행될 수 있도록 각각의 구성요소에 대해 따로 논의된다.

프로그램을 개발하는 데 도움이 되는 프로그램 계획, 실행과 평가를 위한 단계적 활동지로 사용할 수 있는 체크리스트가 표 5.1에 제시되어 있다. 국가 모형에서 자문협의회가 관리라는 구성요소에 포함되어 있는 점을 주목하라. 그러나 저자의 생각에는 이러한 자문 팀이 프로그램의 방향과 변화, 옹호의 촉매가 되므로 종합적이고 발달적인 프로그램에 관한 토론을 여기서부터 시작하기로 한다.

자문 팀

학교상담 프로그램에서 기존의 것에 관심이 있는 사람들은 학교상담이 서비스 프로그램에서 학생 중심의 발달적 교육과정 구조로 전환되도록 돕는다. 학교위원회가

표 5.1 프로그램 개발을 위한 체크리스트

Ⅰ. 시작단계

___발달적 종합적 학교상담 프로그램의 효과에 관한 자료를 모은다.

___지역교육청 행정가와 함께 연구에 관해 논의하고, 프로그램을 변화시켜야 함을 옹호한다.

___학교 위원회 구성원들에게 정보를 제공하고 시작단계를 위한 승인을 받는다.

Ⅱ. 조직단계

___위원회에서 승인한 구성원을 자문 팀에 임명한다.

___발달적 종합적 학교상담 프로그램에 관한 자료를 자문 팀에 제시한다.

___교육관련 지역사회 단체에게 워크숍을 제공해 줌으로써 프로그램 계획에 대해 알고 지원을 할 수 있게 한다.

Ⅲ. 계획단계

___요구도 평가를 설계한다.

___평가 결과를 분석하고 우선적 요구를 확인한다.

___상담자의 임무에 대한 진술문을 만든다.

___이론적 근거를 수립한다.

___프로그램의 정의를 개발한다.

___시간표를 도표화한다.

___프로그램 통합을 결정할 수 있도록 현재의 학업 교육과정을 살펴본다.

___전달체제를 구체화한다.

- 교육과정 안내
- 개인적 계획
- 지원체제
- 반응적 서비스

___책무성 전략을 정한다.

Ⅳ. 실행

___위원회의 승인을 받을 수 있도록 계획을 제시한다.

___교사 및 다른 교육 관련 구성원들에게 계획을 알린다.

___부모님과 학생들이 계획에 적응할 수 있게 한다.

___예전 프로그램에서 전환되는 동안 전달체제를 시작한다.

Ⅴ. 평가

___학생의 능력과 전달체제를 평가한다.

___주, 국가, 지역의 개혁 주도세력과 교류한다.

___계획을 실행하는 동안 나타나는 변화를 기록한다.

___기준 능력을 평가한다.

___진전된 면을 교육위원회에 보고한다.

___교육자와 학부모에게 프로그램의 진보사항을 제시한다.

임명한 자문 팀은 변화과정을 통해 학교와 지역사회를 연결하는 고리를 제공한다(Rye & Sparks, 1999). 자문 팀의 크기는 학교와 지역사회의 다양한 이익을 대표할 수 있을 정도로 커야 하지만 하나의 단체로 일할 수 있을 정도로 작게 구성되어야 한다. Bowers와 Hatch(2003)는 최소 8명에서 최대 20명의 인원이 적절하다고 권고한다. 이 팀은 정책에 대한 토대를 형성하고, 요구도를 조사하며, 방향을 제시하고, 일정표를 고안하며, 프로그램 평가를 분석하고, 발표하며, 권고안을 만든다. 다른 고려사항으로는 여러 가지 다양한 지역사회 집단을 대표하는 개인들이 포함되는 점을 들 수 있으며(Ripley 등, 2003; Rye & Sparks, 1999), 프로그램에 반대했던 개인들을 이 위원회에 임명한다. 이러한 사람들은 다른 관점에서 상황을 보고, 의사결정을 위해 타협하는 데 도움이 된다.

제안된 자문 팀에는 각각의 건물과 학년별로 한 명의 관리자와 다양한 관심을 가지고 있는 학부모, 교사, 학생, 사업가와 지역사회 구성원, 교직원, 학교 위원회 구성원들이 포함된다. 기능적인 팀은 프로그램을 수정할 때 정례적으로 만나며, 일단 프로그램이 실행되면 일 년에 최소한 두 번 만난다(Bowers & Hatch, 2003; Ripley 등, 2003). 자문 팀 구성원들은 위원회의 연속성을 위해 1~3년까지 임명될 수 있다. 구성원들은 위원회의 목적, 회의의 길이, 의제를 미리 알고 있어야 할 필요가 있다. 이 위원회의 첫 번째 과업은 요구도 평가 결과를 기초로 학생의 능력을 위해 설계하고, 관리하며, 분석하고, 권고안을 만드는 것이다.

요구도 평가

요구도 평가도구의 개발은 자문 위원회가 프로그램 수혜자의 우선순위와 요구를 정하는 데 중요한 과업이다(Johnson, 2000). 프로그램의 방향을 결정하기 위해서는 학교상담 프로그램에 관심이 있는 모든 사람들(학생, 학부모, 지역사회 구성원, 학교위원회 위원, 교사, 기타 프로그램의 성공에 영향력을 미치는 사람들)에 대한 평가가 이루어져야 한다(VanZandt & Hayslip, 2001). 필요한 정보를 얻는 데 사용할 수 있는 방법으로는 개인적 만남, 포커스 그룹 또는 인터뷰 등이 있다.

면대면 만남에서 필요한 질문으로는 다음과 같은 것이 있다.

1. 오늘날 학령기 아동이 당면하고 있는 걱정거리라고 생각되는 것은 무엇인가?
2. 고등학교를 졸업할 때 학생들은 무엇을 할 수 있어야 한다고 기대하는가?
3. 학령기 아동의 학업적 자아 개념을 향상시킬 수 있는 프로그램으로는 어떤 것이 있다고 생각하는가?
4. 학생들이 자신의 요구를 만족시킬 수 있도록 도와 줄 수 있는 좋은 자문가가 될 수 있는 인적 자원에는 어떤 사람들이 있는가?
5. 유치원에서부터 고등학교 학생들이 학업적 성공을 이룰 수 있도록 돕기 위해 교직원들은 어떤 전략을 실행할 수 있는가?
6. 학생들이 중등과정 이후의 선택을 하는 데 도움이 되는 가장 좋은 방법은 무엇인가?
7. 학생들이 학업과 자신이 가지고 있는 미래의 목표와의 관계를 이해할 수 있도록 도와 주기 위해 학교 교육과정은 무엇을 할 수 있는가?
8. 자신과 일의 세계를 이해하기 위해서는 어떤 기술이 필요하다고 생각되는가?
9. 교직원들은 어떤 방법으로 목표를 성취할 수 있는 전략을 가르칠 수 있는가?
10. 개인들이 자신과 다른 사람을 이해하고 존중할 수 있도록 하는 데 필요한 태도와 지식, 대인관계 기술에는 어떤 것이 있는가?
11. 학생들은 어떻게 의사결정을 하고 목표를 설정하는가?
12. 학생들이 안전과 생존 기술을 이해하고 적용할 수 있도록 도울 가장 좋은 전략은 무엇인가?

질문지는 학생들의 요구를 결정하는 데 또 하나의 정보의 원천이 된다. 질문지를 사용할 경우, 한 장으로 된 완성하기 쉬운 형태가 좋다(Johnson, 2000; Ripley 등, 2003). 질문지에는 목적과 중요성, 지시사항을 설명하는 표지 글이 들어가며, 더불어 결과 기록에 도움이 되도록 학년과 그 밖의 다른 정보가 포함된다. 서비스 관련 내용(자문가, 의뢰서비스, 집단상담)보다는 주제 관련 내용(십대 임신, 알코올 중독, 이혼 가정)을 제시해서 관심 영역을 확인한다(Ripley 등, 2003). 호환과 비교를 위해 다양한 구성원 집단에 배포할 동형의 요구도 평가가 추천된다. 능력과 지표에 맞게 요구가 정해지고 우선순위가 매겨질 수 있도록(Baker, 2000), 점수체계는 쉽고, 오래 걸리지 않으며, 해석하기 용이한 것이어야 한다(Johnson, 2000). 질문지의 표지 견본은 표 5.2에 제시되어 있으며, 요구도 평가의 견본은 표 5.3에 있다.

표 5.2 요구도 평가를 위한 질문지의 표지 글

오늘날 학령기 어린이들은 우리 사회에서 이전보다 더 많은 학업, 진로, 개인/사회적 압력을 받고 있습니다. 발달적 성장 측면에서 훈련을 받은 학교상담자는 모든 학생들의 성장을 촉진시킬 수 있는 서비스를 제공하고 있습니다. 우리 지역교육청에 있는 유치원부터 고등학교 학생들이 모든 학년 수준에서 성공할 수 있도록 하기 위해 여러분의 도움이 필요합니다.

동봉된 질문지를 완성해서 학교상담부로 보내주세요. 여러분의 응답은 학생들의 성장을 이루는 데 중요한 지식과 기술을 결정하는 가치 있는 정보가 될 것입니다. 응답하신 모든 내용은 비밀이 지켜질 것이며, 학교상담 자문위원회에서 집계될 것입니다. 이것은 학생들이 앞으로 얼마나 성공할 수 있을지에 대한 여러분의 견해를 제시하는 귀중한 기회입니다. 결과는 1월 안으로 PTA 모임과 학교위원회에 게시될 것입니다.

도움을 주셔서 감사합니다.

학교상담 자문위원회

표 5.3 요구도 평가 견본 (계속)

South 고등학교
1234 교육청
책무성 담당, 인디아나

____________________에게
(부모, 교사, 관리자, 동문, 학교위원회 위원, 지역사회 구성원)

유치원에서부터 고등학교 학생들의 교육에 가장 중요한 목표를 정하는 데 도움을 주시기 바랍니다.

가장 중요하다고 생각되는 항목에 '1'을 쓰고, 보통이면 '2', 별로 중요하지 않다면 '3'을 쓰세요.

1=중요하다
2=보통이다
3=별로 중요하지 않다

학업 영역

___1. 공부 습관 향상
___2. 시험 기술 향상
___3. 문학작품 읽기 향상
___4. 수학적 기술 향상
___5. 학업 성공을 위한 목표 설정
___6. 의사결정 기술 학습
___7. 대인간 의사소통 기술 습득
___8. 학업과 진로목표와의 관계 이해

표 5.3 요구도 평가 견본

__9. 중등교육 이후 진로를 선택할 수 있는 능력을 가지고 졸업
__10. 학업 성취 정보에 접근하는 방법 학습
__11. 그 밖에 다른 기술 ________________
____

직업 영역

___1. 진로기회 이해
___2. 삶에서 직업의 영향 이해
___3. 레저활동 학습
___4. 직업에서 요구되는 기술 학습
___5. 선택한 진로를 준비하기 위한 과정 선택
___6. 고용능력 기술 알기
___7. 선택한 진로에 맞는 개인적인 특성 이해
___8. 미래에 요구되는 기술에 대한 이해 습득
___9. 특정 직업에서 요구되는 조건 알기
__10. 진로에 영향을 미치는 사회적 요인 인식
__11. 그 밖에 다른 기술 ________________
____

개인/사회적 영역

___1. 자신과 타인을 이해하는 기술, 태도, 지식 획득
___2. 개인적 목표를 세우고, 목표를 달성하는데 적합한 단계 수행
___3. 개인적인 생존 기술 이해
___4. 공감과 조망능력 개발
___5. 문제해결 기술 습득
___6. 개인적 가치와 신념에 대해 이해
___7. 문제해결을 위한 대안적 전략 확인
___8. 개인적 차이 인정
___9. 감정을 인식하고 표현
__10. 협동적 행동
__11. 그 밖에 다른 기술 ________________
____

기타 정보

1. 학교에서 맡고 있는 역할에 동그라미하세요. (해당되는 곳에 모두 동그라미 하세요.)
   학부모회 위원
   학교위원회 위원
   학교 관리자
   교사
2. 학부모라면, 자녀는 몇 학년입니까?
3. 교사라면, 몇 학년을 가르치고 있습니까?
4. 학교 관리자라면, 맡은 학년을 표시하세요.
5. 학생이라면 해당 학년을 표시하세요.

조사에 도움을 주셔서 감사합니다. 궁금하신 점이 있거나 학교상담 자문 위원회에서 봉사하고 싶으신 분은 다음 상담자에게 연락하세요.

매리 스미스 부인
타코모토 니시무라 씨
린다 아담스 양

발달적 종합적 학교상담 프로그램은 ASCA 국가 모형에서 제시하고 있는 상호 관련된 네 가지 구성요소를 포함하고 있다: (a) **기본요소**는 학생들이 학교상담 프로그램에 참여함으로써 **무엇을** 알 수 있으며 할 수 있는지에 대한 답을 제공한다; (b) **전달체제**는 활동과 전략은 **어떻게** 실행할 수 있는지에 대한 답을 해준다; (c) **책무성**은 학교상담 프로그램을 통해 학생들이 **어떻게** 혜택을 받을 수 있는지에 대한 답을 제공한다; (d) **관리체계**는 **언제** 활동이 이루어지는지, 학생들이 **왜** 학교상담 프로그램에서 혜택을 받아야 하는지, 그리고 프로그램의 초점을 **누가** 결정하는지에 대한 답을 제공한다(Bowes & Hatch, 2003).

토대

토대에는 임무 진술, 이론적 원리와 프로그램의 정의가 포함되어 있다. 신념과 철학은 학교 임무에 대한 진술에 반영되어 있는 개인적 경험에 기초한 것으로, 프로그램이 갖는 차별성을 충분히 반영할 수 있는 독특한 것이다(VanZandt & Hayslip, 2001). 프로그램의 이론적 배경은 학생들이 **왜** 학교상담 프로그램의 서비스를 필요로 하는가라는 질문에 답을 제공한다. 그리고 프로그램의 정의는 발달적 종합적 학교상담 프로그램이란 무엇인가라는 질문에 답을 준다.

임무 진술 자문 집단은 생활지도 프로그램에 대한 인상을 공식화하는 데 도움이 되며, 현재 이루어지고 있는 것, 즉 다른 이들이 보기에 이루어지고 있다고 생각하는 것과 이루어져야 하는 것에 대한 인상 간의 불일치를 확인하는 데 도움이 된다(Johnson, 2000; VanZandt & Hayslip, 2001). 요구도 평가 결과에 기초한 임무 진술은 프로그램의 철학적 목적과 학교와 지역사회에서의 학교상담 프로그램의 통합적 역할, 프로그램 전달에 포함되는 개인, 프로그램의 구성과 학교상담 전문직의 중심 가치를 설명해 준다. 만약 학교상담 전문직을 이끄는 핵심 가치에 대해 합의가 되지 않는다면 향후 비전에 대한 진술문을 만드는 것은 어려운 일이 될 것이다(Rye & Sparks, 1999). 다음 연습을 통해 학교상담자 프로그램 5년을 그려 봄으로써 미래에 대한 일반적인 비전(Johnson)을 만들어 볼 수 있다.

| 연습 |

1. 자문 팀의 구성원 각각에게 이상적인 상담 프로그램에 대해 생각하는 것을 물어보라. "당신이 이 프로그램에서 일하는 상담자라면 무엇을 할 것이며, 누구와 일할 것인가, 그리고 어떤 생각을 하며, 환경은 어떨 것으로 생각되는가?"
2. 상담자가 공통 주제를 기록하는 동안 집단단위로 비전에 대해 함께 이야기하라.
3. 3~4명 정도의 소집단을 형성하라. 공유된 생각을 기초로, 각 집단은 5~6문장 이하로 된 비전에 대한 진술을 기록한다.
4. 각 소집단에서 나온 비전에 대한 진술을 대집단으로 함께 나누면서, 비전 진술문을 작성하고 승인한다.

위의 연습은 다음과 같은 **임무에 관한 진술문**을 개발하는 데 도움이 될 수 있다.

> 학교상담자는 유치원에서부터 고등학교 학생들이 발달적 종합적 프로그램에 참여함으로써 학업적, 직업적, 사회적으로 성취하고 성공하도록 도와 주는 인간발달 전문가들이다. 학교상담자는 학교 지역 구성원들에 대한 자문에서부터 직접적인 서비스를 통해 학생들의 잠재력을 촉진한다.

이론적 배경 프로그램에 대한 이론적 배경은 다음 내용을 명확하게 해준다: (a) 어린이와 청소년 발달에 관련된 쟁점을 촉진하는 데 프로그램이 기여하는 점 (b) 학생 성장을 도울 때 상담자가 가지고 있는 기술(Rye & Sparks, 1999). 이론적 배경은 **왜**라는 질문에 답을 준다. 상담자들은 반응적 서비스, 개인적인 계획, 생활지도 교육과정, 체제 지원과 같은 프로그램 서비스를 **왜** 수행하는가(Gysbers & Henderson, 1994)? 학생들은 **왜** 이러한 서비스를 필요로 하는가? 상담자는 **왜** 교육적 임무의 필수적인 요소가 되는가(Johnson, 2000)? 이론적 배경의 예는 다음과 같다.

> 우리 사회에서 생산적인 시민이 되는 데 필요한 능력을 발달시키기 위해, 유치원에서부터 고등학교 학생들은 개인적, 직업적인 목표를 달성하는 지식과 태도, 기술을 제공받을 필요가 있다. 학교상담 프로그램은 학생성장을 촉진

> 하는 발달 이론에 토대를 두고 있으며, 지역 학구의 학업적 임무와 통합되어 있다. 일련의 발달적인 프로그램은 인간발달의 측면에서 훈련받은 전문적인 학교상담자에 의해 사전에 초점이 명확해지고, 분명하게 정의되며, 안내된다.

정의 '발달적 종합적 학교프로그램은 무엇인가?' 라는 질문을 통해 프로그램의 정의가 내려진다. 정의는 다음 내용을 분명하게 밝혀준다.

1. 내담자
2. 프로그램의 구성요소
3. 프로그램을 통해 개인이 가지게 될 명확한 능력
4. 프로그램 지도자들과 그들이 받은 훈련
5. 책무성(Gysbers & Henderson, 1994)

다시 말해서, 정의는 상담자가 누군가와의 관계에서 무엇을 하는지, 목적은 **무엇인지,** 결과는 **무엇인지**(Campbell & Dahir, 1997)에 대한 답을 제시해 준다. 다음은 **정의**에 대한 예시이다.

> 전문적인 학교상담자는 인간발달에 관해 훈련을 받으며, 교육 심리학, 상담 이론과 기법, 교육구조와 대인관계에 대한 토대를 가지고 있다. 학교의 교육적 임무 안에 통합되고 책무성이 있는 일련의 체계적인 K-12 프로그램의 지도자로서, 모든 학생들은 학업, 진로, 개인/사회적 영역에서 개인적 성장에 도움을 받는다.

국가 표준은 학업, 진로, 개인/사회적 영역에 기초한 프로그램의 내용을 마련해 준다. 각각의 기준은 학교상담 프로그램에 참여한 결과 획득되는 명확한 능력과 학생의 성공에 관한 지표를 담고 있다.

ASCA 국가 표준과 능력 국가 표준은 발달적 종합적 학교상담 프로그램의 본질적 요소를 확인하고 학교상담의 비전을 현실화할 수 있도록 안내한다. 능력은 태도, 지식, 행동에 대한 기대치를 나타내며, 지표는 이러한 기대를 보다 구체적으로 정의해 놓은 것이다(Bowers & Hatch, 2003). 전환된 학교상담 프로그램은 지역, 주, 국가에서 제시하는 능력과 관련되어 있으며, 더 큰 적합성과 수용을 위한 지표가 된다.

전달체제

우선적 요구를 선택할 때, 현행 학교 교육과정의 관점은 서비스의 중복과 과잉 없이 서비스를 계획하고 이행하도록 돕는다. 현재의 교육과정 전략의 효과에 대한 평가는 학교상담자가 프로그램의 능력을 통합하고, 다른 사람들과 협력하며, 학생에 대한 교육 혜택을 촉진하는 기회를 가질 수 있게 한다.

생활지도 교육과정 생활지도 교육과정은 역사적 뿌리를 가지고 있지만 전략의 범위, 평가방법, 기본 구조는 비교적 최근에 변형된 것이다(Gysbers & Henderson, 1994). 이렇게 추가된 요소들은 그것이 학교 전체 교육과정과 갖는 관계 때문에, 생활지도 교육과정의 힘과 효과를 강화시키며, 종종 프로그램의 '중심이자 정수'로 여겨진다. 프로그램은 학생들에게는 구조화된 집단 또는 학급단위의 교육을 통해, 학부모에게는 교육적 모임을 통해, 교사들에게는 교직원 연수를 통해, 그리고 그 밖의 협력적인 전략들을 통해 전달된다. 자문 위원회가 우선적 요구와 교육과정 역량을 평가하다 보면 이러한 요구들이 이미 학급의 교과 단원 속에서 다루어지고 있음을 발견할 수 있다. 상담자들은 어떤 능력은 사회교과의 어떤 단원에서 길러질 수 있다고 볼 수도 있고, 교사와 팀티칭을 하고자 할 수도 있다. 전문직업인들은 다른 사람들이 자신의 영역을 침범하고 있다고 느낄 때 영역을 지키려는 생각과 철학적 차이가 생길 수 있다. 그러나 열린 대화와 협력, 문제 해결을 통해 발생 가능한 어떤 문제도 해결할 수 있다(Johnson & Johnson, 2003; Porter, Epp, & Bryant, 2000). 더욱이 상담자들은 교사들에게 구조화된 집단이나 학급단위 교육을 추가로 지원해 줌으로써 학생의 성장을 촉진하는 더 적극적인 기회를 제공해 줄 수 있다(Gysbers & Henderson, 1994; VanZandt & Hayslip, 2001). ASCA에 따르면(Dahir, Sheldon, Valiga, 1998), 상담자들이 생활지도 교육과정에 사용하도록 제안된 시간 비율은 다음과 같다.

- 초등학교: 35~45%
- 중학교: 25~35%
- 고등학교: 15~25%

개별 학생 계획 학생들의 학업, 진로, 개인/사회적 성장을 돕는 것은 학교상담 프로그램의 기본이다—이것은 최근 학생들이 경험하고 있는 이겨내기 어려운 압력 때문에 점점 더 복잡해지고 있는 임무이다. 학생들은 개인적으로나 소집단으로 도움을 받을 수 있으며, 최대로 지원을 받으려면 부모나 지역사회 구성원들과 같이 관심 있는 개인들로부터 도움을 받을 수 있다. 조언, 평가, 정치활동과 추수지도도 개인들을 돕는다.

- **조언**은 학생들이 상담자가 제공해 준 정보를 통해 학업, 진로, 개인/사회적 영역에서 적절한 선택을 하도록 돕는다.
- **평가**는 학생들이 개인적 결정을 할 수 있도록 개인에 대한 조사, 검사, 평가 결과 등과 같은 결과들을 학생들에게 제공한다.
- **정치와 추수지도**는 학생들이 학교에서 학교로 옮겨가고, 학교에서 직업장면으로 옮겨가는 문제를 해결함에 있어서 교육과정의 효과를 점검하고, 학생들이 변화하는 사회적 요구를 만족시킬 수 있을 정도로 충분하게 훈련을 받고 있는지를 결정하는 데 도움이 된다(Gysbers & Henderson, 1994; VanZandt & Hayslip, 2001).

ASCA에 따르면(Dahir, Sheldon, Valiga, 1998), 상담자가 개별 학생 계획에 기울여야 할 시간에 대해 제시된 비율은 다음과 같다.

- 초등학교: 5~10%
- 중학교: 15~25%
- 고등학교: 25~35%

반응적 서비스 개인상담, 집단상담, 자문, 의뢰와 또래상담이 반응적 서비스에 포함된다(Bowers & Hatch, 2003). 개인상담은 개인적인 문제해결을 위해 즉각적인 도움을 요청할 때 제공되는 반면, 소집단 상담은 비슷한 문제를 겪고 있는 다수의 학생들을 도울 때 시간을 효율적으로 사용할 수 있는 방법이다. 자문을 통해서 학생들은 더 효율적으로 전문가의 지식과 기술을 공유함으로써 도움을 받을 수 있다. 특히, 학생들의 문제가 상담자의 훈련 수준과 지식의 범위를 넘어선 것일 경우에는 지역사회, 국가, 주, 그리고 학교를 기반으로 한 자원에 대해 알 필요가 있다(Gysbers & Henderson, 1994; VanZandt & Hayslip, 2001). 또래상담은 학생들이 자신들의 또래를 가까이서 지켜 보는 과정을 통해서 개인적인 문제를 가지고 있는 또래친구들을 도와 주는 또 하나의 효율적인 전략이다. 또래상담을 통해 학생들은 동료들이 갈등을 해결하도록 도울 수 있게 또래상담 훈련을 받는다. ASCA(Dahir, Sheldon, Valiga, 1998)는 다음과 같은 비율로 상담자의 시간을 반응적 서비스에 사용하도록 권장하고 있다.

- 초등학교: 30~40%
- 중학교: 30~40%
- 고등학교: 25~35%

체제 지원 이 부분은 많은 시간이 걸리는 영역이다.

- 충분한 시설과 장비의 획득
- 전문적인 개발을 통해 새로운 훈련을 하거나 질을 향상시킴
- 수혜자들에게 철학과 능력에 대해 알림(Gysbers & Henderson, 1994; VanZandt & Hayslip, 2001)
- 다른 사람들과의 자문 및 협력

관리에는 행사 계획, 직원 배정, 활동 개설 등의 활동이 포함된다. 자문활동은 반응적 서비스에 포함되지만 다른 전문가들과의 협력의 중요성 때문에 체제 지원과도 공유된다. 지역사회와의 연계는 학교상담자가 지역사회 서비스와 이러한 기관에 있

는 전문가들의 기술에 대해 아는 상담자의 능력이다. 마지막으로 홍보는 학교상담자 프로그램의 역할과 기능에 대해 알리는 방법을 제공한다. 소책자, 팸플릿과 웹사이트의 메시지들은 프로그램의 역할과 임무에 관한 구성요소에 대한 정보를 제공하는 또 다른 원천이라고 할 수 있다.

ASCA(Dahir, Sheldon, Valiga, 1998)에서 권고하고 있는 체제 지원에 사용되는 상담자의 시간 비율은 다음과 같다.

- 초등학교: 10~15%
- 중학교: 10~15%
- 고등학교: 15~20%

관리체계

분명한 기대치가 체계적으로 전달되고, 효율적으로 관리되는 효과적인 학교상담 프로그램은 학생 성장을 더 많이 촉진할 수 있다. 이러한 요소들은 **왜** 이러한 서비스가 주어져야 하는지, **누가** 이러한 활동을 수행할 것인지, 그리고 **언제** 이러한 활동이 수행될 것인지에 대한 답을 제공한다(Bowers & Hatch, 2003).

자원 인적, 재정적, 정치적인 자원은 학교상담자 프로그램이 성공하는 데 중요한 요소이다.

- **인적 자원**은 그들만이 가지고 있는 자격 때문에 프로그램의 파트너로서 학교상담자를 도와 주도록 선택된 사람들이다.
- **재정적 자원**은 상담 프로그램이 효율적으로 운영되도록 하는 데 필요한 자금이다.
- **정치적 자원**은 프로그램의 방향과 신념을 좌우한다.

프로그램에 중요한 교육적인 인적 자원에는 교사, 관리자, 연구인력, 학교 간호사, 학교 미디어 전문가와 사무직원 등이 있다.

- **교사** 오늘날과 같은 책무성의 시대에 교사들은 중요한 정보를 놓치게 될까

봐 학생들이 수업에 빠지는 것을 달가와 하지 않는다. 교사들은 학교상담자에게 소중한 협력자가 된다. 이는 때때로 교사들이 우선적 능력을 갖출 수 있도록 고안된 수업을 전수하는 사람이자 촉진자가 되기 때문이다. 게다가, 교사들은 어려움을 겪고 있는 아동과 사춘기 청소년들을 의뢰하는 훌륭한 자원이 되기도 하고 학생들에 대한 정보를 알려 주는 역할을 한다.

- **관리자** 불행하게도 대부분의 관리자들은 더 이상 학교상담에 관한 과정을 수강하라는 요구를 받지 않는다. 그 결과, 관리자들은 상담자들이 학교에서 어떤 역할을 해야 하는지에 대한 자신의 생각에 기초를 두고 상담자들에게 의무를 할당하며, 때로는 학교상담자가 받은 훈련이나 경험과 상충되는 의무를 맡기기도 한다. 예를 들면, 내가 신임 학교상담자였을 때, 교장선생님은 나를 사무실로 불러서 임신할 가능성이 있는 여학생들 모두에게 소변 샘플을 받아서 가족계획 클리닉으로 보내는 것이 내가 해야 할 새로운 일 중의 하나라고 말했다. 나는 교장선생님에게 그렇게 하는 것이 마음이 편치 않으며 내가 수행해야 할 윤리적인 일이라고도 생각되지 않는다고 설명했다. 교장선생님은 나에게 '그의' 학교에서 계속 일을 하고 싶으면 자신의 뜻대로 해야 한다고 설명했다.

  관리자들이나 정책을 만드는 사람들은 발달적 종합적 프로그램의 긍정적인 영향을 보여 줄 수 있는 자료들뿐만 아니라 상담에 대한 종전의 학생 중심 접근법에 관한 정보를 요구한다. 오늘날의 학교상담자들은 관리자들을 교육하기 위해 의사소통과 주장기술을 훈련받는데, 이는 나의 자리를 옹호하는 데 도움이 되었던 기술들이다.

- **연구 인력** 모든 교육 관련 인력들의 업무와 책임을 분명하게 정의하면 모든 사람들이 기대와 역할, 의무에 대한 청사진을 이해할 수 있다. 연구 교육가들은 특별한 훈련과 기술을 가지고 있기 때문에 정보의 중요한 자원이 된다. 직무 유형과 직무에 대한 설명은 교육 인력들과 상담자 사이의 명확한 관계를 나타내는 데 도움이 된다(Lukach, 1998). 예를 들어 언어 병리학자, 특수교육 교사, 도서관 사서, 간호사, 읽기 전문가, 학교 심리학자들은 모두 학생들의 성장을 도울 수 있는 특별한 강점과 기술을 가지고 있으며, 협력을 통해 학교

상담자에게 필수적인 정보를 제공한다.

- **학교 간호사** 학생들의 신체적인 건강은 중요한 평가 요소라고 할 수 있으며, 학교 간호사는 건강과 관련된 정보를 상담자에게 제공하는 핵심 인물이다. 예를 들어, 위기에 처해 있는 아이들은 종종 자신의 불편함을 신체적인 증상(복통, 두통 등)으로 표현하며, 이러한 호소는 종종 학교 간호사들에게 보고된다. 학교 간호사들도 교육적인 문제에 관해 상담자들과 함께 일을 할 때 도움을 줄 수 있다. 어느 큰 공립 고등학교에서 몇몇 학생들이 HIV/AIDS에 걸렸다. 학생들은 이 병에 감염되는 것을 매우 걱정했으며, 상담자와 학교 간호사가 협력해서 학생과 학부모들을 위한 교육 강좌를 열어서 병에 관한 정보를 제공하고 질문에 답해 줌으로써 얼마간의 우려를 완화시켰다.
- **학교 미디어 전문가** 학교상담자와 미디어 전문가의 협력관계는 현재 도서관의 자료와 자원의 목록을 출판하고, 적절한 자료들을 입수해서 독서치료를 하며, 직업에 관한 자료를 위한 도서관의 공간을 마련하고, 전문적인 자료들을 공급하며, 공학적인 측면에서 조력하며, 자문과 워크숍을 위한 도서관의 공간을 만드는 등의 방법으로 이루어질 수 있다. 또한 학교 미디어 전문가들과 상담자들은 문학과 공학 정보를 통해 성취를 향상시키거나(Kasowitz-Scheer & Pasqualoni, 2002; Todd, 1999), 학령기 아동의 개인적인 걱정거리에 대해 알려 주는 책을 제공하고, 교육자와 학부모를 위한 전문 서적, 시험 준비와 직업 탐색 기술, 진로정보에 관한 자료를 제공하면서 함께 일할 수 있다.
- **학교 사무직원** 사무직원들은 자녀가 학교에 들어가면 학부모들이 처음으로 만나는 사람들인 경우가 종종 있다. 이 최초의 만남은 종종 첫인상을 결정짓는 단계가 된다. 그러므로 사무직원들은 많은 사람들을 만나서 건설적이고 긍정적으로 행동하고, 학생들의 요구에 응하며, 어려움을 겪고 있는 사람들을 지원해 주는 훈련을 받을 필요가 있다. 학생 기록부는 예민하고 비밀적인 특성이 있으므로 사무 보조원들도 기록물 관리와 공개해도 되는 정보와 밝혀지면 안 되는 정보의 유형에 대한 훈련을 받아야 하며, 상담자들을 만나고자 하는 학생들의 일정 조정 지침에 대해서도 훈련을 받아야 한다.

학교의 한 사무직원이 상담자의 상담약속 서류를 자신의 책상 위에 올려 놓고 가버리는 바람에 사무실에 들어오는 누구나 볼 수 있게 되는 사건이 일어나면서 훈련의 중요성은 더 중요해졌다. 한 학생이 자기 반 친구가 상담자를 만나기로 한 신청서류에 이름이 올라있는 것을 보고 학교 주변에 그 소식을 재빨리 퍼뜨리는 바람에, 이로 인해 상담자와 학생 간의 비밀관계가 손상되었다. 또 다른 예로 어떤 부모가 학교에 전화를 해서 자녀의 최근 ACT 결과를 요구했다. 상담자가 없었기 때문에 사무직원은 정보를 학부모에게 제공해 줌으로써 도움을 줄 수 있다고 생각했지만, 그것은 명백한 윤리적 법적 위반이었다.

- **행정적 재정적 지원** 학교상담 프로그램을 장려하고 공식화하기 위해서는 중요한 외부인사들의 승인과 재정적인 지원이 필수적이다. 충분한 예산은 프로그램의 적절한 실행을 위한 토대가 된다. 프로그램의 실행과 관리에 사용되는 프로그램 비용은 심리검사 비용과는 별도의 항목으로 책정되어야 한다. 상담 프로그램을 위해 정해져 있는 비용이 심리검사 자료에 부당하게 분배되어(Gysbers 등, 2000; Lukach, 1998) 중요한 자료나 비품을 위한 비용을 사용할 수 없는 경우가 너무나 자주 생긴다.

재정적 위기로 인해 중대한 결정을 내려야 하는 시기에는 중요한 프로그램들이 종종 없어지게 된다. 프로그램이 성과를 입증하거나 학생의 성장에 기여한다면, 재정적인 곤경에 처하게 될 때에도 이러한 프로그램들이 중요하지 않은 것으로 치부되어 제거되는 일은 없을 것이다. 자문위원회 위원들은 학교상담 프로그램을 안내하고 옹호하며, 시간표를 개발하고, 프로그램의 효과를 평가함으로써 프로그램의 중요성과 이것이 교육과정에 가지는 중요성을 옹호해 줄 수 있는 유력한 협력자들이라고 할 수 있다.

시간 분석 시간 분석은 두 가지 수준에서 실행된다: (a) 제공된 서비스를 분석하는 것, 서비스의 빈도와 시간이 어디에 적절하게 사용되고 있는지의 여부, 그리고 (b) 달력을 사용해서 언제 행사가 있을지를 분석하고, 평가를 위해 벤치마킹을 하며, 개선을 해야 할 때를 분석하는 것이다. 요구도 평가가 이루어지는 동안, 시간과 과제가 어떻게 실행되고 있는지, 다른 사람들에 의해 더 효율적이고 경제적으로 실행될 수 있는지를 분석하기 위해 시간과 과제 분석이 함께 이루어질 수 있다(VanZandt & Hayslip, 2001). 시간 배분과 전체 프로그램의 실행에 대해 분석할 때, 자문 위원회 위원들은 프로그램이 한꺼번에 이루어져서는 안 된다는 것을 고마워할 수 있다. 사실 어떤 특정 시기와 학령기에 이루어져야 할 능력과 학년, 활동을 정하려면 약 6년에 대한 시간구성이 필요하다(VanZandt & Hayslip). 이러한 활동들이 활동 계획에 기록되어 있다.

활동 계획 활동 계획은 국가 표준이 알려져야 한다는 점에 주목한다. 충족되어야 할 능력과 지표, 정해진 능력에 도달하기 위한 활동에 대한 설명, 그 활동에 책임이 있는 사람, 기준이 언제 알려지는지, 능력은 어떻게 평가되는지를 명시하고 있다. 능력이 해당 학생의 발달 단계와 맞지 않거나 능력을 길러 줄 책임이 있는 사람이 그것을 가르치는 데 어려움을 겪는 경우, 평가 과정을 통해 능력을 설명하는 데 사용했던 전략들을 수정하거나 삭제할 필요가 있다는 결정을 할 수도 있다. 이것은 더 적절한 전략을 결정하기 위해 신중하게 주의를 기울여야 하는 중요한 정보이다.

학업발달 영역에서의 기준, 능력과 지표 세 가지를 싣고 있는 활동 계획의 예가 표 5.4에 제시되어 있다. 이 계획은 앞서 정해진 영역과 능력을 충족시키기 위한 전략으로 알려진 활동들에 기초한 것이다.

진로발달 영역의 활동 계획의 예는 표 5.5에 있다. 학업 영역처럼 기준과 능력, 지표를 충족시키는 것으로 확인된 활동들이 예로 포함되어 있다.

개인/사회적 발달 영역의 활동 계획은 표 5.6에 있다. 앞의 다른 영역처럼 활동 계획에는 이전에 확인된 활동들이 활용되고 있다. 활동 계획에 제시된 것처럼 언제 활동이 이루어지는지를 정하고, 성공여부를 측정하며, 학교상담 프로그램과 학업적인 임무를 연계하는 데 사용될 평가방법을 정하는 것이 중요하다.

표 5.4 학업 영역 활동 계획

기준	능력	지표	활동	지도자	시기	평가 방법
A:A 기준 A 학교생활과 생애 동안에 걸쳐 효과적인 학습에 도움이 되는 태도, 지식, 기술을 습득한다.	A:A2 학습 향상을 위한 기술 습득하기	A:A2.1 시간 관리와 업무 관리 기술을 적용한다.	시간은 어디로 흘러가는가?	7학년 영어교사와 상담자	학습기술 관련단원	학생들은 활동지를 완성하고 주간 시간계획표를 조정한다.
A:B 기준 B 대학을 포함한 중등교육 과정 이후의 다양한 선택에 필수적인 학업적 준비를 하고 학교를 마친다.	A:B1 학습 능력 향상시키기	A:B1.2 비판적 사고 기술을 배우고 적용한다.	문제해결하기	사회과 수업 시간에 상담자가 이끄는 토론	10학년의 비판적 사고 단원	문제를 어떻게 해결할지 토론한다.
A:C 기준 C 직업 세계와 가정 및 지역사회에서의 생활과 학업과의 관계를 이해한다.	A:C1 학교와 생활 경험을 관련짓기	A:C1.4 인생의 목표를 추구하고, 획득하며, 유지하는데 필수적인 평생학습의 가치에 대해 이해한다.	그 것은 바로 공부	5학년 교사와 상담자의 팀티칭	5학년 학급활동 시간. 6학년을 준비, 계획하는 활동시간	각 직업군과 관련된 업무, 기술, 주제들을 확인한다.

표 5.5 진로발달 영역 활동 계획

기준	능력	지표	활동	지도자	시기	평가방법
C:A 자기 이해와 관련하여 직업 세계를 탐색하고, 현명한 진로 결정을 위한 기술을 습득한다.	C:A1 진로인식 발달시키기	C:A1.4 팀으로 어떻게 상호작용하고 협동적으로 일하는지를 배운다.	숨겨진 삼각형	교사가 이끄는 활동	10학년 진로수업 시간	학생들은 더 좋은 결과를 성취하기 위해 팀으로 어떻게 활동해야 하는지를 토론한다.
C:B 성공적이고 만족스럽게 장래의 진로목표를 달성하기 위한 전략을 사용한다.	C:B1 진로정보 습득하기	C:B1.6 진로계획 정보에 접근하기 위한 인터넷 사용법을 배운다.	진로관련 공학기술 습득하기	진로전문가와 상담자의 팀티칭	9학년 진로 수업 시간	진로와 관련된 하나의 웹 사이트를 공유한다.
C:C 개인의 특성과 교육, 훈련 및 직업 세계와의 관계를 이해한다.	C:C1 진로목표 달성을 위한 지식 습득하기	CA:C1.3 진로선택과 성공에 영향을 주는 개인적인 선호경향과 흥미를 확인한다.	공동체가 요구하는 것을 제공하기	6학년 교사와 상담자가 이끄는 토론	사회와 타인에 대한 6학년 단원	사회에서 성공적인 구성원이 되는 기술과 특성의 목록을 만든다.

표 5.6 개인/사회적 발달 영역 활동 계획

기준	능력	지표	활동	지도자	시기	평가방법
PS:A 자신과 다른 사람을 존중하고 이해하는 데 도움이 되는 태도와 지식, 대인관계 기술을 습득한다.	PS:A1 자신에 대한 지식습득하기	PS:A1.5 감정을 인식하고 표현한다.	M&Ms와 감정에 이름붙이기	교사와 상담자	'자기 이해'에 관한 3학년 단원	학생들은 자기의 생활사건을 바탕으로 한 감정을 인식한다.
PS:B 의사결정, 목표설정, 목적달성을 위해 필요한 행동을 한다.	PS:B1 자신에 대한 지식활용하기	PS:B1.7 개인적, 문화적 차이를 이해하고 존중한다.	생애 주기	기관에서 온 지역사회 구성원	2월의 한 주 동안 9학년 학생	다른 학생들의 경험과 비슷한 생활 경험에 이름을 붙일 수 있다.
PS:C 안전과 생존 기술을 이해한다.	PS:C1 개인의 안전기술 습득하기	PS:C1.9 또래집단의 압력에 어떻게 대처하는지를 배운다.	'NO'라고 말하기 위한기술	상담자와 7학년 보건교사	보건수업의 안전에 관한 단원 7학년 학생	주어진 상황에 적합한 기술을 사용할 수 있다.

책무성

예전의 상담자들은 자신들의 개입이 어떻게 학생들의 생활을 변화시키는지를 입증하고 기록하는 일을 소홀히 했다. 상담자들은 평가절차를 수행할 수 있는 적절한 방법에 대해 충분히 훈련받지 못했으며, 개입의 효과를 검증하는 적절한 방법도 훈련을 받지 못했다. 이는 부분적으로는 상담 과정의 특성 때문이기도 했지만 결과가 항상 즉각적으로 드러나지 않기 때문이었다(Ripley 등, 2003). 오늘날의 학교상담자들은 학생들이 학교상담 프로그램에 참여함으로써 학생들이 어떻게 달라졌는지를 구체적으로 보여 줄 수 있는 자료를 모으고 활용한다. 다음과 같은 자료가 수집되고 관계자들에게 알려진다.

- 프로그램이 계획한 대로 실행되고 있음을 확인시킨다.
- 프로그램의 영향력과 효율성을 문서화한다.
- 프로그램의 성공을 알린다.
- 프로그램을 향상시킨다.
- 프로그램에 참여한 학생들의 수에 관한 정보를 제공한다.
- 도와 준 관계자들에 대한 기록을 제공한다.

프로그램의 수준과 상담자의 수행 수준 양쪽에 대한 평가가 이루어지게 된다(Rye & Sparks, 1999).

프로그램 평가 형성평가와 총괄평가 두 가지 형태로 이루어지는 프로그램 평가는 능력을 성취하는 데 사용되는 전략의 효율성에 관한 정보를 제공해 준다.

- **형성평가**는 프로그램이 수행되는 동안 능력을 갖도록 하는 데 사용된 방법들이 효과적인지를 결정하기 위해 수행된 활동이 성공적인지를 파악한다. 만약 사용된 전략이 효율적이지 않은 것으로 입증이 되면 수정이 가해지고, 문서화되어 보고서에 포함된다.
- **총괄평가**는 세부 활동들이 바람직한 능력을 길러 주었는지를 알아 보기 위해 정해진 시간에 피드백들을 모아서 누적해 둔 것이다(Ripley 등, 2003).

표 5.7 생활지도 교육과정 평가

영역 ______________	1. 이 활동에서 당신이 배운 것 하나를 든다면?
기준 ______________	2. 이 정보를 어떻게 사용하려고 하는가?
능력 ______________	3. 활동에서 가장 좋았던 점을 한 가지 든다면?
지표 ______________	4. 프로그램 개선을 위해 한 가지만 제안한다면?
활동 ______________	

최소한의 노력으로 큰 성과를 낼 수 있도록 수행될 수 있는 평가 전략들이 많이 있다. 그러한 평가 전략들에 대해서는 6장 '전문적인 학교상담자와 책무성' 에서 더 자세히 논의된다. 다음에서는 평가가 네 가지 프로그램 전달 구성요소들 각각과 어떻게 통합될 수 있는지에 대해 논의하였다.

- **생활지도 교육과정** 학생평가는 형성평가를 위한 수업시간의 마지막 몇 분에 포함시켜서 교사와 학생들로부터 쉽게 이루어질 수 있다. 총괄평가에는 학생들이 능력을 획득했음을 증명할 수 있는 자료와 방문한 학급 수, 또는 학부모 워크숍 개최 횟수 등이 포함될 수 있다. 표 5.7에 있는 내용을 변형해서 평가도구로 사용할 수 있다.
- **개별적인 학생 계획** 개별적인 학생 계획 활동과 효과를 문서화하기 위해 양적 자료와 질적 자료가 사용될 수 있다. 예를 들어, 교육과정 계획, 대학 선택, 직업 체험 등에 참여한 학생 수가 나타나 있는 차트를 사용해서 자료를 제시할 수 있다.

Ohio의 한 고등학교 상담자가 신입생 모두를 개별적으로 만나 자신에 대해 소개하고, 자신의 역할에 대해 설명하고, 자신이 맡은 개개 학생들과 친하게 지내려고 했다. 이 과정을 거치는 동안 학생들에게 각자 한 가지 장기목표(그 학년 동안 성취되어야 하는 어떤 것)와 한 가지 단기목표(그 학기 동안 달성되어야 하는)를 정하도록 했다. 그러고 나서 학생들 각자 목표를 성취하기 위한 전략을 정하도록 했다. 학년 말에 상담자는 다시 학생들을 각각 만나서 목표 성취의 진전 정도를 보고하도록 하였다. 학생들은 성취된 목표와 목표달성을 방해한 장애물에 대해서도 이야기하였으며, 다음해를 위한 새로운 목표를 정했다. 목표와 목표성취를 촉진시킨 전략, 목표달성의 장애물에 대한 내용에 관한 자료가 수집되었다. 이 자료는 학생들을 돕는 전략에 대한 정보뿐만 아니라 상담부서에서 요구되는 관심사에 대한 중요한 정보를 제공해 주었다.

- **반응적 서비스** 상담자들은 학생들이 부딪치는 많은 문제를 다룰 수 있는 자료를 축적할 수 있을 뿐만 아니라 현재 지역사회 자원의 목록을 가지고 있을 수도 있다. 더불어 상담 제공 횟수와 소집단 지도 횟수, 또래상담자들의 보고서는 프로그램의 유지를 위한 문서화된 기록을 제공해 준다. 또한 학교상담자는 위기관리팀의 리더로서 위기계획이 얼마나 잘 수행되었는지를 평가하고, 지속적인 훈련을 준비할 수도 있다.
- **체제 지원** 상담자들은 지속적으로 전문적 발달을 해야 하는 윤리적 의무가 있다. 회의와 워크숍에 참석한 횟수, 교직원 연수활동 제공, 자문 형태, 협력, 자문회의와 위원회 참여는 유용한 자료를 제공해 준다.

상담자의 수행 학교상담자의 공헌과 업무수행의 효과를 문서화하기 위해서는 증거가 필수적이다. 상담자의 수행에 대한 평가는 또 다른 종류의 자료를 제공한다. 정확한 사정을 위해서는 학교상담자의 직무가 정해진 여러 가지 업무들과 일치해야 한다. 누적자료는 상담자들이 가장 자주 사용하는 도구로서, 서비스를 접하거나 서비스를 제공받은 횟수를 기록해 놓은 것이라는 점에서 유용하다. 이러한 정보는 학교위원회가 상담부서에서 연간 1,345명의 개인상담을 했다는 점에 주목하게 되는 경우 매우 효과적일 수 있다. 그러나 그것만으로는 개입의 효과를 입증할 수 없다는 것이 한계점이다—그러한 기록은 단지 시간이 어떤 특정한 활동들에 쓰였다는 것을 보여 줄 수 있을 뿐이다.

적절한 평가도구를 사용하지 않으면 학교상담자들은 인정을 받을 수 없다. 효율적인 평가도구는 책무성에 초점을 둔 것으로, 관리자들이 프로그램을 이해할 수 있도록 해준다. 학교상담자들은 교사를 위해 설계된 평가양식에 따라 평가되는 경우가 매우 많기 때문에 전문적인 학교상담자는 자신들의 임무를 정확하게 반영할 수 있는 수행평가 도구를 사용해 줄 것을 적극적으로 주장할 필요가 있다. 효율적인 상담자 수행평가 양식을 고안하고 적용하기 위해서 몇 가지 고려할 사항들이 있다.

1. 정의가 잘 되어 있는 직무 설명은 효율적인 평가 도구 마련을 위한 토대가 된다.
2. 평가를 설계할 때, 체제의 요구에 부합하는 평가도구를 사용함으로써 시작한다.
3. 평가과정은 그러한 요구와 업무들이 변하는 가운데 진행된다(Synatschk, 2002). 관리자들은 미리 정해진 평가척도에 따라 학교상담자들을 매년 평가해야 한다. 더불어 학교상담자의 자기평가에 적절한 장치는 상담자들이 매년 목표를 설정할 때 스스로 개선해야 할 영역을 정하는 데 도움이 된다.

프로그램과 상담자의 책무성에 관한 많은 정보를 6장에 제시하였다.

ASCA 국가 표준과 모델은 하나의 모델을 제공한 것일 뿐, 모든 학교를 위한 일률적인 모델이 된다는 것을 의미하지는 않는다. 학교상담자들은 그들만의 고유한 학교상담 프로그램을 개발할 때 '새로운 프로그램을 재개발하는 것' 보다 이 모델을 참조하도록 권고받고 있다. 학교위원회가 그 프로그램을 완전하게 이해하고 지원해 주며, 가장 중요한 것은, 그 모델을 좋아해야 한다는 점이 중요하다. 학교위원회의 승인 없이는 발달적 종합적 프로그램으로의 변화가 지속될 수 있는 가능성은 희박하다. 평가 전략은 프로그램이 수행되는 동안뿐만이 아니라 프로그램이 실행된 이후에도 지속적으로 이루어져야 한다. 나아가 학교위원회에서 채택된 그 교육과정 모델은 채택된 교육과정 활동 계획과도 조화를 이루어야 한다.

요약

학교상담자 자체가 학교상담 프로그램인 것은 아니다. 역사적으로, 학교상담자는 학교 전체의 학업적 업무에 거의 기여하지 못하는 보조적인 가장자리에 있는 프로그램의 일부분으로 간주되었었다. 교육개혁과 효율성에 대한 요구의 증가와 더불어, 학교상담자들에게는 그들의 프로그램이 학생 성장에 어떻게 기여했는지를 보여 주어야 하는 압력이 더욱 증가되고 있다. 1997년 미국학교상담자협회(ASCA)는 국가 표준을 개발하고 실행하는 데 적극적인 역할을 하였다; 후에 ASCA는 이전에 Normam Gysbers와 동료들에 의해 도입된 미주리 주의 종합적 생활지도 프로그램의 성공에 토대를 둔 국가 모델을 만들어 냄으로써 이러한 기준들을 세웠다. 이 모델은 ASCA에 의해 강력하게 성장하였으며, 성공적인 변화가 입증되고 있다. 과거의 상담자들과는 달리 오늘날의 전문적인 학교상담자들은 교육개혁을 훨씬 더 적극적으로 옹호하고, 발달적 종합적 학교상담 프로그램이 학생들의 생활을 어떻게 변화시키는지에 대해 적극적으로 알리고 있다. 지난날의 상담자들은 프로그램의 성공을 문서화해 두지 않아도 다른 사람들이 자신들의 업무와 의무에 대해 깊고 넓게 알고 있을 것이라는 수동적인 태도를 가지고 있었다.

이 장은 상담자들이 오늘날의 학교에서 발달적이고 종합적인 접근을 수행할 때 취해야 할 단계들에 대해 개관하고 있다. 이처럼 발달적 종합적 접근으로 전환되어 가면서 학교상담자들은 학교상담자들이 무엇을 하는가라는 문제가 제기될 때 더 이상 방어해야 할 필요가 없게 될 것이며, 그 대신 학교상담자들은 프로그램의 지도자로서 결과를 문서화하고, 자료를 공유하며, 학생들이 발달적 종합적 학교상담 프로그램에 참여해서 얼마나 혜택을 얻고 있는지를 알릴 수 있게 될 것이다.

이 장의 처음에 소개한 Esperanza와 같은 초임 학교상담자들은 이제 더 이상 학교상담자가 중요하다는 것을 이해관계자들에게 확신시켜야 하는 힘겨운 싸움을 하지 않아도 될 것이다. 이해관계자들과의 상호작용과 프로그램의 가시성, 문서화 및 자료는 학생들이 발달적 종합적 학교상담 프로그램에 참여해서 혜택을 받고 있다는 필요한 증거를 제공해 줄 수 있을 것이다.

참고문헌

Baker, S. (2000). *School counseling for the twenty-first century* (3rd ed.). Upper Saddle River, NJ: Prentice-Hall.

Bowers, J., & Hatch, T. (2003). The ASCA National Model: *A framework for school counseling programs.* Alexandria, VA: American School Counselor Association.

Burnham, J. J., & Jackson, C. M. (2000). School counselor roles: Discrepancies between actual practice and existing models. *Professional School Counseling, 4,* 41-49.

Campbell, S., & Dahir, C. (1997). *Sharing the vision: The National Standards for school counseling programs.* Alexandria, VA: American School Counseling Association.

Dahir, C. A. (2001). The National Standards for school counseling programs: Development and implementation for school counseling standards: A summary and comparison with other student services' standards. *Professional School Counseling,* 4, 328-333.

Dahir, C. A., Sheldon, C. B., & Valiga, M. J. (1998). *Vision into action: Implementing the National Standards for school counseling programs.* Fairfax, VA: American School Counseling Association.

Goals 2000. (1994). Goals 2000: Educate America Act. Retrieved June 18, 2002, from http://www.ed.gov/legislation/GOALS2000/TheAct

Gysbers, N. C., & Henderson, P. (1994). *Developing and managing your school counseling program* (2nd ed.). Alexandria, VA: American Counseling Association.

Gysbers, N. C., Lapan, R. T., Blair, M., & Starr, M. (1999). Closing in on the statewide implementation of a comprehensive guidance program model. *Professional School Counseling, 2,* 357-366.

Gysbers, N. C., Lapan, R. T., & Jones, B. A. (2000). School board policies for guidance and counseling: A call to action. *Professional School Counseling, 3,* 349-355.

Hart, P. J., & Jacobi, M. (1992). *From gatekeeper to advocate: Transforming the role of the school counselor.* New York: The College Board.

Johnson, L. S. (2000). Promoting professional identity in an era of educational reform. *Professional School Counseling, 4,* 31-40.

Johnson, S., & Johnson, C. D. (2003). Results-based guidance: A systems approach to student support systems. *Professional School Counseling, 6,* 180-184.

Kasowitz-Scheer, A., & Pasqualoni, M. (2002). *Information literacy instruction in higher education: Trends and issues.* Syracuse, NY: ERIC Clearinghouse on Information and Technology. (ERIC Document Reproduction Service No. ED465375)

Lapan, R. T., Gysbers, N. C., & Petrosk` G. F. (2003). Helping seventh graders be safe and successful: A statewide study of the impact of comprehensive guidance and counseling programs. *Professional School Counseling, 6*, 186-197.

Lukach, J. (1998). Implementing the developmental comprehensive school counselor program model. In J. Allen (Ed.), *School counseling: New perspertisa and practices* (pp. 99-104). Greensboro. NC: ERIC/CASS.

McWhirter, J. J., McWhirter, B. T., McWhirter, A. M., & McWhirter. E. H. (1998). *At-risk youth: A comprehensive response* (2nd ed.). Pacific Grove, CA: Brooks/Cole.

National Commission on Excellence in Education (1983, April 26). A nation at risk. Retrieved April 29, 2004, from http://www.goalline.org/Goal%20Line/NatAtRisk.html#anchor807826

Porter, G., Epp, L., & Bryant, S. (2000). Collaboration among school mental health professionals: A necessity, not a luxury. *Professional School Counseling, 3*, 315-322.

Ripley, V., Erford, B. T., Dahir, C., & Eschback, L. (2003). Planning and implementing a 21st-century comprehensive developmental counseling program. In B. T. Erford (Ed.), *Transforming the school counseling profession* (pp. 63-120). Upper Saddle River, NJ: Pearson Education.

Rye, D. R., & Sparks, R. (1999). *Strengthening* K- 12 *school counseling programs: A support system approach* (2nd ed.). Philadelphia, PA: Accelerdm; Development.

SCANS (2000). Scans 2000: *The workfora skills Web site.* Retrieved June 18, 2002, from http://www.scans.jhu.edu?NS/HTML/About Com.htm

Schmidt, J. J., & Ciechalski, J. C. (2001). School counseling standards: A summary and comparison with other student services' standards. *Professional School Counseling, 4*, 328-333.

Schwallie-Giddis, P., ter Maat., M., & Pak, M. (2003). Initiating leadership by introducing and implementing the ASCA National Model. *Professional School Counselor, 6*, 170-173.

Synatschk, K. O. (2002). Ensuring professionally relevant supervision and professional development: A district-level experience. In N. C. Gysbers & P. Henderson (Eds.), *Implementing comprehensive school guidance programs: Critical leadership issues and successful responses* (pp. 199-210). Greensboro, NC: ERIC.

Todd, R. J. (1999). Transformational leadership and transformational learning: Information literacy and the World Wide Web. NASSP Bulletin, 83, 4-12.

VanZandt, Z., & Hayslip, J. (2001). *Developing your school counseling program: A handbook for systemic planning.* Belmont, CA: Wadsworth/Thomson Learning.

| 제6장 |

전문적인 학교상담자와 책무성

Karcher는 18년 동안 조그만 시골 고등학교에서 농업 교사로 근무했다. 그는 가르치는 것을 좋아하긴 했지만 학생들에게 가르치는 것 외의 다른 역할을 해주고 싶어서 학교상담자 자격증을 받기 위해 대학원에 가기로 결심했다.

과정을 이수한 후 지역교육청 내의 교장이 초등학교상담자로 일하는 것이 어떤지를 물어 왔다. 그 자리는 학교위원회에서 승인한 새로운 자리로, 그가 초등학교 상담 프로그램을 개발하는 처음 역할을 하게 될 것이었다. Karcher는 처음에는 제안을 거절했지만 생각을 해 보고 나서는 이 기회가 어린 아이들과 함께 할 수 있는 최고의 기회가 될 것이라는 결정을 하게 되었다.

그 일을 시작한 후로 Karcher에게 엄청난 두려움이 현실로 다가 왔다. 그는 처음에 들었던 것처럼 한 초등학교에 배치되어 있는 것이 아니라, 하나의 중학교에 두 개의 초등학교까지 해서 800명이 넘는 학생들을 책임져야 했다. 게다가 그는 직무에 대한 설명을 듣지 못했기 때문에 나중에서야 자신이 버스 봉사, 구내식당 봉사, 대리 교사와 같은 활동까지 해야 한다는 것을 알게 되었다.

그 해가 끝나갈 때 쯤 그는 학교상담자들이 훈련받은 임무들을 실제로 수행할 수 있을지에 대해 낙담하게 되었으며 의구심을 가진 채로 자리를 떠났다. Karcher와 같이 열성적인 학교상담자들이 자신의 역할에 대해 얼마나 잘 알릴 수 있을까, 또 자신들이 받은 훈련과 기술이 다른 이들의 삶을 변화시킬 수 있다는 것을 관계자들에게 얼마나 설득할 수 있을까? 이는 연구와 평가를 수행할 수 있는 학교상담자들의 능력과 관련되어 있으며(Whiston, 1996), 학교상담자들의 활동이 청소년들의 삶을 변화시켜 줄 수 있다는 것을 얼마나 잘 알릴 수 있는가에 달려 있다.

지금과 같은 학교개혁의 시대에는 책무성에 대한 요구가 뚜렷하다. 프로그램이 산출할 수 있는 이로운 결과와 학교상담 프로그램을 이끌 수 있는 상담자의 수행능력은 수행을 촉진하고, 무능함을 개선해 주며, 학생 성장을 기록하는 데 필수적이다. 자격 인증서만으로는 학생의 능력을 입증할 수 없다(Loesch, 2000). 더구나 프로그램의 효과를 입증하지 못한다는 것은 비윤리적인 행동에 가깝다(Gladding, 2000).

1970년대 초, 교육자들은 그들이 제공했던 서비스의 책무성에 대해 상기하게 되었다. 그러나 학교상담자들은 프로그램 평가와 관련해서 그들이 충분한 훈련을 받지 못했으며, 그러한 노력이 너무 많은 시간을 소비하고, 또는 불필요하다고 느꼈기 때문에 책무성에 관한 정보를 수집하는 데 많은 노력을 기울이지 않았다(Fairchild & Zins, 1986). 1990년대 초반 책무성에 대한 요구는 교육개혁의 초석이 되었으며, 사회는 교육 프로그램이 좋은 결과를 낼 것을 요구하였다. 재정이 줄어들면 어설프고 비효율적으로 보이는 인력과 프로그램은 수시로 제거되었으며, 학교상담자와 학교상담 프로그램은 이렇게 제거되는 대상에 포함되기 일쑤였다(Gibson & Mitchell, 1999). 이에 따라 학교상담이 유익하며, 비용 면에서 효율적이라는 점을 정당화하고 방어해야 할 필요가 있었다(Gillies, 1993; Whiston, 2003). 학교위원회는 학교상담 프로그램이 학생들에게 얼마나 유익한지에 관한 이론적 근거를 제공해 줄 수 있는 연구와 자료를 요구한다.

평가가 이루어지지 않으면 평범한 서비스가 제공되게 되며, 더 높은 기준을 세울 기회를 갖기 못하게 된다. 불행하게도 학교상담자들은 꾸준히 연구를 수행하지 않았으며, 결국 많은 사람들은 유용성에 의문을 갖게 되었다. 상담자들은 왜 프로그램 평가에 참여하기를 꺼리는지에 대해 다음과 같은 많은 이유를 들고 있다.

1. 상담자들은 평가를 하기 위해서는 고급 통계 절차에 기초한 복잡한 기술을 필요로 한다는 잘못된 생각 때문에 자신들이 연구를 수행하는 데 필요한 기술이 없다

고 보고한다(Gladding, 2000). 이러한 생각 때문에 학교상담 장면에서는 의심스러운 대학원 훈련에서의 연구 설계에 대해 관심이 고조되고 있다(Myrick, 1990). 그러나 복잡한 수학 공식이 필요 없는 단순한 자료 수집도구를 통해서도 얻어질 수 있다는 결과들이 많다(Allen, 2002; Frith & Clark, 1982; Gibson & Mitchell, 1999).

2. 많은 학교상담자들은 다른 활동들이 더 중요하다는 생각을 공유하고 있다. 이들은 학교상담자들이 학교상담자의 업무에 대해 잘 모르고 있는 교육위원회 위원과 같은 외부 당국의 영향을 받기 쉽다는 점에 대해 인식하지 못하고 있다. 만약 상담자들이 프로그램의 효과 평가와 학생의 능력에 대한 측정을 하지 않는다면, 그들은 계속해서 자신들이 받은 훈련과 기술 밖에 있는 임무들을 수행해야 하게 된다(Whiston, 1996).
3. 어떤 상담자들은 평가에 관련된 연구들이 자신들의 잘못에 초점을 맞출 것이라거나 긍정적인 평가결과로 인해 자신들이 받은 훈련과 교육 이외의 활동을 더 부여받게 될 것이라고 말한다(Myrick, 1990).
4. 개업상담자들은 어린이는 평가를 할 수 있는 주체가 될 수 없으며, 학부모에게 평가를 해 주도록 해서 나온 정보는 가치가 없다는 잘못된 생각 때문에 연구방법들이 학교체제에 포함된다고 생각하지 않는다고 보고한다(Frith & Clark, 1982). 그러나 학생들은 상담 프로그램의 주된 수요자로서 피드백을 받아야 하는 가장 중요한 후보군이다. 더욱이 학부모는 상담 프로그램 평가에 매우 중요한 독특한 관점을 가지고 있다. 프로그램에 대해 비판적인 부모들의 의견을 고려하게 되면 반대하는 학부모들은 상담자의 가장 큰 동맹이 될 수 있다.
5. 학교상담자들은 시간이 부족하다고 말한다(Lee & Workman, 1992). 처음에 계획과 설계를 하고, 평가 질문지를 만드는 데 시간이 걸리기는 하지만 일단 고안이 되고 나면 필요할 때마다 개정을 하면서 해마다 사용할 수 있다(Frith & Clark, 1982). 평가도구를 처음 고안할 때는 개정을 위한 피드백을 모아 두기 위해 시험적으로 적용해 보는 것이 좋다.
6. 상담자들은 비용 때문만이 아니라 상담 실무에 관한 오해로 인해 행정적 지원이 부족하다는 점이 평가에 관한 연구에 참여하려는 노력에 장벽이 된다고 보고한

다(Fairchild & Zins, 1986). 행정가들은 예산안에 신경을 곤두세우고 평가에 관한 연구에 들어갈 잠재적 경비에 대해 걱정하지만 많은 평가들이 매우 적은 비용으로 수행되고 있다. 이것은 특히 예산이 보조금 신청 서류를 통해 청구되는 경우 더욱 그렇다. 만약 행정가들이 과정의 가치를 알고, 평가를 통해 이들에게 피드백이 제공된다면 대부분은 평가관련 절차를 지원해 줄 것이다(Frith & Clark, 1982).

책무성이 학교상담자에게 도움이 되는 이유

상담자들이 연구에 대한 열의가 부족하더라도 이 과정은 상담 프로그램들이 유치원생에서 고등학생까지 교육적 성장을 촉진시킨다는 증거를 제공해 준다. Baker(2000)에 따르면 책무성은 기술을 증진시키고, 프로그램의 효과를 향상시키며, 수행에 대한 적극적인 피드백을 제공한다. 더불어 평가는 현재 활동들이 타당한지를 입증하거나 거부하고, 새로운 통찰을 제공하며, 서비스를 제공해야 할 책임이 있는 사람들이 누구인지 알 수 있게 해 준다(Gibson & Mitchell, 1999).

아주 여러 해 동안, 연구물들은 학교상담자와 프로그램의 효과 측면에서 쓸모가 없었다. 이는 학교상담자들은 도움이 되고, 이차적인 전문가이기는 하지만 없어도 된다는 신념을 지지해 주었다. 최근 연구는 전문적인 학교상담자에 의해 수행된 전략들이 학생들에게 긍정적인 영향을 준다고 밝히고 있다(Whiston & Sexton, 1998, Whiston, 2003에서 인용).

학교상담자들은 매우 다양한 전략들을 사용하기 때문에 어느 서비스가 가장 효과적인지를 아는 것이 중요하다. 예를 들어 자주 묻는 질문 가운데 하나는 '개인적인 조력보다 집단작업이 더 나은가?' 하는 것이다. 몇몇 연구는 어린 학생들에게 집단상담을 하는 것이 좋은 결과가 있음을 보여 준다(Whiston, 2003). 여자 위기 청소년을 대상으로 건강한 관계 인식을 목표로 수행된 또 다른 집단상담에서는 다른 사람들과의 관계 및 태도에 있어서 큰 진전이 있었음을 보여주었다(Zinck & Littrell, 2000).

오늘날은 학교의 철학과 임무를 반영하는 통합된 학교상담 프로그램을 제공하는 추세이다. Lapan, Gysbers과 Sun의 연구(Whiston, 2003에서 인용)에서는 종합적이고 발달적인 학교상담 프로그램에 참여했던 학생들은 상담 프로그램에 참여하지 않은 또래들과 비교해서 더 높은 성적을 받았으며, 미래 계획에 대해 더 많이 준비하는 것으로 보고하였으며, 자신의 학교 분위기를 더 좋게 생각하고 있었다.

재정과 인적 자원을 감소시키는 이 시대에 그 어느 때보다 책무성이 중요해진 것은 분명하지만, 학교에서 연구를 수행하는 데에는 약간의 장애가 있다. 한 예로, 어떤 행정가들은 소송으로 인한 결과를 걱정하기 때문에 학교에서 청소년들을 대상으로 한 연구 과제를 승인해 주는 것을 꺼린다. 예를 들면 학생은 부모의 동의 없이는 연구에 참여할 수 없는 미성년자이다. 부모의 승낙을 얻는 것은 나중에 알려질 수도 있는 개인적인 문제 때문에 어려울 수 있다(Whiston, 2003). 예를 들어, 한때 나는 다른 구조의 가정(예, 이혼한 아버지의 가정, 편부 가정, 편모 가정, 일반 가정)에서 자란 아이들의 자아 개념이 그들의 가족 구조에 영향을 받는지를 알아보는 연구를 하고 있었다. 일부 부모들은 이러한 정보가 가족에게 해를 끼칠 수 있다는 생각 때문에 자녀들이 연구에 참여하는 것을 동의하지 않았다.

평가의 유형

평가는 프로그램과 프로그램을 지도하는 인적 자원에 대한 자료를 포함한다. 책무성에 대한 연구가 증가되면서 상담자들이 그것이 갖는 장점에 대해 더 많이 이해하게 될 것이라고 기대된다. 만일 상담자가 평가 절차에 들어가지 않으면, 다른 사람들이 상담과정에 가장 적합한 방법이 아닐 수도 있는 방법들을 결정하게 될 것이다(Fairchild & Zins, 1986).

지속적인 프로그램과 인적 자원의 개선을 위해 수행되는 필수적인 두 가지 유형의 피드백은 **형성평가**와 **총괄평가**이다. 이러한 평가방법들은 필수적인 정보를 제공하는 데 상호의존적이며, 어느 쪽도 간과되어서는 안 된다.

형성평가는 서비스나 프로그램의 효과를 결정하는 유용한 자료를 담고 있다. 이러한 자료들은 비효율적인 전략들을 변경하거나 대치, 또는 제거하는 데 이용된다. 이것은 지속적인 과정으로 형성평가는 총괄평가로 이어진다. 예를 들면 초등학교상담자는 프로그램을 종결하기 전에 프로그램을 수정할 필요가 있는지를 알아 보는 과정을 통해 중간에 학생들에게 학습기술 집단에 대한 학생들의 인식을 평가해 주도록 요구할 수 있다. 총괄평가는 상담자의 노력이나 프로그램의 최종 효과를 결정하기 위해 프로그램 종결 부분에서 이루어진다(Baker, 2000; Gibson & Mitchell, 1999).

상담자 자문위원회는 총괄적인 자료를 사용해서 상담 프로그램이 정해진 목표를 만족시키고 있는지를 분석할 수 있다. 프로그램과 상담자에 대한 평가는 긍정적일 수 있는 활동을 계속할 필요가 있을 수도 있으며, 아니면 프로그램이나 활동을 수정하거나 없앨 필요가 있을 수도 있다. 형성평가와 총괄평가는 서로 관련되어 있으며, 둘 다 프로그램의 효과와 인적 자원의 능력에 대해 중요한 정보를 제공해 줄 수 있으므로 어느 것도 간과되어서는 안 된다.

활동 중심의 연구(action-based research)는 프로그램의 결과와 관련된 자료를 수집하는 효과적인 문제해결 방법으로 종종 사용되고 있다(Gibson & Mitchell, 1999; Whiston, 1996). 이 연구방법은 문제해결(Allen, 2002; Gillies, 1993; Mills, 2000; Zinck & Littrell, 2000에서 인용), 서비스 향상, 전문적 발달, 상담직업의 존속 문제에 대한 과학적 방법을 체계적으로 응용하는 데 관심을 집중하고 있다. 활동 중심의 연구는 알찬 프로그램 설계와 의사결정의 토대를 제공한다(Frith & Clark, 1982). 여기에서 얻어진 의미 있는 자료는 관심 있는 구성원들에게 정보를 얻을 수 있는 중요한 정보의 원천이 된다. 프로그램 평가와 학교상담자 수행에 사용될 수 있는 전략들의 예는 후에 논의된다.

프로그램 효과의 평가

앞 절에서는 프로그램 설계와 실행, 평가에 대해 논의하였으며, 이 절에서는 종합적 발달적 학교상담 프로그램의 평가에 구체적인 초점을 맞춘다. 이전에 논의된 바와 같이 목표 집단의 인구 통계 및 특성에 대한 이해와 요구도 평가는 구체적인 목표에 도달하기 위한 목적과 능력, 전략을 결정하는 데 도움이 된다(Gibson & Mitchell, 1999; Schmidt, 1993). 프로그램이 한 번에 개발될 수는 없지만 장단기 계획을 결정하기 위한 우선적 요구를 선택하게 된다. 실행 중의 평가와 사후평가 전략은 신중하게 프로그램 설계를 할 수 있는 기회가 된다.

상담자들은 상담 장면에서 사용할 수 있는 관련 측정도구가 부족하다는 점을 호소하고 있으며, 대체로 공식적으로 출판된 기준화 검사들에 의존해 왔다. 이러한 도구들이 가치 있는 정보를 제공해 주기는 하지만 너무 비싸거나 시간상으로 비효율적인 경우들이 있다(Myrick, 1990). 자료의 타당성은 "연구 설계 자체뿐만 아니라 측정도구의 특성에 의해서도 결정되기" 때문에(Myrick, 1990, p. 22), 상담자들은 자신이 만든 검사는 타당한 결과를 제공하지 못할 수도 있다고 느낀다. 동시에 상담자는 결정이 된 자료를 얻는 것을 필요로 한다. 그러한 정보는 비교연구, 졸업 후의 추수연구, 조사, 사례연구, 행동관찰, 반복 측정 및 학생 포트폴리오 등을 통해 수집되어 왔다. 문항의 의도가 명확하고, 점수 기록이 쉬우며, 유용한 정보가 될 수 있도록 하기 위해서는 질문지 구성에 대한 지식이 필요하다(Baker, 2000). 이러한 방법들을 통해 정책 입안자들은 영향력 있는 상담 프로그램을 결정하는 데 도움이 되는 증거를 얻을 수 있다(Baker, 2000; Gillies, 1993).

프로그램 평가의 유형

비교연구

자료를 수집하는 하나의 방법은 사전-사후 평가, 실험설계, 단일 사례 연구방법론과 같은 비교방법을 활용하는 것이다(Myrick, 1990).

사전-사후 평가 상담자들은 프로그램 참여에 앞서 학생들에게 사전검사를 하고, 프로그램 종결 후에 사후검사를 하도록 한다. 개입의 효과와 이에 따르는 학생 성장을 알아보기 위해 검사결과를 비교한다. 예를 들면 사전-사후 검사 설계가 사회적 기술 프로그램에 참여한 후에 사회적 기술능력이 부족한 학생들이 또래에 의해 수용되는 정도를 연구하기 위해 개발되었다(Ciechalski & Schmidt, 1995). 4학년 학생들은 사회과 교육 수업에 무선적으로 배정된다. 실험집단의 학생들은 정규 사회과 교육에 통합된 사회적 기술훈련을 받았으며, 통제집단 학생들은 사회과 교육과정만을 교육받았다. 두 집단 모두 사전과 사후 검사를 해 보았더니 사회적 기술훈련의 사용이 사회기술 능력이 부족한 학생들과 그렇지 않은 또래 간의 사회적 상호작용에 긍정적인 영향을 미친다는 것을 보여 주었다. 이와 같은 연구들은 '학교상담 프로그램이 청소년들에게 어떤 영향을 주는가' 하는 질문에 답을 제공한다.

실험연구 이 연구방법은 동등한 집단의 학생들을 비교한다. 어떤 특별한 개입에 참여한 집단(실험집단)의 학생들과 개입에 참여하지 않은 집단(통제집단)의 학생들을 비교한다. 아팔래치 지역에서 온 중학생에 대한 한 연구에서는 개입의 차이를 알아보기 위해 세 집단을 비교하였다. 개인지도를 위해 교사들이 의뢰한 학생들을 개인지도만 받는 집단, 개인지도와 상담을 받는 집단, 어떤 형태의 개인지도도 원하지 않는 통제집단으로 할당하였다. 모든 집단의 학생들은 자아 자존감을 측정하기 위해 Coopersmith의 자아 존중감 검사를 받았고, 교실 행동은 행동 평정 체크리스트(Behavior Rating Checklist, BRC)를 사용하여 측정되었다. 더불어 각각의 학생들의 성적 평균 점수(grade-point average, GPA)가 사전-사후 검사 측정치로 사용되었다. 개입 후, 개인지도와 상담을 받은 학생들이 다른 집단과 비교해서 자아 존중감과 교실 행동에서 의미 있게 향상되었다. 학업성취 측정에서는 상담/개인지도 집단이 가장 높은 점수를 받은 반면, 통제집단의 성적 평균 점수는 사전검사보다 사후검사 점수가 떨어졌다(Edmondson & White, 1998).

단일 사례 연구법 상담자들은 한 명의 참여자로는 좋은 연구 설계를 할 수 없다는 생각 때문에 종종 개인상담 개입에 대한 평가를 꺼린다. Yarbrough와 Thompson (2002)에 의한 단일 사례 연구는 행동 문제를 나타내는 두 명의 초등학교 어린이를 대상으로 현실 치료와 해결 중심의 행동 상담의 효과를 평가하도록 수행되었다. 한 어린이는 현실 치료를 받았고, 다른 한 어린이는 해결 중심의 단기 치료를 받았다. 아이들은 5주 동안 같은 상담자를 일주일에 한 번 만났다. 상담 개입 이후 아이들의 행동은 개선되었다.

졸업생 추수 연구

졸업생들은 폭넓은 정보를 제공할 수 있지만, 이 영역은 정보가 부족한 영역이다. 상담자와 자문위원회 구성원들은 이러한 형태의 연구를 어떻게 수행해야 하는지, 재원은 어디에서 얻을 수 있는지, 연구의 보급과 자료 수집을 누가 책임지고 할 것인지, 결과는 어떻게 사용될 수 있는지에 대해 어려움을 겪고 있다. 앵커리지 학구에서 수행된 2000~2001년 졸업생에 대한 한 추수 연구(졸업생 추수 조사, 2002)에는 추수 조사를 수행할 때 고려될 수 있는 다음과 같은 질문 몇 가지가 제시되어 있다.

1. 앵커리지에서 받은 전반적인 학업 프로그램에 대해 어떻게 평가합니까?
2. 앵커리지 고등학교에서 가르쳤던 교사들에 대해 어떻게 평가합니까?
3. 앵커리지 고등학교에서 받았던 상담에 대해 어떻게 평가합니까?
4. 다음 측면에서 학교 프로그램을 좋다-나쁘다의 5점(주제 영역의 목록이 제시되어 있음) 척도로 평가해 주십시오.
5. 진로 기술 영역의 과목을 들었습니까?
6. 진로 기술에서 어떤 수업이 당신에게 가장 유용했습니까?
7. 다음 수업들 중에서 당신에게 가장 중요했던 것 세 가지와 그렇지 않았던 것 세 가지를 표시해 주십시오. 수업이 많았으면 좋았겠다고 생각되는 영역은 어느 것입니까? 개인지도가 도움이 되었던 영역은 어느 것입니까? (수업 목록이 제시되어 있음)

조사

평정 척도와 질문지는 이해관계자들로부터 정보를 얻는 데 사용된다. 책무성 연구에 참여했던 상담자들 가운데 Fairchild와 Zins(1986)의 연구에서, 학생들의 응답은 정보를 모을 수 있는 가장 큰 집단을 대표한다. 교사들은 두 번째 집단이 되며, 관리자와 부모들이 뒤를 잇는다. 그리고 소수의 상담자들만이 보조 직원에게 피드백을 요청했다. 개방형 질문은 개인적인 선택권을 주고, 흥미로운 정보를 제공해 줄 수 있지만, 이러한 조사는 응답 범위의 폭이 넓기 때문에 점수화하는 데 어려움이 있다. 다음은 개방형 질문의 몇 가지 예이다.

1. 학교상담자의 가장 중요한 임무 가운데 하나는 ___________이다.
2. 고등학교를 졸업할 때 학생들이 가지고 있어야 할 한 가지 기술을 꼽는다면 ___________이다.
3. 청소년들이 직면하고 있는 가장 큰 걱정거리 중 하나는 ___________이다.

폐쇄형 질문은 점수화하기 쉽고, 통계자료로 산출될 수 있지만 개방형 질문지를 통해서 얻은 것처럼 넓은 범위의 응답이 나타나지는 않는다. 폐쇄형 질문의 몇 가지 예를 들면 다음과 같다.

1. 학생들에게 너무 많은 자유 시간이 있다고 생각하십니까? ___예 ___아니오
2. 대부분의 학생들은 시간 관리를 하는 데 어려움이 있습니까? ___예 ___아니오
3. 학생들이 더 많은 사회적 기술 능력을 발달시킬 필요가 있습니까? ___예 ___아니오

선택형 질문지는 통계 자료와 더불어 폭넓은 응답을 제공해 줄 수 있다. 선택형 질문지의 몇 가지의 예를 들면 다음과 같다.

1. 청소년이 당면하고 있는 가장 큰 걱정거리 중의 하나는
   a. 또래 관계
   b. 스트레스
   c. 가족 문제
   d. 우울
   e. 기타

2. 교사들은 ___________ 때문에 가장 스트레스를 받는다.
   a. 성적
   b. 부주의한 학생
   c. 시간 부족
   d. 너무 많은 규정
   e. 기타

사례연구

학교상담 실천가 또한 사례연구를 통해 책무성 관련 자료를 수집한다(Fairchild & Zins, 1986). 한 예를 들면 중서부의 세 지역에서 온 상담자들은 주의력결핍과잉행동장애(ADHD)로 확인된 지역의 한 학생에 대해서 각자 9주 동안 개인상담과 개입을 제공하였으며, 서로 상담 결과를 공유했다. 이러한 개입들은 더 많은 정보가 필요할 때마다 상담자들이 참고하는 개업상담자들을 위한 안내서로 출판되었다.

행동관찰

학교상담자는 교실 안과 밖에서 학생들의 행동을 관찰할 수 있는 더할 나위 없는 최상의 위치에 놓여 있다. 표적행동을 기록하고, 개입 이후 비교하는 기초선 조사 체계는 전략에 대한 평가에 유용한 정보를 제공해 준다.

포트폴리오

포트폴리오는 대학 입학이나 장래 고용에 필요한 성장을 평가하는 학생의 성취정도를 보여준다. 켄터키 교육 개혁법안은 영어/언어 교양과목과 수학의 특정 성적 수준에 대한 포트폴리오를 요구한다(Eastern High School Digital Portfolio, 날짜 미확인). 다음은 12학년의 포트폴리오에 요구되는 항목이다.

영어/언어 교양과목

1. 목차

2. 자기소개
3. 단편 소설, 시 또는 극본
4. 정해진 범주의 작품 세 편
5. 학생이 작성해서 평가자에게 보내는 포트폴리오의 저자와 자기 평가를 담고 있는 글

수학

1. 목차
2. 다양한 출처에서 나온 내용에 대한 깊이 있는 이해를 보여 줄 수 있는 기재 내용

회고적 평가

회고적 연구방법은 기억이나 사건의 회상을 통해 개인의 과거 사건을 재연하도록 시도한다. 상담자는 응답기호를 사용하는 척도로 된 평가 항목을 구성한다. 학생은 각 항목을 읽고, 개입(예, 생활지도 수업, 주장 훈련, 갈등 조정) 이전을 돌이켜 생각해 보고, 그 때는 어떤 반응을 했었을지 해당되는 곳에 'X' 표시를 하도록 한다. 그리고 현재는 그 항목에 대해 어떻게 생각하는지 응답하도록 한다. 현재의 인식은 '○' 로 표시하도록 한다. 만약 인식에 긍정적 변화가 있으면 상담자는 항목 옆에 이 변화를 '+' 기호로 표시한다. 만약 인식이 부정적인 경향으로 나타나면 상담자는 항목 옆에 '–' 기호를 표시한다. 사례사 연구 절차는 신뢰도가 떨어지기 때문에 자주 비판을 받고 있지만 여전히 유용한 정보를 얻을 수 있으며, 책무성과 전략 평가를 위해 수치들이 비교될 수 있다. 스트레스로 인해 학교상담자를 찾은 학생을 위해 고안된 도구의 예가 표 6.1에 제시되어 있다.

상담자 수행평가

프로그램을 지도한 상담자에 대한 평가는 프로그램 평가와 밀접하게 관련되어 있다.

표 6.1 스트레스 감소를 위한 회고적 평가의 예

학생에 대한 지시문

스트레스 때문에 상담을 처음 시작했을 때 어떻게 느끼고 있었는지 회상해 보세요. 첫 번째 표에 있는 느낌 각각에 대해, 상담 회기를 시작할 때 자신에 대해 평가를 했다면 어떠했을지를 가장 잘 나타내는 숫자에 '×' 표시를 하세요. 두 번째 표를 보면서 각 항목에 대해 지금 현재는 어떻게 느끼고 있는지 해당되는 숫자에 '○' 표시를 하세요.

응답양식 1 = 거의 이렇게 느끼지 않는다 5 = 항상 이렇게 느낀다

상담회기 시작	1	2	3	4	5	상담회기 종결	1	2	3	4	5	경향
분노			×			분노		○				+
걱정				×		걱정		○				+
좌절			×			좌절			○			변화없음
불안				×		불안					○	−
긴장					×	긴장		○				+

앞서 논의된 것처럼 역사적으로 볼 때 상담자들은 그들이 시간을 어떻게 보냈는지를 기록하거나, 관리자들에게 상담자 직무 내용과 활동을 결정하도록 맡겨야 할 책무성은 없었다. 그 결과 관리자들은 상담자의 훈련과 역할에 대해 관리자의 개인적인 경험과 지식에 기초하여 책무를 할당하고 평가하기 때문에 논쟁거리가 된다. 너무나 자주 관리자들은 상담자의 수행을 학생 성장에 국한시킨다. 그러나 이것은 비합리적인 일이라고 할 수 있는데 이는 수행과정에 수많은 변수들이 영향을 미치기 때문이다. 상담자가 발달적 학교상담 프로그램의 가치와 상담자의 역할에 대해 적극적으로 알린다면 함께 협력해서 결정한 기준을 통해 상담자들이수행하고 있는 비상담적 활동을 감소시키고 상담자가 훈련받은 임무를 수행할 수 있게 될 것이다. 너무나 자주 상담자들은 평가를 하게 되면 비판을 받게 될 것이라고 생각하지만 과정에 참여해 본 상담자들은 위험보다는 이익이 많다고 보고한다(Fairchild & Zins, 1986).

직무 설명을 문서화하면 학교상담자들이 사전에 그들이 받은 훈련에 맞는 책무

에 대해 공부하고 수행할 수 있는 기회를 가질 수 있다(Baker, 2000). 누가 평가를 수행할 것인지, 평가는 어디서, 언제 이루어질 것인지, 어떻게 시간을 구성해서 결과를 알릴 것인지에 대한 지식(Bleur, 2000)은 학교상담자의 역할을 둘러싼 '어림짐작'을 줄일 수 있는 정보를 제공해 줄 수 있다. 상담자들은 학급교사 평가를 위해 설정된 기준에 따라 평가되는 경우가 너무 많은데, 이는 학급교사와는 다른 책무와 과업을 수행하는 학교상담자들에게는 비합리적인 방법이다(Schmidt, 1993). 학교상담자 수행의 질을 반영하기 위해서는 상담자 직무 설명을 토대로 하고, 프로그램 개발에 지침을 둔 평가도구를 사용해야 한다. 미 서부의 학교상담 실천가들은 다음과 같은 항목이 들어 있는 교사용 양식에 토대를 둔 수행평가 결과를 보고했다.

1. 교사는 교실을 깔끔하고, 기분 좋게 해 놓는다.
2. 교사는 공정하게 등급을 매긴다.
3. 교사는 징계절차에서 일관성을 갖는다.
4. 교사는 성적을 제때에 제출한다.

이러한 항목들은 학교상담자가 수행해야 하는 임무와 거의 관계가 없다. 그들은 이 문제에 관하여 거의 대부분의 상담자들이 속해 있는 교섭 단체인 교사교육협회(Teacher's Educational Association)의 의장과 접촉해 보았지만 협회는 교사 평가 양식은 다른 것으로 대체될 수 없는 계약상의 문제라고 이야기하였다. 또한 그들은 협회의 '소수회원'이고, 조직은 '다수'를 대표하는 것이라고 말했다. 이 사건은 학령기 아동의 성장을 촉진시키는 데 학교상담자가 담당해야 할 통합적인 역할을 큰 소리로 옹호하고, 알리려는 학교상담자들의 요구를 증대시켰다. 학교상담자의 직무 설명에 기초를 둔 평가양식의 예를 표 6.2에 제시하였다.

관리자, 동료, 학생, 자기평가, 프로그램의 성과에 대한 결과를 사용하거나 이들을 함께 사용하면 상담자의 전문적 능력과 강점 및 약점에 대해 더 정확하게 볼 수 있다. 또한 그러한 결과를 승진이나 임금 인상, 피드백에 사용할 것인지, 행정적인 의사결정에 사용할 것인지에 대해서도 사전에 분명하게 결정되어야 한다.

객관적 평가와 주관적 평가 모두 평가과정에서 일반적으로 사용된다. 객관적 평가는 구조화되어 있다는 이점이 있고, 심리측정적인 특성의 평가에 용이하며, 더 효

표 6.2 직무 설명에 기초한 학교상담자 평가 (계속)

(요구도 평가에 의해 정해진 직무 설명에 기초함)						
전달 서비스						
생활지도 교육과정	**관련 활동**	**날짜**	**만족**	**불만족**	**진행중**	**의견**
구조화된 집단/ 교실 소개						
재정 조력의 밤 계획과 실행	• 일정 계획 • 행사 홍보 • 기부와 연락하기					
부모 교육	• 일정 계획 • 학부모 공지 • 강사와 연락하기					
갈등-조정 수업	• 초청 계획 • 수업 공개 • 수업 평가					
개인적 계획	**관련 활동**					
조언 평가 정치활동 추수지도						
개별 학생과의 만남	• 각 학생들은 해마다 개인적 목표를 정한다.					
검사결과 해석	• 개별 학생들과 SAT 시험 결과를 논의한다.					
수업 계획	• 진로계획을 논의하고, 진로 목표에 맞게 수강등록하도록 돕는다.					
졸업생 추수지도	• 졸업생 표본 조사를 5년마다 수행해서 알린다.					

표 6.2 직무 설명에 기초한 학교상담자 평가 (계속)

(요구도 평가에 의해 정해진 직무 설명에 기초함)						
전달 서비스						
반응적 서비스	**관련 활동**	**날짜**	**만족**	**불만족**	**진행중**	**의견**
개인 상담 소집단 상담 자문 의뢰						
개인상담 제공	• 개인적 걱정거리에 대해 학생들과 만난다.					
집단활동 수행	• 관리자는 필요한 집단을 결정하기 위해 평가를 요구한다. • 집단을 촉진시킨다.					
교사와의 만남	• 교사들과의 회의 횟수를 확인한다.					
의뢰	• 의뢰한 횟수를 확인한다.					
생활지도 교육과정	**관련 활동**					
관리 자문 지역사회 활동 공공 관계						
부서별 일정 정리	• 매년 상담 활동 계획하기					
관리자와의 만남	• 프로그램 관심 내용에 관해 매달 교장선생님을 만나 논의하기					
지역사회 활동	• 학교상담 프로그램에 관해 지역사회 인사와 접촉하기					
공공 관계	• 매월 소식지를 만들어 배포하기					

표 6.2 직무 설명에 기초한 학교상담자 평가

(요구도 평가에 의해 정해진 직무 설명에 기초함)						
전달 서비스						
기본 요소	**관련 활동**	**날짜**	**만족**	**불만족**	**진행중**	**의견**
철학과 임무	• 철학과 임무 검토하기					
국가 표준	• 대학진학적성검사(SAT)/미국대학입학학력시험(ACT) 능력 조정하기					
관리	**관련 활동**					
자료의 활용	• 수행능력 분석하기					
학생 감독	• 개입 효과 평가하기					
일정관리	• 적절한 일정으로 구성된 연중 행사달력을 개발해서 배포하기					
책무성	**관련 활동**					
결과보고	• 학교 위원회에 보고하기 • 기관장에게 매월 보고하기					
수행평가	• 연간 목표를 정하고 평가하기 • 평가를 받기 위해 기관장 만나기					
프로그램 결산 평가	• 수행 결과 분석하기					
자문회의	• 자문위원회 회의					

율적이다(Loesch, 2000). 이러한 도구에는 각 항목이 특정한 과업을 측정하는 단순하고 간단한 한 쪽 분량의 체크리스트; 각 과제가 요소별로 나누어져 있는 두세 쪽의 도구; 명확하게 기술되어 있는 정해진 행동을 나타내는 리커트식 척도가 있을 수 있다(Bleur, 2000). 주관적 평가는 평정양식을 사용할 수도 있고, 어떤 경우에는 실제 상담활동에 대한 수퍼바이저의 판단이 들어 있기도 한다. 그러나 이러한 평가 형

식은 수행에 대한 특별히 효과적인 지표라고 할 수 없으며, 일관된 결과를 보여 주지도 않는다. 동료들이 부정적 피드백을 제공하는 것을 꺼리는 데다 개인적인 인식으로 인해 판단이 흐려지는 일이 너무나 흔하다(Loesch).

교육의 성격이 진화되어 가듯이 전문적인 학교상담자를 평가함에 있어서도 서로 돕고, 보완하는 평가기술이 발전되어 간다. 또 다른 형태의 평가로는 자신과 동료, 학생, 수량화된 자료와 포트폴리오가 있다.

자기 평가

자기 향상은 서비스를 향상시키고, 성장을 증진하며, 의미 있는 활동을 해 나가도록 상담자에게 동기를 부여한다. 상담자들이 연말에 평가를 받게 된다는 것을 알고, 매 학기 초에 전문적 목표를 세우도록 고무될 때, 자기 평가의 기회를 가질 수 있다. 게다가 다른 누구의 동기보다 자신의 개인적인 동기를 더 잘 알 수 있기 때문에 이러한 자료는 전문가들이 수행에 대한 책임을 갖게 할 수 있지만 불행히도 이러한 자기 평가는 상담자 자신에게만 유용할 뿐 폭넓은 가치는 없다. 더구나 자기평가는 학교위원회에 의해 승인된 평가도구에 비해서 관리자들이 타당한 수행 지표로 인정하지 않는다(Henderson & Gysbers, 1998).

동료 평가

가장 좋은 동료 평가 제공자는 지역의 상담교육자, 상담 자문가, 프로그램 지도자와 같은 상담현장의 전문가들이다. 이렇게 확인된 평가자들은 상담자들이 기술을 향상시킬 수 있도록 도와 주며, 프로그램 개선을 촉진하며, 사례를 개념화하고(Henderson & Gysbers, 1998), 더 폭넓은 정보를 제공해 준다.

학생 평가

상담은 과정이기 때문에 때로 즉각적인 결과를 알아 보기 어렵다. 그러나 몇 가지 간단한 척도를 사용하여 상담 한 회기가 끝나면 바로 진보된 정도를 측정하기도 하고, 상담이 종결된 후에 설계 기간이 지난 다음에도 측정할 수 있다. 더구나 매일 진보된 상황을 시각적인 자료로 제공할 수 있게 수치화하는 방법은 학생들의 목표 달성을 도와주며(예, 그림 6.1에 있는 온도계를 보라), 상담자들이 이들 각각의 학생과

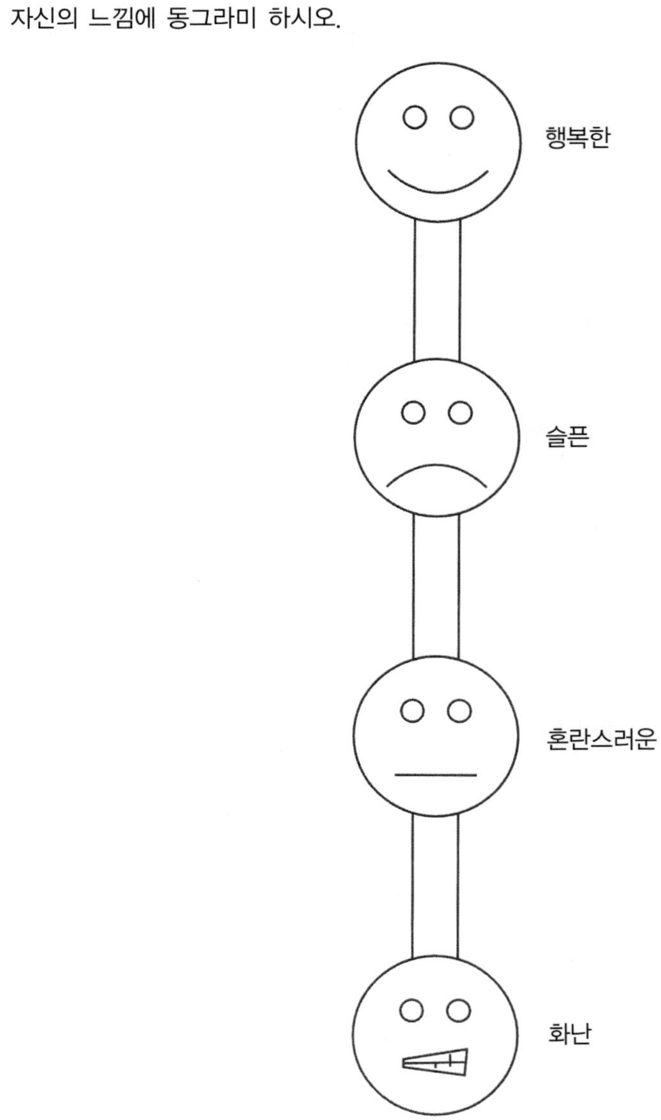

그림 6.1 내담자 평가

작업하면서 진전도를 평가할 수 있는 척도가 된다.

또 다른 학생 평가도구가 표 6.3에 설명되어 있다. 그리고 이렇게 누적된 자료들은 상담자가 학생과 학교에 대해 책무성이 있음을 지지하는 증거가 된다.

상담자의 수행을 평가하는 데 영향을 미치는 또 다른 요소로는 학부모의 피드백이 있다. 학부모의 피드백을 받기 위해서는 표 6.4에 있는 것과 같은 평가도구를 사용할 수 있다.

누가자료

상담자는 자신들이 시간을 어떻게 보내는지 보여 주기 위해 누가자료를 사용한다. 예를 들어 상담자는 어떤 활동을 수행하는 데 걸린 시간을 확인하기 위해 활동횟수를 기록해 둔다(예를 들어 개인상담을 한 학생의 수, 학생들의 걱정거리와 관련하여 만난 부모의 수, 교육전문가들에게 자문한 횟수 등)(Baker, 2000). 책무성에 관한 정보 수집에 관여했던 상담자들에 대한 Fairchild와 Zins(1986)의 연구에서 누가자료는 자료 수집이 쉽기 때문에 가장 보편적으로 사용되고 있는 것으로 조사되었다. 상담자들이 사용한 시간을 기록하는 예가 표 6.5에 있다.

누가자료를 수집할 수 있는 또 다른 중요한 방법에는 어떤 활동에 들인 시간의 총합을 알아볼 수 있도록 시간분석을 하는 방법이 있다(Fairchild & Zins, 1986). 상담 프로그램이 종합적인 모형으로 전환됨에 따라 사용 시간에 대한 정보를 전년도 자료에 근거하여 연중행사일람, 수업계획서, 노트 등을 통해 수집할 수 있다. 이러한 주간 보고서는 월간과 연간 보고서로 변형시킬 수 있다(Hughes & James, 2001). 수집된 양적 정보를 통해 상담자는 학생의 개인적 성장을 감독할 수 있다(McAuliffe & Erikson, 2000). 사용한 시간을 모니터링한 예가 표 6.6에 나타나 있다.

포트폴리오

포트폴리오는 효과를 측정하는 또 하나의 도구로 사용된다(Rhyne-Winkler & Wooten, 1996). 포트폴리오는 개인이 자신의 성취, 개인적 성장경험, 철학, 흥미 영

표 6.3 학생 평가

지시문

1부터 5까지에서 당신이 상담자를 처음 보았을 때 어떻게 느꼈는지를 가장 잘 나타내 주는 숫자에 동그라미 하시오. 1=나쁘다 5=좋다

1 2 3 4 5

상담자와 활동을 마쳤을 때 어떻게 느꼈는지 표시하시오.

1 2 3 4 5

표 6.4 부모 평가

지시문

학교상담 부서가 최선의 서비스를 제공할 수 있으려면 여러분의 도움이 필요합니다. 다음 질문에 응답해 주시기 바랍니다.

1. 학교상담자는 어떤 서비스를 제공해 주었습니까?(해당되는 것에 모두 표시하시오.)
   - ________ 자문
   - ________ 의뢰
   - ________ 검사 해석
   - ________ 관심과 조언
   - ________ 필요한 정보
   - ________ 기타(자세히 써 주세요)
2. 학교상담자가 하는 일에 대해 어떻게 알게 되었습니까?
   - ________ 개인적 접촉
   - ________ 학생
   - ________ 소식지
   - ________ 교사나 다른 학교 사람
   - ________ 다른 학부모
   - ________ 기타(자세히 써 주세요)
3. 학교상담자가 제공한 서비스 중에서 여러분이나 여러분의 자녀에게 가장 도움이 되었다고 생각되는 서비스는 어느 것입니까?
   - ________ 양육에 관한 정보
   - ________ 자문
   - ________ 집단상담
   - ________ 다른 전문가에게 의뢰
   - ________ 수업 안내
   - ________ 기타(자세히 써 주세요)
4. 상담 프로그램에 대한 제안이나 질문, 의견이 있으면 써 주십시오.

____

____

____

표 6.5 활동분석

지시: 다음 활동을 수행한 시간을 각각 표시하시오.
날짜 __________

전달체제	기록	합계
생활지도 교육과정		
개인적 계획		
반응적 서비스		
체제지원 서비스		
기본 요소		
철학, 임무, 신념		
능력		
관리		
자문회의		
자료의 사용		
활동계획		
연중행사일람		
책무성		
결과보고		
프로그램 평가		
수행과 평가		
전문성 개발		
비상담적 활동		
관리		
사무		
일정관리		

의견 ____________________

____

표 6.6 시간분석

지시: 다음 활동을 수행한 시간을 각각 표시하시오.
날짜 __________

	전달 서비스	기본 요소	관리	책무성	간접적 서비스
날짜	*생활지도 교육과정(GC) *개인적 계획(IP) *능력(C) *반응적 서비스(RS) *지원서비스(SS)	*철학과 임무(PM)	*자료사용(D) *학생감독(SM)	*결과보고(RR) *수행과 평가(PE) *전문성 개발(PD) *프로그램 보고서(PA) *자문회의(AB)	*사무(C) *일정관리(S) *관리(A)
7:30~8:00					
8:30~8:30					
8:30~9:00					
9:00~9:30					
9:30~10:00					
10:00~10:30					
10:30~11:00					
11:00~11:30					
11:30~12:00					
12:00~12:30					
12:30~1:00					
1:00~1:30					
1:30~2:00					
2:00~2:30					
2:30~3:00					
3:00~3:30					
3:30~4:00					
4:00~4:30					
합 계					

역, 자기반성문의 샘플들을 모아두는 기회가 된다(Baker, 2000). 포트폴리오 자료는 (a) 성장 기록 (b) 활동의 효과 평가 (c) 개인적 경험의 반성 (d) 문제의 개선과 같은 이점이 있다. 다음은 포트폴리오에 포함하도록 고려될 수 있는 항목들이다.

1. 성적 증명서와 학위
2. 연수와 회의 참석 증명서
3. 면허/자격증
4. 추천서와 상장 증서
5. 형식적, 비형식적 평가(지도기관이나 상담전략의 결과에 토대를 둔)
6. 전문적인 발표문(전공 영역을 포함하여)
7. 전문가 협회 회원증
8. 프로그램 개발
9. 개인적 목표와 성취 점검표
10. 과거 직업 경험
11. 일상적인 여러 가지(짧은 기록, 감사, 카드)

포트폴리오는 색간지가 들어 있는 공책과 상자 또는 자료 누적이 가능한 폴더 안에 자료들을 넣어두는 것과 같은 형태가 많으며, 디지털화할 수도 있다. 이러한 평가도구는 정확하면서 최신의 정보로 유지되도록 하기 위해 정기적으로 업데이트되어야 한다(Steigerwald, 1997).

여러 가지 전략을 조합해서 사용하는 것이 최선의 평가 유형이라고 할 수 있다. 각 지역은 프로그램과 인적 자원의 효과를 가장 잘 반영할 수 있는 시간상으로 가장 효율적인 평가방법을 결정해야 한다.

상담자들은 학생들이 학교상담 프로그램에 참여하면 왜 변화되는지 그리고 학교상담자가 무엇을 하는지에 대해 가장 잘 답하기 위해서 많은 전략들을 사용해 왔다. Fairchild와 Zins(1986)의 연구에서 보면 상담자들은 여러 가지 자료들을 사용해서 제공된 폭넓은 서비스에 대해 알리고, 전문적 성장을 촉진하며, 프로그램 전달체제에 대해 검토하였다.

책무성 관련 정보를 공유하기 위한 전략

연구 결과의 공유는 학교상담자들이 홍보활동에 영향을 줄 수 있는 환영할 만한 기회가 된다. 활동에 보낸 시간을 시각적으로 묘사한 도표를 사용하면 의사결정자들의 주의를 끌 수 있으며(Hughes & James, 2001), 홍보활동을 위한 토대가 될 수 있다.

홍보활동은 상담 프로그램의 기본적인 구성요소로서 개인과 기관 사이의 상호 이해에 기여하는 지속적인 활동을 포함하고 있다(*The Public Professional*, 발행연도 미확인).

프로그램의 긍정적인 결과를 홍보할 수 있는 방법은 많다(Holcomb & Niffenegger, 1992). 예를 들어 자문위원회는 상담 프로그램을 위한 지원과 피드백을 제공할 수 있다.

행정가들과 교육위원회 구성원들은 주간/또는 월간 활동에 대한 기록 보고서를 받도록 되어 있으며, 이것은 연간 보고서로 요약되어 제공된다. 회의에서 상담자의 직무에 관해 부모집단 및 교사들에게 알리는 것은 상담자들이 자신의 전문성을 옹호하는 데 사용할 수 있는 또 하나의 방법이다(Schmidt, 1993). 추가적인 고려사항으로는 다음과 같은 것들이 있다: 프로그램과 서비스의 개요에 대한 전단지, 지역 신문이나 라디오 광고, 상담 프로그램의 후원을 받는 학교 프로그램에 방송매체를 초청하는 것, 지역 토크쇼에서의 토론, 웹사이트, 비디오테이프, 가정에서의 긴급 서비스를 후원하는 것(Holcomb & Niffenegger, 1992). 그 밖의 홍보활동에 관한 아이디어는 표 6.7에 제시하였다.

때로 연구노력을 제한하는 재정적인 걱정이 있으므로 프로그램을 지속시키기 위해서는 기금과 지원이 요구된다. 상담자들은 학생들의 요구를 충족시키기 위해 도움을 줄 수 있는 프로그램 지원을 위한 방법으로 보조금 신청을 고려해 볼 수 있다. 보조금은 프로그램의 가시성과 홍보활동을 진작시키며, 학생 옹호활동을 촉진해 준다.

표 6.7 홍보활동 아이디어 (계속)

1. 학교상담자의 역할에 대한 정보를 제공하는 소책자를 고안하라.
2. 전 학년의 종합적 학교상담 프로그램을 설계하고 실행하는 작업을 교사들과 함께 하라.
3. 학생의 성취와 관련된 모든 종류의 정보를 알려 주어라.
4. 상담 소식지를 매월 발간하라.
5. 라디오나 텔레비전에 출연해서 당신의 프로그램에 대해 이야기하라.
6. 당신의 프로그램에 대한 초청 토론을 받아들이고 지역사회 단체의 초대에 응하라.
7. 현직 직원회의에 참여하라.
8. 모든 동료 협력자들에게 즉각적인 피드백을 주고, 동료들이 비밀보장 문제를 인식하고 있는지를 확인하라.
9. 자살, 자해, 폭력집단 모방과 같은 최근의 문제에 관해 교직원 대상의 프로그램을 실행하라.
10. 소속 기관장에게 매월 요약서를 제출하라.
11. 최소한 연 2회 학교 위원회에 책무성 관련 자료를 제출하라.
12. 교장에게 교실 생활지도가 실행되고 있는 것을 살펴보도록 권면하라.
13. 연간 목표를 확인하고 평가하라.
14. 교사들을 격려하고 적극적 피드백을 제공하라.
15. 쇼핑몰이나 상점 진열대에 상담 프로그램 소개를 할 수 있는 진열 공간을 찾으라. 제공되는 서비스를 일반 대중에게 알려라. 학생들의 도움을 받아 전시하라.
16. 관리자가 사용할 수 있도록 직무 설명서에 근거한 상담자 평가 양식을 고안하는 일을 도와라.
17. 학생들이 만든 그림책을 준비해서 어린이와 학부모들에게 생활지도 서비스에 대해 설명하라.
18. '한 주간의 할 일'을 제시하라. 월요일마다 프로그램 평가(PA) 체제에 맞추어 할 일을 간략히 기술하라.
19. 관리자와 함께 점심식사를 하라.
20. 신임교사들을 만나서 학생을 의뢰하는 과정에 대해 논의하라.
21. 신임교사와 직원들을 상담실에 초대해서 자료와 사무실을 보여 주라.
22. 학부모에게 생활지도/상담 기록 카드를 보내서 상담목표에 따른 학생의 진전 상태를 보여 주라.
23. 진로에 관한 잡지나 소책자를 교사들과 공유해서 교과목과 진로를 관련시킬 수 있도록 조력하라.
24. 기록 카드에 상담 프로그램에 관한 정보 안내지를 넣어두라.(예, 시간관리 요령)
25. 모든 학생들이 직업에 종사하고 있는 지역의 근로자들을 살펴보거나 관찰할 수 있도록 진로의 날을 조정하는 데 참여하라. (학교 직원들은 일반적으로 학급의 상위권에 있는 학생들만을 위해 이러한 종류의 프로그램을 마련한다.)
26. 프로그램의 '로고'를 개발하라.(학생들을 위한 콘테스트를 열 수도 있다.)
27. 졸업생의 자료를 보관하고 추수 조사를 실

표 6.7 홍보활동 아이디어 (계속)

행하라.

28. 노인들의 도움을 구하라.
29. 과정과 학점 목록이 들어있는 프로그램에 관한 웹하드를 개발하라.
30. 지역신문을 구독하고 특별한 사건을 보도하거나 상담 프로그램에 대한 정보를 발행할 수 있도록 편집자와 친분을 가져라.
31. 학교위원회 회의에 참석하라.
32. 학생이 장학금이나 다른 상금을 받을 때 동행하라.
33. 교사, 부모, 학생에 대한 조사를 통해 프로그램 효과에 대한 정보를 얻어라.
34. 책무성의 성과를 발간하라.
35. 학교상담 프로그램에 관한 비디오물을 개발하고, 지역 관계자, 관심 있는 부모, 지역사회 기관 등에서 비디오를 활용할 수 있게 하라.
36. 학교의 공공 자료를 마련해서 행정가들에게 증정하고 관심 있는 가정의 수요자들에게 배포하라.
37. 세탁소, 식품점 등과 같은 곳에 상담 서비스에 관한 광고 전단을 진열하라.
38. 행정가 집단에게 이야기하라.
39. 상담 서비스에 대하여 교회 단체에 알리거나 편지를 보내라.
40. 학생들에게 문병카드를 보내라.
41. 상담 서비스를 '광고하는' 책 표지, 필기구 등을 주문하라.
42. 교실에서 상담 목표를 통합시키고 있는 교사들에 대해 알려라.
43. 상담자들이 전문적 회의에 참석할 수 있도록 관리자들을 설득하라.
44. 학생들에게 생일카드를 보내라.
45. 도움을 주는 교사들에게 짧은 감사 편지를 보내라.
46. 학부모들에게 자녀가 성취한 긍정적인 일에 대해 알리는 개인별 통지를 보내라.
47. 학교를 방문하고 있는 대학 대표자들의 목록을 보내고 부모들이 참석할 수 있도록 초청하라.
48. 학생들을 돕기 위해 할 수 있는 일들과 상담 서비스 관련 직원(비서, 버스 운전사, 매점 종사자)을 배치하라.
49. 일정의 우선순위를 정하라. 학생들을 기다리게 하지 말라.
50. 약속을 지켜라.
51. 중요한 정보를 학생이나 부모에게 전자우편으로 보내라.
52. 재학생들에게 중요한 날짜, 행사가 들어있는 '재학생 면담기록지' 를 준비하라.
53. 신입생들과 서머타임 방문 일정을 세워라.
54. 신입생들의 사진을 가져다가 개별 학생에 대한 정보와 함께 상담자 사무실에 붙여두어라.
55. 학부모의 요구에 기초한 상담을 준비하고 실시하라.
56. 위기관리 계획을 설계하고 수정하는 것을 돕고, 최소한 1년에 한 번 교직원들과 함께 계획을 검토하라.
57. 학생들의 요구에 기초한 집단상담을 실시하라.
58. 편안한 분위기를 줄 수 있도록 사무실에

표 6.7 홍보활동 아이디어

음악을 준비하라.
59. 학생들이 그들을 도와 주고 있는 교사와 관리자, 또는 다른 어른들에게 감사 편지를 쓰도록 자료를 제공하라.
60. 당신의 이메일 주소가 들어 있는 업무용 명함을 인쇄하고 나누어 주라.
61. 상담자 로고가 들어 있는 특별한 문구용품을 고안하라.
62. 상담자 서비스와 교환할 수 있는 '쿠폰북'을 고안하라.
63. 'Dear Counselor' 컴퓨터 프로그램에 참여하라.
64. 클럽활동과 특별활동이 이루어지고 있는 곳을 방문해서 학생들을 만나보라.
65. 학생마다 개인별 목표를 정할 수 있도록 학년 초에 학생들을 만나라.
66. 학생들과 함께 점심을 먹으라.
67. 쉬는 시간 동안 복도에서 학생, 교사들과 유용한 시간을 보내라.
68. 대체교사에게 상담 서비스와 의뢰 절차에 관한 정보를 제공하라.
69. 전문적인 발제문을 사무실에 붙여 두라.
70. 학생을 대서특필한 새로운 기사를 오려서 상담자 사무실에 붙여 두라.
71. 눈에 띄는 성취를 한 학생에게 축하 편지를 보내라.
72. 진로와 대학의 날을 실행하라.
73. 가족상담을 위해 편리한 저녁 시간을 제공하라.
74. 교원들에게 상담 서비스에 대한 정보를 제공하라.
75. 자문위원회를 조직하라.
76. 교사들에게 상담 기술을 가르쳐라.
77. 전국 학교상담 주간 동안 교원과 직원들을 위한 아침 식사 안내를 하라.
78. 상담 프로그램에 대해 최소한 연 2회 학교장에게 말해 주라.
79. 모든 학교행사에 대한 정보를 가지고 있어라.
80. 지역사회 활동에 적극적으로 참여하라.
81. 전문 기관에 가입하라.
82. 상담 효과에 관한 연구를 수행하라.
83. 상담 자료를 위한 보조금을 기록해 두라.
84. 학교상담 프로그램을 광고하는 자동차 범퍼를 고안하라.
85. 프로그램을 이해하는 청소년 관련 판사와 공무원들을 개인적으로 알아 두고 상담 프로그램에 대한 정보를 제공하라.
86. 학교에 인적 자원을 데려와라.
87. 정기적으로 교사를 방문하라.
88. 의뢰할 수 있는 지역사회의 기관과 전문가에 대해 홍보하라.
89. 학부모들이 매월 한 번 저녁 시간을 내서 관심사를 토의하러 학교에 올 수 있게 하라.
90. 매년 학교 오픈하우스 행사에서 상담관련 전시 테이블을 설치하라.
91. 웹사이트를 개발하라.

보조금 신청서의 기초

보조금은 정부와 재단, 조합, 개인 자선단체와 같은 공공기관에서 나오는데, 선물이나 보조금, 계약 또는 협력연구와 개발에 대한 동의의 형태가 있다. 보조금 정보에 필요한 기준은 제안서 양식의 요구사항대로 진술되어야 하며, 일반적으로 다음과 같은 정보가 포함된다: (a) 요약 또는 초록 (b) 서문 (c) 문제 진술 또는 요구도 평가 (d) 프로그램의 목표 (e) 방법 (f) 평가 (g) 예산.

요약 또는 초록

초록은 독자에게 보조금 제안서에 관한 개략적인 아이디어를 제공해 줄 수 있는 제안서에 대한 한 쪽 분량의 간결한 요약이다. 일반적으로 보조금 제안서 양식에는 이 부분의 길이가 지정되어 있다.

서문

이 부분에는 학교와 지역사회의 인구통계와 사업의 책임을 맡는 사람들의 자격, 일화적인 자료와 같은 배경정보가 들어간다. 제안서에 관련된 연구를 포함시키면 보조금을 주는 독자들에게 보조금 신청자가 현장의 현재 동향과 발달상황을 잘 알고 있다는 확신을 줄 수 있다.

문제 진술

문제 진술에는 이 사업이 이 시기에 이 집단에게 수행될 필요가 있는 이유를 강조한다. 보조금 제안서를 합리적이고, 사실적이며, 논리적인 용어로 쓰기보다 감정적이고 정치적인 이유에 근거해서 쓰는 경우가 너무 잦다. 보조금 제안서는 제안서의 필요성에 대한 설득력 있는 논의를 담고 있어야 하며, 프로그램을 수행해야 하는 강력한 증거를 제시하기 위해서는 기록된 자료가 포함되어 있어야 한다(특히 지역 통계자료). 더불어 보조금의 혜택을 받게 될 사람의 수를 명확히 제시하는 것도 보조금의 필요성에 대한 설득력 있는 사례가 된다는 점에서 도움이 될 수 있다.

프로그램의 목표

프로그램의 목표는 종종 **세부 목표**, **목표**, 또는 **목적**으로도 불리며, 측정할 수 있고 달성할 수 있는 것이어야 한다. 따라서 보여준다, 검사한다, 개발한다와 같은 활동 중심의 동사를 사용하는 것이 권장할 만하다. 목표는 모호하지 않고 명료해야 하며, 활동에 대한 설명보다는 결과를 알려주는 방식으로 진술될 필요가 있다. 목표는 프로그램의 방법을 정하는 기초가 되므로 신중하게 정해야 한다.

방법

방법에는 **어떤** 활동이, **누구에게**, **언제** 어떤 단계를 거쳐서, **어디에서**, **어떻게** 수행될 것인지에 대해 보조금을 주는 독자들이 명확한 그림을 가질 수 있도록, 어떤 전략을 통해 목표가 달성될 수 있는지가 포함되어야 한다. 이 부분은 분명하고 논리적으로 진술하며, 인력의 필요성을 설명하고, 실제적인 방식으로 쓴다. 이 부분은 보통 전체 제안서에서 가장 주의 깊게 읽는 장이다. 보조금 제안서는 제출해서 검토되는 많은 것들 중 한 가지일 뿐이므로, 보조금 심사자들의 기억에 남을 수 있도록 흥미로운 방식으로 쓰는 것이 도움이 된다. 전문적인 특수 용어를 사용하는 것은 종종 읽는 사람들을 혼란스럽게 하는데, 특히 이들이 특정 직업에서 사용하는 용어에 친숙하지 않은 경우는 더 그럴 수 있다.

평가

형성평가와 총괄평가 모두 누가 평가를 하는지, 어떻게 평가되는지, 그리고 평가 자료를 수집하는 방법에 대해 설명되어야 한다. 바람직하게 설계된 평가는 목표를 달성하는 데 어떤 프로그램이 어느 정도 효과적일 것인지를 알려 줄 수 있다. 다음 질문들은 평가를 설계하는 데 고려되어야 할 것들이다: (a) 프로그램이 목표를 달성했는가? (b) 프로그램이 설계된 대로 실행될 수 있는가? (c) 프로그램의 구성을 검토하는 데 고려할 필요가 있는 변수는 무엇인가?

예산

예산은 재정적인 용어로 기록된 운영에 대한 진술이다. 프로그램이 예산에 맞게 설계되어서는 안 되며, 예산이 프로그램에 맞게 설계되어야 한다. 예산은 정해진 목표를 반영하는 것이므로, 합리적이고, 정당하며, 오류가 없도록 세밀한 부분까지 주의가 요구된다. 예산의 중요한 구성요소로는 (a) 인적 구성원에 대한 상세한 급여 비율 구성 (b) 각 범주에 대한 정해진 부가적 혜택 (c) 출장 목적과 설명 등 출장 세부사항 (d) 정해진 모델번호의 장비가 특별히 요구되는 이유와 정당성을 입증하는 설명이 포함된다.

보조금 제안서가 채택되지 않는 이유로는 다음과 같은 것이 있다.

1. 지원서 작성 지침을 따르지 못함(심지어 서명이 빠진 신청서는 기각될 수 있다.)
2. 직원과 자격, 일정계획, 기술적인 문제에 관한 정보 또는 그 밖의 다른 정보 등과 같은 세부적인 요구사항을 반영하지 못함
3. 정보를 전달하는 데 사실보다 주장을 담고 있는 '현란한' 용어와 어구를 사용하는 것
4. 사업의 중요성을 '입증하기' 위해 인용과 참고문헌을 과도하게 사용해서 독창적으로 보이지 않게 되는 것
5. 효과적인 평가 양식이 부족하고 절차를 허술하게 제시하는 것

보조금은 학교상담자들이 학교의 구성원들에게 부가적인 서비스와 자료를 제공할 수 있는 유망한 방법이며, 학교상담자 프로그램을 촉진시킬 수 있는 훌륭한 자원이라고 할 수 있다.

요약

책무성에 대한 연구전략들이 갖는 이점은 중요한 의미가 있다. 연구와 실제는 서로를 보완해 주며, 이 둘은 모두 전문가의 전문적인 성장에 공헌한다. 상담자 개입과 프로그램의 결과가 문서화되고 홍보되지 않으면, 학교상담 프로그램은 계속해서 위기에 놓이게 될 것이다. 역사적으로 학교상담자들은 프로그램의 효과를 증명하는 자료를 제공하는 것을 게을리해 왔으며, 그로 인해 상담자의 역할에 대한 잘못된 생각과 더불어 학생의 학업 성취에 대한 상담자의 공헌에 대한 잘못된 이해를 낳게 되었다. 상담자들은 프로그램의 효과와 이러한 활동의 수행을 평가하는 사업과 방법을 정하는 데 있어 적극적인 역할을 해야 할 필요가 있다.

혼자 정보를 모으는 것으로는 충분하지 않다. 재원이 감소되고 있는 지금 시기는 어느 때보다도 효과성을 입증하는 것이 크게 요구되므로 상담자들은 구성원들에게 책무성 관련 정보가 중요하다는 것을 교육해야 한다. 이 장에서는 다양한 프로그램 구성원들에게 학교상담자의 역할에 대해 알릴 수 있도록 하기 위한 보조금 신청서를 포함한 홍보활동 전략에 대해 다루었다.

참고문헌

Allen, J. M. (2002). *Action-oriented research: Promoting school counselor advocacy and accountability.* Ann Arbor, MI: Eric Digests. (ERIC Document Reproduction Service No. ED347477)

Baker, S. (2000). *School counseling for the twenty-first century* (3rd ed.). Upper Saddle River, NJ: Merrill Prentice-Hall.

Bleur, J. (2000). *Assessing school counselor performance. In brief. An information digest from ERIC/CAPS.* Ann Arbor, MI: ERIC/CAPS Clearinghouse on Counseling and Personnel Services. (ERIC/CAPS ED260365)

Ciechalski, J. C., & Schmidt, M. W. (1995). The effects of social skills training on students with exceptionalities. *Elementary School Guidance & Counseling, 29,* 217-222.

Eastern High School Digital Portfolio. (n.d.). Retrieved September 24, 2003, from http://www.essentialschools.org/pub/ces_docs/resources/dp/eastern.html

Edmundson, J. H., & White, J. (1998). A tutorial and counseling program: Helping students at risk of dropping out of school. *Professional School Counseling journal, 1*, 43-47.

Fairchild, T. N., & Zins, J. E. (1986). Accountability practices of school counselors: A national survey. *Journal of Counseling and Development, 65*, 196-199.

Frith, G. H., & Clark, R. (1982). Evaluating elementary counseling programs: 10 common myths of practitioners. *Elementary School Guidance & Counseling, 17*, 49-51.

Gibson, R. L, & Mitchell, M. H. (1999). *Introduction to counseling and guidance* (5th ed.). Upper Saddle River, NJ: Merrill Prentice-Hall.

Gillies, R. M. (1993). Action research for school counselors. *The School Counselor, 41*, 69-72.

Gladding, S. T. (2000). *Counseling: A comprehensive profession* (94th ed.). Upper Saddle River, NJ: Merrill Prentice Hall.

Graduate Follow-Up Study (2002). Retrieved Sept. 24, 2003 from http://www.asdkl2.org/depts/assess_eval/gradsurvey/AppendixBIV.asp

Henderson, P., & Gysbers, N. C. (1998). *Leading and managing your school guidance program staff* Alexandria, VA: American Counseling Association.

Holcomb, T. F., & Niffenegger, P. B. (1992). Elementary school counselors: A plan for marketing their services under the new education reform. *Elementary School Guidance & Counseling, 27*, 56-63.

Hughes, D. K., & James, S. H. (2001). Using accountability data to protect a school counseling program: One counselor' s experience. *Professional School Counseling, 4*, 306-309.

Lee, C. C., & Workman, D.J. (1992). School counselors and research: Current status and future direction. *The School Counselor, 40*, 15-19.

Loesch, L. C. (2000). *Assessing counselor performance.* Highlights: An ERIC/CAPS Digest. Ann Arbor, MI: Clearinghouse on counseling and personnel services (ERIC/CAPS Digest No. ED304635).

McAuliffe, G., & Erikson, K. (2000). *Preparing counselors and therapists: Creating constructivist and developmental programs.* Virginia Beach: Donning Company.

Myrick, R. D. (1990). Retrospective measurement: An accountability tool. *Elementary School Guidance & Counseling, 25*, 21-29.

Rhyne-Winkler, M. C., & Wooten, H. R. (1996). The school counselor portfolio: Professional development and accountability. *The School Counselor, 44*, 146-150.

Schmidt, J. J. (1993). *Counseling in schools: Essential services and comprehensive programs*. Boston, MA: Allyn and Bacon.

Steigerwald, F. (1997). Portfolio development: Documenting the adventure. *Counseling Today*. Alexandria, VA: American Counseling Association.

The public relations professional. (n.d.). Retrieved July 26, 2003, from http://www.prsa.org

Whiston S. C. (1996). Accountability through action research: Research methods for practitioners. *Journal of Counseling & Development, 74*, 616-623.

Whiston, S. C. (2003). Outcome research on school counseling services. In B. T. Erford (Ed.), *Transforming the school counseling profession* (pp. 435-448). Upper Saddle River, NJ: Merrill Prentice-Hall.

Yarborough, J. L., & Thompson, C. L. (2002). Using single-participant research to assess counseling approaches on children' s off task behavior. *Professional School Counseling, 5*, 308-314.

Zinck, K., & Littrell, J. M. (2000). Action research shows group counseling effective with at-risk adolescent girls. *Professional School Counseling, 4*, 50-59.

| 제7장 |

진로발달에서 전문적인 학교상담자의 역할

Judith A. Sommers, Ph. D.
퇴직한 고등학교 상담가/Heidelberg 대학 부교수

최근의 사회변화는 진로발달에 대한 관심을 증가시켰다. 진로교육은 더 이상 대학을 갈 것인가 말 것인가를 결정하는 고등학교 고학년을 위한 것이 아니다. 우리 사회가 21세기로 변화해가고 컴퓨터 기술이 널리 보급됨에 따라 모든 문화와 모든 연령의 학생들의 진로발달에 있어 전문적인 학교 상담자의 역할이 매우 중요해졌다.

진로발달의 역사

산업혁명이 제조업에 많은 변화를 가져온 이래로, 산업혁명은 직업지도의 필요성에 촉매역할을 하였으며, 새로운 직업에 대한 요구를 낳게 하였다. 진로교육의 뿌리는 진로지도의 아버지라 불리는 Frank Parsons가 1908년 저서 『직업선택(Choosing a vocation』(1909)에서 **특성-요인 이론**의 기초를 제공하면서 발전되었다. 특성-요인 이론은 직업 선택이 적성, 능력, 재능, 흥미와 같은 개인의 특성을 기술, 요구되는 태도, 이용 가능한 기회, 교육적 요구사항들과 같은 직업 특성과 연결시키는 것이라고 설명한다. Parson의 이론에 따르면, 개인의 특성과 직업의 요인 간에 매칭이 잘 될수록 만족할 가능성이 높다.

의회에서 최초로 통과된 직업교육 법안은 직업교육을 확립하고 다른 진로교육 프로그램으로부터 학문적 교육과정뿐만 아니라 농업, 가사, 상업, 공업을 분리시킨 1917년 Smith-Hughes 법안(공법 64-347)이었다. 이 법안은 학생들과 교사 모두를 위한 별도의 프로그램과 조직의 발달을 유도하였다. 주정부는 Smith-Hughes 법안 하에 연방자금을 받기 전에 직업교육을 위한 주위원회를 설립해야만 했다.

대공황으로 재교육을 받거나 새로운 일을 찾는 이직자를 도울 필요가 생기면서 직업정보를 강조하던 데에서 개인의 특성 쪽으로 관심이 옮겨갔다. 1920년과 1930년 동안은 백인 남성을 위한 구직활동이 주 관심사였다. 1940년대에는 남자들이 제2차 세계대전에 참전함으로써 공식적으로 여자들이 남자들이 하는 일을 하게 되었다. 이것은 완전히 새로운 노동인력의 양상을 제시해 준 반면 자녀 양육과 아버지, 어머니의 역할과 같은 많은 새로운 사회적 딜레마를 야기하였다.

1950년대에는 러시아가 Sputnik I호를 발사한 이후 미국에 또 다른 관심사가 야기되었다. 미국의 정부 관료들은 미국이 교육, 특히 수학과 과학에서 뒤떨어지고 있음을 분명하게 알게 되었다. 1958년에 제정된 국방교육법(National Defence Education Act, NDEA)은 낮은 이자로 대학을 다닐 수 있도록 인센티브를 주었으며, 교직을 희망하는 학생들은 대출상환액을 줄여 주었다. 이 시기에 많은 학교들이 직업계획을 하는 고등학생들을 돕기 위한 생활지도 상담자를 고용하였다.

1960년과 1970년대에는 시민권과 여성운동 단체들이 소수민족에게도 가능한 직업의 기회가 동등하게 주어져야 할 필요를 강조하였다. 1990년에 미국장애인법(Americans with Disabilities Act, 공법 101-336)이 통과되었다. 이 법안은 장애를 가진 사람에게도 종교, 나이, 출생국가, 성, 피부색, 인종에 따라 사람들에게 제공되는 것과 비슷한 시민권리 보호권을 부여하였다. 이 법안은 장애인을 위한 동등한 기회를 보장하여 주었다.

1980년대 1990년대에는 많은 법률적인 변화들이 현재 알려져 있는 진로교육에 영향을 주었다. 1990년에 조지 부시 대통령 재임 기간 동안 교육 강령을 위한 미국 2000 목표(American 2000 Goal)의 일부로, 노동부 장관인 Elizabeth Dole은 직장에서의 역할을 책임질 젊은이들을 위한 위원회를 조직했다. 이 위원회는 필수기술 성취를 위한 장관위원회(Secretary' s Commission on Achieving Necessary Skills,

SCAN)로 불렸다. 1991년 SCAN의 보고서에서는 경쟁력 있는 직장에 들어가기 위한 기술이 부족하거나 진로지도를 거의 또는 전혀 받지 못한 세대의 학생들에 대해 자세히 기술했다. 이렇게 불충분한 준비로 인해 학교에서 직장으로 옮겨간 젊은이들은 노동시장, 실업 및 승진기회가 부족한 직업 장면에서 어려움을 겪었다.

SCAN 보고서에 따라, 그리고 광범위한 교육개혁의 일부로서, 학생들이 고임금직, 고기술직을 준비할 수 있게 하고, 폭넓은 진로기회를 제공해 주기 위한 학교-직업 기회 법안(School-to-Work Opportunities Act, 공법 103-239)이 통과되었다. 이 법안은 학생들이 학교에서 직장으로 옮겨갈 수 있도록 돕는 상담자들의 새로운 역할이 시작되는 신호가 되었다. School-to-Work 프로그램을 위한 연방보조금은 예산 삭감으로 인해 2001년 10월까지 단계적으로 폐지되었다.

1998년에 Carl Perkins의 직업기술 교육 개정안(Vocational-Technical Education Amendment, 공법 105-332)은 다음 장에 기술되는 예비공업학교와 같은 현재의 직업교육 프로그램에 대한 평가뿐만 아니라 자금지원과 프로그램에 대한 아이디어가 만들어지게 된 최초의 법률이었다. 1998년 노동력 투자 법안(Workforce Investment Act, WIA)(공법 105-220) 역시 의회에서 통과되었다. 이 법안은 연방차원의 고용, 성인교육, 재취업 프로그램을 재정비하여 성인과 젊은이들을 위한 교육적인 활동과 노동력 투자에 관한 'One-Stop' 시스템을 만들었다.

진로의 정의

진로발달을 정의하는 데 있어서 문제는, 어느 정도 겹치는 부분이 있기는 하지만 두 가지의 다른 관점이 존재한다는 것이다. 그 한 가지는 컴퓨터 기술과 노동시장 정보에 의해 강화된 노동력 개발과 직업탐색에 관한 관점이다. 이 관점은 사람들이 세계시장에서 국가 간의 첨예한 경쟁을 유지하는 방향으로 일을 하도록 준비시키는 경제성과 정치(placement)기능에 관한 것이다. 두 번째 관점은 일생 동안 일과 그 밖의 역할을 하는 인간의 전체적인 성장과 발달을 강조하는 진로와 인간발달에 초점을 둔 것이다. 두 가지 관점이 모두 필요하지만 전자의 경제적 관점이 더 많이 강조되고 있다(Heibert & Bezanson, 2000).

다음 정의는 인간의 성장 및 발달적 접근을 사용하는 두 번째 관점의 본질을 나타내고 있다. **진로**(career, http://www.careernet.state.md.us)는 사람들이 삶에서 취하게 되는 자신을 나타내는 역할과 일의 총제로 정의될 수 있다. **직무**(Jobs, http://www.careernet.state.md.us)란 특성에 있어 비슷한 작업환경 내에서 고용되는 것인 반면 **직업**(occupations)은 개인이 종사하는 일의 종류를 의미하는 작업환경 안에서의 비슷한 직무들의 총체이다. 직업은 한정되어 있으며 개인과는 독립적으로 존재한다.

또 다른 중요한 용어는 **진로발달**이다. 이것은 살아가는 동안 한 개인이 종사하는 일련의 일, 직업, 진로를 형성하는 심리적, 사회적, 경제적, 신체적 기회 요인들 간의 상호작용으로 정의된다(Zunker, 1997). 그것은 우리가 택하는 직무, 직업, 여가활동, 그리고 부업을 통해 나타난다. 그것은 우리가 모든 역할들 속에서 경험하는 것이며, 또 인간발달의 한 부분이다. Donald Super(1957b)에 따르면 진로발달은 일생동안 계속된다. **부업**(avocation)은 취미라든가 소일거리로 정의될 수 있다(*Encarta World English Dictionary*, 2003). 이것은 사람들에게 성취감과 만족감을 주는, 반드시 돈을 받을 필요가 없는 선택된 활동이다.

진로상담(Career counseling)은 어떤 사람이 무엇을 할 수 있는지, 무엇을 하고 싶어하는지, 그리고 무엇을 하려고 하는지에 초점을 맞춘 일대일의 과정이다. 진로상담(Krumboltz, 1996, p. 61)은 "각각의 내담자가 끊임없이 변화하는 직업환경 속에서 만족스러운 삶을 창조할 수 있도록 기술, 흥미, 신념, 가치, 일하는 습관, 개인적 자질을 배우도록 촉진하는 것이다."

Sam은 상담자와 약속을 하고 만났다. 그는 고등학교 상급생으로 자신의 미래 진로에 대해 결정을 해야 될 필요가 있음을 알고 있다. 많은 친구들은 이미 대학에 지원을 했지만 Sam은 4년제 대학에 진학해서 학위를 받고 싶어하지 않는다. 상담시간 동안 학교상담자는 Sam이 이전에 받았던 몇 가지 흥미와 능력검사 결과를 살펴본다. 상담자는 Sam이 즐길 수 있고 기술을 갖고 있는 활동과 과목에 대해서 이야기를 나눈다. 그들은 진로와 관련된 조건에 대해, 그리고 어떻게 진로를 결정할 것인가에 대해서도 논의한다. 다음 상담시간에 Sam은 자신이 사람들을 잘 다루는지, 과학을 좋아하는지, 그 과목에서 항상 좋은 점수를 받았는지를 알아본다. 상담자는 Sam이 근처 지역의 대학에 갈 수 있는지, 그리고 몇몇 가능한 의학 프로그램에서 단기대학졸업 학위(associate degree)를 받을 수 있는지를 탐색해 볼 수 있을 것이라고 제안한다. 상담자는 Sam을 위해서 지역대학 방문을 계획한다. 세 번째 상담시간에 Sam은 흥분해서 상담자에게 대학 방문과 공인된 간호 프로그램을 전공하기로 결심했음을 이야기한다.

진로 이론

Frank Parsons(1909)는 오늘날에도 여전히 많은 상담 분야에서 유용하게 활용되고 있는 특성-요인 이론을 발전시켰다. 초기에 도입된 특성-요인 이론에서는 현명한 직업선택은 개인의 특성과 직업의 특성을 맞추는 것으로 구성된다고 진술하고 있다. Parsons에 따르면 직업에 영향을 주는 요인에는 세 가지가 있다: (a) 태도, 적성, 흥미, 포부, 재능, 한계를 포함하는 자신에 대한 이해; (b) 여러 가지 일의 분야에서 요구되는 사항들과 성공의 조건, 장 · 단점, 보수와 기회, 전망에 대한 지식; (c) 직업 특성과 개인의 특성 사이의 관계에 대한 정확한 추론. 개인의 특성과 직업의 요구사항들이 잘 맞을수록 만족할 가능성이 높아진다.

특성-요인 이론은 다른 직업 이론이 발달되기 시작할 무렵인 1950년대에 매우 두드러졌는데, 이 이론은 오늘날에도 여전히 영향력이 있다. 연방정부는 미국노동부, 통계청을 통해 **직업전망 핸드북**(Occupational Outlook Handbook, OCH)(2000년 개정)과 **직업목록사전**(Dictionary of Occupational Titles, DOT)(1991년 개정)을 개발하였는데, 이것인 지금은 **직업정보망**(Occupational Information Network (O*Net)(2001)으로 대체되었다. 미 국방부는 **알파와 베타 검사**(Alpha and Beta Test)를 개발하였으며, 이는 후에 **군대 직업적성검사**(Armed Services Vocational Aptitude Battery, ASVAB)(1993년 개정)로 불렸다. 이 검사는 설계와 해석에서 특성-요인 이론을 사용한 것이었다. 이 검사는 원래 1차 세계대전 동안 육군에 징집할 수 있는 사람을 결정하기 위해 고안되었으나 오늘날에는 세계적으로 널리 사용되고 있다. 이것은 징집 목적뿐만 아니라 고등학생들이 자신의 진로 가능성에 대한 정보를 연결해 볼 수 있도록 돕는 도구로도 사용된다.

좀더 최근의 이론들은 흥미와 능력만을 고려하는 것이 아니라 가족배경, 개인 특성, 발달 단계, 가치, 사회적 조건, 의사결정 기술을 함께 고려한다. 많은 진로이론들이 있지만 이 장에서는 학교상담에 가장 많이 적용될 수 있는 진로 이론에 대해서만 논의한다.

이러한 이론가 중 한 명인 Roe(1956)는 1950년대에 연구를 시작했다. 그녀의 진로발달 이론은 두 가지 전제로 구성되어 있다: (a) 그녀의 이론은 Maslow의 욕구체계에 기반을 두고 있다. 즉 위계를 옮겨가기 위해서는 가장 낮은 단계의 욕구가 충족되어야 한다. (b) 직업선택은 어렸을 때 부모와 자녀와의 관계에서 생긴 성격의 결과다. Roe는 성격의 차이는 과잉보호, 거부, 민주적 양육과정에서 생겨났다는 것과 이러한 차이점은 궁극적으로 다른 사람들과 맺게 되는 상호작용과 관계가 있다고 결론지었다. 다음 연습에 설명된 진로 가계도(career genogram)는 학생 중심의 활동이다.

| 연습 |

이것은 진로발달과 관계 있는 가업(家業)에 학생들이 참여하도록 설계된 개인 활동이다. 학생들은 자신의 가계도를 만들고 가족의 직업 역사 속에서 나타나 있는 직업 가치에 대해 토론한다. 삶에서의 다른 역할도 나타내고 이에 대해 토론할 수 있다. 이 활동의 한계 가운데 하나는 한부모 가정에서 자란 학생이 있을 수 있다는 점이다.

자료와 준비

학생들은 신문용지, 자, 매직이 필요하다. 학생들에게 프로젝트/토론에 앞서 가족의 직업 역사에 대해서 알아 오게 한다.

활동

1. 준비물로 가족 구성원인 부모, 조부모, 삼촌, 숙모, 증조부에 대해서 가능한 한

많은 정보를 얻어 냄으로써 가족 구성원들이 종사해 온 직업에 관한 정보를 알아 오도록 한다.
2. 일주일 후에 학생들은 알아 온 직업정보를 사용하여 주어진 자료를 가지고 진로 가계도를 그리도록 한다.
3. 활동지를 완성한다.
4. 가계도와 활동지를 완성하고 나서 자기 가족의 직업 역사에 대해 알게 된 점을 설명하도록 한다.

토의

1. 학생들은 자신의 가족의 직업 역사에 대해 어떤 결론을 내릴 수 있는가?
2. 자신에게 어떤 판에 박힌 틀이나 주어진 한계가 있을 수 있다는 것을 확인할 수 있는가?
3. 가족들의 직업적 배경 때문에 생길 수 있는 문화적 이슈가 있는가?
4. 학생들은 가족의 직업 역사가 그들 자신의 직업발달에 어떻게 영향을 주었는지를 깨닫고 있는가?
5. 다른 가족 구성원으로부터 전해 내려온 것으로 보이는 특별한 직업적 가치가 있는가?
6. 학생들은 현재 및 미래의 직업과 삶 속에 계획된 역할과 관련되어 있는 가족의 직업 역사가 가지는 시사점을 도출해 낼 수 있는가?
7. 학생들은 역할관계, 여가활동, 직업과 그밖에 다른 삶의 역할에 대한 가족적 인식을 확인할 수 있는가?

가계도 활동지

다음 질문에 대해 가능한 한 모두 답하시오. 컴퓨터상에서 응답을 하면 종이 위에 바로 기록된다.

1. 당신의 부모님은 무엇을 모델로 살았었는가?
2. 당신의 조부모님은 무엇을 모델로 살았었는가?
3. 그분들은 자신의 역할을 행복해했는가?

4. 전해 받은 직업 가치는 무엇인가?
5. 당신이 가장 좋아하는 친척의 목록을 작성하고, 그 사람이 가지고 있는(또는 있었던) 직업 가치의 목록을 작성하시오.
6. 가장 싫어하는 친척의 목록을 작성하고 그 사람이 가지고 있는(있었던) 직업 가치의 목록을 작성하시오.
7. 당신의 직업 가치가 좋아하는(또는 싫어하는) 친척과 비슷한가(또는 다른가)?
8. 직업과 자신에 관해서 친척으로부터 전수받은 전형적인 것은 무엇인가? ■■

Roe는 책임감, 기술, 능력의 정도에 기초한 6단계와 8개의 직업군으로 구성된 진로분류체계를 발전시켰다. 이것은 8×6 메트릭스로 알려져 있다. 진로상담에 대한 Roe의 공헌은 진로발달에 영향을 미치는 아동기 초기의 경험에 주목한 것과 분류체제를 만든 것이다. **진로적성정치검사**(Career Aptitude Placement Survey, CAPS), **진로직업선호검사**(Career Occupational Preference Surve, COPS), **진로성향정치와 평가조사**(Career Orientation Placement and Evaluation Survey, COPES) (EDITS, 1996)는 Roe의 메트릭스를 이용하여 만들어진 모형이다.

또 다른 중요한 진로 이론가는 John Holland(1985)이다. Holland는 개인은 유전과 환경의 산물이라고 가정하였다. 홀랜드는 6가지 직업적 환경과 매치되는 개인의 여섯 가지 성향이 있다고 보았다. 이 6가지 유형은 현실적, 탐색적, 예술적, 사회적, 기업적, 인습적인 유형을 포함한다. Holland 이론은 4가지 가정을 강조한다: (a) 우리 문화권의 대부분의 사람들은 R, I, A, S, E, C의 범주로 나눌 수 있다. (b) R, I, A, S, E, C라는 여섯 종류의 환경이 있다. (c) 사람들은 자신의 기술과 능력을 발휘하고 태도와 가치관을 표현할 수 있고 자신에게 적당한 문제와 역할을 담당할 수 있는 직업 환경을 찾는다. (d) 사람들의 행동은 환경의 특성과 성격 특성 간의 상호작용에 의해 결정된다. Holland의 육각형 모델은 개인의 성격 유형과 직업적 환경 간의 상관의 상호작용을 시각적으로 나타내 주고 있다. Holland의 6가지 성격 유형과 관계가 있는 이 활동은 'The Party' 라고 불린다. 이 활동은 중 · 고등학생들에게 적용될 수 있으며, 성격과 진로 간의 상호 관계를 보여준다.

자기보고검사(Self-Directed Searh)(1994)는 Holland 이론에서 산출된 진로평가 도구이다. **스트롱 흥미검사**(Strong Interest Inventory)(Consulting Psychologists Press, INc., 1994)처럼 어떤 진로를 선호하는지를 결정하는 기초로서 Holland의 6가지 개인 유형을 사용한 다른 평가들이 많이 있다.

1950년대의 초반 동안은 다른 진로 이론들이 등장했다. Eli Ginzberg와 동료 Ginsburg, Axelrad, Herma(1951)는 직업선택에 영향을 주는 4가지 요인이 있다고 보았다: (a) 가치(다른 가치는 다른 진로를 갖게 한다) (b) 정서적 요인(환경에 대한 개인의 반응) (c) 교육 수준과 종류 (d) 환경적 압력에 따른 현실.

Ginzberg와 그의 동료들(1951)은 직업선택 과정을 환상기, 잠정기, 현실기의 3단계로 특징지었다. Ginzberg에 의하면 **환상기**는 태어나서 약 11세까지이다. 아이는 보통 어떤 직업을 갖는 데 요구되는 사항들에 대한 개념 없이 비현실적인 선택을 한다. **잠정기**(11~17세)에는 성숙해지고 자각하는 단계이다. 이 단계에서 인간은 특수한 흥미와 능력을 확인하기 시작하고, 선택에 영향을 주는 가치의 중요성을 깨닫기 시작한다. 마지막 **현실기**(17세에서 성인)에서는 선택이 이루어지고 선택한 것을 이행하는 단계이다. 타협하는 것이 일반적인 것이다.

1984년에 이 이론은 약간의 변화를 겪게 된다. 세 명의 동료가 모두 죽은 후 Eli Ginzberg(1984)는 가치 지향이 진로탐색에서 중요한 역할을 한다는 것을 지적함으로써 이 이론에서 독점적 공로를 세운다. 이 이론의 시사점은 전문적인 학교 상담자가 학생을 상담할 때 진로결정 과정의 한 부분으로 개인의 가치가 탐색되어야 한다고 한 것이다. Ginzberg의 **직업가치 이론**의 한 예를 다음 연습에 설명된 'Survivor' 라는 활동을 통해 볼 수 있다.

| 연습 |

'Survivor' 라는 활동은 학생들에게 자신이 가지고 있는 가치를 인식하고 그 가치를 다른 사람들과 나누게 하는 그룹 활동이다. 이 활동은 약 30분 정도의 시간이 걸린다.

자료와 준비

학생들은 한 가지 이상의 진로에 대해서 직무에 대한 설명을 써 와야 한다.

활동

1. 모든 참여자가 일어서도록 한다.
2. 이제 어떤 직업에 대한 설명을 듣게 될 것이라고 이야기해 준다. 한 번에 한 가지씩 직무에 대한 설명을 읽어 주기 시작한다.
3. 학생들은 설명을 들으면서 그 일을 하고 싶지 않다는 마음이 들면 자리에 앉는다.
4. 일에 대한 설명이 전부 끝날 때까지 서 있는 학생들에게는 그 일이 무엇이라고 생각하는지 묻는다. 앉아 있는 학생들 역시 왜 앉기로 결심했는지 말해 보게 한다.
5. 그 일이 무엇이라고 생각하는지 이야기하도록 한다(예를 들면 라스베가스 카지노의 블랙잭 딜러).

토론

1. 학생들은 결정을 하기 위해 어떤 사고과정을 거쳤는가?
2. 어떤 가치 때문에 앉기로 결심하였는가?
3. 학생들은 대안이 없이 제한된 정보가 주어진 데 대해 어떻게 느꼈는가?
4. 앉기로 결심했을 때 학생들은 어떻게 느꼈는가?
5. 그 일이 무엇인지 파악할 때까지 서 있기로 선택한 학생들은 어떻게 느꼈는가?
6. 진로결정 과정에서 가치는 왜 중요한가?

직업 설명의 예

1. 일 년에 연봉 4만 달러 이상을 받는다.
2. 안락하고 아름다운 환경에서 일한다.
3. 덥고 건조한 기후 속에서 산다.
4. 다른 사람들과 같이 한다.
5. 상사가 있다.
6. 6시간 일하고 교대하며, 일주일에 6일 일한다.
7. 저녁 8시부터 새벽 2시까지 일한다.

8. 불평불만이 많이 들어온다.
9. 거의 내내 서서 일한다.
10. 어떤 사람들은 그 일이 비도덕적이라고 생각한다.

주: University of Louisville Faculty Guide for Gen 101, 1996-97을 개작한 것임.

Donald Super(1957a)는 발달 단계에 대해 논의한 또 다른 진로 이론가이다. 직업 발달에 대한 그의 이론은 네 가지 요소에 초점을 맞추었다: (a) 사람들은 인생의 단계를 거친다. (b) 직업적 과제가 숙달되어야 한다. (c) 직업선택의 근본적인 측면은 자아 개념이며, 자아 개념은 직업선택으로 전환된다. (d) 진로수준과 같은 진로 유형과 심리적, 생리적 속성 및 환경조건이 일의 계열성과 지속기간을 결정한다. Super에 따르면 생애 주기에 **대순환**(maxi-cycle)의 5가지 **발달 단계**가 있다고 한다. 이 단계들은 성장기, 탐색기, 확립기, 유지기, 쇠퇴기를 포함한다. 각각의 단계 안에는 **소순환**(mini-cycle)이 있다. Super는 진로선택이란 영속적인 선택이 아니라 누적된 과거 결정들의 결과라고 지적했다. 그의 모형은 '무지개 모형(rainbow model)'이라 불린다.

John Krumboltz(1979)는 특성-요인 이론에 이의를 제기하며 진로발달에 대한 사회 학습적 접근을 개발하였다. Krumboltz에 따르면 특성-요인 이론은 감정, 태도, 가치를 완전히 무시한 이론이다. 진로상담이 효과적이려면 특성-요인 이론에서 벗어나야 한다. Krumboltz는 네 가지 명제를 개발하였다: (a) 강화를 많이 받을수록 특정 직업에 더 많이 들어가게 될 것이다. (b) 역할모델이 선택에 영향을 준다. (c) 중요한 사람이 특정 진로에 대한 이로운 점을 지적해 준다. (d) 개인은 특정 진로에 관련된 긍정적인 이야기들을 접하는 경우 그 직업에서 성공하게 될 것이다. Krumboltz는 그의 이론을 지지하는 세 가지 학습원리를 발전시켰다: (a) 도구적—보상과 처벌이 있다. (b) 연합적—사람들은 연합에 의해 배운다. (c) 대리학습—직업선택은 개인마다 다른 몇 가지 요인에 의해 영향을 받는다. Krumboltz는 진로신념은 성격적 요소와 무관하다고 이론화하였으며, 이러한 내용을 담은 **진로신념검사**(Career Beliefs Inventory)(1997)를 개발하였다. Krumboltz의 검사는 "나는 현재의 기술 수준을 유지하는 데 만족한다." 또는 "진로문제가 생기면 그것을 해결할 조치를 취하고 싶다."와 같은 진술문을 포함하고 있다. 평가도구는 자신과 직업세계에 대한 개인의 신념을 조사한다. 다음 활동은 잘못된 신념을 가지고 있는 학생들을 도와준다.

| 연습 |

'잘못된 신념(Faculty Beliefs)' 이라는 활동에서 토론의 리더는 학급을 대상으로 다음의 예를 주고 이러한 시나리오에 대해 토론을 해 보게 한다. 이 활동의 목적은 학생들이 잘못된 신념이 적절한 진로결정을 하는 데 방해가 된다는 것을 이해하도록 돕는 것이다.

1. 잘못된 일반화를 하는 것: "이 수학문제를 이해하지 못하는 사람은 나밖에 없다."
2. 한 가지 기준으로 자기 비교를 하는 것: "나는 Michael Jordan만큼 잘 하지 못한다."
3. 결과의 감정적 영향을 과장하는 것: "만약 A를 받지 못한다면 나는 죽어야 한다."
4. 잘못된 인과 관계를 끌어내는 것: "출세하기 위해서는 반드시 바로 그 때, 바로 그 장소에 있어야 한다."
5. 관련된 사실들을 무시하는 것: "모든 고등학교 교사들은 돈을 많이 번다."
6. 가능성이 낮은 사건에 과도한 무게를 두는 것: "졸업할 때 직업을 얻을 수 없을 것이기 때문에 나는 대학에 가지 않을 것이다." ■■

21세기에 들어서면서 새로운 진로 이론이 출현했다. **사회인지적 진로 이론**(Social Cognitive Career Theory, SCCT)(Brown & Lent, 1996; Lent, Brown, & Hackett, 1996)은 인지적인 요인이 진로발달과 진로결정에 매우 중요하다는 초기의 가정에 기초하고 있다. 이 이론은 Krumboltz(1979)의 사회학습 이론과 밀접한 관련이 있다. 흥미탐색을 촉진하기 위해 Brown과 Lent(1996)에 의하여 사용된 한 가지 방법 가운데 카드를 배열하는 방법이 있는데, 다음 연습에서 설명한다.

| 연습 |

학생들에게 카드 한 장에 한 개의 직업이 쓰여 있는 카드 뭉치를 나누어 준다. 학생들에게 가장 선택하고 싶은 직업이 들어 있는 카드가 가장 위에 오도록 하고 점차 선택하고 싶지 않은 직업이 들어있는 카드 순으로 정렬하게 한다. 이렇게 모든 카드의 배열이 끝나면 가장 선택하고 싶은 직업들을 살펴보면서 자신이 선택하고 싶은 그런 진로에 필요한 적절한 기술(자기-효능 신념)을 가지고 있는지, 그리고 선택하고 싶은 진로들이 자신에게 가치 있는 것(성과 기대)을 제공해 줄 수 있는지 확인하게 한다. 그러고 나서 남아있는 진로에 대해서 조사해 보도록 한다.

또 다른 새로운 이론은 **인지적 정보처리 과정**(Cognitive Information Processing, CIP) 접근(Peterson, Sampson, Reardon, & Lenz, 1996)이며, 이것은 자기-효능감, 성과 기대, 목표와 흥미 간의 관계를 강조한다. Peterson과 동료들(p. 436)에 의하면, 학생들은 스스로에게 두 가지를 묻는다: "나는 이 순간에 나의 진로선택에 대하여 어떤 생각을 하고 어떻게 느끼는가?" 와 "진로상담의 결과로서 내가 얻기를 희망하는 것은 무엇인가?" 일단 학생들이 자신에게 진로 문제가 있다는 것을 인식하게 되면, 그들은 가능한 한 보다 많은 자기 평가와 부가적인 자원을 사용하고, 더 많은 정보를 얻음으로써 문제를 해결하기 위해 작업하게 된다.

세 번째 새로운 이론은 Hansen(1997)의 것으로, **통합적인 인생-계획 모형**(integrative Life-Planning Model, ILP)으로 불린다. 이 모형은 Super의 생애 주기 이론과 유사하지만 좀더 전체적인 접근방법이며, 심리학, 사회학, 경제학, 다문화주의와 구성주의에 기반을 두고 있다. 통합적인 인생-계획 모형은 연결성과 전체성을 강조하는 생애 계획에 대한 접근법을 가르치는 데 가장 유용한 것으로 보인다. 이 모형은 타인과 환경에 대한 진로 선택의 영향뿐만 아니라 영성을 진로발달 과정의 부분에 포함시키고 있는 소수의 모형 중의 하나이다.

최근에 생겨난 이러한 진로 이론들은 이전의 진로발달 이론들 사이의 많은 간격을 채워 주고 있다. 많은 현대 이론가들에 의해 보다 심도 있는 연구들이 수행될 필요가 있기는 하지만, 최신의 진로발달 이론들이 모든 집단과 관련된 진로발달을 보다 분명하게 정의할 수 있을 것으로 기대되는 것은 확실하다. 이러한 새로운 진로이론은 현대 사회의 학령기 청소년들을 상담해야 하는 전문적인 학교상담자들에게도 매우 중요하다.

진로평가

많은 진로 이론가들은 자신들의 특정한 진로 이론의 결과물로서 평가도구를 개발하였다. **진로직업선호 체계**(Career Occupational Preference System, EDITS)(1996)에는 흥미검사인 **진로직업선호 검사**(Career Occupational Preference Survey, COPS), **적성검사인 진로적성정치 검사**(Career Aptitude Placement Survey, CAPS), 직업가치검사인 **진로성향 및 정치평가 검사**(Orientation and Placement Evaluation Survey, COPES)가 포함되어 있으며, 이것은 Ann Roe의 8×6 매트릭스의 영향을 받아 고안된 것이다.

Michael은 고등학교 2학년생으로 자신의 미래에 대해 의논하기 위해 상담자와 약속을 하였다. Michael은 고등학교를 졸업한 후에 무엇을 할 것인가에 대하여 거의 확신하지 못하고 있다. 어느 정도 의논을 한 후에 상담자는 Michael의 흥미, 가치, 적성이 어디에 있는지를 알아 보기 위해 몇 가지 평가를 받도록 제안한다. 상담자는 COPS 시스템을 Michael에게 적용하였으며 그것은 몇 가지 흥미, 가치, 능력 평가들로 구성되어 있다. 이러한 평가가 끝난 후에 상담자는 Michael을 다시 만나서 이러한 개별검사 결과에 대해 논의하고 공통된 양상을 살펴보았다. 결과는 Michael이 과학과 기술에 흥미가 많으며, 이와 관련된 적성이 매우 높고, 과학 직업분야의 진로에 가치를 두고 있음을 보여주었다. 그래서 상담자는 Michael이 COPS 시스템에서 제안된 일부 진로에 대해 좀더 탐색해 볼 것을 제안하였다. 특히 Michael의 직업가치에 대해서도 논의해 볼 수 있다. Michael과의 그 다음 만남에서 상담자는 Michael이 과학에 관련된 직업에 종사하는 사람들을 면담하여 이러한 직업이 흥미롭게 여겨지는지 알아 보라고 제안할 수 있다. 또 Michael은 실제로 그들이 하는 일이 무엇인지를 알 수 있도록 몇몇 과학 전문가들을 따라다녀 볼 수 있다. 또 다른 회기에서 상담자는 Michael에게 도움이 되는 정보를 제공해 주는 웹사이트를 찾아 보도록 도와줄 수 있다. 만약 과학 분야에 대한 Michael의 흥미가 지속되는 경우, 그는 가장 많은 관심을 가지는 영역의 과학을 전공할 수 있는 대학에 갈 필요성을 느끼게 될 것이다. 다음 회기에서 상담자는 Michael과 부모를 만나 그들이 가지고 있을 수 있는 또 다른 어떤 문제들에 대해 답해 줄 수 있을 것이다.

또 다른 진로 이론가인 John Holland는 **자기보고검사**(Self-Directed Search)(1994)를 개발하였으며, 이는 오늘날 널리 사용되고 있다. **Strong 흥미검사**(Consulting Psychologists Press, 1994), **Campbell 흥미와 기술 검사**(Campbell, 1996), 그리고 **군대직업적성 바테리 검사**(U.S. Department of Defense, 1993)의 해석 가이드는 개인의 진로 흥미를 평가할 때 Holland의 여섯 가지 성격유형 모델을 사용한다. **Harrington O'Shea의 진로의사결정 체계**(Career Decision-Making System) (Harington & O' Shea, 2000년 개정)는 고등학생에게 적절한 흥미 평가도구이다. 초등학생과 중학생을 위한 흥미 평가도구로는 **E-WOW**(Explore the world of work)(1991), **Job-O**(Cutler, Ferry, Kauk, & Robinett(1994)와 **Career Game**(2000)이 있다.

흥미와 성격 평가와 더불어 학생들의 진로결정과 관계가 있는 특수능력을 결정하는 데 유용한 여러 가지 능력검사가 있다. 능력 평가의 예로 **군대직업적성 바테리**(Armed Services Vocational Aptitude Battery)(U.S. Department of Defense, 1993), **일반적성검사 바테리**(General Aptitude Test Battery)(U.S. Department of Labor, 1979)와 **특수적성검사 바테리**(Differential Aptitude Test Battery)(Bennett, Seashore, & Wesman, 1982)가 있다.

진로 가능성에 대한 개인상담에서 도움이 되는 유용한 많은 성격 평가도구도 있다. 이러한 도구에는 **Myers-Briggs Type Indicator**(Myers & Myers, 1993), **Kiersey의 기질분류검사**(Temperament Sorter II)(Kiersey, 1998), **개인유형검사**(Personal Style Inventory)(Taggart & Taggart-Hausladen, 1993) 등이 있다. 국가진로발달협회(Kapes & Whitfield, 2002)는 주 도구에 대한 50개 이상의 광범한 논평들과 부가도구들에 대해 250개의 주석을 제공하고 있는 지침서를 출판하고 있다. 개인상담에 있어서 매우 가치가 있는 것으로 분명하게 인정된 '카드분류'와 같은 활동이 포함되어 있는 유용한 직업 평가도구들이 많이 있다. 이러한 검사들은 이 책의 참고문헌에 제시되어 있다.

공학

컴퓨터 공학의 발달로 풍부한 진로정보를 담고 있는 많은 컴퓨터 소프트웨어 패키지가 나왔다. 학생과 일반 대중뿐만 아니라 상담자들도 진로 정보에 접근할 수 있으며, 관심 있는 검사를 할 수 있고, 개인의 필요에 어떤 진로가 적합한지를 결정하고, 다양한 직업에서 요구하는 조건을 위한 훈련을 제공하는 교육기관을 찾을 수 있으며, 재정적 도움을 줄 수 있는 자원의 목록을 알아내고, 이력서를 작성하고 면접을 보는 방법까지도 배울 수 있다. 이런 많은 소프트웨어 프로그램들은 개인이 어떤 진로 영역에서 교육기관의 웹사이트로 들어가서 온라인상에서 기관에 지원할 수 있도록 진로정보와 교육기관 사이를 이어 주는 역할을 하고 있다.

국가 전반에 걸쳐 학교 시스템에서 사용되고 있는 몇 가지 컴퓨터 소프트웨어 시스템이 있다. 다음 절에는 이러한 광범위한 프로그램 몇 가지가 요약 설명되어 있다. 컴퓨터 소프트웨어 패키지에 대한 많은 정보는 학생들 교재의 참고부분에 나와 있다.

Discover(ACT, 1998)는 포괄적인 진로 및 교육 컴퓨터와 소프트웨어 패키지로서 '미국 대학 테스트 프로그램'에 의해 출판되었다. 이 시스템에는 진로, 진로 검사, 자신, 그리고 주된 훈련 기관에 대한 정보가 들어 있다. 또한 이러한 전산화된 시스템은 개인의 진로 계획, 이직, 자신의 고유한 성격에 맞는 직업을 찾도록 도와준다.

정보안내 시스템(Guidance Information System, GIS)(2002)은 1,450여 개의 직업에 대한 정보를 담고 있다; 3,400명 이상의 2, 4학년 대학생과 다른 훈련기관들; 650개의 국가재정보조 자원들; 200개의 군대 관련 직업들을 담고 있으며, 개인의 적성과 흥미를 직업특성과 연결짓는 데에도 사용될 수 있다.

진로정보 시스템(Career Information System, CIS)(2003)은 개인의 적성, 홍미, 그

리고 원하는 봉급과 같은 특정한 진로 취향에 대한 조사로 시작된다. 개인들의 반응을 기초로 하여, 좀더 탐색될 수 있는 직업 목록이 구성된다. 이러한 소프트웨어 패키지는 부가적으로 직업을 준비하는 방법, 좀더 상세한 조사를 제공하고 있는 출판사, 그리고 학부 이상의 프로그램과 대학의 목록을 제공하고 있다.

상호적 안내 및 정보 시스템(System of Interactive Guidance and Information, SIGI Plus)(Educational Testing Service, 1994)은 효율적인 진로결정을 하기 위해서는 자신의 가치에 대해 알 필요가 있다는 생각에 기초하고 있다. SIGI Plus는 서론, 자기 평가, 직업 조사, 진로 정보, 기술 척도, 준비, 대처방법 의사결정 전략, 그리고 그 다음 단계의 아홉 부분으로 구성된다.

또 다른 진로 소프트웨어 프로그램으로는 **교육 및 진로 기회 시스템**(Educational and Career Opportunities System, ECOS)(Princeton Review Publishing, 2002)이 있다. 이 프로그램은 학생과 부모가 접근할 수 있는 고유한 웹사이트를 가지고 있다. 이 사이트는 학생들에게 유용한 요소들과 더불어 학교 상담자의 진로발달 노력을 지원하는 정보를 포함하고 있다.

직업 정보는 인터넷상이나 인터넷에서 가장 대중적인 월드 와이드 웹(World Wide Web, www)에서 유용성이 증대되고 있다. 인터넷상에서의 대부분의 진로 사이트는 직업 홍보, 이력서, 개인 회사에 대한 조사에 관심을 두고 있다. 그러나 많은 온라인 사이트는 현재 미국 노동부(2000)에서 온라인으로 출간한 **직업전망 핸드북**(Occupational Outlook Handbook)과 같은 좋은 직업 정보를 제공하고 있으며, **직업정보 네트워크**(Occupational Information Network, O★Net)(2001)도 상담자가 학생들과 함께 사용할 수 있는 귀중한 데이터베이스이다.

또 다른 웹사이트는 '직업 체험의 날(Job Shadow Day)'과 같은 국가적 프로그램에 관한 정보를 제공하고 있다. 부가적인 웹사이트는 온라인에서 할 수 있는 흥미검사들을 제공하고 있다. 이들 흥미검사 중 일부는 검사료를 내야 한다. 또한 주마다 그 주 안에서 유용한 직업 광고뿐만 아니라 직업 정보를 제공한다.

고등학교 2학년인 Isabella는 진로 가능성에 대한 정보를 찾기 위해 상담자를 만난다. 상담자는 Isabella가 학교에서 쓸 수 있는 컴퓨터 소프트웨어 프로그램을 사용하는 방법을 설명한다. 이 프로그램은 학생에게 직업의 종류에 대해 알려줄 뿐만 아니라 학생이 흥미검사 결과를 입력하면 부가적인 진로 정보를 제공한다. 이와 더불어 학교 상담자는 Isabella에게 전국적인 성촉절 행사(Groundhog Shadow Day)와 연계하여 학교에서 2월에 '진로체험의 날(Career Shadow Day)' 행사가 있을 것이라고 설명해 준다. 그는 Isabella에게 이번 기회에 참여하도록 제안한다. 상담자는 더 나아가 Isabella의 부모님도 그녀의 미래에 관심이 있으므로 부모님이 컴퓨터 공학에 관심을 가질 수 있도록 제안한다. 추수회기에서는 Isabella가 컴퓨터 소프트웨어 프로그램을 사용해 본 후에 자신의 진로 선택에 대해 논의하기로 계획한다.

공학은 개인이 서로 떨어진 곳에 있으면서도 다른 장소에 있는 사람들과 듣고, 말하고, 볼 수 있게 하는 상호작용 **비디오 원거리 학습**(interactive video distance learning, IVDL)으로도 또 다르게 활용되고 있다. 진로 교육의 견지에서 볼 때 이러한 새로운 기술은 영상회의, 전문적인 특수 분야를 공유하는 국가 간 진로 정보뿐만 아니라 직업 면접, 그리고 대학 수준의 진로 수업까지도 가능하게 한다.

학교 진로교육 프로그램 모형

진로발달은 유치원에서부터 고등학교까지 전체 학교 교육과정의 통합된 부분으로 진행될 필요가 있다. 미국학교상담자협회(American School Counselor Association, ASCA)의 학교상담 프로그램 국가 표준(National Standards for School Counseling Programs)(1998, p. 11)에 따르면 "진로발달에 관한 기준은 학교상담 프로그램이 학생들에게 일에 대한 긍정적인 태도를 갖게 하고 생애 전반에 걸쳐 학교에서 직업 세계로, 한 직업에서 다른 직업으로 성공적으로 옮겨가기 위해 필요한 기술을 익힐 수 있도록 지지하고 도와 주는 전략과 활동들을 수행할 수 있도록 안내해 준다." ASCA 국가 표준에 의해 개발된 세 가지 진로 기준은 다음과 같다.

기준 A: 학생들은 자신에 대한 이해와 관련하여 직업 세계를 탐색하고 정보화된 진로결정을 할 수 있는 기술을 획득한다.
기준 B: 학생들은 미래의 진로성공과 만족을 얻을 수 있는 전략을 세우게 된다.
기준 C: 학생들은 개인의 특성, 교육, 훈련 및 직업 세계 간의 관계를 이해하게 된다.

현재는 운영되지 않고 있지만 국가직업정보조정위원회(National Occupational Information Coordinating Committee, NOICC)(1992)는 진로 단계와 학년 수준에 따라 진로발달의 영역을 정하였다. 학교 장면에서 사용될 수 있는 진로교육 프로그램 모형에는 다음과 같은 목적과 목표, 전략들이 포함될 수 있다.

K-5학년 진로 동기와 인식

진로 동기는 성취, 다양한 흥미, 일의 존엄성에 대한 인식, 자기 가치감과 과제 완수에 대한 긍정적인 태도에 대한 자긍심을 발달시킨다. 이런 목표를 달성하기 위해 학생들에게는 다음과 같은 것이 요구된다.

1. 자신과 다른 사람들과의 관계에 대한 긍정적인 태도를 인식하고 발달시키기
2. 우리 사회 직업의 모든 수준과 유형 이해하기
3. 일이 하나의 생활양식이며, 자유 경쟁체제에서 필수요소임에 대한 인식 발달시키기
4. 적절한 일의 습관과 태도 기르기
5. 꼭 필요한 의사결정 기술 발달시키기

이를 위해 수행될 수 있는 전략과 활동으로는 다음과 같은 것이 있다.

- 안전하고 구조화된 학교환경
- 가족과 지역사회, 학교의 강한 파트너십
- 진로에 관련된 현장 답사
- 지역사회 인사들
- 학교 상황에서의 기획활동

- 모든 주제 영역을 사용한 통합된 진로 육성 교육과정
- 학년에 맞는 진로검사를 통한 학생들의 흥미, 기술, 재능 파악하기
- 지역사회 자원봉사자 서비스
- 부모나 다른 사람들과 함께 하는 직업 따라해 보기
- 학급 내 학부모의 활용
- 건강, 적응력, 팀워크, 협동심을 기르는 것
- Kids and the Power of Work(KAPOW)와 같은 프로그램에 참가하기
- 비전통적인 진로와 평등성을 살펴보기

6~8학년 진로성향과 탐색

진로 성향과 탐색의 목적은 유용한 직업, 다양한 근로자들의 특징, 학교의 교과목과 직업분야의 관련성, 자기 평가 등의 광범위한 영역을 강조하는 것이다. 이러한 목적을 이루기 위한 세부 목표는 다음과 같다.

1. 공학적 사회에서 개인으로서의 중요성을 이해하고 사회의 생산적인 일원으로 참여하도록 동기부여된다.
2. 자신의 흥미, 적성, 능력을 평가한다.
3. 정규교육과 직업적인 요구 사이의 관계를 이해한다.
4. 직업 세계의 범위와 특성에 대해 인식한다.

이러한 목표를 이루기 위한 방법과 활동은 다음과 같다.

- 직업 따라하기, 단기 견습, 목표 분야 방문, 진로 조사, 진로 인터뷰, 기업 프로젝트를 통한 진로 탐색
- 진로 포트폴리오
- 개인 평가와 개인적 탐색
- 직업 개념과 진로인식을 강조하는 모든 과목을 활용한 통합 교과과정
- 개인상담
- 학급에서 학부모의 활용

- 지역 자원봉사 서비스
- 그룹 역동, 조직력, 리더십 기술
- 개인의 욕구와 학습 스타일에 맞는 적합한 학습과 교수 전략
- 문제해결, 의사결정, 목표설정과 대화 기술을 위한 교육
- 진로흥미와 적성과 일치하는 9~12학년을 대상으로 한 일련의 시험적 과정 계획

9~12학년 진로계획과 준비

계획과 준비 단계의 고등학생을 위한 진로교육의 목적은 실제 직업경험을 하고, 의사결정을 매우 중시하면서 가치와 흥미를 분류하고, 머지않아 있을 채용이나 추후의 교육을 준비하는 것이다. 이 단계의 학생들은

1. 적절한 진로태도와 고용 능력 기술을 발달시킨다.
2. 진로 흥미와 적성에 기초한 공부과정을 적절히 선택한다.
3. 다양한 직업 선택기회를 탐색한다.
4. 지속적인 직업탐색과 진로의사결정을 위한 계획된 활동에 참가한다.
5. 고등학교에서 중등과정 후의 교육 및 다른 훈련, 또는 고용으로의 이행을 위한 최신의 정확한 정보를 준비하는 것이 중요함을 이해한다.

이러한 목적을 달성하기 위해 사용될 수 있는 전략과 활동은 다음과 같다.

- 인턴십
- 멘토링
- 수습기간
- 근로경험
- 직업 프로그램
- 기술 준비 프로그램
- 지역사회 자원봉사
- 목표설정, 장기계획 세미나
- 진로 포트폴리오

- 직업을 얻고 유지하고 대처하는 기술 숙련
- 문제해결과 실생활에 기초한 활동
- 공학기술의 사용
- 교육과정 통합
- 평가와 조사
- 부모와 지역사회 구성원의 활용
- 학생들을 위한 충고자/멘토 기회의 제공
- 노동시장과 직업 세계의 동향에 관한 포괄적인 정보에 대한 접근

고등학생을 위한 프로그램 전략 중의 하나는 'tech prep' 이며, 이것은 학생들이 학업이나 직업 기술을 익히도록 한 연방정부 최초의 프로그램(School-to-Work Opportunities Act, 1994)이다. 이 프로그램은 '소외된 다수' 를 목표로 하고 있으나 적용된 교수방법뿐만 아니라 촉진적인 교육과정을 통해 학생 중심적이고 참여적이며, 상황에 맞는 학습 환경을 창조함으로써 모든 학생들을 참여시킨다. 이 프로그램의 의도는 진로인식을 확장하고 진로 계획 활동을 제공하면서 학업과 직업교육과정을 통합하려는 것이다. 또한 tech prep 프로그램은 지역 대학 프로그램에 참여할 기회를 제공할 뿐만 아니라 교실과 직업 장면을 연결하는 기회를 제공한다.

학교와 일터를 연결하는 또 다른 프로그램은 1987년에 남부지역 교육위원회(SREB)에 의해 개발된 High Schools That Work(HSTW)이다. HSTW는 학교가 학생들이 성공하기 위해 노력하도록 격려하는 환경을 만들어 준다면 대부분의 학생들이 복잡한 학업적, 기술적 개념을 배울 수 있다는 신념에 기초하고 있다. SREB의 연구는 고등학생들이 학교 수업이 진로와 얼마나 관련되어 있는지를 이해하고 동기를 갖고 도전하는 경우 중퇴율이 증가하지 않고 90% 이상의 학생이 엄격한 학업과 기술 프로그램을 마칠 수 있음을 보여 준다.

HSTW 프로그램은 두 가지 주요한 목표를 갖고 있다: 진로경계에 놓여 있는 학생들의 수학, 과학, 의사소통, 문제해결, 기술 습득, 지식의 적용력을 전국 평균에 이르도록 증가시키는 것과 중요한 활동들을 수행할 수 있도록 학교운영자, 교사, 상담자를 지지하는 환경을 만들어 줌으로써 전통적으로 대학입학에 필수적인 내용—

수학, 과학, 문학, 사회학—을 양질의 직업적이고 기술적인 과목들과 연합시키는 것이다. 이 목적을 달성하는 데 유용하게 사용될 수 있는 다음과 같이 중요한 활동 10가지가 있다.

1. 높은 기대치를 설정하고 진로경계에 놓여 있는 학생들로 하여금 기대치를 충족시키게 하는 것
2. 현대적인 직업세계의 연습상황에서 높은 수준의 과학, 수학, 문학, 문제해결 기술의 사용을 강조하는 기술 및 직업 과목을 더 많이 접하게 하는 것
3. 기능적이고 응용된 전략으로 대학입학 교육과정에서 필수적인 개념을 가르치는 학교공부에 더 많이 접하게 함으로써 학생들이 학교공부와 직업 간의 관계를 알 수 있게 하는 것
4. 학생들이 한 단계 향상된 학업 지식과 전공을 가지고 학업과정을 마치도록 하는 것
5. 교육자, 고용주, 고용인에 의해 상보적으로 계획된 직업기반 및 상급학교 기반의 학습에 관한 구조화된 시스템을 접할 기회를 학생들에게 제공하는 것
6. 학업 및 직업교육 교사들이 더 진전된 학업 및 기술적인 내용 습득을 목표로 한 통합적 교수방법을 계획하고 제공할 수 있도록 조직적인 구조와 스케줄을 짜는 것
7. 각각의 학생들이 학습과정에 활동적으로 참여할 수 있게 하는 것
8. 촉진적 학습 프로그램을 마치는 것을 목표로 하는 개별화된 조언과 진로안내에 학생과 학부모가 참여할 수 있도록 하는 것
9. 진로경계에 있는 학생들이 높은 수준의 학업내용과 전공을 담고 있는 촉진적 학습 프로그램을 성공적으로 마칠 수 있도록 구조화된 특별 조력 시스템을 제공하는 것
10. 학생의 학습 향상을 위한 교육과정과 지도, 학교풍토, 조직과 관리를 지속적으로 개선하기 위해 학생 평가와 프로그램 평가, 자료를 활용하는 것

다문화적 이슈

진로발달에 대한 다문화적 조망이 중요한 몇 가지 이유가 있다.

1. 진로상담의 최근 모형들은 사회경제적 장벽의 영향을 고려하지 않는다. 진로 행동과 관련되어 있는 경제적 곤란, 인종 차별, 문화 차별은 진로 이론들과 일반적으로 일치하지 않는다. 그러나 그러한 장벽들은 '유색인종인들'의 실제적이고 지각된 진로선택에 심각한 영향을 준다.
2. 현존하는 진로 이론들은 문화적으로 다양한 집단들과 관련되어 있기 때문에 실제로 철학적인 기본 원칙의 측면에서 한계가 있다. 대부분의 진로발달 이론들은 문화적으로 비유럽 문화권 사람들의 시각과 아주 다른 유럽 중심 문화권에 기반을 두고 있다. 예를 들면 아프리카, 미국, 아시아, 스페인계 문화권과 같은 경우 어떤 직업을 가질 것인지를 결정할 때 구직자의 욕구나 경험보다 가족이 더 중요하다.
3. 일반적으로 진로상담에서 사용되어 온 많은 진로 평가도구가 다수의 백인을 규준으로 개발되고 기준화되었다. 그러한 규준은 이렇게 개발된 도구가 다양한 문화를 대표하기에는 부적합하게 한다.

Mei Ling은 중국계 미국인이며 공부를 잘 하는 8학년 학생이다. 그녀는 자신이 9학년에 등록하는 수업에 대해 의논하려고 학교상담자를 찾는다. 그녀는 부모가 이 학교체제에서 9학년에서 배우는 상급반의 과학과 수학 과정에 등록하는 것을 허락하지 않을까봐 걱정하였다. 그녀는 중국 문화에서는 부모님이 자녀들을 위해 진로 분야를 선택해 주며, 심지어는 그녀가 대학가는 것을 부모가 원하지 않을 수도 있다고 설명한다. Mei Ling은 부모님이 결국 기술 분야에서 학위를 받는 것을 허락하지 않을 것이라는 점을 걱정하고 있다.

상담자는 먼저 활용 가능한 진로 직업 평가를 활용하여 거기에서 나타난 그녀의 기술과 흥미를 부모님이 볼 수 있도록 제안한다. 그러고 나서 상담자는 이러한 정보를 제공해 주기 위해 Mei Ling과 함께 부모님을 만날 것을 제안한다. 만약 그녀의 부모님이 여전히 그녀가 상급반 수업에 등록하는 것을 허락하지 않는다면, 상담자는 Mei Ling과 그녀의 부모가 모두 받아들일 수 있는 대안적인 진로와 가능한 타협안에 대해 논의해 볼 수 있다. 상담자는 중국 문화에서는 종종 부모들이 자녀의 진로경로를 결정한다는 점을 인식할 필요가 있다.

학교상담자는 유색인종 및 다른 인종적 배경의 사람들, 그리고 장애인과 여성을 위한 진로선택권을 효율적으로 증대시킬 수 있는 학교기반의 사람들이라 할 수 있다. 연구가 제안하고 있듯이 만약 문화적으로 다양한 사람들에 대한 진로발달의 주요 관심사 중 하나가 제한된 진로포부인 경우, 전문적인 학교상담자들은 이에 대해 분명히 영향을 미칠 수 있다. 학교상담의 전통적인 3C－상담자, 조정자, 자문가(Counselor, Coordinator, Consultant)－는 지배적 문화권의 구성원이 아닌 이들의 진로선택을 변화시킬 수 있는 중요한 도구가 될 수 있다.

1. 교육이라는 과정을 통해 일을 하고 직업의 세계로 옮겨갈 수 있도록 개인과 집단이 학생들을 도울 수 있도록 하는 상담자
2. '소수' 학생들과 직업세계를 효과적으로 연결하기 위한 프로그램의 조정자
3. 학생들이 적절한 직업 기술을 발달시키기 위해 가장 필요로 하는 정보에 접근할 수 있는 가장 좋은 기회를 제공해 줄 수 있는 교사, 관리자, 부모, 학생에 대한 자문가

요약

미래의 진로를 품고 있는 이들을 행복하고 풍요로운 삶으로 이끌기 위해서 학교상담자는 전 학년에 걸쳐 우리 학생들이 제 시간에 맞춰 학교에 가고, 과제를 제출하고, 출석을 잘 함으로써 직업윤리를 세워 가는 것을 포함한 진로 지도를 필요로 하고 있다는 점을 인식할 필요가 있다. 학생들은 자신에게 가장 잘 맞는 미래 진로선택을 하기 위해 연령에 따라 몇 차례 다양한 평가를 받을 수 있는 기회를 가져야 한다. 연구에 의하면 평생 동안 사람들은 최소한 5번의 진로를 바꾸게 된다고 지적하고 있으므로 학교상담자는 이러한 사실을 인식하고 학생들에게 폭넓은 진로정보를 제공해 줌으로써 청소년들이 적절한 진로 선택을 할 수 있도록 준비하게 하는 것이 중요하다.

참고문헌

ACT (1998). *Discover* (computer software). Iowa City, IA: Author.

American School Counselor Association. (1998). *Vision into action: Implementing the National Standards for school counseling programs*. Alexandria, VA: American School Counselor Association.

Americans with Disabilities Act of 1990, Pub. L. No. 101-336.

Bennett, G. K., Seashore, H. G., & Wesman, A. G. (1982). *Administrator' s handbook for Differential Aptitude Test, forms V and W.* San Antonio, TX: The Psychological Corporation, Harcourt Brace Jovanovich.

Brown, D., Brooks, L., & Associates. (1990). *Career choice and development* (2nd ed.). San Francisco, CA: Jossey-Bass.

Brown, S. D., & Lent, R. W. (1996). *A social cognitive framework for career choice counseling*. Career Development Quarterly, 44, 211-223.

Campbell, D. (1996). *Campbell Interest and Skills Inventory.* Minneapolis, MN:Pearson Assessments.

The *Career Game.* (2000). New Hope, PA: Rick Trow Productions.

Career Information System (CIS). (2003). University of Oregon, OR: into CAREERS.

Career planning concepts and definitions. (2001). Retrieved on September 9, 2003, from Maryland' s Career Net on the World Wide Web: http://www.careemet.state.md.us

Carl Perkins Vocational-Technical Education Amendment of 1998, Pub. L. No. 105-332.

Consulting Psychologists Press, Inc. (1994). *Strong interest survey.* Palo Alto, CA: Author.

Cutler, A., Ferry, F., Kauk, R., & Robinett, R. (1994). *Job-O.* Auburn, CA: CFKR Career Materials.

Educational and Industrial Testing Service. (1996). *COPS system.* San Diego, CA: EdITS.

Educational Testing Service. (1994). *SIGI Plus.* Princeton, NJ: Author.

Encarta World English Dictionary. (2003). Microsoft Corporation, Bloomsbury Publishing Plc.

Explore the world of work (E-Wow). (1991). Auburn, CA: CFKR Career Materials.

Ginzberg, E. (1984). Career Development. In D. Brown & L. Brooks (Eds.), *Career choice and development* (pp. 169-191). San Francisco: Jossey-Bass.

Ginzberg, E., Ginsburg, S. W., Axelrad, S., & Henna, J. L. (1951). *Occupational choice: An approach to general theory*. New York: Columbia University Press.

Guidance Information System (GIS). (2002). El Cajon, CA: Grossmont College.

Hansen, I. S. (1997) *Integrative life planning: Critical tasks for career development and changing life patterns*. San Francisco: Jossey-Bass.

Harrington, T., & O' Shea, A. (2000). *Harrington O' Shea Career DecisionMaking System*. Circle Pines, MN: American Guidance Service.

Hiebert, B., & Bezanson, L. (Eds.). (2000). *Making waves: Career development and public policy*. Ottawa, ON: Canadian Career Development Foundation.

Holland, J. L. (1985). *Making vocational choices: A theory of vocational personalities and work environments* (2nd ed.). Englewood Cliffs, NJ: Prentice-Hall.

Holland, J. L. (1994). *Self-directed search*. Odessa FL: Psychological Assessment Resources.

Kapes, J. T., & Whitfield, E. S., (Eds.). (2002). *A counselor' s guide to career assessment instruments,* 4th ed. Tulsa, OK: National Career Developmet Association.

Kiersey, D. (1998). *Kiersey temperament sorter II*. Del Mar, CA: Prometheus Nemesis Book Company.

Krumboltz, J. D. (1979). Asocial learning theory of career decision making. In A. M. Mitchell, G. B. Jones, & J. D. Krumboltz (Eds.), *Social learning and career decision making* (pp. 19-49). Cranston, RI: Carroll Press.

Krumboltz, J. D. (1996). A learning theory of counseling. In M. L. Savickas & W. B. Walsh (Eds.), *Handbook for career counseling theory and practice* (pp. 55-80) Palo Alto, CA: Davies-Black.

Krumboltz, J. D. (1997). *Career beliefs inventory*. Palo Alto, CA: Consulting Psychologists Press, Inc.

Lent, R. W., Brown, S. D., & Hackett, G. (1996). Career development from a social cognitive perspective. In D. Brown, L. Brooks (Eds.), *Career choice and development* (3rd ed.) (pp. 373-416) San Francisco, CA: Jossey-Bass.

Leong, F. T. L., & Leung, S. A. (1994). Career assessments with Asian Americans. *Journal of Career Assessment, 2*, 240-257.

Mitchell, J. M., Jones, G. B., & Kumboltz. J. D. (1979). *Social learning and career decision making*. Cranston, RI: Carroll Press.

Myers, I. B., & Myers, K. D. (1993). *Report form for the Myers-Briggs type indicator*. Palo Alto, CA: Consulting Psychologists Press.

National Child Labor Committee. (1991). Kids and the power of work (*KAPOW*). New York: Author.

National Occupational Information Coordinating Committee. (1992). *National career development guidelines: Local handbook for high schools.* Washington, DC: Author.

Parsons, F. (1909). *Choosing a vocation.* New York: Agatha Press.

Peterson, G. W., Sampson, J. P., Reardon, R. C., & Lenz, J. G. (1996). A cognitive information processing approach. In D. Brown, L. Brooks, & Assoc. (Eds.), *Career choice and development* (3rd ed., pp. 423-476). San Francisco, CA: Jossey-Bass.

Princeton Review Publishing. (2002). *Education and Career Opportunities System* (computer software). Princeton, NJ: Author.

Roe, A. (1959). *The psychology of occupations.* New York: Wiley.

School-to-Work Opportunities Act of 1994, Pub. L. No. 103-239.

Secretary' s Commission on Achieving Necessary Skills. (1991, June). U.S. Department of Labor. *What work requires of schools: A SCANS report for America 2000.* Washington, DC: U.S. Govemment Printing Office.

Smith-Hughes Act of 1917, Pub. L. No. 64-347.

Southern Regional Education Board. (1987). *High schools that work.* Atlanta, GA: Author.

Super, D. E. (1957a). *The psychology of careers.* New York: Harper & Row.

Super, D. E. (1957b). Vocational adjustment: Implementing a selfconcept. *Occupations, 30*, 88-92.

Super, D. E. (1988). *Adult Career Concerns Inventory.* Palo Alto, CA: Consulting Psychological Press.

Super, D. E. (1990). A life-span, life-space approach to career development. In D. Brown & L. Brooks (Eds.), *Career choice and development* (2nd ed., pp. 197-261). San Francisco: JosseyBass.

Taggart, W., & Taggart-Hausladen, B. (1993). *Personal Style Inventory.* Odessa, FL: Psychological Assessment Resources, Inc.

U.S. Department of Defense. (1993). *Armed Services Vocational Aptitude Battery.* Washington, DC: U.S. Government Printing Office.

U.S. Department of Labor. (1979). *General Aptitude Test Battery.* Washington, DC: U.S. Government Printing Office.

U.S. Department of Labor. (1991). *Dictionary of occupational titles* (4th ed.

revised). Washington, DC: U.S. Government Printing Office.

U.S. Department of Labor. (2000). *Occupational outlook handbook.* Washington, DC: U.S. Government Printing Office.

U.S. Department of Labor. (2001). *Occupational information network (O*Net).* Available from http://www.doleta.gov/program/onet

www://online.onetcenter.org

Workforce Investment Act of 1998, Pub. L. No. 105-220.

Zunker, V. G. (1997). *Career counseling: Applied concepts of life planning.* Pacific Grove, CA: Brooks/Cole.

| 제3부 |

03

학교상담자의 필수 지식과 기술

영역 1: 프로그램 개발과 실행, 평가

성취도를 기록화하려는 현재와 같은 평가의 시대에 학교상담자들은 검사와 평가의 절차에 대한 지식을 갖춘 중요한 전문가들이다. 이러한 정보는 학생, 교사, 가족들에게 중요한 정보를 제공하는 데 도움이 된다. 더욱이 공학기술이 우리의 일상생활의 일부가 되어 감에 따라 인터넷 또한 학교상담이라는 직업에 영향을 미치고 있다. 효과적인 학교상담자가 함께 일하는 많은 사람들에게 도움을 주기 위해서는 인터넷을 효과적으로 사용하는 기술을 가지고 있어야 한다. 이 장에서는 검사와 평가에 있어서 직업적인 학교상담자의 역할 및 학교상담직에 대한 인터넷의 영향과 같은 내용을 다루게 된다.

영역 2: 상담과 생활지도

우리 사회의 폭력 수위가 높아져 감에 따라 학교도 이러한 공격적인 행동들로부터 자유롭지는 않다. 학교상담자는 폭력 행위의 위험성을 감소시키기 위해 예방적이고 중재적인 전략들을 가르치고 위기에 처해 있는 학생들에게 도움을 주는 최일선의 사람들이다. 더 나아가 학생들은 어려움에 처했을 때, 상담자가 부모나 보호자에게 사용할 수 있는 새로운 방식들을 가르치면서 가족들과 협력하는 경우에 도움을 받을 수 있다. 학생 성장에 영향을 미치는 파트너십을 형성하는 것과 더불어 학교상담자는 개별 상담 및 집단상담 중재를 통해 청소년들을 돕기 위한 적절하고 다양한 기법들을 창조적이며 발전적으로 사용해야 한다. 이 장에서는 위기상담과 위기관리, 학교상담자와 가족의 협력관계, 학교에서 집단활동의 계획과 실행, 청소년 상담에 있어서의 표현적 기법과 같은 내용을 다루게 된다.

| 제8장 |

검사와 평가에서 전문적인 학교상담자의 역할

Lisa Brown 여사는 중서부 도심 지역의 한 고등학교 상담자이다. 그녀는 학생들과 함께 일하는 것을 좋아하는데 주정부가 고등학교 졸업 전에 모든 학생들이 졸업시험에 합격해야 한다는 법률을 통과시켰다는 소식을 듣고 당혹스러웠다. 그녀를 더욱 좌절시킨 것은 그녀가 그 지역 전체의 시험을 책임지는 역할을 해야 한다는 사실을 들었기 때문이었다. 그녀는 그로 인해 학생들과 보낼 수 있는 시간을 빼앗기기 때문에 달갑게 여기지 않았다. 학교상담자들은 검사와 평가에 대해 그들이 가지고 있는 지식 때문에 종종 학교에서 시험에 대한 책임자로서 지명을 받는다. Brown 여사는 시험을 치르는 데 어려움이 있는 예비졸업생들에게 시험을 실시해야만 했을 때 자신이 얼마나 이 임무를 싫어했었는지를 참담하게 설명했다. 한 미식축구 선수는 모든 학과에서 졸업에 필요한 학점을 이수하고, 졸업에 필요한 요구조건들을 다 충족시키고도, 많은 시도에도 불구하고 그 졸업 시험에 합격하지 못했다. Brown 여사는 그 학생이 그 시험을 칠 때, 자신의 미래가 이 마지막 순간에 달려 있다는 것을 알기에, 눈에 띌 정도로 몸을 떨며 흐느끼던 당혹스러웠던 상황을 떠올렸다.

검사와 평가에 대한 학교상담자의 역할은 과연 무엇인가? 그리고 평가 과정에서 이러한 전문적인 작업은 교사와 학생을 어떻게 도울 수 있는가?

법률은 학교의 책무성을 위한 시험의 부활을 불러왔다. Goal 2000: 1994년 3월 31일 발효된 미국 교육법(공법. 103-227)은 학생들이 보다 높은 성취를 할 수 있도록 요구하고 있으며, 학생들의 진보를 측정할 수 있는 틀을 만들었다. 2002년 1월 8일 발효된, 2001년의 No Child Left Behind(NCLB) 법률은 2014년까지 모든 어린이들이 수학과 읽기에서 능숙해지도록 하는 목표에 바탕을 둔 평가 기준을 개발하도록 주정부들에게 요구하고 있다(Education Trust, 날짜 미확인; Legislative Handbook, 날짜 미확인).

시험과 평가는 전 학년에서 전문적인 학교상담자의 역할 가운데 중요한 부분이다. 실제로 어떤 지역 내에서 여러 학교들을 할당받은 학교 심리학자를 제외하면 학교상담자들이 종종 학교에서 시험에 관한 배경 지식을 가진 유일한 사람들인 경우가 종종 있다. 학교 관리자들과 교사들은 검사에 관한 교육과정을 이수한 적이 없는 경우도 많다(Neukrug).

검사(testing), **사정**(assessment), **평가**(evaluation), **이해**(appraisal)라는 용어들은 많은 혼동을 일으키기도 한다. 사정은 광범위한 개념으로 사람, 프로그램, 또는 대상에 대해 알기 위해 정보가 수합되는 방식을 설명하기도 하고, 종종 검사의 사용을 포함하기도 한다(Anastasi, 1992; Hood & Johnson, 1997; Whiston, 2000). 평가는 다양한 측정 결과들이 비교되는 과정을 일컫는다(Vacc & Loesch, 1994). 이해는 평가와 유사한 개념으로 쓰인다(Vacc & Loesch). 검사는 어떤 표본 행동을 측정하기 위해서 사람들에게 그들의 최대 능력(Hood & Johnson)을 수행하도록 부과되는 과제이다(Anastasi & Urbina, 1997). 이 장에서는 목적에 따라 이러한 개념들이 서로 번갈아가며 쓰인다.

미국 상담협회의 분과인 상담평가협회(Association for Assessment in Counseling, AAC)는 검사의 효과적인 사용, 도구의 윤리적 사용 및 검사의 질 등과 같이 검사와 연관된 정보들을 제공한다. AAC(이전의 Association for Measurment and Evaluation in Guidance)는 『상담과 발달에서의 측정 및 평가(Measurment and Evaluation in Counseling and Development)』라는 학회지를 발간한다(Gladding, 2000). 최근에는 학교에서 검사의 시행이 예전보다 널리 보급되어 있으며, 학교상담자들은 검사를 시행, 감독하고 결과를 해석해야 하는 일이 빈번해졌기 때문에, AAC와 같은 기구들은 학교상담자들에게 도움이 되는 자원이라고 할 수 있다.

검사는 왜 사용하는가?

검사 점수는 단순히 주어진 그 시간에 성취한 정도를 반영하는 것에 불과하지만 얻어진 정보가 어떤 다른 형태의 평가를 사용해서는 제공될 수 없다는 점에서 볼 때 검사는 가치가 있다(Gladding, 2000). 그러나 하나의 검사 점수만을 가지고 개인에게 영향을 줄 수 있는 결정을 내리는 것은 상당히 주의해야 한다(Anastasi, 1992).

미국학교상담자협회(ASCA)는 검사에 대해 다음과 같은 입장을 견지하고 있다. "표준화된 검사의 사용은 학생의 수행과 학습을 평가하는 데 사용되는 많은 측정 방법들 중 하나이다."(ASCA, 2002). 또한 ASCA는 '고부담 검사'의 사용이나 학생들에게 영향을 미치는 교육적인 결정을 하는 데 한 가지 측정방법을 사용하는 것에 반대한다. 복합적인 평가 결과를 사용하는 것은 목표 설정, 배치, 진단 그리고 프로그램 평가에 도움이 된다.

목표 설정

많은 학생들은 목표 설정에 대한 지도를 한 번도 받아본 적이 없으며, 이러한 과정을 어떻게 시작해야 하는지도 모른다(House, Martin, & Ward, 2002). 전문적인 학교상담자들은 학생들이 문제해결을 위한 목표를 설정하고, 개인적인 성장을 촉진하며, 향상 가능한 영역을 확인할 수 있도록 도와 준다. 복합적인 측정의 결과들을 사용하는 것은 목표를 확인하는 데 도움이 될 수 있다.

배치

교육자들은 지속적으로 **동질적 그룹화**(비슷한 특징을 보이는 학생들을 그룹으로 묶는 것)와 **이질적 그룹화**(비슷하지 않은 특징들을 가진 학생들을 그룹으로 묶는 것)의 장점에 대해 논쟁을 벌여 왔다. 학생들의 성취도 혹은 적성검사 결과는 학생들을 분류하는 그룹을 지정하는 데 자주 사용된다. 불행하게도, 몇몇 학생들은 거의 재평가가 되지 않으며 따라서 다시 정할 수 있는 기회가 주어지지 않는다(Baker, 2000).

성, 인종, 언어와 문화 등이 검사 결과를 간섭하는 요인들임에도 불구하고, 배치를 결정할 때 이러한 특성들이 항상 고려되지는 않고 있으며 불합리하게 배치가 될 수도 있다.

진단/정신 장애의 진단 및 통계 편람

진단은 부정적으로 성장을 방해할 수 있는 사고, 느낌, 행동을 결정하는 의사결정 과정의 중요한 한 가지 요소이다. 상담자들은 지능 검사, 인성 검사, 약물 남용 검사, 섭식 장애 진단목록, 우울증 평가와 같은 많은 평가들이 상담에서 유용하다는 점을 인정한다(Giordano, Schwiebert & Brotherton, 1997, p. 203). 학교상담자들이 진단도구들을 성공적으로 사용하고 있음에도 불구하고 많은 전문화된 도구들을 시행하고 해석하는 데 완전하게 숙련이 되기 위해서는 부가적인 훈련이 필요하다(Giordano 등).

1840년에는 '백치/광기' 라는 한 가지의 장애만이 알려졌었다; 그리고 1880년 조사 자료에는 일곱 가지의 정신병이 확인되었다. 1952년에 미국정신과협회(APA)는 임상적 사용을 위한 『진단과 통계 매뉴얼: 정신장애(DSM)』의 초판을 발행하였다. 『DSM-II』는 바로 뒤에 발행되었으며, 1980년에 『DSM-III』가 발행되었다(Sterba & Dowd, 1998). 그 전판을 수정한 『DSM-III-R』은 1987년에 발행되었으며, 『DSM-IV』는 정신질환에 대한 새로운 자료들을 담고 있으며, 1994년에 발행되었다(House, 2002). 가장 최근 개정판은 『DSM-IV-TR』이다. DSM 코드들은 일치된 의학적 진단을 내릴 수 있도록 도와 주기 위해 전 세계에서 사용되는 『국제 질병 분류체계, 제9판 임상 수정(ICD-9-CM)』과 일치한다.

『DSM』의 주된 목적은 정신 건강 직업 종사자들이 개인을 진단할 때 지침서로서 도움을 주고, 다른 직업 종사자들과의 의사소통을 촉진시키며, 개인적인 계획을 기록해 두기 위한 것이다(House, 2002). 진단체계를 구성하는 범주에 대한 폭넓은 이해를 통해 학교상담자들은 다른 정신건강 직업 종사자들과 더욱 효과적으로 의사소통을 할 수 있으며, 학생들의 유익을 위해 협력적 관계를 맺으며 일할 수 있다.

『DSM-IV-TR』은 다음과 같은 다축의 평가 시스템으로 구성되어 있다.

축 I　임상적 장애와 기타 상태들
축 II　성격장애와 정신지체
축 III　일반적인 의학적 상태
축 IV　정신사회적, 환경적 문제들
축 V　전반적 기능 평가

축 I은 '임상적 장애' 혹은 '임상적 주의가 요구되는 기타 상태들'로 분류되어 있다. 대부분의 축 I의 장애는 일반적으로 환자를 정신건강 직업 종사자에게 데리고 가는 정도의 문제로 여겨진다(House, 2002; Sterba & Dowd, 1998).

축 II는 성격장애와 정신지체로 분류되어 있다. 축 I과 II에 대한 정보는 개인에 대해 더 많이 이해하기 위한 정보를 제공하는 데 사용되는 나머지 세 개의 축과 더불어 정신건강을 진단해 준다.

축 III는 개인의 정신장애에 대해 더 넓은 이해를 제공해 줄 수 있는 일반적인 의학적 상태들과 현재의 신체 상태를 설명한다. 예를 들어, 어떤 이는 정신건강에 영향을 줄 수 있는 고혈압이 있을 수 있다. 이러한 장애들은 종종 유년기 초기에 나타나는 문제들로 개인의 삶의 여러 면에 부정적인 영향을 줄 수 있다(House, 2002).

축 IV는 가족 구성원의 사망, 다른 주로의 이사, 이혼 혹은 새로운 가족의 탄생과 같이 진단 시기에 있을 수 있는 심리사회적, 환경적 문제들에 대한 정보를 제공한다.

마지막으로, 축 V는 전반적 기능 평가(GAF) 척도로 알려진 것으로 개인의 전반적인 기능 수준의 전문적인 판단을 제공한다. 정신건강 직업 종사자는 이 척도를 이용하여 개인의 삶에 영향을 줄 수 있는 광범위한 문제들을 고려해 볼 수 있다.

정신장애는 일단의 관련된 특징들과 연관되어 있다. 여기에는 **증후**(심장 박동수의 증가와 같은 측정 가능한 특징), 혹은 **증상**(진단을 받은 사람들의 주관적 보고)이 포함된다. 증후와 증상이 함께 정신장애의 특징을 정의한다고 생각되는 증후군을 구성한다(House, 2002). 『DSM-IV-TR』은 특정 질병과 일반적으로 연관된 증후 및 증상의 그룹으로 구성되어 있다.

아동과 청소년을 진단하는 것은 몇 가지 이유로 인해 어렵다. 한 가지 이유로 아동들은 일반적으로 어른들에 의해서 상담에 보내지며 그들 자신이 스스로 상담을 구하지는 않는다. 게다가 그 아이들이 가장 걱정하는 것은 아이들을 보낸 어른들이 염려하는 것과 다를 수도 있다. 더구나 아이들은 어른들에 비해 자신이 통제할 수 없는 상황들로 인해 영향을 더 많이 받는 경향이 있다.

프로그램 평가

상담자에게는 자신의 직무의 질에 대한 책임이 있으며, 직무의 효과를 증명하는 요구가 점점 늘어가고 있다. 학교상담 프로그램은 프로그램을 결정하는 데 기초가 되는 자료의 수집, 분석 및 전달을 통해 결과들을 입증한다(Steenbarger & Smith, 1996).

검사가 중요한 도구이고 유용한 정보를 제공해 주기는 하지만 상담자는 평가도구를 선택하고, 실시하고, 해석하는 데 몇 가지 한계가 있다는 점 또한 고려해야 한다. 여기에는 실용성과 문화적 편견, 상담자에 의한 오용 등이 포함된다.

실용성 예산상으로 지역교육청은 검사도구를 선택할 때 절약할 필요가 있다. 검사가 좋은 결과들을 제공해 줄 수도 있지만 비용, 시행 시간, 검사의 길이 및 해석이 어떤 검사를 선택할 것인지에 대한 차이를 만들어 낸다. 예를 들어, 여러 해 동안 많은 학교상담자들은 학생들의 직업 결정을 돕기 위해 '일반 적성 종합 테스트(GATB)'를 실시해 왔다. 이 검사의 수행영역은 한 번에 10명의 학생들밖에 검사할 수 없는데, 여기에서는 손가락과 손으로 하는 동작의 민첩성, 눈-손 협응과 같은 기술과 직업장면에서 유용한 많은 기술들을 평가한다. 더불어 지필평가 부분에서는 수학, 언어와 공간 적성을 측정한다. 이 종합검사는 다양한 직업 선택의 범주를 제공하는 데 유용하기는 하지만 시간적으로 비효율적이며, 비싼 장비가 필요하고, 다른 직업적성 평가 활동을 수행하는 데 더 유용하게 사용할 수 있는 상담자의 많은 시간을 소모시킨다.

문화적 편견 검사를 하는 것은 많은 사람들에게 비인간적인 경험이다. 소수의 학생들은 정확하지 않은 검사 점수의 결과나 혹은 한 가지 종류의 검사점수 때문에 비효율적이거나 부적절한 프로그램들을 이수하는 데 여러 해를 보낼 수도 있다. 검사의 편향성을 없애는 것은 거의 불가능하기 때문에, 복합적인 자료들을 사용하면 학생들에 대한 결정을 내리는 데 좀더 완전한 그림을 제공받을 수 있다(Gladding, 2000; Guindon, 2003).

상담자에 의한 오용 상담자가 검사 결과를 해석하는 훈련을 받지 않는 한 그 검사의 점수는 가치가 없다(Gladding, 2000). Shertzer와 Stone (1980, Gladding, 2000에서 인용)은 다른 종류의 정보를 고려하지 않을 경우, 상담자는 학생의 검사점수에 의해 영향을 받아 무지하고 부적절한 결정을 내릴 수 있다고 주장한다. 덧붙여 검사가 가지고 있는 한계에 대해 설명해 주지 않는다면 학생들은 다른 종류의 정보를 시험해 보지도 않고서 그 검사의 결과가 자신의 능력을 진정으로 반영하고 있는 것이라고 믿게 될 수도 있다.

테스트의 유형

학생 평가는 두 가지의 분명한 범주로 구분될 수 있다—**표준화된 검사**와 **비표준화된 검사**. 표준화된 검사들은 설계, 실행, 채점 및 해석에 있어 동일한 절차를 따른다(Anastasi & Urbina, 1997; Whiston, 2000). 비표준화된 검사는 대개 좀더 유연하며 종종 개인의 성격, 행동 및 인지에 있어 더 큰 통찰—표준화된 평가에서는 항상 가능한 것이라고 볼 수 없는—을 제공한다(Drum, 1992). Goldman(1992)이 말한 것처럼 "표준화된 검사 외에도 수많은 평가 방법들이 있다고 생각한다. 그리고 그러한 많은 방법들이 상담자의 작업에 더 많은 정보를 제공해 줄 수 있다고 생각한다". 이러한 도구들은 검사의 출처를 둘러싼 경험적 자료의 부족으로 인해 너무도 자주 비난을 받는다(Gladding, 2000).

표준화된 많은 도구들이 부모, 교사와 상담자가 제기하는 문제에 대해 항상 답을 해줄 수 있는 것은 아니다. 이러한 이유로 인해, 학교상담자들은 학생들의 학습 스타일, 문화적 배경, 그리고 정서적 인지적 성숙도에 맞는 적합한 평가에 대해 알아야 한다(Vernon, 1993). 학생들에 대한 부가적인 정보를 얻기 위해 학교상담자들이 사용하는 다양한 유형의 척도들에 대해서는 다음 장에서 논의하도록 한다.

지능검사

지능의 개념에 대해 많은 사람들이 다르게 정의하고 있다(Anastasi, 1982, Gladding, 2000에서 인용). 폭넓게 인정을 받고 있으며 개인에게 실시되는 지능검사는 Riverside 출판사가 펴낸, 스탠포드-비네 척도(Stanford-Bindt Scale) 4판과 벤더-게스탈트(Bender-Gestalt) 두 가지이다(Anastasi & Urbina, 1997; Whiston, 2000).

지능과 **적성**의 두 가지 개념이 서로 교차적으로 쓰이기는 하지만 동일한 개념은 아니다. 지능이란 일반적으로 학문적 적성이라고 알려진 적성의 특정한 한 면만을 측정하는 것이며, 적성의 다른 면들은 여전히 남아 있다.

적성검사

적성이란 미래의 수행 능력이나 학습 능력을 예측하는 능력의 형태 혹은 특정한 과제에 대한 능력을 말한다(Whiston, 2000). 간혹 능력 검사로 알려져 있는 적성검사는 공간 능력 혹은 손과 눈의 협응성과 같은 단일한 기능을 측정한다. 몇 개의 적성하위척도(Guindon, 2003)로 구성되어 있는 **다면적성 종합검사**도 있다. 심리학협회가 펴낸 능력 검사의 한 예인 특수적성검사는 직업 지도를 위한 8가지의 적성들을 측정한다(Whiston, 2000). 전통적으로, 적성 검사와 학력 검사는 다르게 취급되어 왔지만 둘 사이에 분명한 차이점이 나타나지는 않는다(Anastasi & Urbina, 1997). 검사 항목들은 동일하게 보일 수 있으나 중요한 차이는 검사의 목적과 그 결과가 어떻게 사용되는가라고 할 수 있다.

성취도 검사

성취도 검사는 하나의 과목이나 과제에 대한 개인의 지식 정도를 측정하며(Aiken,

1997, Gladding, 2000에서 인용), 수행에 있어서 비슷한 사람들의 그룹과 비교할 수 있는 정보를 학생들에게 제공해 준다. 성취도 검사는 개인의 수행 점수를 얻어내고 학교 성취도 점수를 총합하는 데 가장 좋은 도구 중 하나이다(Guindon, 2003). Riverside 출판사가 펴낸 성취도 검사 중 하나인, **아이오와 기초능력검사**(Iowa Test of Basic Skills)는 기초 능력에 대한 학생들의 진보를 측정하도록 고안된 종합검사이다.

흥미검사

흥미검사는 활동과 주제에 대한 개인의 선호 정도를 측정하는 검사 혹은 체크리스트를 말하며, 직업 상담에서 가장 일반적으로 사용되고 있는 개입방법 중 하나이다(Savickas, 1998, Gladding, 2000에서 인용). Consulting Psychologist 출판사가 펴낸 **직업선호도 검사**(The Career Occupational Preference Survey, COPS)(Giordano 등, 1997)와 **스트롱-캠벨 흥미검사**(Strong-Campbell Interest Inventory)가 상담자들에게 널리 사용되고 있는 것으로 보고되고 있다.

직업 목록

중 · 고등학교 상담자들은 직업 목록을 직업 탐구와 결정을 위해 사용하고 있다(Giordano 등, 1997; Guindon, 2003). 중 · 고등학교에서 일반적으로 사용되고 있는 진로평가 도구는 John Holland가 개발한 **자기보고검사**(Self-Directed Search, SDS)이다(Hood & Johnson, 1997). 이 도구는 미국 대학 검사 프로그램이 개발한 **DISCOVER** 혹은 교육 검사 서비스를 통해 이용 가능한 **SIGI-Plus**와 같은 컴퓨터 직업 기반 시스템과 연계해서 종종 사용되고 있다(Whiston, 2000).

성격검사

성격검사들은 개인의 특성, 감정적 사회적 특질, 행동, 태도, 감정 및 의견을 측정한다(Anastasi & Urbina, 1997). 이러한 검사들은 구조적인 것도 있고 비구조적인 것도 있다(Hood & Johnson, 1997). 성격이라는 것이 다면적인 특성을 가지고 있어서 검사가 어렵긴 하지만, 쉽게 실시될 수 있고 해석될 수 있는 자기 보고(self-report) 검사를 포함해서 구조적인 도구들이 많이 있다. 예를 들어, Consulting Psychologist 출판사가 펴낸 **Myers-Briggs Type Indicator**는 쉽게 해석되고 이해가 되는 Jung의 이론에 기반을 두고 제작된 성격 검사지이다(Domino, 2000; Whiston, 2000).

로르샤하 검사(Rorschach), **주제통각검사**(Thematic Apperception Test, TAT), **집-나무-사람 그림검사**(House-Tree-Person Test)(Gladding, 2000)를 포함한 투사적 검사와 같은 비구조화된 검사들은 이러한 검사들을 시행하고 해석하기 위해서 강도 높은 훈련이 필요하기 때문에, 학교상담자들이 일반적으로 잘 사용하지는 않는다(Guindon, 2003). 이러한 투사적 검사들은 복잡한 채점 과정이 요구되며 피검사자가 검사 결과를 왜곡하기가 어렵다. 하지만 다른 유형의 성격검사에서는 나타나지 않는 성격의 다른 면들을 도출해 낼 수 있다는 점에서 유익하다. 이런 유형의 성격 검사는 전문적으로 훈련받은 전문가에게 의뢰하는 것이 검사를 받는 학생에겐 가장 유익할 수도 있다. 이러한 검사들은 중요한 정보를 제공해 줄 수 있기 때문에 학교상담자들은 이러한 검사들을 시행하고 해석하는 전문적인 훈련을 받고자 할 수도 있다.

진단적 평가

Carl Rogers와 같은 유명한 상담자를 포함해서 많은 상담자들은 진단적 기법과 효과적인 상담 관계가 일치한다고 생각하지는 않는다. 하지만 Rogers는 만약 어떤 학생이 검사를 받기를 원하거나 기관에서 검사를 요구하는 경우 의사결정에 도움이 되기 위해 진단검사를 수용할 수 있음을 인정했다(Bozarth, 1992).

많은 검사들이 특별한 훈련을 받지 않고서도 사용될 수 있다. 학교상담자들은 이런 도구들이 학생들의 정신적 정서적 건강을 측정하는 데 유용하다는 것을 알고 있다. 예를 들어, 자살 위험, 약물 남용, 섭식장애는 청소년들에 대한 일반적인 관심사항이기 때문에 평가도구들은 이를 조정할 수 있는 최선의 방법을 찾는 데 도움이 된다. **Beck의 무망감 척도**(Beck Hopelessness Scale)는 우울증의 유무와 그 강도를 측정하며(Domino, 2000), **자살관념 질문지**(Suicide Ideation Questionnaire)는 자살 행동에 관한 정보를 제공하는 도구이다(Whiston, 2000). 측정을 통해 이용 가능한 **청소년 약물남용 선별검사**(Adolescent Substance Abuse Subtle Screening Inventory, SASSI-2)는 약물 사용 장애의 가능성을 식별해 준다(Whiston, 2000). Western Psychological Service가 제공하는 **섭식장애검사**(Eating Disorder Inventory-2)는 남녀 청소년들이 대상이며, 20분 정도면 쉽게 실시할 수 있다(Domino).

또한 자아 개념과 자아 존중감의 측정은 정서건강의 척도가 될 수 있다. Western Psychological Service가 발간한 6학년 읽기 수준의 **테네시 자아개념척도**(Tennessee Self-concept Scale)는 자아상을 측정해 준다(Domino, 2000). **피에르-해리스 자아개념척도**(Pier-Harris Self-concept Scale)는 아이가 자기 자신을 가장 잘 나타내는 질문에 대답을 하는 검사이다. 이 검사는 피검사자에게 가장 문제가 되는 자아의 측면을 확인하는 데 도움이 된다.

면담

면담은 정보를 수집하는 강력한 기법이다. 비구조화된 면담이 개별화되어 있어서 잘 호응하지 않는 학생들에게는 좀더 유용한 '친밀감을 증진시키는 도구' 로 사용될 수 있다(Clark, 1995); 그러나 이 경우 문제를 무작위로 선택해서 질문을 하기 때문에 가치 있는 정보들이 간과될 수 있다(Vacc & Juhnke, 1997). 비구조적화된 형식의 한 형태로 미완성된 문장들로 구성되어 있는 면담이 있다.

나는 ___________ 을 좋아한다.
때때로 나는 ___________ 라고 느낀다.
내 친구들은 ___________.
내 가족은 ___________.
내가 가장 이루고 싶은 것 하나는 ___________.
학교는 ___________.

또 다른 비구조화된 면담형식은 다음 연습과 같이, 학생들에게 자기가 느끼기에 자신을 가장 잘 설명하는 형용사나 문구를 표시해 보도록 하는 것이다.

| 연습 |

자신을 가장 잘 설명하는 단어나 문구에 동그라미 하시오.

행복한	슬픈	실망한	혼자 있고 싶은	단정한
단정한	외로운	열심히 공부하는	흥분한	따라가는 사람
친절한	영리한	주목하는	관대한	불쌍한 학생
운동을 잘하는	욕구불만의	성미가 급한	멍청한	쉽게 따분해지는
리더다운	부끄러워하는	바보 같은	놀기 좋아하는	성미가 급한
인기가 많은	화난	심각한	단정치 못한	부지런한

구조화된 면담은 좀더 철저하게 정해진 순서에 따라 정보가 수집되는 경향이 있기 때문에 특정 질문들을 빠뜨리지 않을 수 있다. 구조화된 면담의 예가 표 8.1에 제시되어 있다.

수행평가

수행평가나 활동물 견본은 지필평가를 사용하지 않고 학생들의 수행정도에 대한 관찰과 전문적인 평가로 이루어지는 학습에 관한 평가기법이다(Whiston, 2000). 상담자는 구두 보고서를 발표하는 것, 직업 면담에 임하는 것, 분쟁-조정 기술과 같은 학생들의 능력을 평가한다. 또 더 어린 학생들에게는 성취도 평가를 위해 손뼉 치기, 한 발로 서기, 그림 그리기와 같은 행동을 해 보도록 요구할 수도 있다.

수행평가는 지필평가보다 더 어렵기 때문에 현장에서 평가되는 순서대로(Whiston, 2000) 직접 관찰할 수 있는 기술들을 토대로 미리 작성해 둔 척도양식을 사용하면 일관성 있는 형식을 사용할 수 있다. 상담자들은 수행평가를 설계하고 채점할 때 평가가 우연히 수행되지 않고 미리 정해진 기준을 사전에 알려 주고 이루어지는

표 8.1 구조화된 면담양식 (계속)

인적 사항
이름 ____________ 나이 ____________ 학년 ____________
주소 ____________ 전화번호 ____________(집) ____________(사무실)
아버지 혹은 보호자 ____________ 직업 ____________
어머니 혹은 보호자 ____________ 직업 ____________
긴급 상황 시 연락할 사람 ____________ 전화번호 ____________
가족 구성원 ____________ 관계 ____________ 나이 ____________
가족 구성원 ____________ 관계 ____________ 나이 ____________
가족 구성원 ____________ 관계 ____________ 나이 ____________
가족 구성원 ____________ 관계 ____________ 나이 ____________
가족 구성원 ____________ 관계 ____________ 나이 ____________
가족과 함께 사는 다른 사람____________________________________

A. 가족 구조
____________ 이혼 ____________ 결혼
____________ 별거 ____________ 기타 ________________________
(가족 설명)

B. 건강
1. 키 ____________ 2. 몸무게 ____________
3. 심각한 질병 ____
____

학교 결석일 수 ____________ 지각일 수 ____________
복용 약물 ________________________
수면 형태 ________________________ 식사 습관 ____________________
신체 외형 ____

C. 학업
1. 학급에서의 성적: 영어 __________ 과학 __________ 수학 __________
체육 __________ 사회 __________
2. 가장 좋아하는 과목들 ____

표 8.1 **구조화된 면담양식**

3. 가장 싫어하는 과목들 ______________________
4. 좋아하는 교사 ______________________

D. 인간관계

친한 친구들 ______________ 관계 ______________

______________ ______________

______________ ______________

E. 활동

좋아하는 활동들 ______________________

____

클럽 또는 정규교과이외의 활동들 ______________________

____

F. 현재의 관심사

학업 __________

진로 __________

개인적/사회적 __________

G. 목표

올해 이루기 원하는 목표

학업

진로

개인적/사회적

활동이 될 수 있도록 교사들을 조력한다(Popham, 1995). 예를 들어 주어진 시간 안에 피검사자가 여러 가지 모양들을 구분하라는 지시를 받는 경우 척도양식에는 과제에 대한 집중도, 정확도, 그 과정에서 피검사자가 했던 말과 같은 항목들이 포함될 수 있다.

포트폴리오

포트폴리오는 좀더 개별화된 또 하나의 대안적 평가방법이며, 각 개인에 대한 더 정확한 정보를 제공한다. 포트폴리오의 목적은 교육적 과정을 가능한 한 의미 있고 신뢰할 만한 것으로 만드는 것이다(Anastasi & Urbina, 1997). 포트폴리오의 정의에 대해 많은 의견의 불일치가 있기는 하지만 이런 형태의 평가는 학생들의 학업적 성장과 성취, 습득한 지식을 보여 주는 유목적인 누적물이라는 데에는 동의하고 있다. 포트폴리오에는 일반적으로 성적증명서, 서면으로 된 학문적 보고서, 개인적/직업적 목표, 검사 결과 그리고 추천서와 같이 미리 정해진 항목들이 포함된다.

관찰

학생 평가가 반드시 평가도구에 기반을 두고 이루어져야 할 필요는 없다. 상담자는 학생들의 행동과 언어를 관찰하고, 그 둘 사이의 불일치를 적어 두고, 그 형태를 모니터링할 수 있는 이상적인 위치에 있다. 교사 또는 코치들은 지속적으로 학생들을 관찰하고, 부가적인 정보를 제공해 줄 수 있는 중요한 사람들이다. 표 8.2에 나와 있는 관찰양식은 어떤 활동의 목적을 반영하는 데 적용될 수 있다.

좋은 검사의 조건

평가를 결정할 때 고려될 필요가 있는 검사의 특성으로는 타당도, 신뢰도, 실용성 그리고 문화적 요인들이 있다(Guindon, 2003; Neukrug, 1999).

표 8.2 **관찰양식**

이름 ______________________ 생년월일 ______________________

관찰일자 ____

나타난 문제 ____

배경

행동적 관찰

검사자와의 관계

구두기술

운동능력

정서적 관찰

관찰된 감정들

정서가 행동/생각과 일치하는가

다른 이들과의 관계

인지적 관찰

나이에 맞는 적절한 문제해결 능력

비판적 사고 능력 표현

사용한 문제해결 전략

관찰된 패턴

조직화

창의력

발달의 적합성

주제

성격 특성

그 이외 관찰사항

권고사항

주: 출처 모름

- **타당도** 타당도는 어떤 검사가 그 검사가 측정해야 하는 것을 측정하는가, 그렇지 않은가를 결정한다. 종종 검사가 갖추어야 할 조건 중에서 가장 중요한 것으로 간주된다(Gladding, 2000; Hood & Johnson, 1997).
- **신뢰도** 신뢰도는 어떤 검사가 일관된 점수를 얻게 하는가 하는 정도에 대한 측정이다. 신뢰도가 타당도와 관련이 있기는 하지만 검사가 신뢰성이 있다고 해서 반드시 타당한 것은 아닐 수도 있다(Gladding, 2000; Hood & Johnson, 1997).
- **실용성** 실용성은 검사 오리엔테이션, 시행과 해석의 용이함을 의미한다. 어떤 검사는 유용한 결과를 제공해 줄 수도 있지만 그 검사를 시행하기에 비용이 너무 많이 든다든가, 길이가 너무 길다든가, 시행하기에는 어렵다든가 하는 경우에는 그 검사를 가장 좋은 선택이라고 볼 수 없는 것이다. 정기적인 학교 일정에 맞춰서 정해진 검사 날짜와 더불어 미리 짜여진 예산과 일정은 검사를 결정하는 데 고려사항이 되며, 일관된 검사의 구입이나 항목의 교체에 필요한 자금을 제공하게 된다.
- **검사의 문화 간 공평성** 검사는 모든 집단의 사람을 대상으로 측정하고자 하는 것을 일관성 있게 측정해야 한다. **교육에서의 공평한 검사 시행 규칙**(Code of Fair Testing Practices in Education)(미국심리학회, 1998)은 불공평한 검사시행으로부터 피검사자들을 보호하기 위해 만들어졌다. 공정한 점수 해석을 위해 문화적인 언어와 내용을 삭제하거나 줄일 수 있는 문화공평 검사들을 개발하려는 시도들이 이루어져 왔다(Hood & Johnson, 1997).

고려해야 할 좋은 검사의 모든 요소와 빠른 속도로 발간되고 있는 검사들로 인해 학교상담자들은 사용 가능한 검사와 검사요구를 만족시키기 위해 개발된 새로운 도구 및 기존 검사의 개정판들에 대해 알고 있을 필요가 있다.

어디에서 검사를 찾을 것인가

Oscar Krisen Buros는 유용한 검사의 중요성과 한계에 대해 알리려는 목적으로

Buros Institute를 설립했다. 검사 사용자들에게 검사의 품질과 좋은 검사의 시행에 대한 정보를 제공하기 위해 1938년에 『정신 측정 연감(Mental Measurement Yearbook, MMY)』을 발행하기 시작했다. 1961년에는 MMY 내에 축적된 정보의 색인으로 『Test in Print(TIP)』를 발행했다(Guindon, 2003; Plake, Conoley, Kramer, & Murphy, 1992). 출판사 자료 카탈로그와 그 분야의 학회지, 인터넷을 통해 검사들을 찾을 수 있다.

컴퓨터의 사용과 온라인 검사의 출현으로 상담자들은 온라인 검사들을 시행하고 해석해 줄 수 있게 되었다. 하지만 이 방법은 단점도 있다. 컴퓨터는 피검자에게 즉각적인 결과를 제공해 주지만 컴퓨터에서 이루어지는 검사들이 질적인 면에서 다른 검사들만큼 반드시 철저한 검증을 거치지 않은 것들일 수도 있으며, 이는 검사 결과를 의심하게 한다. 컴퓨터 기반의 검사들이 편리하기는 하지만 학교상담자들이 검사를 해석해 주는 것이 중요하다. 그렇게 해야만 규준과 검사의 기본적인 통계치 및 검사의 질에 대해 피검자에게 설명해 줄 수 있기 때문이다(Neukrug, 1999). 상담자들은 시간적 제한으로 인해 너무나 자주 학생과 학부모에게 검사 결과를 전달하고 해석하는 일을 훈련을 받지 않은 사무직원들에게 의존한다. 하지만 이렇게 하는 것은 윤리적 법적 문제를 야기한다. 더욱이 상담자는 다른 사람들이 검사점수에 접근할 수 없도록 검사결과의 안전성을 보장해야 한다는 점을 인식하고 있어야 한다(Guindon, 2003). 이것은 프린트되어 학생들에게 나누어 준 점수뿐만 아니라 컴퓨터에 저장된 점수에도 해당된다.

> 고등학교의 한 상담자는 9학년에서 12학년까지 750명의 학생들을 조력해 주어야 했다. 그녀는 당연히 과도한 업무에 시달렸고 압도적인 스케줄로 인해 학생들의 삶을 변화시켜 줄 수 없다고 느꼈다. 그녀가 해야 하는 많은 일들을 수행하기 위해 그녀는 학생들이 개인적으로 편리하게 자신의 점수를 가져갈 수 있도록 미국 대학 테스트(American College Test) 결과를 상자에 넣어 사무실 밖에 놓아 두는 실수를 범했다. 그녀는 학생들에게서 친구들이 학급에서 다른 아이들의 점수를 이야기하고 다닌다는 불평을 듣고는 자신의 실수를 실감했다.

학교상담자들은 학생들에게 가능한 가장 좋은 검사상황을 제공해 주기 위해 검사에 대한 지식과 기술, 검사에 대한 설명, 시행과 해석에 대해 막대한 책임감을 가져야만 한다.

상담자의 평가 기술

상담자는 검사를 시행하거나 해석하는 데 있어 제한된 정도의 훈련(Giordano 등, 1997)을 받았기 때문에 검사도구들을 사용하는 데 불편함을 느낀다고 말한다(Tinsley & Bradley, 1986, Guindon, 2003에서 인용). 이런저런 이유들로 인해 검사과정이 기계적이고 실망스러운 것이 되며, 그로 인해 학생과 상담자 간에 심리적 거리감이 생기게 된다. 상담자들은 아래와 같은 방법을 통해 검사과정을 더 편안하게 만들 수 있다.

1. 검사규준, 시행, 신뢰도와 타당도, 채점, 검사의 강점과 약점 이해하기(Gladding, 2000)
2. 친밀감 형성하기
3. 좀더 쉽게 이해될 수 있도록 그래프나 차트를 통해 점수 해석하기
4. 개인에 대해 좀더 완전한 그림을 제공하기 위해 다양한 측정 방법 사용하기

이에 더불어 다섯 개의 두문자어(頭文字語), SCORE로 되어 있는 Miller(Guindon, 2003)가 개발한 5 단계 모델은 상담자들이 검사 결과를 해석하는 데 도움을 줄 수 있다.

S(Strategize) 확인된 목표에 도달하기 위한 방법을 전략화하라.
C(Connect) 검사점수를 다른 형태의 자료와 연관지어라.
O(Open-ended) 검사 결과가 학생들에게 무엇을 의미하는지를 이해하는 데 도움이 되는 열린 질문을 하라.
R(Review) 검사 점수가 어떻게 나타나고 있는지(퍼센트), 그 학생을 누구와 비

교할 것인지에 대해 검토하라.

E(Emotions) 검사 결과에 영향을 미칠 수 있는 검사 당일 피검자의 감정상태를 확인하라.

학교 검사 프로그램의 관리와 시행

전문적인 학교상담자는 학교나 지역사회의 검사 프로그램 관리 업무를 자주 맡게 된다. 이러한 업무에는 안전한 장소에서 검사의 안전을 보장하고, 검사일정을 짜며, 검사감독자들을 훈련시키고, 적절한 검사 절차를 확인하며, 검사 결과를 어떻게 해석하는지에 대해 교사들에게 정보를 제공해 주는 것 등이 포함된다(Keys & Green, 2001, Guindon, 2003에서 인용).

심리측정학자들 사이에서 논란이 되고 있는 한 가지 문제는 피검사자가 검사 선택에 관여해야 하는가 그렇지 않은가에 관한 것으로, 만약 관여하는 경우에는, 특히 미성년의 학생들의 경우, 어느 정도 관여가 필요한지에 대한 문제이다. 피검사자가 다른 의사결정을 할 수 있는 기회인 검사 선택에 관여하면 검사의 결과를 보다 쉽게 받아들일 수도 있다(Goldman, 1971, Gladding, 2000에서 인용).

특히 표준화된 검사를 시행하기 위해서는 최적의 수행을 위한 공간의 형태, 한 번에 검사하는 인원 수, 검사의 각 영역에 정해진 시간의 측정, 주어진 시간 전에 끝낸 사람들에 대한 정해진 절차와 검사 상황에서 일찍 나갈 필요가 있는 학생에 대한 지침과 같은 특정한 검사조건이 요구된다.

많은 경우 검사가 시행될 때 학교의 정기적인 일정을 조정하거나 검사에 필요한 공간을 미리 지정해 둘 필요가 있다. 일정이 상당한 시간 이전에 정해져야 교사들이 학생들을 준비시킬 수 있다. 정규 버스 일정이나 수업시간이 변경되는 경우에는 학부모들에게 알려야 하며, 학생들도 검사의 목적과 검사결과가 어떻게 사용되는지에 대해서도 설명을 받을 필요가 있다. 상담자는 검사수행자가 다음과 같이 하는 경우 검사 수행이 영향을 받는다는 것을 검사를 받는 학생들과 다른 사람들에게 알려 줄 필요가 있다.

1. 자신이 정답이라고 생각하는 것을 정확하게 나타내는 대신 검사감독관에게 수용될 수 있는 방식으로 질문들에 대해 답하는 경우
2. 피로, 질병, 방안의 소음 혹은 불쾌한 온도와 같은 요소를 경험하는 경우
3. 검사의 채점이 어떻게 이루어지는지 알고 있는 경우(예를 들어, ACT 검사에는 틀린 답에 대한 감점이 없지만 SAT에는 틀린 대답에 대한 감점이 있다.)

전문적인 학교상담자들은 검사의 선택과 일정 관리에 도움을 주는 상담자 자문위원회가 유용하다고 말한다. 몇몇 지역교육청에서는 적절한 훈련을 받은 이 위원회의 위원들에게서 검사의 시행과 해석까지 도움을 받는다. 이 위원회는 검사를 둘러싼 우려와 불만을 기록하여 정책을 고안하는 데 중요한 역할을 하며(APA, 1998); 이 위원들이 일반인들과 관계를 맺는 이중적인 기능을 수행하기 때문에 다음과 같은 기능들을 수행할 수 있다.

- 학생과 학부모 혹은 보호자에게 검사 및 정답의 사본을 가질 수 있는 기회와 재검사, 재채점, 혹은 점수를 무효화할 가능성 조사 등과 같은 피검사자의 권리에 대해 공지하기
- 장애 학생들을 위한 특수 검사와 조정시설에 대하여 관련된 사람들을 교육하기
- 얼마나 오랫동안 점수를 보관하는지, 그 점수들을 누가 볼 수 있는지에 대해 전달하기
- 고부담 검사에 대해 알려주기

고부담검사에 관한 추가 정보

낙오학생방지법령(NCLB)의 통과로 많은 사람들이 검사 사용의 증가에 대해 질문을 많이 한다. 이는 특히 승급과 고등학교 졸업을 결정하는 고부담검사의 경우 더욱 그렇다. 내용을 잘 알고 있는 자문위원회 위원들은 이런 검사들을 둘러싸고 있는 이슈들에 대해 일반 대중을 교육시키는 데 있어 학교 입장에서 활동할 수 있다. 졸업과 관련된 자격시험들은 학생들에게 도전을 주며 미국의 학교들을 향상시키려는 좋은

의도로 개발되었으나 좋은 의미의 이러한 목적들은 졸업 자격요건으로 이러한 시험들을 채택하는 주정부들이 점점 더 많아지는 결과 또한 초래하게 되었다(*Dangerous Consequences*, 날짜 미확인; *National Testing*, 날짜 미확인):

1. 심각한 시험 불안이 있는 학생들은 항상 자신의 능력을 가장 잘 나타낼 수 있는 방법으로 시험을 보지는 못한다. 이러한 검사가 갖는 가장 크고 부정적인 영향은 학습장애가 있는 학생, 모국어가 영어가 아닌 학생, 유색인종의 학생, 사회경제적 지위가 낮은 학생들이 받게 된다. 이들은 이러한 검사를 정규적으로 통과하지 못하는 경향이 많다(Heubert, 2000).
2. 선다형 문제와 같은 객관식 시험 문제는 높은 수준의 학습능력을 측정할 수 없으므로 이러한 시험들이 교육 수준을 향상시킨다고 할 수는 없으며, 교육과정의 폭이 좁아지거나 생활기술이나 직업적 프로그램과 같이 시험에서 측정되지 않는 과목들은 영향력을 잃게 된다.
3. 보류된 학생들은 학습에 흥미를 잃고 졸업 기준을 맞추는 것은 부질없는 일이라는 생각에서 오는 자아 상실감으로 인해 고통받기 때문에, 높은 중도 탈락률을 낳게 되므로 이는 고부담 검사와 연관이 있다고 할 수 있다.

상담 기술을 학업적 임무와 통합하는 추가 전략

학교의 교육 목표와 학생의 성취를 위해 상담자의 지원은 필수적이라고 할 수 있으며, 특히 국가가 시험을 성공을 위한 토대로 여기고 있는 경우에는 더욱 그렇다. 학교상담자의 역할은 학생들이 효과적인 학습에 이르는 태도, 가치, 지식과 기술을 발달시킬 수 있도록 돕는 것이다(Rowell & Hong, 2002).

상담자들은 이러한 목표를 실현하기 위해 시험 불안의 감소와 인지 치료, 시각화, 검사 준비 그룹과 같은 많은 중재기법을 활용할 수 있다.

시험 불안 감소

시험은 종종 걱정을 동반하며, 학생들은 학업적인 성공을 방해하게 되는 시험 불안을 자주 경험한다(Cheek, Bradley, Reynolds, & Coy, 2002). 시험 불안은 학업적인 성공을 위태롭게 한다는 점에서 '보이지 않는 장애' 로 생각되어 왔다. 시험에 대한 수요가 늘어남에 따라 시험 불안을 감소시키는 전략을 수행해야 할 학교상담자들의 필요 또한 증가하고 있다. 미술, 음악, 심상을 동반한 긴장 완화는 불안감을 감소시키는 데 효과적인 것으로 알려져 왔다. Cheek과 동료들이 수행한 연구에서 시험 불안을 경험하는 학생들에게 '멈춘다(stop), 떨어뜨린다(drop), 돌린다(roll)' 전략을 사용하는 긴장 완화 연습을 가르쳤다: 멈춘다—시험 불안을 경험하면 연필을 놓고 다른 것에 집중을 한다. 떨어뜨린다—머리를 앞으로 내밀어 턱을 목 부분에 움츠려 넣어 떨어뜨린다. 돌린다—깊은 숨을 쉬면서 머리를 돌린다.

인지 치료

합리적-정서적 치료 기법들은 비합리적인 신념을 확인하고 바꾸는 데 효과적으로 사용된다. Hobson(1996)에 의한 중재기법에서 학생들에게 수행에 부정적인 영향을 주는 좋지 않은 생각들을 확인하도록 가르친다; 학생들에게 이러한 생각들을 빗방울 모양으로 파란색 종이 위에 써 넣도록 한다. 그러고 나서 부정적인 생각들을 막기 위해 합리적 생각들로(예방 전략을 나타내는) 우산을 그리도록 한다. 학생들은 자기가 비합리적으로 생각할 때마다 합리적이고 긍정적인 생각들을 떠올리도록 배운다. 또 다른 방법은 학생들에게 비합리적인 생각들을 나타내는 다트와 예방적 생각들을 나타내는 방패를 그리게 하는 것이다. 이 활동은 그림 8.1에 설명되어 있다.

시각화

학생들이 새로운 행동들을 탐색할 때, 정신적 심상 또한 자신을 더 잘 이해하는 데 도움을 준다. 완전히 긴장이 이완되었을 때를 시각화하도록 하고, 오감을 사용해서 이렇게 긴장이 완화된 장면을 마음에 그려 보도록 배운다. 자신이 들은 것, 본 것, 냄

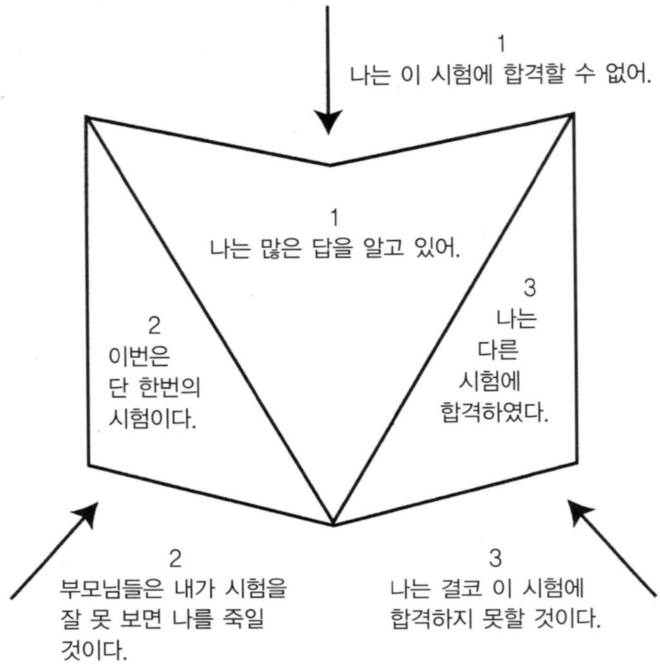

그림 8.1 시험 불안 감소를 위한 인지 치료 전략

새 맡은 것, 맛 본 것, 그리고 만진 것들을 말하도록 한다. 긴장을 완화하며 깊이 숨을 쉬는 것과 시각화하는 것은 시험으로 인해 경험하는 긴장과 스트레스를 없애기 위한 것이다. 표 8.3은 상담자와 학생이 함께 연습할 때 사용될 수 있는 각본이다.

시험 준비 그룹

성취도 향상을 위해서뿐만 아니라 시험에서의 불안감을 감소시키는 데 도움이 되는 전략들을 가르치기 위한 시험 준비 워크숍이 전국에 걸쳐 이루어져 왔다. Wiggins (1992)가 실시한 연구에서 학생들은 Donner의 1981년도 책 『어떻게 SAT를 이기는가(How to Beat the SAT)』에 기초를 둔 6시간의 토요 프로그램에 참여하였다. 이 프로그램에서는 SAT를 치를 때 게임 전략을 적용하라고 참가자들에게 가르쳤다. 연구결과는 이 워크숍의 결과로 참가자들의 점수가 올랐음을 보여 주었다. 게다가 학

표 8.3 시각화

눈을 감아라 깊이 숨을 들이 마시고 다음과 같은 장면을 상상해라. 당신은 구름 위에서 떠다닌다. (깊이 숨을 몇 번 들이 쉬면서 이런 그림을 상상해라.) 당신은 따뜻해지고, 기분이 편안해지고, 긴장이 완화된다. (숨을 몇 번 깊게 쉰다.)	구름은 비단처럼 부드럽고 편하다. 그리고 당신은 기분이 좋아진다. (숨을 몇 번 들이쉰다.) 당신은 편안하고 행복하다. 무엇이 보이는가? 무슨 소리가 들리는가? 무엇을 만지고 있는가? 편안하게 깊이 숨을 들이쉬면서, 이 느낌들에 집중해라. 지금부터, 언제든 당신이 긴장을 느낄 때는 숨을 깊이 쉬고 긴장이 사라졌다고 느낄 때까지 구름 위에서 떠다니는 당신을 생각해라.

생들은 이러한 시험전략을 다른 시험을 치는 상황에도 전이하고 적용할 수 있었다. 이런 전략들을 배우고 싶어하는 학생들을 위해 상담자는 유사한 프로그램들을 개발할 수 있다.

요약

학교상담자는 학교 시험과 평가 과정에서 중요한 역할을 담당하는 사람이다. 책무성과 문서화의 시대에 그들의 역할은 의미심장하게 증가되어 왔다. 검사는 학생들에 대한 정보를 공급해 주는 중요한 원천이며, 하나의 검사점수보다는 다양한 측정을 통해 학생에 대한 좀더 넓은 그림을 제공받을 수 있다. 학생들의 성취도 향상을 위해 개발된 고부담 검사들은 의도한 목적을 완수하지 못하고 있으며, 어떤 경우에는 이 검사로 인해 학생들의 불만족이 야기되고 심지어는 학교를 떠나게 되는 경우도 있다.

표준화 및 비표준화 평가들을 포함해서 다양한 형태의 검사들이 학생들에게 활용될 수 있다. 학교상담자들은 검사 시행과 해석을 위한 요구조건과 훈련 영역들에 대해 알 필요가 있다.

학교상담자들은 검사 실시 장소, 학교 검사 관리와 시행 요소와 같이 효과적인 검사를 구성하는 자질들에 대해 알고 있어야 한다. 자문위원회 위원들의 기술을 교육하고 활용하는 것은 검사의 선택과 시행에 도움이 될 수 있으며, 검사의 규준을 둘러싼 규정과 법률들에 대해 알릴 수 있는 통로로 기여할 수 있다. 게다가 상담자들은 시험 불안을 줄이고 검사 수행을 강화해 줄 수 있는 전략들을 개발함으로써 학생들이 학업적인 임무를 잘 마칠 수 있도록 도와 줄 수 있다.

참고문헌

Anastasi, A. (1992). What counselors should know about the use and interpretation of psychological tests. *Journal of Counseling & Development, 70*, 610-615.

Anastasi, A., & Urbina, S. (1997). *Psychological testing*. Upper Saddle River, NJ: Prentice-Hall.

Arter, J. A., Spandel, V., & Culham, R. (1995). *Portfolios for assessment and instruction*. Office of Educational Research and Improvement. (ERIC Document Reproduction Service No. ED388890)

American Psychological Association. (1988). *Code of fair testing practices in education*. Joint Committee on Testing Practices. Washington, DC: Author.

American School Counselor Association. (2002). *Position statement: High-stakes testing*. Alexandria, VA: Author.

Baker, S. B. (2000). *School counseling for the 21st century* (3rd ed.). Upper Saddle River, NJ: Prentice-Hall.

Bozarth, J. D. (1992). Person-centered assessment. *Journal of Counseling and Development*, 69, 458-465.

Cheek, J. R., Bradley, L. J., Reynolds, J., & Coy, D. (2002). An intervention for helping elementary students reduce test anxiety. *Professional School Counseling Journal, 6*, 162-164.

Clark, A. J. (1995). Projective techniques in the counseling process. *Journal of Counseling & Development, 73*, 311-316.

Dangerous consequences. (n.d.). Retrieved August 21, 2003, from http://www.fairtest.org

Domino, G. L. (2000). *Psychological testing: An introduction*. Upper Saddle River, NJ: Prentice-Hall.

Drum, D. J. (1992). A review of Leo Goldman' s article "Qualitative assessment: An approach for counselors." *Journal of Counseling and Development, 70*, 622-623.

Education Trust. (n.d.) 1725 K Street, NW, Suite 200, Washington, DC 10006. Author.

Giordano, F. G., Schwiebert, V. L., & Brotherton, W. D. (1997). School counselors' perceptions of the usefulness of standardized tests, frequency of their use, and assessment training needs. *The School Counselor, 44*, 198-205.

Gladding, S. T. (2000). *Counseling: A comprehensive profession* (4th ed.). Upper Saddle River, NJ: Merrill.

Goldman, L. (1992). Qualitative assessment: An approach for counselors. *Journal of Counseling & Development, 70*, 616-619.

Guindon, M. H. (2003). Assessment. In B. T. Erford, (Ed.), *Transforming the school counseling profession* (pp. 331-356). Upper Saddle River, NJ: Merrill Prentice-Hall.

Heubert, J. P. (2000, September/October). *High-stakes testing. Opportunities and risks for students of color, English-language learners, and students with disabilities*. Retrieved August 21, 2003, from National Center on Accessing the General Curriculum Web site: http: *//www.cast.org/ncac/*

Hobson, S.M. (1996). Test anxiety: Rain or shine. *Elementary School Guidance and Counseling, 30*, 316-318.

Hood, A. B., & Johnson, R. W. (1997). *Assessment in counseling. A guide to the use of psychological assessment procedures* (2nd ed.). Alexandria, VA: American Counseling Association.

House, A. E. (2002). DSM-IV *diagnosis in the schools*. New York: The Guilford Press.

House, R., Martin, P. J., & Ward, C. C. (2002). *Changing school counselor preparation: A critical need*. (Report No. CG031701). Washington, DC: Department of Education. (ERIC Document Reproduction Service No. ED464281)

Legislative handbook: Quick fads. Retrieved August 22, 2003, from http://www.nsta.org/ncibquick.html

National testing: Measuring learning does not improve learning. (n.d.). Retrieved

August 21, 2003, from http: //www.fairtest. org

Neukrug, E. (1999). *The world of the counselor: An introduction to the counseling profession*. Pacific Grove, CA: Brooks/Cole.

Plake, B. S., Conoley, J. C., Kramer, J. J., & Murphy, L. U. (1992). The Buros Institute of Mental Measurements: *Commitment to the tradition of excellence. Journal of Counseling and Development, 69*, 449-455.

Popham, W. J. (1995). *New assessment methods for school counselors*. (Report No. NC 27412-5001). Greensboro, NC: Clearinghouse on Counseling and Student Services. (ERIC Document Reproduction Service No. ED388888)

Rowell, L., & Hong, E. (2002). The role of school counselors in homework intervention. *The Professional School Counseling Journal, 5*, 285-291.

Schmidt, J. J. (1993). *Counseling in schools: Essential services and comprehensive programs*. Needham Heights, MA: Allyn & Bacon.

Steenbarger, B. N., & Smith, H. B. (1996). Assessing the quality of counseling services: Developing accountable helping systems. *Journal of Counseling and Development, 75*, 145-150.

Sterba, M., & Dowd, T. (1998). *Treating youth with* DSM-IV *disorders: The role of social skill instruction*. Boys Town, NE: Boys Town Press.

Vacc, N. A., & Juhnke, G. A. (1997). The use of structured clinical interviews for assessment in counseling. *Journal of Counseling & Development, 75*, 470-480.

Vacc, N. A., & Loesch, L. C. (1994). *A professional orientation to counseling* (2nd ed.). Levittown, PA: Accelerated Development.

Vernon, A. (1993). *Developmental assessment and intervention with children and adolescents*. Alexandria, VA: American Counseling Association.

Whiston, S. C. (2000). *Principles and applications of assessment in counseling*. Belmont, CA: Wadsworth/Thomson Learning.

Wiggins, J. D. (1992). Beating the SAT: Playing the game. *The School Counselor, 39*, 300-303.

| 제9장 |

학교상담자에 대한 인터넷의 영향

Carole S. Robinson 박사

학교 내에서 정신건강과 교육 두 분야 모두에 대한 정규교육을 받은 전문가는 학교상담자들뿐인 경우가 많다. 학교상담은 학교의 포괄적인 상담 프로그램을 개념화하고 이를 실시해야 할 책임이 있다(Bowers & Hatch, 2002). 컴퓨터 과학기술과 학교상담 사이의 상호의존을 유지하면서 충실한 학생 상담 서비스를 구축하는 것은 상담자가 '학업적, 직업적, 개인적/사회적' 영역의 질적인 지원에 대한 요구들을 최대한 만족시켜 줄 수 있는 교육적, 정보 제공적, 윤리적 방법들을 얼마나 잘 갖추고 있는가에 달려 있다(Bowers & Hatch, p. 12). 과학기술은 학교상담자가 이러한 세 가지 영역의 활동을 수행하는 데 도움이 된다.

이 장에서는 우선 정보화 능력에 초점을 둔다. 간단히 말하면, **정보화 능력**(information literacy)이란 인터넷과 자료를 효율적으로 사용하는 것을 말한다. 혼란스러운 점은 정보 과학기술 기능은 정보화 능력과는 다르다는 것이다. **정보 과학기술** information technodogy)은 '여러 다양한 분야의 학업적, 직업적, 개인적 목표를 달성하기 위해 컴퓨터, 소프트웨어, 데이터베이스, 기타 기술들을 사용할 수 있는' 지식을 개인들에게 제공해 준다(*Information literacy competency standards for higher education*, 2002). 이러한 과학기술적 기능들은 학교상담 서비스 뿐만 아니라 정보화 능력에도 중심 역할을 한다.

학교상담 졸업생들은 정보를 찾는 과학기술, 즉 정보화 능력이 있을 것이라고 기대된다. 정보화 능력은 정보 과학기술 기능에 달려 있지만 정보화 능력 기술은 컴퓨터 하드웨어나 소프트웨어를 사용할 줄 아는 지식과는 명백히 구분된다. 정보화 능력은 "정보가 언제 필요한지를 인식하고, 필요한 정보가 어디에 있는지를 찾아내는 능력을 가지고, 정보를 평가하고, 필요한 정보를 효과적으로 사용하는 광범위한 능력, 즉 정보를 이해하고, 찾고, 평가하고 사용할 수 있는 지적인 틀"을 요구한다(*Information literacy competency standards for higher education*, 2002). 이 두 가지 정의를 간단하게 설명하기 위해서 정보화 능력은 뇌에, 정보 과학기술은 근육에 비유하여 볼 수 있다.

컴퓨터와 상담: 역사

상담, 프로그래머와 컴퓨터는 이상한 조합처럼 보일 수 있다. 그럼에도 이들 사이의 관계는 반세기를 거슬러 올라간다. 그 조합의 산물로 나타난 것이 전자 통신과 학교 상담자, 부모, 보호자와 학생을 위한 무한한 정보의 자원, 즉 인터넷이다.

1950년대 최고의 행동주의 심리학자인 B. F. Skinner는 하버드에서 미리 작성된 컴퓨터와 사용자 간의 실험적 대화를 개발하였다. Skinner는 Teaching Machines Project에서 컴퓨터의 도움을 받아 학습자의 학습에 대해 연구하였다. 특수한 타자기가 커다란 IBM 컴퓨터로부터 수학을 공부하는 학생들에게 문제를 전송하였다. '사용자'인 학생은 수학 문제에 대한 답을 입력하고 답을 확인하기 위해 컴퓨터에 답을 전송한다. 수정된 답안지는 짧은 시간 내에 학생들에게 돌아온다. 컴퓨터와 사용자 간의 의사소통은 정해진 질문과 답변 형태의 선형적 유형으로 제한되어 있었다(*The hypertext history of instructional design*(날짜 미확인)).

1960년대 후반 MIT 프로그래머들은 로저스의 인간 중심 치료자와 환자(사용자) 간의 반영적 멘트를 모방한 ELIZA(조지 버나드 쇼의 소설에 나오는 꽃 파는 여인 Eliza Doolittle의 이름을 따서) 프로그램을 개발하였다. 기본적으로 ELIZA는 문자로 입력되어 전송된 핵심어를 인식하고, 진술을 분석하여, 미리 입력되어 프로그램 되어 있는 반응으로 사용자에게 반응한다. 사용자와 컴퓨터 간에 지속적으로 이루어지는 대화는 비지시적인 상담 회기와 비슷했다(Weizenbaum, 날짜 미확인). 자연스러운 언어를 번거로운 컴퓨터 프로그래밍 언어로 해석해야 한다는 점에서 ELIZA의 한계는 비교적 빨리 드러났다. 과학기술이 상담자를 대신한다는 것은 아직은 실행 가능한 일로 여겨지지 않았다.

MIT에서 ELIZA를 개발하던 같은 시기에 US 국방부 수뇌부는 Advanced Research Project Agency(ARPA)(*Life on the Internet timeline*, 2000)를 조직하였다. ARPA는 RAND와 같은 두뇌집단 내에 있는 미국 연구자들과 Stanford와 같은 주요 대학들을 격려하고 거대한 방 크기만 한 슈퍼컴퓨터를 공유할 수 있는 방법을 찾기 위해 컴퓨터 네트워크 시스템 개발을 구상하기 시작하였다. 서로 독립된 장비를 가지고 소통을 하는 이 공유 네트워크(host-to-host 방식)는 오늘날 인터넷의 전신인 ARPANET이라 일컬어졌다. ARPANET과 더불어 다른 비슷한 프로젝트들 또한 성과를 나타내기 시작하였다. 편의상 다음의 몇 문단에서는 host를 컴퓨터와 같은 의미로 사용한다.

1970년 동안 AT&T는 정책 연구소와 대학에서 사용되는 컴퓨터 간에 ARPANET 링크를 전국적으로 설치하였다. 정부 기관들도 네트워크에 동참하였다(Zakon, 2003). 개발자들이 컴퓨터 네트워크 간에 메시지를 전달하고 관리하는 E-mail 프로그램을 개발한 것은 그리 오래된 것이 아니다. 그 후 10년간 ARPANET은 213대의 컴퓨터를 공유하게 되었고 20일마다 한 대의 컴퓨터가 늘어나는 속도로 증가되었다(*Basic concept of distributed database systems*(날짜 미확인)).

1972년 컴퓨터통신국제회의(ICCC)에서 연결된 컴퓨터(California Stanford 대학의 컴퓨터 한 대와 Massachusetts Cambridge에 위치한 BBN Technologies의 다른 한 대) 간에 컴퓨터 간 채팅으로 첫 번째 온라인 정신치료 세션이 가상으로 진행되었다. Stanford 대학의 정신병 환자 컴퓨터 'PARRY'가 BBN의 'Doctor' 컴퓨터와 문제를 상담했다. ICCC의 'PARRY'와 BBN의 'Doctor'의 시범은 인터넷 상담의 가능성을 제시하였고, 상담 통신 분야에서 오늘날 온라인상에서 용이한 서비스를 확장시킬 수 있는 단계를 마련해 주었다.

현재 우리가 알고 있는 인터넷과 더불어, 실용적인 컴퓨터의 크기와 언어가 오늘날의 개인용 컴퓨터(PC)로 발전되어 왔다. 1981년 IBM에서 처음 상업용 PC를 제작하기 전까지 1970년대에는 취미로 직접 컴퓨터를 만들 수 있는 방법들이 주를 이루었었다. IBM의 컴퓨터(마이크로컴퓨터)는 작고, 프로그래밍이 가능하였으며, 비교적 가격이 저렴할 뿐만 아니라 일반인들도 작동할 수 있을 만큼 간단하였다. 1980년대 동안 PC는 더욱 대중화되었다. 원래 조사 목적으로 사용되던 인터넷의 과학적 존재는 통신에서 정보에 이르기까지 모든 것에 대한 온라인 접근을 원하는 일반 사용자들이 기하급수적으로 늘어남에 따라 점차 줄어들었다.

코넬 대학은 1980년대 중반 학생을 위한 업무에 인터넷을 사용하자는 생각을 갖게 되었다. 건강 정보에의 접근성에 대한 요구에 응하기 위해 코넬 상담센터의 전 담당자였던 Jerry Fiest와 대학 컴퓨터 서비스의 Steve Wonrona는 1986년 사용이 시작된 이후 세계 최초로 지속적인 학생 중심의 조직적 온라인 상담 서비스를 제공하는 'Dear Uncle Ezra' 를 고안하였다(*History of Dear Uncle Ezra*, 2003). 이 서비스는 비밀 질문을 토대로 하고 있으며, 컴퓨터가 질문을 하고 응답을 해주며, 이후 사용할 수 있도록 데이터베이스에 모든 자료를 보관하였다. Dear Uncle Ezra는 E-mail을 기반으로 의사소통을 하기 위해 문자를 통해 읽은 것을 이용해서 상담자와 환자 사이에 비동시적인 상호작용으로 이루어진 개인 인터넷 상담의 고전적 예라고 할 수 있다(*The practice of Internet counseling*, 2001). 다시 말하면 상담자와 환자 간의 의사소통이 실시간으로 이루어지지 않았다는 것이다. E-mail은 중요한 의사소통 수단이다. 다음 연습을 통해 Dear Uncle Ezra에 대해 직접적으로 체험해 볼 수 있다.

| 연습 |

Ask Uncle Ezra, Latest Questions, Question Archive와 연결되어 있는 코넬 대학의 Dear Uncle Ezra 웹사이트(http://ezra.cornell.edu)를 살펴보시오. 그리고 John Grohol 박사의 'Psychcentral' (http://www.psychcentral.com)과 Ivan Goldberg 박사의 'Depression Central' (http://www.psycom.net/depression.central.html#contents)을 살펴보시오.

각각의 웹사이트에 있는 정보 내용을 비교하고 대조하여 비슷한 점이나 서로 유사해 보이는 특성을 두 문단 정도 써 보시오. 다른 점이나 차이점에 대해서도 서술하시오.

1991년에 컴퓨터 네트워크를 만들고 연결하는 능력이 10만 대에서 130만 대로 늘어나면서(Gray, 1996a), ARPANET은 해체되었고 우리가 아는 World Wide Web이 태어났다(*History and development of the Internet a timeline: The 1980s*, 2002). 1990년대에는 평범하지 않은 인터넷의 성장과 "과학기술이 교육과 상담자의 활동 모두에 큰 영향을 주는 것으로 인식되게 한" 온라인 상담의 주목할 만한 변화가 선도되었다(LaTurno-Hines, 2002, 5월).

정신과 전문의이자 임상 정신약리학자인 Ivan Goldberg 박사는 1993년에 'Dr. Ivan' s Depression Central' 이라는 온라인 상담소를 열었다. Depression Central은 우울증과 "우울증에 걸린 사람들이 스스로 힘을 기를 수 있는 능력을 만들고 전문가의 임상적 능력을 증가시키며 우울증을 가진 사람들에 대한 오명과 차별을 줄이기 위한" 치료법에 관한 교육적 정보를 제공해 주는 교육적 웹 기반 방식으로 설계되었다(Goldberg, 2002). Ivan Goldberg 박사는 정보를 온라인상에 올릴 때 그것이 도움을 주기 위한 하나의 도구이지 전문가의 치료를 대체하는 기능을 할 수는 없다는 점을 분명히 하였다. Depression Central에서 제공하는 질적인 정보는 10년이 넘게 기분 장애에 관한 중요한 교육적 자료로 높게 인정받아 왔다.

1990년대는 초고속 정보통신망에 대한 대중과 매체의 관심이 집중된 시기였으며, 온라인 상담을 위한 인터넷의 사용 또한 증가했다. 많은 치료 전문가들이 과학기술의 도움을 받아 컴퓨터를 환자들과의 소통의 수단으로 사용할 수 있는 새로운 형식의 상담방식을 독립적으로 개척하였다. 각각의 치료 전문가들이 온라인 서비스 발전에 기여하면서, 그들의 서비스는 "의사소통을 위한 인터넷의 특성이라고 할 수 있는 e-mail, 채팅, 영상회의를 사용하여 상담자와 학생 사이의 비동시적/동시적 상호작용"을 포함한 오늘날의 학교상담 서비스에 공헌하였다(*The practice of Internet counseling*, 2001).

오랜 기간 동안 컴퓨터와 온라인 의사소통에 매료된 젊은 심리학도였던 John Grohol은 인터넷이 성장 가능한 심리학이며 정신건강을 위한 대중적 장소임을 곧 알게 되었다. 1992년 그는 'Psychcentral.com' 을 창설하였는데 이는 오늘날 가장 오래된 심리학/정신건강 관련 인터넷 사이트로서 공공 온라인 채팅 방에 매주 무상으로 정신 건강에 관한 정보와 정신 건강 및 유지에 관한 새로운 소식을 제공하고 있다. Psychcentral은 http://www.psychcentral.com을 방문하면 볼 수 있다.

궁극적으로 임상 심리학자로서의 교육과 훈련을 받았던 John Grohol 박사는 과학기술을 이용한 원거리 상담의 창시자로 여겨지고 있으며 'e-therapy' (보편적으로 "온라인상에서의 관계형성을 강화하기 위해 인터넷을 매개로 한 과학기술을 사용하는 것"을 설명하기 위해 만들어진 용어)라는 말의 창시자로 인정받게 되었다(Grohol, 2003a).

컴퓨터 과학기술, 인터넷, 그리고 온라인 상담 현상은 학교상담 분야에 계속해서 직접적인 영향을 끼치고 있다. 윤리의 전통적 의미는 계속해서 재정의되고 있으며 상담자들은 그들의 전문가적 신념의 본질에 대해 탐색해야 하는 도전을 받고 있다. 현재와 미래의 학교상담자들에게 정보 공학기술과 정보화 능력 기술은 어느 때보다 더 중요하게 되었다. 인터넷은 이해관계자들에게 상담 프로그램의 수행을 위한 새로운 접근법을 평가해 줄 것을 요구하고 있다.

과학기술 기반 상담으로의 이행에 필요한 사항

과학기술 기반의 상담을 감독하는 공인된 전문적인 기관들이 많은 만큼 기본적인 공학기술 능력에 대한 해석도 많을 수 있다. 주도적인 기관의 현재 과학기술 기준 지침들을 비교해 보면 정보 공학기술과 정보화 능력이라는 두 가지 영역의 능력을 강조하고 있다.

정보 공학기술

정보 공학기술은 정보화 능력을 성취하기 위해서 꼭 필요하다. 정보 공학기술은 "여러 가지 다양한 학업적, 직업적, 개인적 목표를 달성하기 위하여 컴퓨터 , 소프트웨어, 데이터베이스와 그 밖의 다른 기술들을 사용하는 것"을 포함하고 있다(*Informa-*

표 9.1 **공학기술 담당 교사를 위한 일반적인 준비 작업 개요**

- 과학기술 시스템의 본질과 작동에 대해 충분히 이해할 것
- 일반적인 입출력 장치를 능숙하게 사용할 것; 일상적인 하드웨어와 소프트웨어 문제를 해결할 것; 과학기술 시스템, 자료, 서비스를 잘 알고 선택할 것
- 생산성을 증가시키고 창의성을 증진하며 학습을 촉진시키기 위해 과학기술 도구와 정보 자료들을 사용할 것
- 학습과 연구를 돕기 위하여 내용-특수적 도구들(예: 소프트웨어, 가상현실, 환경의복, 공학계산기, 탐험적 환경, 웹 장비)을 사용할 것
- 공학기술 도구들을 사용하여 자료를 처리하고 결과를 보고할 것
- 과학기술 도구와 자료를 사용하여 정보를 관리하고 전달할 것(예: 재무, 일정, 주소, 구매, 통신)
- 원격 통신을 포함한 다양한 매체와 양식을 사용해서 주위 동료들, 전문가들과 다른 청중과 협력하고 발행하고 교류할 것

주: From *Profiles for technology-literate teachers*, (2002). Retrieved March 12, 2003, from http://cnets.iste.org/teachers/t_profile-gen.html

tion literacy competency standards for higher education, 2002). 기본적인 정보 공학기술 모델이 있다. 이 모델은 교사교육 준비 프로그램을 기반으로 한 공학기술 능력을 요약한 "국가적 합의"를 통해 도출된 것이다(*NET PT3 project overview*, 2002). 'General Preparation Performance Profile for Technology-Literate Teachers' 의 최초의 17개 항목에서 준비 단계의 대부분은 학교상담자의 능력에 대한 체크리스트로 용이하게 사용될 수 있다(*Profiles for technology-literate teachers*, 2002). 표 9.1은 기본적인 정보 공학기술에 대해 정의하고 있다.

정보화 능력 역량 기준

컴퓨터를 통해 촉진된 현재의 정보화 시대에 계속해서 진화하고 있는 지구촌 사회에서는 엄청난 양의 의문스러운 정보가 인터넷을 통해 연결되어 있다. 정보는 어느 곳에서나 과도한 정보를 만들어 내고 있다. 개인들, 특히 상담자들은 그러한 엄청난 양의 자료를 효과적으로 선택하고, 조사하고, 평가할 수 있는 능력을 갖추어야 한다. 정보화 능력은 인터넷에 존재하는 엄청난 양의 쓸모없는 정보 더미들로부터 질

표 9.2 고등교육을 위한 대학과 연구 도서관 연합의 정보화 능력 역량 기준

정보화 능력이 있는 사람은 다음과 같은 것을 할 수 있어야 한다.

- 필요한 정보의 양을 결정하는 것
- 필요한 정보에 효과적/효율적으로 접근하는 것
- 정보와 원천에 대해 비판적으로 평가하는 것
- 선택된 정보를 자신의 지식 기반에 통합시키는 것
- 특수한 목적을 이루기 위하여 정보를 효과적으로 사용하는 것
- 정보의 사용을 둘러싼 경제적, 법적, 사회적 이슈에 대해 이해하고 정보를 윤리적, 합법적으로 사용하고 접근하는 것

주: From *Association of College and Research Libraries information Literacy Competency Standards for Higher Education.*(2000). Retrieved March 9, 2003. from the ACRL Web site.

적인 정보의 보물을 분류해 낼 수 있게 한다.

대학 및 연구 도서관 연합(Association of College and Research Libraries, ACRL)에서는 K-16과 전문가 준비 프로그램에서의 정보관리 능력을 배우기 위한 **고등교육을 위한 정보화 능력 역량 기준**(Information Literacy Competency Standards for Higher Education)의 유지와 확산을 적극적으로 권유하고 있다(표 9.2 참조). 이러한 ALA에 의한 기준은 정보화 능력 역량에 대해 제시하고 있다. 여기에는 정보 활용 능력이 상담자 교육 및 수련감독협회(ACES), 상담 및 관련 교육 프로그램 인증위원회(CACREP)와 미국 학교상담자협회(ASCA)를 포함한 상담 기구들에 의해 요구되는 윤리적인 문제들이 포함되어 있다(이 장 뒤에 있는 표 9.5, 9.6, 9.7, 9.9 참조).

정보화 능력: 인터넷 조사 전략

인터넷 조사 기술은 학교상담자들에게 중요하다. 상담자 교육 학생들을 위한 ACES 기술 능력과 CACREP 기준들(이 장의 뒤편에서 더욱 자세히 다루어짐)은 상담자가 직업, 훈련, 재정 지원과 개인적 지도를 위해서 전자 자료가 있는 위치를 찾을 수 있는 인터넷 사용 능력을 가장 우선시하고 있다. 하지만 특정 온라인 정보에 접근하는데 가장 두드러진 어려움은 비생산적인 조사와 시간만 잡아먹는 잘못된 방향 지시

가 복합되어 발생한다. 정보화 능력에서의 두 번째 쟁점은 "필요한 정보에 효과적/효율적으로 접근하는 것"으로서, 효과적인 인터넷 조사 전략을 필요로 한다. 생산성이 있는 조사 지침서들은 권위 있는 웹사이트들에서 찾아 볼 수 있다.

단지 마우스를 클릭하는 것만으로도 많은 최고의 온라인 정보 자료를 이용할 수 있다. 다양한 우수 웹사이트들은 적절한 방법으로 정확한 정보를 찾을 수 있는 좋은 방법들을 제공해 주고 있다. 각각의 사이트들은 안내와 정보 제공에 있어 독특한 접근법을 가지고 있다.

- **Search Engine Showdown: Learning About Searching**는 몬타나 주립대학의 참고자료 사서/관련 교수들이 만들었고 유지하는 개인 웹사이트이다(Notess, 2003).
  웹사이트 주소는 http://www.notess.com/search/strat이다.
- 샌 디에고 주립대학의 **Four NETS for Better Searching**(2003)은 주로 정보를 제공하며, 재미있으며, 다국어로 되어 있고, 모든 연령대의 사이버 검색자들에게 적합하다. 웹사이트 주소는 http://webquest.sdsu.edu/searching/fournets/htm이다.
- Rice 대학의 Fondren 도서관의 **Internet Search Strategies**(2001)는 조사기술을 연마할 수 있는 또 다른 최고의 정보원이다.
  웹사이트 주소는 http://www.rice.edu/fondren/etext/howto/search/html이다.

정보화 능력: 웹사이트 평가 절차

인터넷 검색을 통해 많은 자료를 얻게 되면 이러한 많은 정보를 평가하는 것도 쉽지 않은 작업이 될 수 있다. 인터넷상에서 주어진 어떤 주제에 관해 조사하는 사람이라면 누구나 그 주제에 관한 정보가 압도적으로 많다는 것을 곧 알아차리게 된다. 하급 자료 출처 사이트에서부터 통찰력 있는 고급 웹사이트를 찾기 위한 논리적인 절차에 대해 이해하기 위해서는 평가가 필요하다. 표 9.3은 유효한 웹사이트 자료를 결정하는 데 필요한 여섯 단계를 보여주고 있다. 학교상담자들이 직업 개발 자료를 찾든지, 학생들이 대학을 선택하는 것을 돕든지 간에 학생과 부모, 보호자들에게 적

표 9.3 6 단계 웹사이트 평가 항목

누가	• 작성자는? • 페이지의 후원자는?
무엇을	• 웹사이트의 목적은? • 작성자와 발행인에 대한 신용과 자격은? • 기관에서 이 웹사이트를 만들었는가?
언제	• 웹사이트가 만들어져 있는가? • 최근에 업데이트되었는가?
어디서	• 작성자나 발행인에게 연락할 수 있는가? • URL 주소로 기관을 알 수 있는가? (예: .gov, .edu, .net, .com 중 어느 것인가?)
왜	• 웹사이트가 만들어져 있으며 누구를 대상으로 하는가?
얼마나	• 정보가 정확하고 객관적인가? • 철자와 문법이 맞는가? • 정보가 요즘 것인가? • 웹사이트 내용이 잘 제시되어 있는가? • 하이퍼링크들이 최신의 것인가? • 내용을 확인할 수 있는 인용은 정확한가? • 광고와 정보자료들을 구분하기 쉬운가? • 요금, 검색 기술, 소프트웨어에 대한 요구사항 등의 제한을 받지 않고 정보를 적절하게 볼 수 있는가?

절한 정보를 제공하기 위해서는 인터넷 자료의 신뢰도와 신용도가 요구된다.

'The Quick List'는 또 다른 좋은 인터넷 검색 장치이다. 각각의 웹사이트들을 평가해 본 후에, 긍정적인 결과들을 간단한 표를 사용하여 문서화할 수 있다. 이러한 표를 작성하는 지침은 다음 연습에 제시되어 있다. 표 9.4는 상담 프로그램에 유용한 웹사이트들을 문서화해 놓은 것이다.

표 9.4 전문적 상담 자료 퀵 리스트 예

전문 기관/자료 출처	설명	인터넷 주소
대학입학상담국가협회 (NACAD)	학생들의 고등학교 이후 교육 선택을 위해 제공된 사이트	http://www.nacac.com
진로/직업관련 사이트	**설명**	**인터넷 주소**
직업과 성인교육 사무소 (OVAE)	직업과 기술교육 정보	http://www.ed.gov/about/offices/list/ovae/pi/cte/index.html
장애/질병	**설명**	**인터넷 주소**
학습장애(LD) 온라인	LD 아이들의 교육적 능력을 돕기 위한 정보	http://www.ldonline.org/index.html

| 연습 |

1. 워드를 활용해서 세 줄짜리 표를 작성하시오.
2. 목록에 들어 있는 검색한 자료의 주제를 분류하시오.
3. 웹사이트를 목록에 포함시키기 전에 표 9.3의 6단계 웹사이트 평가 항목을 사용하여 각각의 웹사이트들을 평가하시오.
4. 첫 번째 줄에 웹사이트 이름을 복사하여 붙이시오.
5. 두 번째 줄에 웹사이트 내용에 대해 간단한 설명을 덧붙이시오.
6. 세 번째 줄에 웹사이트 주소를 복사해서 붙이시오.

당신의 웹사이트 선택이 훌륭했음을 증명하는 글을 짧게 쓰시오. 다른 웹사이트들이 만족시키지 못한 6 단계 웹사이트 평가 항목들을 좋은 웹사이트들은 어떻게 만족시켰는지를 증명하는 자료를 제시하시오. ■■

학교상담 전문 기관과 인터넷

이 장의 앞 부분에서 컴퓨터와 상담의 흥미로운 관계에 관해 축약된 역사를 살펴본 후에, 우리는 과학기술의 발전이 인터넷의 기하급수적 증가 및 발전과 함께 지속적으로 상담 분야 전반에, 특히 학교상담에 어떠한 영향을 끼쳤는지 인식할 수 있게 되었다. 통신과 상담은 상호 의존하고 있으며, 마주하고 있는 사이라고 할 수 있다. 통신이 디지털화되어 가면서 믿을 만한 상담 자료와 정보에 대한 요구의 증가는 상담 과정에 중요한 요소가 되었다.

인터넷과 관련한 교육적, 정보 제공적, 윤리적 능력을 확립하는 것은 정부 기관들 내부에서 오랜 기간 논란과 토론의 주제가 되어 왔다. 정부 기관으로는 상담자 교육 및 수련감독협회(ACES), 상담 및 관련 교육 프로그램 인증위원회(CACREP), 미국 학교상담자협회(ASCA), 미국 상담협회(ACA), 그리고 상담 자격 국가위원회(NBCC)가 있다. 이러한 정부기관들에 의해 설립된 역량과 기준들에 대해 알고 있는 것은 정보화된 전문적인 학교상담자가 되는 데 중요한 부분이다.

상담자 교육 및 수련감독협회

상담자 교육 기준의 감독단체들 중 하나인 상담자 교육 및 수련감독협회(Association for Counselor Education and Supervision, ACES)는 상담자 교육, 자격부여, 그리고 수련감독을 향상시키기 위해 많은 노력을 기울여 왔다. 1999년까지 협회 위원들은 상담자 교육자들이 교육과정에 포함시켜야 하는 공학기술 기준을 설명하는 12개 항목의 공학기술 지침 리스트를 발행하였다. 이러한 기준들을 교육과정에 포함시키는 것은 교육 프로그램이 상담 분야를 공부하는 학생들의 졸업 전 과학기술 관련 수준을 평균 이상이 되게 할 것을 보장한다. 『상담교육 학생들을 위한 12가지 과학기술적 역량: 프로그램 개발을 위한 추천 지침서(The 12 Technical Competencies for Counselor Education Students: Recommended Guidelines for Program Development』(1999)는 정보 공학기술(종종 컴퓨터 능력으로 언급되는), 정보화 능력과 e-therapy 윤리로 구성되어 있다. 총 12가지 능력을 담고 있는 전체 리스트가 표 9.5

표 9.5 ACES 역량 구분 개요

구분	ACES 공학기술 관련 네트워크
정보 공학기술	다음이 가능해야 한다. • 웹 페이지, 그룹 발표, 편지, 보고서를 작성할 수 있는 소프트웨어의 효율적인 사용 • 영상녹화기, 음성녹음기, 프로젝션 장비, 영상회의 장비, 녹음 재생 장치들과 같은 시청각 기구의 사용 • 전산화된 통계 자료의 사용 • 의뢰인들에게 전산화된 검사, 진단과 직업 결정 프로그램을 사용 • e-mail 사용 • 상담관련 리스트서브에 기부, 참여 및 서명 • 상담 관련 CD-ROM 데이터베이스에 접근 및 사용
정보화 능력	다음이 가능해야 한다. • 직업, 구직, 교육 및 훈련 기회, 재정 지원/장학금, 치료과정 및 사회적/개인적 정보를 포함하는 다양한 종류의 상담 관련 자료들을 인터넷을 통해 찾을 수 있도록 의뢰인들을 돕기 • 인터넷을 사용하여 상담에 관한 지속적인 교육 기회를 찾아내어 활용하기 • 인터넷 정보의 질을 평가하기
법적/윤리적: 공학기술을 이용한 상담	다음에 대한 지식이 있어야 한다. • 인터넷을 통한 상담 서비스에 대한 법적, 윤리적 지침 • 인터넷을 통해 제공되는 상담서비스의 강점과 약점

주: From Technical competencies for counselor education students: Recommended guidelines for program development. (1999). Retrieved February 24, 2003. from http://www.acesonline.net/competencies.htm

에 제시되어 있으며, 다음 웹사이트에서 확인할 수 있다.

http://www.acesonline.net/competencies.htm

12개의 ACES 능력들 가운데 7개는 정보 공학기술 능력에 중점을 두고 있다. 같은 맥락에서, ACES 능력 가운데 3개는 정보화 능력에 관한 것이다. 현재 추세를 인식하면서, ACES는 전문적인 법적, 윤리적 지침을 포함하고 있는 인터넷을 통한 상담 서비스의 강점과 약점에 관해 알고 결정을 내릴 수 있도록 학생들을 교육하게끔 상담자 교육자들에게 명확하게 제시하고 있다. 다음 연습은 정보화 능력 역량에 대해 잘 알 수 있게 해 줄 것이다.

| 연습 |

표 9.5에 나와 있는 정보화 능력의 필수 요건들을 검토하시오: ACES 역량 구분 개요.

현재 학교상담 프로그램으로 각각의 정보화 능력 역량을 얼마나 충족시키고 있는지 당신의 능력을 시험해 보시오.

각각의 능력들을 충족시키는 데 있어서 당신의 정보화 능력의 강점과 약점을 확인하여 간단히 적으시오. 각각의 역량을 충족시킬 수 있는 정도를 나타내고 학교상담 프로그램에서 자신의 역량을 향상시킬 수 있는 방안을 제안하시오.

상담 및 관련 교육 프로그램 인증위원회

미국 상담협회(ACA)는 1981년에 상담 및 관련 교육 프로그램 인증위원회(Council for Accreditation of Counseling and Related Educational Programs, CACREP)를 조직하였다(*About CACREP*, 2002). 이는 ACA와는 별개의 독립된 인가 기관이다. 이 기관의 업무에는 상담자 교육 프로그램이 'CACREP 2001 표준'에 명시되어 있는 국가 기준을 따르고 있는지 검토하고 평가하는 것이 포함된다. 이 기준들은 "학생들이 전문적 상담 자격을 개발하고 효과적으로 활용하기 위한 지식과 기술을 숙달하는 것을 보장한다" (*Council for Accreditation of Counseling and Related Educational Programs: The 2001 Standards*, 2001).

이 장에서는 다른 전문 기관들이 만든 상담자 공학기술 역량과 윤리적 기준들이 강조되고 있다. 그러나 CACREP가 승인한 정보 공학기술 기능들이 일반화되어 있으며, 이는 ACES만큼 세부적이지도 않다. 승인된 예시들은 표 9.6의 영역 II 프로그램

표 9.6 상담 및 관련 교육 프로그램 인증위원회 2001년 기준

구분	영역 II 프로그램의 목적 및 교육과정
	전문성
정보 공학기술	• 공학기술 역량 및 컴퓨터 활용능력
법적/윤리적	• 전문적 상담 관련 윤리적 법적 고려사항들의 적용점과 ACA 및 관계 기관들의 윤리적 기준
	진로개발
정보화 능력	• 진로, 직업적, 교육적, 직업 및 노동 시장 정보 자료, 시각 및 인쇄 매체, 컴퓨터 기반의 진로정보 시스템과 기타 전자 진로 정보 시스템들 • 컴퓨터 기반의 직업 지침서, 정보 시스템과 적합한 웹사이트를 포함한 공학기술 기반의 진로개발 적용 및 전략
	관계 조력
정보화 능력	• 상담 및 자문과정에서 공학기술 전략과 응용의 통합
	연구 및 프로그램 평가
정보 공학기술	• 연구와 프로그램 평가 및 컴퓨터 활용 기초 능력 평가를 위한 공학기술과 통계방법 사용

주: *Council for Accreditation of Counseling and Related Educational Programs: The 2001 Standards.* (2001). Retrieved January 6, 2003, from http://www.counseling.org/cacrep/2001standards700.htm

목적과 교육과정에서 확인할 수 있다. 여기에는 공학기술 기반의 상담을 둘러싼 법적, 윤리적 문제들은 직접 언급되어 있지 않다. 영역 III 임상교육은 공학기술 요구사항에 대해 설명해 놓고 있으며, 온라인 조사를 할 만한 가치가 있다.

학교상담 국가 자격(NCSC)이라는 자격/인증기관은 세 개의 국가 기관(ACA, ASCA, NBCC)이 함께 만든 것이다. 성공적인 학교상담직을 위한 첫 번째 단계는 이들 세 기관에서 만든 윤리적 문제, 정보화 능력 및 정보 공학기술 기준들을 숙지하는 것이다. 그 기준들은 상담 장면에서 공학기술 사용과 관련된 적절한 지식 기반을 확실히 하기 위해 만들어진 것이다.

미국 학교상담자협회

미국 학교상담자협회(American School Counselor Association, ASCA)는 졸업한 학교상담자 교육자, 자격 있는 학교상담자 및 학교상담 수련감독자들로 구성되어 있으며 학교상담자를 위한 『윤리 기준(*ASCA Ethical Standards for School Counselors*)』 개정판을 1988년(표 9.7)에 발행하였다. 웹사이트는 다음과 같다.

http://www.schoolcounselor.org/content.cfm?L1=1&L2=15

컴퓨터 공학기술은 "적절한 컴퓨터 응용의 장점을 증진시키며 컴퓨터 공학기술의 한계를 명백히 한다"(*Ethics*, 2002). 공학기술 능력은 상담자들이 내담자에게 상담에 사용된 공학기술의 적용에 대해 교육하고, 컴퓨터 공학기술과 응용기기에 대해 평등하게 접근할 수 있도록 감독할 책임이 있다고 설명되어 있다. 상담자들은 또한 개개 내담자의 요구와 관련해서 컴퓨터를 활용하는 것이 적절한지를 평가할 수 있는 능력을 가지고 있어야 한다. ASCA는 인터넷이나 공학기술을 기반으로 하는 원거리 상담을 상담과정에 통합시키는 경우, 학교상담자들로 하여금 상담 자격 국가위원회(National Board for Certified Counselors, NBCC)의 '웹 상담을 위한 기준'

표 9.7 미국 학교상담자협회의 학교상담자 윤리 기준

구분	학교상담자 윤리 기준(1998)
정보 공학기술	A.10. 컴퓨터 공학기술 • 컴퓨터 응용은 내담자의 개인적 필요에 적절해야 한다.
미국 장애인법	• 내담자가 컴퓨터 응용기기의 사용법을 이해해야 한다. • 공학기술의 적용을 받은 구성원들은 컴퓨터 공학기술에 평등하게 접근할 수 있도록 보장해 주어야 하며, 컴퓨터 응용기기에 대한 정보와 가치에 대해 차별이 없어야 한다.
법률/윤리: 공학기술 기반 상담	A.10. '웹 상담을 위한 NBCC 기준' 을 따라야 한다.

주: From Ethics. (2002). Retrieved December 12, 2002, from the ASCA Web site.

을 참조하도록 하고 있다.

2002년 ASCA에 의해 초안이 발행된 『학교상담 프로그램 국가모형(National Model for School Counseling Programs)』은 실현 가능한 학교상담 프로그램을 효과적으로 수행하고 지원하기 위해 필수적 사전조건인 상담자 정보 공학기술과 정보화 능력 기술에 대해 보여주고 있다. 표 9.8에 공학기술 관련 사전 조건들을 나열해 놓았다. 학생 진로 및 학업적 조사와 상담자 자료수집 영역에서의 인터넷 검색 기술이 반복되어 제시되고 있음을 보라. 학교상담 프로그램의 최종 목표(학교의 교육 목표 달성을 돕는 것)를 달성하기 위해서는 가장 최신의 그리고 신뢰성 있는 정보들을 학생, 부모와 학교 이해관계자들에게 제공하는 것이 필요하다.

표 9.8 학교상담 프로그램 국가 모형

구분	사전 조건
정보 공학기술	• 학교상담자들은 인터넷*, 워드 프로세서, 학생 데이터베이스 시스템 및 프레젠테이션 소프트웨어를 포함한 과학기술을 매일 사용한다. • 학교상담자들은 교육적 성취를 향상시키기 위한 조언을 할 때 교장, 교사 및 자문위원회와 함께 작업하기 위해 학교 직원에 관한 자료를 사용한다. • 학교상담자들은 매년 공학기술 발달과 업데이트를 위한 모든 분야의 교육을 받는다. • 학교상담자들은 학교상담 프로그램의 계획, 수행 및 평가에 공학기술을 사용한다. • 학교상담자들은 조직적인 변화를 이끌어 내기 위해 자료를 수집**, 분석 및 제시하기 위한 도구로 과학기술을 사용한다.
정보 활용 능력	• 학교상담자들은 학생들의 진로 및 고등교육 조사와 온라인 포트폴리오 작성을 돕는 데 과학기술을 사용한다.

* 인터넷은 정보 활용 능력을 말한다.
** 자료수집은 정보 활용 능력을 말한다.

주: From Bowers, J., & Hatch, P. (2002). ASCA National Model for School Counseling Programs(p. 64). Retrieved September 15, 2003, from the North Carolina School Counselor Association Web site.

상담 자격 국가위원회 및 미국 상담협회

상담 자격 국가위원회(National Board for Certified Counselors, NBCC)와 미국 상담협회(American Counseling Association, ACA)의 기준은 대개 개인적 활동을 하고 있는 환경에 놓여 있는 상담자들에 대한 것이지만 이 기관들은 학교상담 지침의 시금석이 되는 기준이 된다. 상담직이 생산적으로 이루어지려면 조직화된 상호 연결성에 대한 인식이 중요하다.

NBCC는 국가 상담자 자격을 구축, 감독 및 장려하는 공신력 있는 기구이다. 자격증이 있는 30,000명이 넘는 상담자들이 NBCC의 '상담자 국가자격 시험(National Counselor Examination, NCE)에 관한 훈련, 경험, 수행에서 선결된 기준들' 을 충족시켰다. NBCC는 2001년 『인터넷 상담의 윤리적 활용을 위한 기준(Standards for the Ethical Practice of Internet Counseling)』을 발행하였다. 이 문서는 정의에 대한 확실한 출처가 될 뿐 아니라, 여기에 제시되어 있는 14개의 기준은 웹 기반 상담의 미묘한 차이점과 함축성에 대해 설명해 주고 있다(*The practice of Internet counseling*, 2001).

회원이 50,000명이 넘는 ACA는 상담자들을 대표하는 전문적, 교육적 기관이다. 전문성을 증진시키고 고객 서비스를 강화하기 위한 노력으로 회원은 대중 정책과

표 9.9 인터넷 온라인 상담을 위한 미국 상담 협회 윤리 기준

구분	인터넷 온라인 상담을 위한 윤리 기준(1999)
정보 공학기술	A.12 a.; 12 c. 컴퓨터 과학기술 A.12 b. 컴퓨터 과학기술의 한계를 설명하라
법적/윤리적: 공학기술 기반 상담	다음의 엄수: 온라인 상담의 적합성 정도; 상담 계획; 지속적인 지원; 역량의 한계, 특히 미성년이나 온라인 상담이 적절하지 않은 내담자를 결정하는 능력의 범주

주: From Confidentiality. (2003). Retrieved February 22, 2003, from the ASCA Web site.

법률에 관련된 일도 하고 있다. 전문적이고 윤리적인 상담 기준을 설립하는 수단으로 “협회들은 인가, 허가 및 국가 자격증과 관련하여 눈에 띌 만한 업적을 이루었다” (*Confidentiality, 2003*). 교육 프로그램들과 조직적 발행은 상담자 훈련의 발전을 촉진하기 위해 사용된 대표적인 활동들이다. 1999년 ACA의『인터넷 온라인 상담을 위한 윤리적 기준(*Standards for the Ethical Practice of Internet Counseling*)』의 발행은(표 9.9 참조) “온라인 상담 서비스 제공을 위한 인터넷을 통한 전자 통신 사용” 지침을 확립시켰다(*Confidentiality*).

평등한 접근에 관련된 문제

NBCC는 평등한 접근 영역에 대해서도 상세히 설명해 놓고 있다: “쉽게 이용할 수 있는 과학기술에 한계가 있지만 인터넷 상담자들은 그들의 웹사이트를 장애가 있는 사람들이 장벽 없이 사용할 수 있도록 환경을 만들어 놓을 의무가 있다” (*The practice of Internet counseling*, 2001). 평등한 접근은 윤리적인 문제만이 아니다; 상담 웹사이트는 장애인법 508항과『월드 와이드 웹 콘소시엄 접근 지침[World Wide Web Consortium' s(W3C) Web Content Accessibility Guidelines(WCAG)]』에 맞추어 운영해야 할 법적인 의무가 있다. WCAG는 장애인들이 인터넷에서 정보를 더욱 빠르게 찾을 수 있게 도와준다. 508항의 조항에는 웹사이트 자료들(전자와 정보 공학기술)이 장애인들이 자료를 찾기 위해 어떤 접근 방법을 사용하든 상관없이 정보에 접근할 수 있게 하도록 요구하고 있다(*508 Law*, 1998). 508항 조항 준수에 관한 정보는 온라인상에서나 소프트웨어 구입을 통해 쉽게 얻을 수 있다.

상담 웹사이트 및 508항의 준수

학교 웹사이트에 있는 장학금/재정지원 관련 대학 정보, 성적증명서 요청 양식, 직업 정보, 온라인 상담 통신을 포함해서 무수히 많은 여러 가지 상담에 관한 구체적인 내용에 대한 세심한 계획이 필요하다. 상담자들은 반드시 사이트의 접근 방어벽을 신중하게 고려하고 장애인법 508항을 충족시킬 수 있게 전략적으로 설계해야 한다. 웹사이트의 기능성과 정보처리 상호운용을 결정할 때 '사용자 접근 1.0(User Agent Accessibility Guidelines 1.0)(2002)은 좋은 참고 자료가 될 수 있다. 지침은 다음 사이트에서 확인할 수 있다.

http://www.w3.org/TR/2002/REG-UAAG10-20021217

이 문서는 부모, 보호자와 학생을 위해 '단지 웹사이트를 만들어 보려는' 신출내기 상담교사들에게는 기를 꺾는 것이 될 수도 있다. 하지만 평등성과 접근성의 문제는 상담 프로그램에서 매우 중요한 부분이다. 1994년 MIT에서 월드 와이드 웹 콘소시엄(W3C)이 언어적 장벽, 사회적 이슈와 기술적 요구사항을 포함하는 보편적인 웹 접근의 다양한 문제를 위해 구성되었다. 이 조직의 목적은 평등한 웹 접근 장비뿐만 아니라 "문화, 교육, 능력 및 물리적 자원에서의 차이"까지 포괄한다(*About the World Wide Web Consortium*, 2003). 회원은 전 세계에 분포되어 있다. W3C 총괄 웹사이트는 다음과 같다.

http://www.w3.org/consortium/#mission

'Bobby'는 '영리 목적'의 소프트웨어 개발 및 관리 회사인 Watchfire에서 제공하는 무상의 온라인 서비스이다. Bobby를 원하면 다음 사이트를 방문한다.

http://bobby.watchfire.com/bobby/html/en/index.jsp

이 서비스는 웹사이트에 대한 평등한 접근의 설계를 장려하기 위해 만들어진 것이다. 여기에서는 웹사이트 개발자들에게 온라인상에 내용을 올리기 전에 그들의 웹페이지의 접근 가능성을 테스트를 할 수 있는 중앙 웹사이트를 제공한다.

Bobby의 분석은 치명적인 웹 설계의 문제점들을 찾아내고 장벽들을 수리할 방법을 제시해 준다. 다음 연습은 Bobby 웹사이트에 대해 자세히 알 수 있게 도와준다.

| 연습 |

Bobby 웹사이트(http://bobby.watchfire.com/bobby/html/en/index.jsp)를 찾아 상담기관 웹사이트 주소들을 URL란에 복사하시오. '웹 콘텐츠 접근 지침 1.0(Web Content Accessibility Guidelines 1.0)' 과 '508항 지침(U. S. Section 508 Guidelines)' 을 사용하여 Bobby 테스트를 작동하시오.

508항과 WCAG를 준수했는지 감독하기 위한 미국 장애인법(ADA) 조항 소프트웨어는 시장에 나와 있다. 가장 널리 사용되고 있는 소프트웨어 두 가지는 InFocus (*InFocus*, 2003)와 AccVerify(HiSoftware, 2003)이다. 이 제품들은 완전한 접근 기준 목록표를 사용하여 웹사이트들과 응용기기들을 면밀히 조사한다. 개인 웹 페이지들의 접근 위반이나 실수는 자동적으로 검사된다. 조항을 준수하도록 위반이나 실수의 개선에 필요한 구체적인 단계들도 기록되어 있다.

상담 프로그램을 위한 실용적인 소프트웨어에 대한 인터넷 접근

공학기술은 책무성 영역에서 학교상담 프로그램을 지지할 수 있는 점점 더 효율적인 방법이 되어가고 있다. ASCA 국가 모델(발달적 종합적 생활지도 모델)에 따르면, 학교상담 프로그램은 자료에 기초하여 학생의 성과를 정확히 보고해야 할 책임이 있다(Bowers & Hatch, 2002). 학교상담 프로그램의 운영은 활동 계획, 시간 사용 단위와 학교 주간 일정표에 따르게 된다. 수집된 자료는 학생 개인의 성취와 학생들 간의 성취의 차이에 대해 조사하는 것은 물론, 계획, 감독, 평가 및 개입방법의 수정에 중요하다. 전자 데이터베이스는 필기구로 된 기록과 일정표를 빠르게 대신하고 있다. 마이크로소프트의 엑셀과 액세스, Filemaker Pro와 같은 스프레드시트/데이터베이스 프로그램은 보통 기본적인 컴퓨터 소프트웨어에 포함되어 있으며, 학생 상담, 프레젠테이션, 그룹 활동 등에서 나타난 학생들의 기록 자료를 보관할 수 있는 간단하고 저렴한 도구이다.

e-mail(인터넷 통신) 형태의 공학기술과 정보제공 웹사이트들은 개별 환자들과의 대화에 매우 중요해졌으며, 학생, 부모, 상담자들과의 대화를 도와주어 학교와 집 사이의 소통을 강화하였다. 인터넷 통신은 정규적인 학교기간 중에 일정을 잡기 힘들었던 개별 면대면 상담 일정에 실용적인 대안이 될 수 있다. 웹사이트에 올리는 것을 포함하여 어떠한 형태의 전자 대화법을 사용할 때에도 항상 평등한 접근 문제를 준수해야 할 윤리적 의무가 있다는 점을 잊어서는 안 된다. 교육청의 일정과 양식, 직업 조사 정보자료, 진로/직업상의 계획과 참고자료/정보제공 웹사이트 링크들을 포함하여 보충적인 온라인 상담 자료들은 상호 작용을 촉진하고 학생들의 동기부여 및 자립과 더불어 부모들의 개입에 영향을 줄 수 있다. 다음은 ASCA 국가 모델을 기초로 한 지역교육청 학교상담 웹사이트 내용의 예시이다. 이러한 사이트에는 상담 프로그램 웹 사이트들을 이해하고 제작하는 데 도움이 될 수 있는 자료들이 들어 있다.

- Tucson Unified School 지역교육청 학교상담 프로그램:
  http://instech.tusd.k12.az.us/counsel/counselor/handbook.htm
- Moreno Valley School 지역교육청 학교상담 프로그램:
  http://www.mvusd.k12.ca.us/Departments/Educational/Student_Services/Program_Information/program_information.html

만약 지역교육청에서 공학기술이 잘 갖추어진 상담 사무실을 제공해 주지 않는다면 특정 소프트웨어 장치(예: 자료 수집, 문서, 일정관리, 내담자들과의 면담, 웹사이트 허가 소프트웨어)들은 약간의 비용이나 무상으로 다운로드를 받을 수 있게 되어 있다. 문자 그대로 수백 개가 넘는 다운로드가 가능한 이 사이트들은 프리웨어, 셰어웨어와 공공 도메인 소프트웨어들을 전략적으로 검색해 보면 찾아낼 수 있다.

소프트웨어를 찾거나 다운로드받기 전에 프리웨어, 셰어웨어, 공공 도메인 소프트웨어의 차이점을 이해하는 것이 중요하다. 오하이오 주립대학 정보기술 부서에서는 이 단어들의 직접적인 의미를 정의하였다.

프리웨어(Freeware): 무상으로 다운로드할 수 있는 판권이 있는 소프트웨어; 무한한 개인적 사용이 가능하지만 저자의 동의 없이 다른 것은 할 수 없다. 다음 내용과 비교해 보라.

셰어웨어(Shareware): 다운로드한 프로그램을 지속적으로 사용하려면 등록을 해야 하고 약간의 대금을 저자에게 지불해야 하는 판권이 있는 소프트웨어이다(오하이오 주립대학 정보기술 부서. 2003a).

공공 도메인 소프트웨어(Public domain software): 모든 판권이 없는 프로그램; 이 소프트웨어는 무상이며 제약 없이 사용할 수 있다; 종종 프리웨어와 혼동된다(프리웨어는 저자에게 판권이 있는 소프트웨어이다)(오하이오 주립대학 정보기술 부서, 2003b).

로스앤젤레스의 캘리포니아 대학 엔지니어링 응용 과학부에서는 검색 가능한 공공 도메인 소프트웨어의 공문 데이터베이스를 다음 사이트에 보관하고 있다.

http://aixpdslib.seas.ucla.edu/index.html

많은 셰어웨어/프리웨어를 찾을 수 있는 사이트에서 선택한 소프트웨어를 다운로드하기 위해서는 먼저 회원가입비를 지불해야 한다. 그래서 인터넷 검색을 할 때에는 이런 상업적 전략을 고려해야 한다. 회원가입이 필요 없는 웹사이트인 ZDNET의 주소는 다음과 같다.

http://downloads-zdnet.com.com

ZDNET은 PC와 매킨토시에서 검토하고 평가하고 분류한 소프트웨어 자료들과 그에 대한 관점을 제공한다. 인터넷 검색 기술을 연마하는 것만으로 수많은 프리웨어, 셰어웨어와 공공 도메인 소프트웨어 사이트들을 이용할 수 있다. 사이버 세계에 들어가기 전에 이 장에 소개된 '정보화 능력 : 인터넷 검색 전략' 을 살펴보시오.

다운로드를 할 수 있는 소프트웨어를 찾았다면 다음 단계는 제품을 평가하는 것이다. 북서부 지역 교육 기술 콘소시엄(NWREL)의 웹사이트는 다음과 같다.

http://www.netc.org/software

이 사이트에서는 소프트웨어 선택과, 평가 항목에 대한 정보를 제공한다. '믿을 수 있는 소프트웨어 선택을 위한 일곱 단계' 는 아래에 나와 있다.

http://www.netc.org/software/eric_software.html

소프트웨어 제품 검토를 위해 정보교환 웹 링크들도 제공되어 있다. 즐겁게 찾아라! 다음 연습을 통해 시작해 볼 수 있을 것이다.

| 연습 |

인터넷 검색 기술을 사용하여 당신의 학교상담 프로그램 개선시킬 수 있는 프리웨어, 셰어웨어, 공공 도메인 소프트웨어의 예를 찾으시오. 약속을 잡는 일정표를 검색하는 것부터 시작하시오.

'믿을 수 있는 소프트웨어 선택을 위한 일곱 단계' 웹사이트(http://www.netc.org/software/eric_software.html)를 사용하여 당신이 각각의 소프트웨어들을 다운로드하기로 선택한 이유를 설명하시오.

만일 생산적인 인터넷 검색에 문제가 있다면 '더 나은 검색을 위한 Four NETS'을 찾으시오.

http://webquest.sdsu.edu/searching/fournets.htm

주제에 관한 인터넷 검색에 관련된 Net 1에서 Net 4까지 읽고 연습하시오: 좁게 시작하시오, 정확한 문장을 찾으시오, URL을 나누시오, 그리고 비슷한 페이지들을 찾으시오.

요약

사회적, 공학기술적 영향으로 공학기술을 기반으로 하는 상담의 활용에 대한 필요가 빠르게 증가되고 있다. 인터넷은 서비스를 주고받는 흥미로운 체제를 제공해 주고 있으며, 많은 학생과 가족, 특히 다양한 상황으로 인해 시간이나 장소에 많은 구애를 받는 사람들을 도울 수 있게 해주고 있다. 이러한 디지털 시스템은 아직 형성기에 놓여 있다는 것을 알고 있어야 한다. 전통적인 서비스를 공학기술을 기반으로 하는 상담으로 전환시키는 것과 관련하여 여전히 많은 문제점들이 고려되어야 하지만, 점차 해결방안이 나올 것이다. 전문적 기관들은 성실하게 지침들을 구성해 가고 있으며, 질 높은 웹을 기반으로 한 상담 서비스와 학생들을 교육하기 위한 최상의 활동을 제공하는 교육적, 정보 제공적, 윤리적 역량을 만들어 가고 있다.

학교상담자는 내담자의 개인 자료와 대화내용 등의 개인정보를 보호할 전반적인 책임이 있다. E-mail, 웹사이트 개시 및 컴퓨터를 사용한 자료 수집 등에서 법적/윤리 지침을 꼭 확인해야 한다. 이 장에 있는 표 9.2, 표 9.5, 표 9.6, 표 9.7과 표 9.9를 검토해 보시오. 이러한 자료는 학교상담 프로그램에서 공학기술을 사용하는 것과 관련된 법적, 윤리적 관련 쟁점을 개관해 주고 있다. 자세한 정보를 원한다면 다음 단체들의 웹사이트를 방문하는 것이 좋다: 대학 및 연구 도서관협회(ACRL), 상담자 교육 및 수련감독협회(ACES), 상담 및 관련 교육 프로그램 인증위원회(CACREP), 미국 학교상담자협회(ASCA), 그리고 미국 상담협회(ACA)의 웹사이트 주소는 이 책에 나와 있다.

만약 당신이 앞으로 학교상담 프로그램에 온라인 자료와 지침서, 컴퓨터 통신을 추가하여 뛰어 든다면 상담 여행은 더 많은 정보로 풍부해질 것이다.

참고문헌

About CACREP. (2002). Retrieved January 6, 2003, from http://www.counseling.org/cacrep/aboutCACREP.htm

About the World Wide Web Consortium. (2003). Retrieved March 3, 2003, from the World Wide Web Consortium Web site: http://www.w3.org/Consortium/#mission

Association of College and Research Libraries Information Literacy Competency Standards for Higher Education. (2000). Retrieved March 9, 2003 from the

Association of College and Research Libraries Web site: http://www.ala.org/ala/acrl/acrlstandards/informationliteracycompet ency.htm#ildef

Basic concepts of distributed database systems. (n.d.) Retrieved May 17, 2004 from http://www.deakin.edu.au/~scc762/s762s1.pdf

Bowers, J., & Hatch, P. (2002). *ASCA National Model for School Counseling Programs*. Retrieved September 15, 2003, from North Carolina School Counselor Association Web site: http://www.nccounseling.org/ NCSCA/modeltext.pdf

Confidentiality. (2003). Retrieved February 22, 2003, from the American Counseling Association Web site: http://www.counseling.org/site/PageServer?pagename=resources_internet

Council for Accreditation of Counseling and Related Educational Programs: The 2001 Standards. (2001). Retrieved January 6, 2003, from http://www.counseling.org/cacrep/2001standards700.htm

Ethics. (2002). Retrieved December 12, 2002, from the American School Counselor Association Web site: http://www.schoolcounselor.org/content.cfm?L1=1&L2=15

Ethics. (2003). Retrieved February 22, 2003, from the American Psychological Association Online Web site: http://www.apa.org/ethics/stmnt0l.html

Four NETS for Better Searching. (2003). Retrieved September 21, 2003, from San Diego State University Web site: http://webquest.sdsu.edu/searching/foumets.htm

Goldberg, I. (2002). *Mission statement*. Retrieved November 24, 2002, from Dr. Ivan' s *Depression Central* Web site: http://www.psycom.net/depression.central.mission.html

Gray, M. (1996a). *Internet growth: Raw data*. Retrieved December 20, 2002, from the Massachusetts Institute of Technology Web site: http://www.mit.edu/people/mkgray/net/terminology.html

Gray, M. (1996b). *Web sites, hostnames and IP addresses, oh my*. Retrieved May 12, 2004, from the Massachusetts Institute of Technology Web site: http://www.mit.edu/people/mkgray/net/intemet-growth-summary.html

Grohol, J. (2003a). *eTherapy essays*. Retrieved January 5, 2003, from Dr. John Grohol' s *Psych Central* Web site: http://psychcentral.com/best/s

Grohol, J. (2003b). *Dr. John Grohol' s Psych Central*. Retrieved January 5, 2003, from Dr. John Grohol' s *Psych Central* Web site: http://psychcentral.com

HiSoftware. (2003). *HiSofiware and Microsoft present*. Retrieved January 5, 2003, from http://www.hisoftware.com/msacc

History and development of the Internet: A timeline: the 1980s. (2002). Retrieved November 24, 2002, from San Antonio Public Library: Government Documents Web site: http://www.sat.lib.tx.us/Displays/it80.htm

History of Dear Uncle Ezra. (2003). Retrieved September 21, 2003, from Cornell University, Ask Uncle Ezra Web site: http://ezra.cornell.edu/history.php

InFocus. (2003). Retrieved February 25, 2003, from SSB Technologies Web site: http://www.ssbtechnologies.com/products/InFocus.php

Information literacy competency standards for higher education. (2002). Retrieved November 28, 2002, from the American Library Association, Association of College and Research Libraries Web site: http://www.ala.org/acrl/ilintro.html#iltech

Internet search strategy. (2001). Retrieved November 30, 2002, from Rice University Fondren Library Website: http://www.rice.edu/fondren/etext/howto/search.html

LaTurno-Hines, P. (2002, May). Student technology competencies for school counseling programs. *Journal of Technology in Counseling*. Available: http://jtc.colstate.edu/vol2_2/hines/hines.htm

Moreno Valley School District School Counseling Program. (2003). Retrieved December 30, 2003, from the Moreno Valley School District School Web site: http://www.mvusd.kl2.ca.us/Depaitnients/Educational/Student_Services/Program_Information/program_information.html

NETS PT3 project overview. (2002). Retrieved March 12, 2003, from http://cnets.iste.org/teachers/t_overview.html

Northwest Educational Technology Consortium. (2003). Retrieved December 30, 2003, from the NETC Web site: http://www.netc.org/software

Notess, G. (2003). *Learning about searching*. Retrieved January 5, 2003, from Search Engine Showdown Web site: http://www.notess.com/search/strat

Ohio State University Office of Information Technology. (2003a). Retrieved December 29, 2003, from the Ohio State University Web site: http://www.oit.ohio-state.edu/glossary/gloss2.htm1#f

Ohio State University Office of Information Technology. (2003b). Retrieved December 29, 2003, from the Ohio State University Web site: http://www.oit.ohio-state.edu/glossary/gloss2.htm1#p

Presidential Committee on Information Literacy. Final Report. (1989). Chicago: American Library Association. Retrieved March 11, 2003, from the American Library Association Web site: http://www.ala.org/acrl/nili/ilitlst.html

Profiles for technology-literate teachers. (2002). Retrieved March 12, 2003, from http://cnets.iste.org/teachers/t_profilegen.html

Rabasca, L. (2000). Self-help sites: A blessing or a bane? *Monitor on Psychology, 31* (4). Retrieved December 5, 2002, from http://www.apa.org/monitor/apr00/self-help.html

Seven steps to responsible software selection. (2003). Retrieved December 30, 2003, from the NETC Web site: http://www.netc.org/software/eric_software. html

Technical competencies for counselor education students: Recommended guidelines for program development. (1999). Retrieved February 24, 2003, from http://www.acesonline.net/competencies. htm

Telehealth and the Internet. (2002). Retrieved November 28, 2002, from the U.S. Department of Health and Human Services, Office for the Advancement of Healthnet Web site: http://telehealth.hrsa.gov/pubs/inter.htm

The ASCA National Model: A framework for school counseling programs. (2002). Retrieved September 24, 2003, from the American School Counselor Association Web site: http://www.schoolcounselor.org/library/ExecSumm.pdf

The hypertext history of instructional design (n.d.) Retrieved May 12, 2004 from the University of Houston College of Education Web site: http://www.coe.uh.edu/courses/coin6373/idhistory/ibm.html

The practice of Internet counseling. (2001). Retrieved February 14, 2003, from the National Board for Certified Counselors Web site: http://www.nbcc.org/ethics/webethics.htm

Tucson Unified School District School Counseling Program. (2003). Retrieved December 29, 2003, from the Tucson Unified School District Web site: http://instech.tusd.kl2.az.us/counsel/counselor/handbook.htm

University of California at Los Angeles School of Engineering and Applied Science. (2003). Retrieved December 30, 2003, from the UCLA Web site: http://aix-pdslib.seas.ucla.edu/index.html

User Agent Accessibility Guidelines 1. 0. (2002). Retrieved September 30, 2003, from the World Wide Web Consortium Web site: http://www.w3.org/TR/2002/REC-UAAG10-20021217

Weizenbaum, J. (n.d.). *ELIZA–A computer program for the study of natural language communication between man and machine.* Retrieved December 20, 2002, from the New York University Web site: http://i5.nyu.edu/~mm64/x52.9265/januaryl966.html

Welcome to the Bobby online services. (2003). Retrieved January 24, 2003, from Bobby Web site: http://bobby.watchfire.com/bobby/html/en/index.jsp

W3C: World Wide Web Consortium. (2003). Retrieved February 24, 2003, from http://www.w3.org

Zakon, R. (2003). *Hobbes' Internet timeline v6. 0.* Retrieved January 2, 2003, from http://www.zakon.org/robert/Intemet/timeline

ZDNET. (2003). Retrieved December 30, 2003, from ZDNET Web site: http://downloads-zdnet.com.com

508 Law. (1998). Retrieved February 14, 2003, from Section 508 Web site: http://www.section508.gov/index.cfm?FuseAction=Content&ID=3

| 제10장 |

위기상담과 위기관리

중서부에 위치한 지방의 한 고등학교에서 상담교사로 있었을 때, 여학생 몇 명이 '수잔' 이라는 친구가 자살에 대해 이야기한다고 걱정을 하면서 나를 찾아왔다. 수잔은 작년에 자살 시도를 했었기 때문에 특히 더 걱정을 했다. 내가 받았던 상담교육 프로그램에서는 자살이나 자기 파괴적 행동에 대해 다루어 본 적이 없었을 뿐만 아니라 학생들에 대해서, '수잔' 이라는 학생에 대해서도 잘 알지 못했기 때문에 나는 이 문제를 어떻게 다루어야 할지 확신할 수가 없었다. 적어도 나는 수잔을 상담실로 불러서 자신을 해칠 생각을 하고 있는지를 물어 보아야 한다고 생각했기 때문에 수잔을 불러 물어보았지만 수잔은 화를 내며 그런 생각을 해 본적이 없다고 부정하면서 나가 버렸다. 몇 분 후에 다시 내 사무실로 온 수잔은 "만약 선생님이 내가 이렇게 할 거라고 생각하신다면 그렇게 해 드리지요" 라고 강하게 말하고는 순식간에 지갑에서 칼을 빼 들어서 내 앞에서 팔목을 그었다.

이 사건 이후로 나는 파괴적 행동에 대해 받은 교육이 부족하다는 것을 깨달았으며, 그때서야 위기에 처해 있는 학생과 학교상담교사로서의 내 역할에 대해 좀더 배워야 할 책임이 있다는 생각을 하게 되었다.

지역사회와 학교에서 발생하는 갈등의 빈도를 보면 학령기 청소년에 의한 폭력 사건이 증가하고 있음을 단적으로 볼 수 있다. 학교는 그 어느 때보다도 이러한 사건에 반응해야 할 책임이 커졌다.

사람들이 스스로 해결할 수 없는 문제에 직면하게 되면 위기가 발생한다(Aguilera, 1990; James & Gilliland, 2001; Kanel, 1999). 위기는 모든 사람이 경험하게 되는 삶의 정상적인 부분이다. 중국의 Konjii가 서술한 것처럼 위기는 위험과 기회 모두가 될 수 있다(Caplan, 1964, Kanel에서 인용). 어떤 상황 속에서 위험이 너무 압도적일 때 나타나는 증상은 살인이나 자살과 같은 병적인 행동을 유발하지만 이것은 또한 새로운 기술과 대처법을 배울 수 있는 기회가 될 수도 있다(James & Gilliland).

위기는 발달적, 상황적, 존재적, 환경적인 것으로 분류된다. **발달적** 위기는 발달상에서 자연적으로 발생하는 불안을 일으키는 사건이다. Erik Erikson은 발달적 위기를 개인이 극복해야 하는 위기에 대처하는 점진적인 성숙의 과정이라고 정의했다. 사용한 전략들이 성공적인 경우, 개인은 닥쳐올 미래의 어려움을 다룰 수 있도록 더 강해지고 건강해지며 준비를 더 잘 할 수 있게 된다(Santrock, 1996). 생애 단계에서 어떤 과제들이 성취되지 않으면 개인은 고착상태에 빠지게 되고 발달적 성장은 방해를 받게 된다(Kanel, 1999). 발달 단계상의 과도기적 사건들은 긍정적으로 여겨질 수도 있지만 스트레스를 유발할 수 있는 정상적이고도 예측 가능한 사건들이라고 할 수 있다. 임신, 새로운 가족 구성원의 도입, 가족의 죽음, 졸업, 결혼 등이 여기에 포함된다.

상황적 위기는 개인의 통제를 벗어난 예상할 수 없고 예측할 수 없는 사건들이다. 범죄, 강간, 사고, 학교나 지역사회에 닥친 재난 등이 여기에 속한다(Kanel, 1999). **존재적** 위기에는 목적이나 책임의 문제를 동반하는 갈등이 포함된다. 집을 떠나는 것, 대학을 가는 것, 십대에 부모 되는 것이 삶의 의미를 반영하는 기회의 예이다. **환경적** 위기에는 허리케인, 홍수, 지진, 눈보라, 산불 등과 같은 자연적 재난 등이 포함된다.

폭력사건이나 갈등은 우리 사회의 고등학교, 중학교, 초등학교에서 점점 더 명백히 증가하고 있다(D' Andrea & Daniels, 1996). 상담교사는 학령기 청소년들이 경험하는 공격적인 반응과 그 이후에 발생하게 되는 정신적 상처를 다루기 위한 예방과 중재를 제공하는 일을 점점 더 많이 맡게 된다. 이 장에서는 상담자가 위기 중재,

정신적 상처에 대한 아이들의 반응, 위기에 처한 청소년을 위한 프로그램에서 사용하는 모형과 마지막으로 학교에서 적용할 수 있는 위기관리 모형에 대해 다룬다.

위기 중재 모형

위기는 시간 제한적이며 대체로 어디에서든지 4~6주에서부터(Kanel, 1999) 6~8주까지(James & Gilliland, 2001) 지속된다. 누군가 위기 상황에 처했을 때 위기 사건이 갖는 급성적인 특징으로 인해 즉각적인 도움이 필요하다. 청소년이 자신의 문제에 대해 가능한 한 솔직하게 이야기하고 최선을 다하는 경우 해결이 촉진될 수 있다. 많은 경우 이러한 아동은 너무나 많은 혼란을 경험하고 있기 때문에 아동의 정상적인 일상생활과 관계, 행동이 망가질 수 있다(Johnson, 1998). 위기 사건으로 인해서 아동의 삶이 어느 정도 영향을 받았는지 정도를 알아보기 위해서는 사정을 하는 것이 중요하다.

사정

사정은 학교상담교사가 위기의 심각성을 알아보는 행동-지향적, 시간-제한적 접근이다. 정신적 상처를 경험하고 있는 아동은 인지적, 정서적, 행동적, 심리적으로 지나치게 소극적으로 반응을 하거나 과도하게 반응하는 양 극단의 행동을 보인다(Johnson, 1989).

ABC 모형(James & Gilliland, 2001; Kanel, 1999)은 상담교사가 학생들의 정서적, 행동적, 인지적 상태를 사정하는 데 유용한 전략이다.

- **정서** 개인이 위기에 처하게 되면 불안, 분노, 우울 등이 흔히 표출된다(Crow, 1977; James & Gilliland, 2001에서 인용). 상담자는 표출된 감정이 그 상황에 적절한지 아닌지, 또는 그러한 정서적 상태가 다른 개인이나 사건들에 의해서 더 악화되는지 아닌지를 결정한다. 예를 들어, 당신 혹은 당신이 아주 잘 알고 있는 사람이 위기상황에 처해 있었던 때를 생각해 보라. 당신의 인생에 있어서 그 상

황을 인지적, 정의적, 행동적으로 다른 사건들과는 다른 독특한 사건이 되게 한 특징은 무엇이었는가?

- **행동** 행동적인 면에서 볼 때, 위기에 처한 개인은 어느 정도 정적인 행동 패턴을 보이며 움직임이 없어진다. 시간 구성을 해주는 것은 활동적으로 무엇인가를 할 수 있게 해 준다(예, 산책하기, 엄마에게 전화하기 등).
- **인지** 인지적 측면에서 위기는 재난적 위협이나 상실로 인식되며, 문제를 명백하게 정의하고 해결책을 고안해 낼 수 있는 개인의 능력을 감소시키는 비합리적인 사고를 만들어 내게 하는 것으로 보인다. 문제에 대해 잘 정의를 내릴수록 학생들은 더 빨리 도움을 받을 수 있게 된다. 학교상담교사로서 한 가지 어려운 점은 학생들이 항상 자신의 불편감에 대해 제대로 이야기 하지는 못하며, 종종 자신의 어려움을 두통이나 복통과 같은 신체적 증상으로 호소한다는 점이다. 이 때문에 보건교사는 상담교사가 학생들의 건강상태에 관한 중요한 정보를 받아서 상의할 수 있는 중요한 사람이라고 할 수 있다.

상담자는 학생들의 **균형적 요인** 또는 보호적 완충제로 작용하는 변수들에 대해 사정한다. 이러한 균형적 요인에는 사건에 대한 인식, 지원체제, 현재 가지고 있는 대처 기술 등이 포함된다. 이러한 요인들은 추가적인 스트레스로부터 개인을 보호하고 그 사건에 대한 새로운 이해를 통해 성장을 도와주고, 적응 유연성을 촉진할 수 있는 생산적인 대처 전략을 이끌어 낼 수 있다.

사건에 대한 인식

사건의 중요성은 모든 학생들에게 다르다. 어떤 학생들은 사건을 현실적으로 인식하고 적당한 해결 전략을 모색하지만 또 다른 학생들은 그 사건이 중요하지 않은 척하거나 심지어는 현실성을 부정하기도 한다. 개인이 사건을 얼마나 현실적으로 인식하는가는 상담자가 학생에게 그 사건이 갖는 중요성을 재구조화하도록 하는 데 도움이 된다(Kanel, 1999). 상담자가 할 수 있는 질문에는 다음과 같은 것들이 포함된다: "이 일이 너에게는 어떤 의미를 갖니?" 또는 "이 사건으로 인해 너는 어떤 생각을 하고 있니?" 등이다. 또 한 가지 중요한 질문은 "오늘 나를 찾아오게 된 것은 무엇 때문이니?"이다. 대개 위기는 학생이 적극적으로 도움을 구하기 전 10일에서 14일 전에 발생하기 때문에(Aguilera, 1998), 상담자는 학생이 특별히 그 때 도움을 구하게 만든 자극제 역할을 한 촉매가 된 사건이 무엇인지 알 필요가 있다(Aguilera; Kanel).

Kellie는 부모님이 별거중이셨고 결국 이혼하셨다는 사실을 알게 되고는 상담교사를 찾아갔다. Kellie는 부모님의 결혼생활이 좋지 않았다는 걸 알고 있었지만, 부모님들이 잘 해결하시길 원했었다. Kellie는 상담교사에게 자신의 두려움과 수면, 식사, 그리고 학업에 집중이 되지 않는 것에 대해 이야기했다. Kellie는 그들과 함께 자신이 할 수 있을 만한 몇 가지 방법들에 대해 알아본 후에 조금 나아진 기분으로 사무실을 나갔다. 그러나 1주일 뒤, 상담실로 와서 울음을 터뜨렸고, 숨을 헐떡여 말조차 할 수 없었다. 몇 분간 주체할 수 없을 만큼 흐느낀 뒤에, 그녀는 부모님이 이혼하셨다는 사실에 화가 났다고 말했다.

예전에 그 상황에 대해 서로 이야기를 했었기 때문에, 어리둥절해진 상담교사는 "지금 당장 나를 찾아오게 된 이유가 무엇이니?"라고 물었다. 이 질문을 들은 Kellie의 얼굴에 당황한 빛이 역력했고, "제가 화가 났을 때 선생님께 말해 주기를 원하실 거라고 생각했어요."라고 대답했다. 상담교사는 "그래. 그런데 전에 이런 상황에 대해 이야기를 했었는데, 지금 나를 찾아오게 만든 일이 무엇인지 궁금하구나. 무슨 다른 일이 있었니?"라고 물었다.

Kellie는 그 날 아침 학교로 걸어오는 길에 베이글을 사기 위해 제과점에 들렀다가 아빠가 다른 여자와 깊고 친밀한 대화를 하는 걸 보았다고 이야기했다. 바로 이 장면으로 인해 마침내 부모님의 이혼이 현실로 다가온 것이다.

지원체제

위기에 처한 사람들은 다른 사람들의 도움을 필요로 한다. 그리고 대부분의 경우 아동들에게는 가족이 가장 일차적인 자원이다. 그러나 그러한 가정이 혼란스러운 상태에 있다면 이 체제는 종종 비효율적이 된다(Johnson, 1989). 힘든 상황에 직면할 때 아이들은 감정과 기억, 잘못된 반응으로 인해 혼란을 겪는다. 그러나 아이들이 혼란에 휘말려 있을 때 어른들은 아이들에게 거의 아무 이야기도 해주지 않기 때문에 자주 고립감을 느끼게 된다(Johnson). 사람들은 가장 큰 도움을 줄 수 있는 사람이 없거나 연락이 되지 않을 때 만약 ~하다면 나는 누구에게 연락을 해야 할까에 대해서는 거의 생각하지 못한다. 사고와 감정이 손상되면 그 전에 도움이 되었던 사람을 대체할 만한 중요한 다른 사람들을 찾기가 어렵게 된다.

위기가 발생하기 전에 학생들이 지원체제를 찾을 수 있도록 도와 줄 수 있는 활동을 다음 연습에 제시하였다.

| 연습 |

- 학생들에게 종이에 자신을 나타내는 원을 그리고, 그 원 안에 자기 이름을 쓰게 한다. 일반적으로 학생들은 "원을 어디에 그릴까요?" 또는 "얼마나 크게 그려야 하나요?" 등과 같은 질문을 하는데 상담교사는 원하는 크기로, 그리고 싶은 곳 어디든지 그려도 된다고 간단하게 대답해 준다.
- 학생들이 원을 그리고 나면, 상담교사는 학생들에게 마음속에 떠오르는 사람을 나타내는 원을 그리게 하고, 각각의 원 안에 그 사람의 이름을 쓰고, 다 될 때까지 떠오르는 사람을 나타내는 원을 계속해서 그리도록 지시한다.
- 그런 다음 상담교사는 선택된 사람들의 위치에 대해서, 그리고 사람들의 크기와 위치가 갖는 의미가 있는지, 그림에 빠진 사람은 없는지 등에 대해 논의한다.
- 이런 논의가 끝나면, 그림에 있는 사람들 중에서 누가 자신과 강하고 긍정적인 관계를 가진 사람들인지 생각해 보도록 하고, 그 원에서 자기 원까지 직선을 그리게 한다. 다음으로 가끔은 좋은 관계를 유지하지만 가끔은 긴장이 있는 사람들에 대해 생각해 보게 한다. 미약한 관계는 점선으로 나타내며, 그 사람들의 원에서 자기 원까지 점선을 그린다. 마지막으로 적대적이며 혼란스러운 관계에 있는 사람과는 톱날 선으로 잇는다.
- 마지막 단계로, 견고하고 강한 관계를 맺고 있다고 생각한 사람들은 연락 가능한 전화번호를 적어 놓도록 한다. 학생들에게 위급한 상황에서 쉽게 찾을 수 있는 안전한 장소에 이 목록을 보관해 두도록 한다. 상담교사는 몇 달 후, 학생들에게 이 목록에 변화가 있는지 검토해 보게 할 수 있다. 그림 10.1은 이러한 과정을 나타낸 것이다.

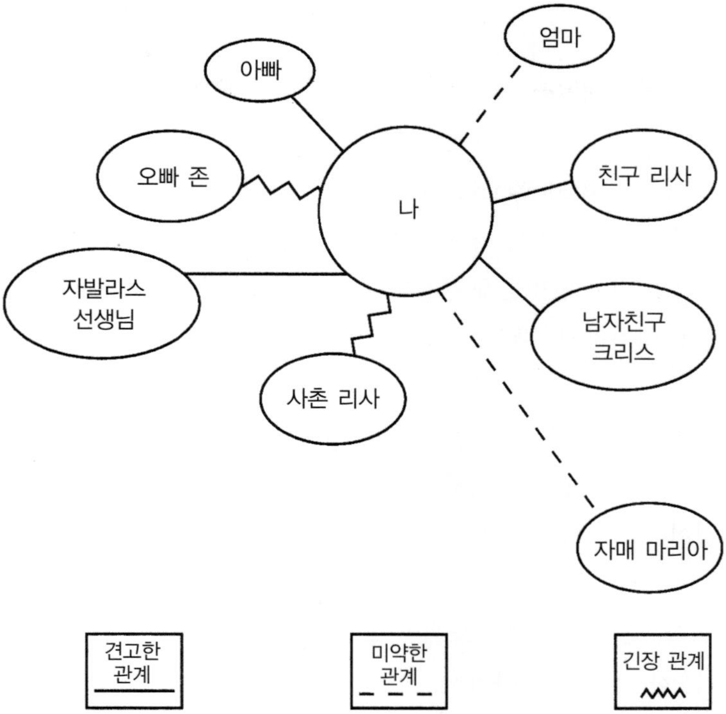

그림 10.1 나의 지원체제는 누구인가?

지원체제에 대해 알아보는 또 다른 방법으로는 문제 상황을 제시하고, 그러한 문제 상황에서 필요한 것이 무엇인지 물어 보고, 이를 충족시켜 줄 수 있는 것은 무엇이며 누구인지를 물어 보는 것이다(Johnson, 1989). 다음 상황은 학생들이 어려운 상황에 대처하도록 도와 주기에 적합한 것이 될 수 있다.

- 집에 불이 났다고 가정해 보자. 너에게 도움이 될 수 있는 사람은 누구인가?
- 가장 친한 친구가 더 이상 살 가치가 없어서 자살하고 싶다고 너에게 얘기했다면 너는 누구에게 연락을 하겠는가?
- 아는 사람 몇 명이 교통사고로 심하게 부상을 당한 것을 방금 목격하게 되었고, 그들이 병원으로 급히 이송되었다면, 이 상황에서 도움을 요청하기 위해 누구에게 전화를 하겠는가?

대처 능력

삶을 살아가면서 사람들은 불안을 줄이기 위해 많은 전략들을 사용한다. 대처 기술은 사람들이 스트레스를 주는 사건을 다루는 방식에 영향을 준다(McWhirter, McWhirter, McWhirter, & McWhirter, 1998). 많은 사람들이 친구와 대화하기, 오래 산책하기 등과 같이 스트레스를 다루는 긍정적인 방법들을 가지고 있으며, 걱정거리가 있을 때마다 이러한 방법들을 사용한다. 그러나 어떤 아이들과 청소년들은 위기에 부적절하게 대처하며, 행동으로 표출하거나, 위축, 공격 등의 행동을 한다(Aguilera, 1998).

상담자의 역할은 학생들의 강점과 대처 능력을 측정하고(James & Gilliland, 2001), 도움이 되지 않는 전략을 대체할 수 있는 성공적이고 긍정적인 대처 기술을 가르쳐 주는 것이다. 유용한 대처 전략을 알아보기 위해 상담자는 학생에게 "네가 스트레스를 받는다고 느꼈던 예전 상황에서 너에게 도움이 됐던 것은 무엇이니?"라고 물어볼 수 있다. 만약에 학생이 도움이 될 만한 대처 기술들을 생각해 내지 못한다면 상담교사는 한 단계 더 나아가서, "만약 화가 나 있는 사람에게 충고를 해준다면 그 사람에게 어떻게 하라고 충고해 주겠니?"라고 질문한다.

외상에 대한 반응

아이들은 성인과는 다르게 불안을 표현하기 때문에 정신적 충격을 받은 아이들을 알아내기가 쉽지 않다. 때때로 위기에 있는 아이들은 우선 순위를 정하는 것, 효과적으로 행동하는 것, 중요한 것과 중요하지 않은 정보를 구분하는 것 등에 어려움이 있다. 더 나아가 아이들은 사건을 이해하는 데 있어 혼란스러워 보이거나 지나치게 조용한 경우도 있다.

12세 이하의 아이들은 아직 시간에 대한 개념 설정이 완전하지 못하기 때문에 유입되는 감각정보를 이해하려고 노력하는 동안 사건의 순서가 엉켜 버릴 수 있다(Johnson, 1989). 어떤 사건에 대한 반응으로 나타나는 증상은 때로는 즉시 관찰이 가능하지만; 또 다른 경우에는 위기에 대한 반응이 사건이 발생한 뒤 몇 시간 또는 몇 일 동안 지속될 수도 있고, 심지어는 미래의 어느 시점에 가서 갑자기 나타날 수도 있다. 이런 후자의 반응은 **지연된 스트레스 반응** 또는 **외상 후 스트레스 장애**(post traumatic stress disorder, PTSD)로 알려져 있다(Johnson). 이 상황은 어린이가 사건에 대한 자신의 반응을 돌이켜 생각하게 되면서 더 악화될 수 있다(Johnson). 정신적 외상을 목격한 사람들을 확인해 내는 것은 이들을 돕는 데 중요한 첫 단계이다. 그것은 그들이 신체적, 정신적 질환의 위험뿐만 아니라 영속적인 폭력의 위험에 놓이게 될 수 있기 때문이다.

교육부 장관 Rod Paige는 학교 폭력의 문제는 "금속 탐지기를 넘어선 상태라고" 말하며 폭력행동의 위험에 처한 학령기 청소년을 찾아 도와 주어야 할 필요성을 강조했다(CNN, 2001). 초기에 알아내는 것이 바람직하기는 하지만 상담교사는 공격적인 청소년을 잘못 확인하게 되는 위험에 처하게 될 수도 있다. "학교 총기난사 사건에 관계된 학생들의 이력에 대한 정확성도 의심스럽다"(Reddy 등, 2001, p. 162, Daniels, 2002에서 인용). 저소득계층과 소수민족의 청소년들을 폭력적인 약탈자로 묘사하는 대중매체는 관계당국으로 하여금 엉뚱한 사람들을 목표로 삼도록 이끈다. 사실상, 아칸소 주 존즈버러의 미셸 존슨과 앤드류 골든, 오레곤 주 스프링필드의 킵 킨켈과 같이 살인을 했던 청소년은 중산층 가정에서 자란 백인 청소년이었으며, 소수민족이 아니었다(Breland, 2000). 위험에 처한 청소년들을 구분해 내는 데 도움이 될 수 있는 것으로 성격과 상황적 요인이 있다.

개인을 미래의 부정적인 사건의 위험에 처하게 하는 과거나 현재의 상황은 미래의 성장과 발달을 파괴하는 **위험 요인**(McWirter 등, 1998)이다. 이러한 유해한 상황적, 발달적, 가정적, 개인적 위기에도 불구하고 많은 사람들은 건강하고 생산적인 시민들로 성장하게 되는데, 이를 **적응유연성**(resiliency)이라 한다.

정신건강 전문가들은 적응유연성을 촉진하는 변수들에 대해 궁금해한다. 똑같이 혼란스럽고 문제가 있는 가정에서 자란 아이들이 어떻게 다르게 성장하며 성공하는지를 보여 주는 것은 아주 큰 관심거리이다. 이러한 가정에서 자란 몇몇 사람들은 생산적이고 책임감 있는 시민들로 자라는 반면 그들의 다른 형제들은 사회의 범법자로 자라기도 한다.

Matt와 Mark는 모두 아버지와 함께 살았던 3형제 중의 첫째와 둘째이다. 그들의 부모는 이혼하였고, 형제들은 다른 주에서 살고 있는 어머니와 연락이 거의 없었다. Mark는 학교상담교사에게 자신은 아버지를 싫어하며 가끔은 아버지가 죽기를 바란다고 말했다. Mark는 아버지의 총보관대에서 총을 꺼내 학교에 오는 도중에 만나는 사람을 아무나 쏘아 버리려는 생각을 몇 차례 했었다고 속마음을 드러낼 때에는 자신의 불행과 고통에 대해 더 많이 표현했다. 그 다음에는 집에 가서 아버지를 쏴 죽이고 자신도 결국 자살하고 싶다는 다음 계획을 상담교사에게 이야기했다.

상담교사는 적절한 기관에 연락을 취했다: 하지만 Mark를 도우려는 노력에도 불구하고 결국 그는 학교를 중퇴했다. 여러 해 동안 Mark는 수없이 체포되었으며 지역사회 기관과 경찰에 잘 알려진 인물이 되었다.

그러나 Mark의 형은 아주 달랐다. Matt는 고등학교를 졸업하고 대학에서 경제학을 전공하고 지금은 MBA 학위를 가지고 있다. Matt 또한 지역사회에 잘 알려져 있으나 Mark와는 전혀 다른 방식이다. Matt는 전도유망한 사업가이고, 생산적이며, 사회에 기여하는 구성원으로 살아가고 있다.

위기 청소년의 공격성 유발요인

상담자들은 종종 어떤 사람은 근면하고 만족스러운 삶을 살게 하고, 또 어떤 사람은 문제가 있고 비생산적인 삶을 살게 하는 변수에 대해서 논의해 왔다. 폭력 행동의 위험이 있는 청소년들의 특징은 애착 장애, 가정 폭력, 언론 매체의 폭력묘사, 낮은 사회경제적 상태, 또래 집단의 영향, 성격 특성, 공감 능력의 부족, 학업 성취, 자아존중감 문제, 대인과의 의사소통 기술의 부족 등이다. 특히 어린 나이에 이들 중 몇 가지 특징을 나타내는 청소년들을 찾아내어 적응유연성을 촉진시킬 수 있는 기술을 가르쳐야 한다.

애착

애착은 "다른 사람과 강한 애정적 유대감을 가지려는 경향"이다(Bowlby, 1977, p.

201, Sandhu, Underwood, & Sandhu, 2000에서 인용). 유아가 부모나 보호자와 갖는 초기 경험은 미래에 타인과 형성하게 될 관계의 기본이 된다(Sandhu 등). 그러므로 생의 후반기에 나타나는 관계 맺기의 어려움은 생애 초기의 불안정한 애착과 관련되어 있을 수 있다(Santrock, 1996). 애착 장애가 있는 개인에게 적용할 수 있는 성공적인 한 가지 전략은 그들이 서로 떨어져 있는 낮 동안 어린이에게 가장 중요한 사람인 보호자의 사진을 가지고 다니도록 하는 것이다. 이 사진은 어린이와 보호자가 다시 만날 것임을 확실하게 상기시켜 주는 역할을 한다. 이것은 어린이가 상처받거나 외롭다고 느낄 때마다 꺼내 볼 수 있도록 아이의 서랍이나 선반 또는 기타 다른 개인 공간에 놓아 둘 수 있다.

가정 폭력

가정은 공격적 경향을 완충시킬 수도 강화시킬 수도 있는 곳이다(McWhirter 등, 1998). 가정 폭력은 미국에서 보고율이 가장 낮은 범죄 중의 하나로 보이며, 가정 폭력을 목격한 남자 아이들은 자신이 가해자가 될 가능성이 매우 크다(Kratcoski, 1984, Ibrahim & Tran, 2000에서 인용). 폭력은 부모가 자녀에게 많은 노력이나 열정을 들이지 않는 것과도 관련되어 있다. 계모나 계부에게서 자란 아이들은 친부모 가정에서 자란 아이들보다 학대당하기 쉽다(Troost & Filsinger, 1992, Wyatt, 2000에서 인용).

언론 매체

폭력적인 프로그램이 공격적인 행동에 영향을 준다는 것을 보여 주는 연구들이 있다. 갤럽 조직에 의한 한 연구에 따르면, 10명 중 6명의 청소년들이 '갱스터 랩' 이 폭력을 부추긴다고 응답했음을 보고했다(게이, 레즈비언, 이성 교육 네트워크 2001에서 인용된 연방 무역 위원회의, 공중 위생국장). 이와 같은 연구들은 폭력적인 프로그램과 공격적인 행동 사이에 상관관계가 있다는 결론을 보여 주고 있다. 그러나 다른 연구자들은 언론의 폭력 묘사와 공격 행동 사이에 직접적인 연관성은 없다고 보고한다. 부모의 낮은 지적 수준과 프로그램을 검열하지 않는 것(Ibrahim & Tran,

2000)이 실제적인 노출보다 오히려 폭력적 경향과 관련된 개입 요인인 것으로 알려져 있다.

소수민족 가정

소수민족은 매우 낮은 소득 범주에 있는 것으로 보이며, 아이가 있는 젊은 여성 가장의 가정은 특히 가난에 노출되기 쉽다. 사회경제적 상태와 청소년 범죄 사이에 직접적인 연관성은 없다 할지라도 민족, 이웃, 부모의 교육 수준과 소득은 반사회적 행동에 영향을 미친다(Tolan & Guerra, 1994, McWhirter 등, 1998에서 인용). 더 나아가 부모의 불안정성, 부정적 기질, 경제적 문제로 인한 우울은 아이들의 발달에 부정적인 영향을 준다.

또래 집단의 영향

소속감은 발달에서 중요한 단계이며, 긍정적인 동료의 영향은 폭력을 감소시키는 중요한 요인으로 보인다(Leffert 등, 1998, Bauer, 2000에서 인용). 동료들은 태도, 신념, 행동을 형성하는 바탕이 되기 때문에 비행적 동료들은 공격행동을 강화시킨다(Beauvais, 1996; McWhirter 등, 1998). 정상적인 학교 활동에 속해 있다고 느끼지 못하는 청소년은 소외감을 느끼며, 학교와 교사, 동료들을 향한 분노를 느끼고(Baker, 1998, Ibrahim & Tran, 2000에서 인용) '아웃사이더이다' 고 느끼는 다른 동료들과 연합하려는 경향이 있다. 집단은 청소년들이 소속감, 수용감, 인정 등을 얻으려고 할 때 형성된다.

성격 특성

쾌활한 아이들은 잘 발달된 유머감각, 만족을 지연시킬 줄 아는 능력, 다른 사람을 위한 공감 능력과 같은 특정한 성격적 특징들을 가지고 있다(James & Gilliland, 2001). 폭력적인 청소년들은 종종 자살로 이끄는 심한 우울증을 일으키는 슬픈 사건들로 인해 고통스러워한다. 우울증으로 고통받고 있는 개인들은 미래를 향한 목표가 거의 없기 때문에 상담교사는 그들에게 장 · 단기 목표를 물어 봄으로써 우울증

완화에 도움을 줄 수 있다.

공감 능력의 부족

공감 능력이 있는 사람들은 좀더 쉽게 다른 사람의 관점을 이해하고 타인들을 좀더 관대하게 대한다. 폭력적인 청소년은 다른 유발요인이 없는데도 사건들을 적대적으로 인지함으로써 분노를 표출하는 경향이 있다(Sandhu, Underwood, & Sandhu, 2000). 최근의 학교 살인사건들에 있어서 살인자들은 살인행위를 할 때 동정심이나 연민을 느끼지 않고 도구적으로 사건을 계획했다(Leffert, 1998, Bauer, 2000에서 인용). 이러한 공감 능력의 결핍은 동물이나 타인에 대한 무감각이나 잔인성과도 연관이 있다.

학업

공격적인 청소년의 인지적 능력에 관한 연구결과는 혼재되어 있다. 몇몇 연구자들은 공격적인 행동과 낮은 학업 수행능력이 상호 관련되어 있다고 밝히고 있는 반면(McWhirter 등, 1998), 다른 연구자들은 폭력적인 아이들에 의해 행해진 계획들은 평균부터 평균 이상의 지능 정도를 요한다고 진술하고 있다(Sandhu 등, 2000). 이들 연구자들은 대부분의 경우에서 이러한 학생들이 학업상 미성취자이거나 학업적인 문제를 겪고 있는데, 그것은 그들의 지능 때문이 아니라 오히려 동기의 부족과 학교 활동에 참여하지 못한 것에서 기인하는 것으로 설명한다(Good & Brophy, 1995, Sandhu 등에서 인용).

자아 존중감

공격성과 자아 개념 간의 관계에 대해서는 의견이 불일치하고 있다. 자아 존중감은 사람이 자기 자신에게 두는 개념의 가치라고 정의된다(Sandtrock, 1996). 몇몇 연구자(McWhirter 등, 1998)들은 낮은 자아 존중감은 위기 행동을 결정하는 요소라고 지적하고 있다. 인생에서 거의 성공을 경험하지 못한 아이들은 자신의 자아 존중감을 높이기 위해 반사회적 행동에 가담할 수 있다. 다른 사람들이 양보하거나, 후퇴

하고, 요구에 응해 주면 이러한 행동들은 즉각적인 강화를 받게 되어 공격자의 자신감을 강화한다(James & Gilliland, 2001).

타인과의 의사소통

대인관계 기술은 앞으로의 삶의 적응과 연관되어 있다. 아동기와 청소년기의 좋은 사회적 기능은 학업적 성공 및 적절한 대인간 적응과 관련 되어 있다; 위기에 놓여 있는 아이들은 상황을 왜곡되게 인지하며 사회적 관계를 만족시킬 수 있는 기술이 결핍되어 있는 것으로 보인다(James & Gilliland, 2001). 학교상담교사는 이러한 아이들을 확인해서 미래의 부정적인 행동을 예방하기 위한 전략을 수행하고 유해한 행동과 태도가 분명하게 드러나는 경우에 개입할 수 있는 이상적인 위치에 있다.

상담자들은 자살이 상담교사들이 가장 두려워하는 문제 중의 하나이며, 절대 잊을 수 없는 경험이라고 보고했다(Austin, 2003). 청소년 자살은 사고와 살인 다음으로 많은 세 번째 사망 원인이다. 이 장의 보충자료인 학생용 워크북은 우리 사회의 아이들과 청소년이 가장 흔히 직면하게 되는 문제들에 대한 정보를 담고 있다. 그러나 자살에 대한 생각이나 행동을 하는 청소년들이 많으므로 자살과 관련된 요인들에 대한 자세한 정보와 평가가 뒤따라야 할 것이다.

자살과 청소년

청소년 자살이 오늘날 우리 사회의 주요한 사망 원인으로 높은 순위에 오르고 있으므로 상담교사는 청소년 자살과 관련된 요인에 대해 잘 알고 있어야 하며, 자살 위험 요인을 사정하는 데 있어서도 책임을 져야 한다.

청소년 자살과 관련된 요인

- **부모의 양육 및 가정문제** 부모의 별거, 이혼, 양육자의 변화, 또는 학대 등으로 인한 가정불화는 자살 행동의 원인이 된다. 이러한 요인은 의사소통의 부족과 관

런되어 있다(Aguilera, 1998).

- **문제해결 기술** 자살하는 청소년은 자살하지 않는 이들과 비교할 때 더 많은 스트레스 사건들을 경험하는데, 이는 인지를 손상시키고 의사결정 능력을 감소시킨다(Brown, Overholser, Spirito, & Fritz, 1991).
- **절망감** 우울의 구성요소 가운데 하나인 절망은 자살 생각과 관련이 있다. 우울증을 진단하기가 어렵기 때문에 절망감은 종종 자살 의도에 대한 더 나은 지표로 사용된다(Cole, Protinsky, & Cross, 1992). 상담교사는 학생에게 장 · 단기 목표에 대해 질문함으로써 절망감을 측정할 수 있다. 다른 경고 증상과 더불어 목표가 없다는 것은 자살 생각의 지표가 될 수도 있다.
- **가출** Wagner, Cole, Schwartzman의 연구(1995)에서 자살 시도자들은 그렇지 않은 친구들보다 가출할 경향이 더 높은 것으로 나타났다. 이러한 경향은 고등학생보다는 중학생에서 더 높게 나타난다.
- **스트레스 요인** 자살 청소년은 5세 정도의 인생 초기에 손상받은 것으로 생각되는 행동들을 보인다(Reinherz, Giaconia, Silverman, & Friedman, 1995). 이러한 아이들은 청소년의 능력으로 대처하기엔 버거운 수많은 부정적인 사건들을 겪었다. 자살 청소년과 관련되어 있는 스트레스 요인에는 가정 불화, 성 정체성 문제, 지지해 줄 보호자의 부재, 성적 학대, 신체적 폭력, 장애가 있는 아이들, 영재아, 임신, 낙태 등이 포함되어 있다(Henry, Stephenson, Hanson, & Hargett, 1993).
- **정체성 문제** 성 정체성 문제는 자살 시도와 연관되어 있다. 자기 자신에 대한 느낌을 충분히 확립시킨다는 것은 어려운 일이며, 특히 게이나 레즈비언 청소년에게는 정체성 확립이 더욱 어렵다. 부정적 태도, 낮은 자아 존중감, 가족으로부터의 언어적 신체적 학대, 약물 남용 등은 모두 게이 또는 레즈비언 청소년 사이에서 자살 생각의 원인이 되는 요인들과 관련되어 있다(McFarland, 1998).
- **인지 발달** 학습장애를 가진 개인들은 종종 문제해결 기술이 부족하며, 문제 상황에 직면하여 어려운 딜레마를 해결할 때 훨씬 더 많은 어려움을 느낀다(Wagner 등, 1995).
- **상실감** 중대한 상실은 청소년의 자살 생각 및 시도와 연관되어 있다. 이러한 상

실감에는 이혼, 죽음, 사고, 장학금 상실, 한 팀에 속하지 못한 좌절 등이 포함된다(McWhirter 등, 1998).

자살 생각에 대한 사정

자살은 금기시되기 때문에 청소년들이 자살 의도를 밝히기를 꺼리는 것이 이례적인 것은 아니다. 상담교사가 학생에게 자신을 해할 생각을 하고 있는지를 직접적으로 묻는 것은 학생으로 하여금 이 주제에 대해 얘기해도 된다는 승인과 더불어 안도감을 갖게 한다. 상담자가 자살 위험 측정을 위해 이용할 수 있는 체크리스트는 종종 거짓 긍정이나 거짓 부정 응답으로 인해 잘못된 결과를 제시해 줄 수 있으므로 신뢰할 수 없다. 학생에게 '자해' 에 대한 생각을 직접적으로 묻는 것이 훨씬 더 신뢰할 만한 평가가 될 수 있다. 두음어인 STRESS가 평가를 도와줄 수 있는 구체적 도구의 역할을 할 수 있다.

- **계획의 구체성(Specifics of the plan)** 계획이 구체적일수록 자살 위험은 더 높다. 어떻게 자살을 실행할 것인지에 대해 계획이 분명하지 않고 세부적인 계획도 세우지 않은 청소년은 어떻게, 언제, 어디에서 실행할 것인지에 대해 분명하고 자세한 계획을 세우고 있는 청소년보다는 자살 위험률이 낮다.
- **마지막 시도의 시기(Timing of the last attempt)** 자살 생각을 가장 잘 예측해 줄 수 있는 것 중의 하나는 이전의 자살 시도이다. 마지막 시도가 최근에 있었을수록 앞으로 시도할 위험이 더 크다. 자살을 생각하는 청소년들은 흔히 죽기도 싫고, 살기도 싫다는 양가감정을 표현한다. 또한 종종 자살 시도에 앞서 행동적, 언어적 경고 징후가 나타난다. 하지만 학생이 좋아지고 있는 것으로 보이는 이후의 90일이 중요하다. 이 때 양가감정이 자살을 하려는 결정으로 바뀔 수 있기 때문이다(Kanel, 1999).
- **구조 가능성(Rescue avaliable)** 학생이 이전에 했던 자살 시도에 대해 설명할 때, 학교상담교사는 그 학생이 누군가로 하여금 자신의 자살 시도를 멈추게 하거나 위기에서 자신을 구해줄 수 있도록 시간을 주었는지 여부에 대해 알아 보아야 한다.

- **외적 통제 소재(External locus of control)** 자살 위험이 있는 청소년들은 인생의 사건들에 대해 상황을 변화시킬 수 있는 힘이 없으며, 자신의 통제 밖에 있는 것으로 인식한다. 무력감은 종종 상실감을 동반한다. 자신의 생명을 끊는 것만이 스스로 통제할 수 있다고 느끼는 유일한 상황일 수도 있다.
- **기술 부족(Skill deficits)** 빈약한 사회적 기술과 불충분한 문제해결 전략, 부족한 의사소통 기술은 자살 행동과 연관되어 있다(McBride & Siegel, 1997). 초등학교에서 배우는 예방법들은 청소년들이 생산적인 문제해결을 위해 적용할 수 있는 적절한 기술을 배우는 데 도움이 될 수 있다.
- **지원시스템(Support system)** 청소년의 삶에서 긍정적이고 지지적인 타인을 이용할 수 있는 가능성은 자살 행동의 위험률을 낮추는 것과 연관되어 있다. 학교상담교사는 학생들의 삶에서 긍정적이고 지지적인 유일한 사람일 수 있다(Aguilera, 1998).

예방과 중재

공격적인 행동을 감소시키기 위한 예방 또는 중재로 볼 수 있는 수많은 프로그램들이 개발되어 왔다(Larson, 1994). 예를 들어, 상담교사는 분노한 청소년에게 앞으로 발생할 사건에 대해, 이후 예방 전략이 될 수도 있는 중재를 제공해 줄 수 있다. 훈련과 기술을 제공하고 획득하여 폭력사건을 피할 수 있다면 예방이 곧 중재가 될 수도 있다. Goldstein과 Glick(1987)은 다양하고 중요한 예방 전략을 사회/인지적 훈련, 분노 다스리기, 도덕적 추리, 공감 능력 형성과 긴장완화 등의 포괄적인 프로그램으로 분류했다.

사회/인지적 훈련

학교상담교사가 적절한 프로그램을 제공하기 위해서는 공격적인 행동에서 나타나는 인지적 과정과 기능에 대해 이해할 필요가 있다(Buckley, 2000). 이러한 프로그램은 위기에 처해 있는 아이들뿐만 아니라 모든 아이들에게 사회적 능력과 촉진적인 대처법을 발달시킬 수 있도록 하는 데 초점을 두고 있다. 이러한 프로그램들은 대체로 문제해결, 감정의 인식, 스트레스 관리, 자기주장 훈련, 갈등 조정 등을 포함하고 있으며, K-12 교육과정에 통합되어 사용했을 때 성공적이었다.

- **문제해결** 위기 청소년은 주로 대안적인 해결책을 만들어 내지 못하게 방해하는 완고한 사고양식을 가지고 있다(McWhirter 등, 1998). 아이들은 의사결정을 할 때, 스트레스 요인들을 다루는 데 있어 더 나은 위치에 있게 된다. 아이들은 선택할 기회가 주어질 때 통제감과 개인적 책임감을 갖게 된다.
- **감정의 인식** 위기에 처해 있는 아이들은 자신의 감정을 인지하고 알아차리는 것이 고통스럽고 혼란스럽기 때문에 감정을 무시하는 경향이 있다. 감정에 영향을 받는 것에 면역이 되면 폭력적이고 적대적인 행동을 하게 될 뿐만 아니라 이러한 행동을 저지를 수 있는 더 많은 기회를 갖게 될 수 있다. 만약 감정이 있고 공감할 수 있는 사람이라면 범죄 행위에 가담할 수 없다. 상담교사가 이들의 감정 인식을 촉진시키기 위해 사용할 수 있는 활동의 하나로 '감정 물고기' 활동이 있다(표 10.1).
- **스트레스 관리** 아이들은 종종 아무도 자신이 경험하는 스트레스를 느끼지 못할 것이라고 생각한다. 사람들마다 스트레스에 동반되는 반응뿐만 아니라 스트레스에 대한 반응과 취약성이 서로 다르다. 어떤 증상들은 절대 없어지지 않을 것 같지만, 일정한 시간이 지나고 나면 증상들이 사라졌다가 다시 나타난다(Johnson, 1989). 긴장완화 기술을 가르치는 것은 아이들이 스트레스를 관리하는 데

표 10.1 감정 물고기

상담교사는 색종이로 물고기를 오리고 각각의 종이 물고기 위에 감정을 하나씩 적어 넣는다. 한쪽에는 자석이 붙어 있고 다른 쪽에 감정을 써 넣어서 종이 물고기를 만든다.

어린이들에게 낚시 바늘 끝에 자석이 붙어 있는 낚싯대를 나누어 준다. 낚싯대 자석으로 물고기를 잡는다. 어린이는 물고기 밑면에 쓰여 있는 감정을 읽고 그러한 특정한 감정을 경험했던 때를 이야기한다.

도움이 된다.

운동선수들이 중요한 경기 전에 하는 깊은 숨쉬기 운동(Goldstein & Glick, 1987)은 아동과 청소년의 과도한 걱정을 줄이는 데 쉽게 적용할 수 있는 전략이다. 다음 절차를 가르치고 연습하게 한다.

> 열까지 세면서 천천히 숨을 들이마신다, 숨을 들이마신 상태를 유지하고 셋을 센다. 그 다음 열까지 세면서 숨을 내쉰다. 이 과정을 반복한다.

또 다른 긴장완화 기술은 표 10.2에 제시되어 있다.

- **자기주장 기술** 주장은 자신을 표현하는 능력임과 동시에 다른 사람들의 권리를 존중하는 것이다(Feindler, 1995). Alberti(1986)는 개인들이 자기주장 기술을 인식하고 미리 연습하는 데 도움이 되는 4 단계 모형을 만들었다.

1단계. '언제 _____.' (내담자는 그 다른 사람의 행동에 대해 설명한다.)
2단계. '그 결과 _____ 이다' (내담자는 그 다른 사람의 행동이 자신에게 어떻게 영향을 주었는지 설명한다.)
3단계. '나는 _____ 느낀다' (내담자는 자신의 감정을 말한다.)
4단계. '나는 _____ 하고 싶다' (내담자는 자신이 무슨 일이 일어났으면 좋겠는지 구체적으로 말한다.)

위의 4 단계는 다음과 같은 시나리오로 적용, 제시될 수 있다: 네 친구는 항상 네 숙제를 베끼려고 한다.

1단계. "네가 내 숙제를 베끼려고 요구할 때 _____."
2단계. "나는 선생님께서 내 점수를 감점하실까 봐 걱정된다_____."
3단계. "나는 네가 내 숙제를 베낄 때마다 화가 나고 이용당하는 것처럼 느껴진다_____."
4단계. " 나는 걱정을 하지 않아도 되도록 네가 숙제를 스스로 했으면 좋겠다."

자기주장, 공격성, 비주장적 행동은 종종 구분하기가 어렵다. 이러한 반응이 공

표 10.2 심상을 통한 긴장 완화

나이: 6세에서 성인까지
준비물: 펜과 종이, 카세트 레코드, 카세트 테이프

지시 사항

아동들에게 자기가 행복하고 평안했던 때를 떠올리게 한다. 아이들에게 가능한 한 자세히 그 장면에 대해 설명하도록 하고 거기에 모든 감각을 집중해 보게 한다. 아동이 자기가 행복했던 '장소'에 대해 설명하며 이야기를 완성해 간다.

학생들에게 다음과 같은 질문을 던진다: "무엇을 보았니" "누구와 함께 있었니?" "무엇을 들었니?" "무엇을 하고 있었니?" "무엇을 느꼈니?" "어떤 냄새라도 맡았니?" "어떤 것을 맛보았는지 기억나니?"

이야기를 다 쓰고 난 뒤에 아이에게 읽어주고 수정하게 한다. 이 내용을 녹음하기 전에 긴장을 완화시키고 심호흡하는 방법을 가르쳐 주고 연습시킨다. 이야기를 녹음해 놓고 아이가 스트레스를 받을 때마다 녹음한 테이프를 듣도록 지도한다.

다음은 중학교 2학년 학생이 시각화한 장면을 쓴 글이다.

바닷가에 가는 것을 상상해 봐라. 심호흡을 하고 천천히 내 쉬어라.

너는 모래 위를 걸으며 발가락 사이로 부서지는 따뜻한 모래의 느낌을 즐기고 있다. 네가 발가락을 펼치며 네 발을 부드러운 모래 속에 파묻고, 네 앞에 펼쳐진 아름답고 파란 바다를 길게 바라본다. (쉼) 너는 해변의 소리를 듣고 있다; 바다갈매기들은 서로를 큰소리로 부르고 있고, 바닷물은 해변을 부드럽게 때리고 있으며, 네 친구들은 널 부르고 있다. (쉼) 넌 행복하고 만족스러우며 친구들에게 다가가기 위해 바닷가 가장자리로 뛰어간다. 너의 얼굴에는 미소가 번져 있다. 술래잡기 놀이를 시작했는데 모두들 웃고 재미있다.

잠시 친구들과 놀다가 웃으면서 친구를 물 속에 빠뜨리고 물 속으로 뛰어들었다. 얼굴에 불어오는 부드럽고 따뜻한 바람을 느끼고 모래사장에 깔아 놓은 수건 위에 누워야겠다고 생각한다. 해변에서 공중 넘기를 하는 파도의 소리를 들으며 마치 공중에 떠 있는 것 같은 편안하고 긴장이 풀린 상태를 느낀다. 아름답고 너는 행복하고 만족스럽다.(쉼) 그 밖에 무엇이 들리는가? 그 밖에 무엇이 보이는가? 잠시 동안 긴장을 풀고 너를 안정되고 평화롭게 만드는 네 주변의 것들에 주의를 집중해 보아라. (쉼) 해변을 떠날 준비를하기 전에 머리 위로 팔을 뻗고 몇 번의 심호흡을 해 보라.

격성이나 비주장적인 행동과는 어떻게 다른지 인지하면서 자기 주장적 반응과 연관된 사회적 기술 연습이 가지는 가치에 대해 보여주는 연구가 있다(Takaka-Matsumi, 1995). 여러 가지 다른 시나리오를 학생들에게 주고, 상담 환경에서 자기주장 반응을 연습해 보도록 하고, 상담실 밖에서 이러한 기술들을 적용해 봄으로써 이러한 기술이 강화될 수 있다.

- **갈등 조정** 급우들 사이에서 생긴 갈등을 조정하고 해결하는 갈등 조정 프로그램은 학령기 청소년들이 문제 있는 행동을 해결할 수 있게 하는 데 도움이 된다(Buckley, 2000; Short & Talley, 1997). 갈등 조정은 학생들에게 문제 상황에서 협력하고, 의사소통을 하며, 타협하고, 수용할 수 있는 해결책을 제시해 준다(Levy, 1989). 갈등 해결을 위해 고안된 학교 기반의 많은 성공적 모형들이 있다. Schrumpt, Crawford와 Udadel(1991)에 의해 고안된 한 가지 성공적인 해결 모형은 다음과 같은 6 단계로 구성되어 있다.

1. **시작단계** 이 시간에는 자기 소개가 이루어진다. 중재자가 기본 규칙을 말해 주고 토론자들은 제시된 규칙을 지키는 것에 동의한다.
2. **정보 수집** 각각의 토론자들에게 자기 측의 이야기를 할 수 있는 방해받지 않는 시간을 제공한다.
3. **공통성 찾기** 이를 통해 동의를 위한 기초를 마련한다.
4. **선택사항 만들기** 이것은 각각의 토론자들로 하여금 문제가 어떻게 해결되어야 하는지에 대해 인식하게 한다.
5. **평가하기와 해결책 선택하기** 4단계에서 만든 목록에서 선택한 해결책에 대해 평가한다.
6. **계약서 쓰기** 계약서를 쓰고 토론자들과 중재자에게 사본을 준다.

학교 선생님들은 갈등 해결 프로그램에 참여한 학생들이 이 프로그램에 참여한 후, 문제해결 모형을 더 잘 이해하고 잘 할 수 있게 되었다(Johnson & Johnson, 1995). 비폭력에 대한 학생들의 협의를 통해 다른 사람들을 돕고 폭력을 예방하기 위해 수용할 만한 방법들을 실제로 해보게 된다.

분노 조절하기

분노와 공격성은 직장, 가정, 학교 장면에서 자주 나타난다. 대부분의 사람들은 하루에 몇 차례에서부터 일주일에 몇 차례에 이르기까지 어디에서나 어느 정도 분노했다가 다시 온순해지게 된다고 한다(Anastasi, Cohan, & Spatz, 1984, Kassinove & Sukhodolsky, 1995에서 인용). 사실 분노는 인간에게 가장 보편적인 감정인 것으로 보고되어 왔다(Izard, 1977, DiGuiseppe, 1995에서 인용). 강하고, 부정적인 감정은 종종 행동, 생리적 반응, 인지를 혼란시킨다.

짜증이 많은 아이들은 모든 사회적 상호작용에 대해 적대적 의도가 있다고 오해하는 성향을 유발하는 일종의 개인적 신념과 사고를 가지고 있으며, 이것은 이후 앙갚음을 낳게 한다(Feindler, 1995; Kassinove & Sudhodolsky, 1995). 이런 사람들은 종종 분노가 정당하다고 느끼며, 분노 이외엔 다른 대안적인 감정에 대해 알지 못하기 때문에 분노를 용납될 수 있는 반응이라고 믿는다(DiGuiseppe, 1995). 게다가 분노한 사람들은 분노의 원인이 외부에 있다고 인식하고 있어서 "만약 누군가가 날 화나게만 하지 않는다면 난 괜찮을 것이다" 고 생각한다. 이러한 생각은 사람들이 자신의 행동이나 반응에 대해 개인적인 책임을 받아들이기 어렵게 한다(DiGuiseppe). 더 나아가 자신의 분노로 인해 도움을 받으려고 하는 학생들은 거의 드물다. 대신 학생들은 대체로 자신의 행동 변화를 위해서 상담자를 찾는 것이 아니라 오히려 그들을 화나게 만드는 다른 사람들의 행동을 변화시켜 달라고 하기 위해서 상담자를 찾아온다; 즉 그들은 변화를 위해 노력하지 않은 채 권위자에 의해 강요되어 치료를 받는다.

사람은 화가 나면 사고, 감정, 물리적 반응이 발생하며, 그것은 내분비계, 심장혈관계, 근골격 생리 계통에 변화를 일으킨다(Feindler, 1990, Feindler, 1995에서 인용). 이러한 변화는 심장 박동, 호흡, 근육 긴장, 피부 온도를 상승시킨다. 이러한 반응은 신경전달 물질과 관련되어 있는 감정적 방해물(Zajonc,1985, Kassinove & Sukhodolsky, 1995에서 인용)과 자신의 정서를 잘못 명명함으로써 일어난다. 청소년들은 생리적인 각성을 일으키는 어떠한 상황을 슬픔, 두려움, 죄책감, 긴장 등의 감정과 반대가 되는 적대감이라는 감정으로 명명하려는 경향이 있으므로(Kassinove & Sukhodolsky), 분노-감소 기술은 사회적 정보처리 상황을 재구조화하는 데 초점을 두어 이루어진다.

학생들이 분노에 대한 반응을 평가하고 처리할 수 있도록 돕기 위해 다음과 같은 연습이 사용될 수 있다. 학생들에게 분노를 유발하는 상황을 제시하고, 전형적인 반응에 대해 논의한 다음 대안적인 친사회적 행동에 대해 논의한다.

| 연습 |

상황 1

당신은 오랫동안 졸업파티를 기대하고 있었다. 당신은 예쁜 드레스를 입고, 새 신발을 샀으며, 동네에서 가장 뛰어난 스타일리스트에게 머리 손질 예약도 해 놨다. 당신은 '잘 생기고, 학교에서 가장 인기 있는 남학생' 에게서 파트너가 되어 달라는 요청을 받게 되어 무척 운이 좋다고 생각한다. 그런데 전화가 와서는 졸업 파티의 파트너가 주말 댄스파티에 당신과 같이 갈 수 없게 되었다면서 매우 미안하다고 말한다. 그는 더 이상 추가적인 설명도 해주지 않고, "다음에 보자." 라고 말한다. 당신은 어떻게 하고 싶은가? 어떤 기분을 느끼는가? 어떤 생각이 드는가? 당신의 생리적 반응은 어떠한가?

감정

________ 안도감을 느낌

________ 상처를 느낌

________ 행복감을 느낌

________ 화가 남

________ 기타

신체적 반응

________ 심장박동이 빨라짐

________ 긴장이 고조됨

________ 열이 남

________ 울기 시작함

________ 피곤함

행동

________ 큰소리로 비명 지름

________ 달려 나감

________ 물건을 때리기 시작함

________ 그 일에 대해 이야기함

________ 움직일 수 없음

사고

________ 그럴 수 있다고 생각함

________ 그가 연락할 거라고 생각함

________ 그가 밉다고 생각함

________ 어떤 이유가 있을 거라고 생각함

________ 되갚아 줄 거라고 생각함

상황 2

당신이 하고 싶어하는 일자리가 비어 있어서 지원할 수 있게 되어 흥분해 있다. 당신은 친한 친구에게 그 직장에 대해 얘기했는데, 그 친구가 지원을 해서는 당신이 원하던 직장에 친구가 취업해 버렸다. 당신은 어떻게 할 것인가? 어떤 기분을 느끼는가? 어떻게 생각하는가? 당신의 생리적 반응은 어떠한가?

감정	신체적 반응
________ 안도감을 느낌	________ 심장박동이 빨라짐
________ 상처를 느낌	________ 긴장이 고조됨
________ 행복감을 느낌	________ 열이 남
________ 화가 남	________ 울기 시작함
________ 기타	________ 피곤함

행동	사고
________ 큰소리로 비명 지름	________ 그럴 수 있다고 생각함
________ 달려 나감	________ 그가 연락할 거라고 생각함
________ 물건을 때리기 시작함	________ 그가 밉다고 생각함
________ 그 일에 대해 이야기함	________ 어떤 이유가 있을 거라고 생각함
________ 움직일 수 없음	________ 되갚아 줄 거라고 생각함

상담교사는 학생들에게 대안적인 행동을 연습하도록 하기 위해서 '만약 ~라면'이라는 활동에 감정을 통합시켜 보게 할 수도 있다. 예를 들어, 스타니슬라프스키 방법으로 훈련받은 배우들은 "마치 그들이 화가 나고, 슬프고, 행복하고, 기타 등등일 때처럼" 생각하고 행동하도록 요청을 받는다. 상담교사는 청소년들과 함께 이 방법을 적용해 볼 수 있다. 상담교사는 사람들을 화나게 하는 표현으로 화가 나게 만들고 나서 학생들과 함께 미소 짓기와 같이 완전히 반대 행동을 해 보게 하기도 하고 더 적절한 행동을 위한 대안으로 행복한 것처럼 행동하도록 해 보게 할 수 있다(Kassinove & Sukhodolsky, 1995).

비합리적이고 부정적인 신념을 재구조화하는 인지 재구조화 기술은 아동과 청소년에게 효과적이다(McWhirter 등, 1998). 다음 연습은 아동과 청소년에게 사용될 수 있다. 청소년들은 자신의 비합리적인 사고들을 적고 이러한 비건설적인 사고를 긍정적인 사고로 바꾸어 보도록 생각해 보게 한다.

| 연습 |

학생들이 가지고 있는 해로운 생각 ⟶	**긍정적인 생각**
매우 나빠질 것이다.	난 그것을 다룰 수 있다.
그는 나를 나쁘게 보이게 만들려고 한다.	누구도 나를 나쁘게 보이게 만들 수 없다.
나는 아주 바보이다.	나는 수학에서 A를 받았다.
나는 결코 좋은 성과를 얻을 수 없다.	
______________________	______________________
______________________	______________________
______________________	______________________

해로운 생각을 인식하고 건설적인 사고로 변화시키는 것은 학생들에게 새로운 방식으로 행동하고 느끼도록 이끈다.

끝으로 자기 모니터링 기법을 통해 인지적, 정의적, 행동적, 생리적 반응을 동반하는 분노유발 자극들을 지속적으로 기록하도록 한다. 모니터링하는 한 가지 방법은 '분노 일지 쓰기' 이다. 그것은 상담과정에 기초가 되는 풍부한 자료를 제공해 줄 수 있다. 표 10.3의 '분노 일지' 는 학생에게 맞도록 개조하여 사용될 수 있다.

공감 능력 형성

명쾌한 해답이 없는 공감적이고 타인의 관점을 취하는 상황은 학생들로 하여금 통찰력을 기르고, 개인적 문제해결 능력을 발달시키고, 합리적 기술을 숙달시키며, 다른 이들의 관점에 대해 이해할 수 있게 한다(Buckley, 2000; Goldstein & Glick, 1987). 정해진 답이 없는 다음과 같은 딜레마는 공감 능력 형성과 관련된 동일시 감정에 대한 논의에서 사용될 수 있는 예라고 할 수 있다.

표 10.3 분노 일지(필요한 만큼 복사) (계속)

언제 일어났는가?

______ 아침

______ 점심

______ 저녁

어디에서 일어났는가?

______ 교실

______ 복도

______ 식당

______ 집

______ 화장실

______ 직장

______ 친구와 함께

______ 방과 후 활동시간

언제 일어났는가?

______ 아침

______ 점심

______ 저녁

어디에서 일어났는가?

______ 교실

______ 복도

______ 식당

______ 집

______ 화장실

______ 직장

______ 친구와 함께

______ 방과 후 활동시간

무슨 일이 일어났는가?

______ 누군가가 내 물건을 가져갔다.

______ 누군가가 나에게 무엇을 하라고 했다.

______ 누군가가 나를 놀렸다.

______ 내가 다른 사람에게 어떤 짓을 했다.

______ 기타

그 밖에 누구와 관련 있는가?

______ 다른 학생

______ 선생님

______ 부모님

______ 다른 어른

______ 형제

______ 자매

______ 기타

어떻게 반응했는가?

______ 주먹을 불끈 쥐었다.

______ 심장 박동이 증가했다.

______ 손에 땀이 났다.

______ 다리가 부들부들 떨렸다.

______ 호흡이 가빠졌다.

______ 목소리가 변했다.

______ 기타

어떤 생각이 들었는가?

______ 누군가가 나를 화나게 한다.

______ 누군가가 나를 바보라고 생각한다.

______ 누군가가 내 감정을 상하게 한다.

______ 기타

어떻게 했는가?

______ 분노를 통제하지 못했다.

______ 개선이 필요하다.

______ 잘 했다.

무슨 일이 일어났는가?

______ 누군가가 내 물건을 가져갔다.

표 10.3 분노 일지(필요한 만큼 복사)

_____ 누군가가 나에게 무엇을 하라고 했다.
_____ 누군가가 나를 놀렸다.
_____ 내가 다른 사람에게 어떤 짓을 했다.
_____ 기타

그 밖에 누구와 관련 있는가?
_____ 다른 학생
_____ 선생님
_____ 부모님
_____ 다른 어른
_____ 형제
_____ 자매
_____ 기타

어떻게 반응했는가?
_____ 주먹을 불끈 쥐었다.
_____ 심장 박동이 증가했다.
_____ 손에 땀이 났다.
_____ 다리가 부들부들 떨렸다.
_____ 호흡이 가빠졌다.
_____ 목소리가 변했다.
_____ 기타

어떤 생각이 들었는가?
_____ 누군가 나를 화나게 한다.
_____ 누군가 나를 바보라고 생각한다.
_____ 누군가 내 감정을 상하게 한다.
_____ 기타

어떻게 했는가?
_____ 분노를 통제하지 못했다.
_____ 개선이 필요하다.
_____ 잘 했다.

Theresa는 친한 친구 Maria가 지역 쇼핑몰에 있는 몇 군데 가게에서 물건을 훔친다는 것을 알게 되었다. Theresa는 이미 마리아가 한번 잡혔었고 만약 한번만 더 붙잡힌다면 소년원에 수감되어 얼마간의 시간을 보내게 될 수도 있다는 경고를 받았다는 것을 알고 있다. 어느 날 쇼핑 중독자 Maria는 값비싼 시계를 집어서 Theresa가 보고 있지 않을 때 Theresa의 가방에 넣었다. 가게를 나올 때 비상벨이 울려서 가게 경비원에게 잡혔다. 경비원이 그들의 구매물건을 확인할 때 Maria는 모든 물건의 영수증을 가지고 있었고, 경비원들은 Theresa의 가방에서 훔친 시계를 찾아냈다. Theresa는 Maria가 그 시계를 자신의 가방에 넣었다고 말하면 가장 친한 친구가 소년원에 가야 한다는 사실을 알고 있다. 그러나 Theresa가 시계를 훔쳤다고 말하면, 기록이 남게 되고, 집행유해를 받게 될 것이지만 친구는 집에 갈 수 있을 것이다.

Theresa는 어떻게 해야 하는가? 왜 그런가?

Maria가 절친한 친구가 아니었다면 어떠했을까? 그것이 차이가 있을까?

친구를 위해서 친구가 벌을 받아야 하는가? 왜 해야 하는가 아니면 왜 하면 안 되는가?
Maria는 어떻게 해야 하는가?
Theresa는 어떻게 느끼고 있다고 생각하는가?
Maria는 어떻게 느끼고 있다고 생각하는가?

Zake와 Amanda는 몇 달 동안 사귀어 왔고 토요일 저녁에 Amanda의 집에서 비디오를 보고 있었다. 갑자기 지역 불량배 두 명이 집으로 쳐들어와서는 두 사람을 향해 칼을 겨눴다. 그 중 한 명이 칼을 빼들어 젊은 남자의 목에 피로 리본 모양을 그리며 선을 그었다. 불량배들은 Amanda를 그들에게 넘겨주면 Zake를 놓아주겠다고 했다.

Zake는 어떻게 해야 하는가?
Zake는 어떻게 느끼고 있을까?
Amanda는 어떻게 해야 하는가?
Amanda의 감정은 어떨까?
만약 Zake와 Amanda가 심각한 관계가 아니라면, 결정하는 데 차이가 있을까?

긴장 완화

긴장 완화는 근육의 긴장을 감소시킴으로써 스트레스와 불안을 줄여 준다. 아동들은 스트레스의 생리적인 증상을 경험할 때마다 자기 관리 도구를 사용하여 긴장을 조정하고 인식할 수 있게 된다. 그 예로 다음과 같은 연습을 통해 학생들에게 다른 상황에서도 시연할 수 있게 쉽게 가르칠 수 있다.

| 연습 |

손에 테니스공을 꽉 쥐고 있다고 상상해 보아라. 당신이 할 수 있는 한 강하게 지금보다 훨씬 더 강하게 쥐어라. 이제 그 공을 떨어뜨린 척해라. 손의 느낌이 어떻게 다른지 느껴 보아라. 이제 공을 다시 주운 척 해라. 좀더 강하게 쥐어라. 5초 동안 그대로 멈추고 "하나, 둘, 셋, 넷, 다섯"을 세라. 이제 공을 떨어뜨리고 다시 차이점을 알아보라.

결론

예방과 중재는 폭력이 학교로 유입되는 것을 막도록 돕는 몇 가지 고려사항이 될 수 있을 뿐이다. 사회/인지적 기능, 분노 조절 기술, 공감 능력 형성 등을 목표로 하는 중재와 예방 프로그램은 발달적이고 종합적인 학교상담 교육과정에 통합될 때 긍정적인 결과(Shure & Spivack, 1988, McWhirter 등, 1998에서 인용)를 나타낼 수 있다.

학교 기반의 위기 사건 관리 프로그램

학령기 청소년의 삶으로 유입되는 위기사건들로부터 학교가 영향을 받지 않을 수는 없으므로 사건이 일어났을 때 부정적인 결과를 완화시키기 위해 준비하는 것이 반드시 필요하다. 샌 디에고 근처에 위치한 산타나 고등학교에서 치명적인 총격을 가한 Charles Andrew Williams가 말한 것처럼 그는 다른 사람들에게 폭력에 관한 자신의 계획에 대해 말해 왔었다(CNN, 2001). 그러나 아무도 그를 심각하게 여기지 않았다. 폭력이 항상 충동적인 행동으로 일어나는 것은 아니기 때문에, 아니 오히려 신중하게 계획된 것이기 때문에, 폭력적인 행동은 예방될 수 있으며(Daniels, 2002), 학교는 사건이 발생하기 전에 미리 준비를 할 수 있다.

범죄나 폭력은 학교 안이나 학교 운동장에서 일어날 수 있다(Jenkins, 1997, Sandhu 등, 2000에서 인용). 토네이도나 방화 훈련 같은 방식으로 위기 계획을 설계하고, 실행하고, 연습하면 학생들의 성장을 가로막는 부정적인 심리적 효과를 완화시켜 줄 수 있다(Nims, 2000). 많은 주들이 위기 계획을 마련하도록 지역교육청에 법률로 정해 놓았지만, 많은 학교들이 위기가 발생할 때까지는 잊어버린 채 선반 위에 놓아둔 지침서에 쓰여 있는 기본적인 절차만을 강조함으로써 법령에 대해 매우 소홀한 관심만 기울이고 있을 뿐이다. 몇몇 지역교육청들은 계획을 세워 두는 것이 오히려 위기가 임박해 있다는 생각이나 불필요하게 학생들에게 두려움을 갖게 하는 생각을 증가시킬 수 있다고 변론하고 있다; 다른 학교들은 교육적 이슈보다 오히려 지역사회 안전을 중요하게 여기고 있는 것이 아니냐고 말하며; 또 다른 학교들은 위기사건 계획을 연구할 자원과 시간이 없다고 말한다(Nims). 효과적인 위기 중재 계획에는 다음과 같은 요소들이 포함된다: 훈련과 계획, 대응, 보고와 완화 및 평가.

위기에 대한 훈련과 계획

학교에서의 위기 대응에는 위기가 발생할 때 무엇을 할 것인지에 대한 문서화된 정책과 그러한 정책을 수행할 수 있는 물리적 자원, 그리고 그러한 계획을 실행할 수 있는 훈련된 인력이 포함되어 있는 이사회 승인을 받은 전달체제가 필요하다. 맨 먼저, 요구도 사정을 통해 학교 교직원과 간부 그리고 지역사회 구성원들이 어떤 훈련 방식을 요구하는지 알아본다. 폭력적인 행동을 다룰 수 있는 명확한 계획이 수립되어야 대응 인력은 무슨 일이 일어나고 있으며, 언제 절차를 수행해야 하며, 계획에 책임이 있는 사람은 누구이고, 어떤 평가 전략들이 있어야 하는지에 대해서 자신감을 가질 수 있게 된다. 위기가 너무 커서 지역 인력이 감당하기에는 과도하거나 개인적으로 감당하기에 곤혹스러울 때는 위기 발생에 앞서 외부의 지원이 들어가야 한다(James & Gilliland, 2001).

학교 위기 중재 팀과 지역사회 사이의 연계가 항상 잘 수립되는 것은 아니지만 이들이 연계함으로써 상처가 되는 사건 이후의 성공적인 의뢰와 정상화의 가능성이 증대될 수 있다. 그러므로 대응 계획 위원회는 두 개의 팀으로 구성되어야 한다(Guthrie, 1992). 한 팀은 범지역적으로 사회적 서비스와 정부 기관의 연계 부분을 대표하는 팀이며, 또 다른 팀은 교사, 행정가, 학교상담교사, 경비, 비서, 버스기사와 같은 학교 내 인력의 연계 부분을 대표하는 학교 대응 팀이다. 만약 미디어와 접촉할 수 있는 사람이 인질로 잡혀 있는 교장인 경우에는 누군가 그 역할을 잘 할 수 있는 사람이 필요하기 때문에 팀 구성과 인력, 역할의 중복 및 역할 분담은 신중히 고려되어야 한다. 계획 부분에는 훈련 수준이 확실치 않은 잘 모르는 지원자가 예고 없이 학교에 들어오는 것을 방지하기 위해서 적절한 수준의 훈련을 받았는지도 포함시켜야 한다.

때로 위기 중재 계획의 목표와 방법에 대해 정확하게 이해하고 개인적인 자살에서부터 자연적, 인적 재난에 이르는 다양한 위기를 다룰 수 있는 학교상담자가 위기 중재 조정자가 된다. 위기 팀의 다른 역할로는 미디어와의 접촉, 지역사회/의료의 접촉, 부모와의 접촉 등이 있다.

미디어와의 접촉 미디어는 위기 계획에서 빠질 수 없는 요소이다. 위기팀의 역할 가운데 하나는 미디어와 긍정적인 관계를 유지하고 어떤 정보를 어떻게 공유를 해야 할지를 결정하는 것이다. 잘못된 정보가 제공될 수 있으므로 무작위로 선택된 사람에게 미디어와 이야기하도록 허용하면 최악의 상황이 될 수 있다. 종종 기자들은 학생들과 이야기하기를 원하는데, 기자들이 빌딩에서 나온 첫 번째 학생을 인터뷰하도록 허용하지 말고, 학생(주로 학생회장)을 선택한 다음 부모와 보호자들이 일어난 중대한 사건에 대하여 매체와 이야기할 수 있게 해야 한다. 만약 학생들이 어떤 질문에 답하지 못하면 정해진 미디어 접촉자가 인터뷰를 도와줄 수 있다. 또한 전화가 연결되지 않거나 휴대전화가 잘 연결되지 않을 수 있기 때문에 매체의 팩스 번호를 받아 두는 것이 유용하다. 미디어 감독자가 해야 할 추가적인 역할로는 잘못된 정보와 관심사, 지역적 반응에 대해 알기 위해 전국 뉴스와 지역 뉴스를 보아 두는 것이다.

지역사회/의료진과의 접촉 위기 계획이 성공하기 위해서는 지역의 응급상황, 화재, 의학적 · 정신적 건강 시스템과의 연계가 필수적이다. 지역사회/의료진과의 접촉은 이러한 상황에서 요구되는 응급 인력에 대한 계획에 대해 보다 폭넓게 알 수 있게 한다.

부모와의 접촉 부모는 사건에 대한 정보와 지원, 사실, 아이들이 스트레스를 받고 있을 때 나타내는 증상들에 대한 정보, 아동이나 청소년과 의사소통하는 방법, 그리고 아이에게 추가적인 도움이 필요할 때 연계할 수 있는 자원에 대한 정보를 제공받아야 한다. 또한 제1언어인 영어를 하지 못하는 부모들을 도와줄 통역사도 도움이 되는 자원이라고 할 수 있다.

물리적 조건 많은 일정 조정과 공간 및 임무에 대한 재편성이 필요하며, 학교 건물에 위험한 상태가 있다면 교회와 같은 대체할 수 있는 건물들을 사용할 필요가 있다. 추가적인 전화 회선, 일용품, 가구들도 고려할 사항이다. 또 게시판과 음식, 음료수가 제공되어야 하며 현장에 배달될 수 있도록 준비가 되어야 한다. 표 10.4는 학

표 10.4 위기 중재 팀을 위한 지침서 (계속)

계획의 구성요소(Component of Plan)

A. 훈련과 계획
B. 대응
C. 사후 보고와 위기 완화
D. 평가

훈련과 계획 부문(Traning and Planning Sessions)

학교 기반 위기 팀의 구성원이 되어야 하는 사람은 누구인가?

이름	제목	전화번호	과업

(교장) ______________________

(상담교사) ______________________

(위기의 학생들을 잘 다룰 수 있는 교사 3~5인) ______________________

지역기반 위기 팀의 구성원이 되어야 하는 사람은 누구인가?

대중매체	접촉할 사람	전화번호	팩스

라디오/TV/신문 ______________________

구급차 ______________________

경찰 ______________________

정신과 전문의 ______________________

기타 ______________________

위기 팀 구성원은 어떤 임무를 수행해야 하는가?

- 고인의 소지품을 보관해 둘 사람을 정한다. ______________________
- 가족에게 연락할 사람을 정한다. ______________________
- 언론과 소통할 사람을 정한다(대개 중앙관리직). ______________________
- 관계가 있는 고인의 친척, 친한 친구, 팀 동료가 있는 다른 학교와 소통할 사람을 정한다.
  ____
- 중심 위치와 '상담장소(Drop- in Room)' 의 감독자를 정한다(위치). ______________________
  (관리자) ______________________
- 각 분야 전문가의 목록을 가지고 있을 사람을 정한다. ______________________
- 사건 일정을 관리할 사람을 정한다. ______________________
- 진행 일정을 관리할 사람을 정한다. ______________________

표 10.4 위기 중재 팀을 위한 지침서 (계속)

- 언론을 감독할 사람을 정한다. ______
- 비상사태 시 교실을 담당할 수 있는 사람을 정한다. ______
- 사후 보고를 할 사람을 정한다. ______
- 정보를 요구하는 가족/친구에게 말해 주어야 할 것에 대해 위기 팀에서 간단한 비서 일을 할 사람을 정한다. ______
- 위기 팀에서 가정에 있는 부모에게 보낼 안내문을 작성해서 배포할 책임을 질 사람을 정한다. ______

대응하기(Responding)

교직원과 직원들에게 사건에 대해 어떻게 알릴 것인가?

정보 확인하기

위기 팀의 한 사람이 정보를 확인한다.

지정된 사람 ______

관리자에게 통지한다(전화). ______

교직원과 보조 직원들에게 통지한다.

지정된 사람 ______

교직원과 직원은 다음 사항을 알고 있어야 한다.

- 위기의 성격
- 회의 장소와 시간

학생들에게 사건을 어떻게 알릴 것인가?

- 학생들과 직원들을 위한 안내문을 작성한다. "우리는 ____ 학년의 ____가 ____ 때문에 ____ 죽었다는 것을 알리게 되어 유감스럽습니다. 추도식에 대한 자세한 정보가 필요하다면 담임선생님께 문의하거나, 부모님께서 학교로 전화하시면 됩니다.
- 관련된 사람들이 어느 정도 상담을 해야 하는 고위험군의 학생인지 결정한다.

학교, 지역사회, 학부모에게 무엇을 알려야 하는가?

교직원과의 의사소통

수업 중에 위기가 발생했다면, 위기 팀 구성원들은 이러한 정보를 알려 주어야 한다.(색깔이 있는 종이를 제안한다.)

학교가 끝난 후에 위기가 발생했다면, 가능한 한 빨리 회의를 소집한다. 아래의 정보들이 포함되어야 한다.

표 10.4 위기 중재 팀을 위한 지침서

- 사실을 업데이트한다.
- 발생 가능한 학생들의 반응을 살펴본다.
- 학생들이 어떻게 반응하는지 살펴본다.
- 위험에 처해 있는 학생들의 징후들을 살펴본다.
- 학생들이 이용할 수 있는 추도/상담 공간과 학생들이 이 곳에 갈 수 있는 방법을 교직원들에게 알려 준다.
- 교직원 및 직원들을 위한 추도 공간을 알려 준다.
- 학생들에게 알려 주기 위해 작성한 공고문에 대해 토의한다.
- 부모에게 통지문을 배부할 것이라고 교직원들에게 알려 준다.

학부모와의 의사소통

다음과 같은 정보가 학부모에게 배부되는 통지문에 포함되어야 한다.

- 사건의 진상
- 학생들에게 학교에서 떠나도록 한 절차
- 추모식의 시간과 학생 참석 절차
- 자녀가 위기 상황에 대처하도록 돕는 방법
- 그 지역에서 이용 가능한 지원 단체의 목록
- 학부모 면담의 시간과 장소(계획되어 있는 경우)

사후 보고와 위기 완화(Debriefing and Defusing)

사람들이 일상으로 되돌아갈 수 있도록 돕기 위해 계획된 사후 보고와 위기 완화

교직원들에게 누가 사후 보고를 할 것인가?

- 위기 완화 회의에 참석할 사람들을 정하라. ____________________
- 회의를 어떻게 구성할 것인지 정하라. ____________________
- 회의가 열릴 장소를 정하라. ____________________

평가(Evaluation)

위기 계획은 얼마나 자주 평가되는가?

비극적인 사건 발생 후, 위기 계획은 재검토되어야 한다. 지역사회와 학교 모두로부터의 피드백이 중요하다.

위기 계획은 교직원들과 함께 적어도 1년에 한번은 재검토되어야 한다.

교 직원들이 선택해서 사용할 수 있는 지침의 견본이다.

계획이 성공하기 위해서는 서비스 영역이 정기적으로 자주 업데이트될 필요가 있다. 즉각적인 대응이 이루어질 수 있도록 계획되어야 좋은 결과가 생길 가능성이 커진다. 예를 들어, 금요일 밤에 상황이 일어났다면, 월요일 아침까지 대응을 기다리는 것은 너무 많은 시간을 지체하는 것이다. 대응적 서비스는 위기가 발생한 장소와 시간의 그 순간에 제공될 때, 융통성이 있을 때, 준비가 되어 있을 때, 그리고 필요한 곳에 제공될 때 가장 효과적이다. 여기에는 아침, 저녁 또는 주말이 포함될 수 있다. 낯선 기관에서 제공되는 것보다는 학생과 부모에게 친숙한 학교에서 제공되는 인력 서비스가 이용하기에 더 편하다.

대응

학교 밖에서 학생들과 관련된 자살, 사고 또는 살인과 같은 위기 소식이 있을 때, 교장이나 지정된 사람은 정보를 수집하고 경찰과 함께 사실을 입증해야 한다. 가능한 한 빨리 앞서 구축해 놓은 전화 연락망으로 교직원과 간부들에게 사실을 통지한다; 학교에 미칠 위기의 영향을 결정하기 위해 위기 반응 팀 회의가 열리고; 교직원과 간부 회의가 마련된다.

교직원과 간부 회의를 통해 학교 인력들에게 정보가 공유되고, 질문에 대한 답변이 이루어지며, 이러한 징후와 증상들을 표출하는 학생들을 규명해 내기 위해 스트레스와 관련된 특징의 목록이 배포된다(Guthrie, 1992). 교사들은 학생들이 수업시간에 슬픔에 대해 열린 대화와 표현을 할 수 있게 해야 한다. 위기 팀의 구성원들은 숙소와 그들이 이용할 수 있는 사후 보고 공간, 추가적으로 도움이 필요한 학생들을 위해 지정된 '상담장소(drop-in)' 를 마련해 둔다. 위기 계획의 목표 가운데 하나는 가능한 한 빨리 학교의 분위기를 정상으로 되돌리는 것이고, 이 목적을 촉진시키기 위해서는 학생들이 학교상담교사가 어디에 있는지를 쉽게 알 수 있도록 상담교사만의 사무실이 있어야 한다. 학생들은 비극적인 사건에 대해 듣고는 바로 학교를 떠나 집으로 가는 것이 일반적이다. 이러한 반응은 학생들로 하여금 아무런 지원체제 없이 단순히 텅 빈 집으로 가도록 허용하는 것이라고 할 수 있으며, 이것은 만약 부모의 허락이 있다 해도 권장되어서는 안 된다.

그날 위기로 인해서 어떤 사람들이 가장 직접적으로 영향을 받았으며 어떤 사람들이 간접적인 영향을 받았는지 정하는 과정이 이루어진다. 단순히 친척, 생존자, 사건 목격자 그리고 가까운 친구들을 즉각적인 도움을 필요로 하는 사람들로 추정해서는 안 된다. 단지 사건에 대해서 듣기만 한 사람들도 충격을 받을 수 있다(James & Gilliland, 2001). 학교상담교사는 특히 종종 돌봐줄 사람이 없는 부유하지 못한 이들의 아픔에 대해 듣게 될 때 속상한 마음을 갖게 된다. 위기로 확인된 학생과 밀접한 관계에 있는 학교 관계자는 개인적 요구를 파악하기 위해 학생을 만나 볼 필요가 있다.

사후 보고와 위기 완화

끔찍한 사건에 연루된 개인이 갖게 된 외상의 정신적 영향을 완충시키기 위해 위기 사건 스트레스 사후 보고와 축약된 형태의 위기 완화가 사용된다(Mitchell & Everly, 1998). 위기 이후에 즉각 수행된 세 단계 과정인 위기 완화는 1시간 정도 또는 좀더 융통성 있게 짧은 시간에 이루어진다. 위기 완화의 목적은 형식적인 사후 보고를 생략하거나 강화시키기 위한 것이다. 이 과정은 인지적인 단계에서부터 감정적인 과정으로 다시 인지적인 방향으로 오르내리는 7 단계로 되어 있다(Mitchell & Everly, 1998). 사후 보고는 사건 72시간 내에 일어나고, 대략적으로 수행하는데 2~3시간이 걸린다.

1단계: 도입. 리더는 그 과정에 대하여 설명하고, 참여한 사람들에게 비밀유지에 대해 알려주고, 질문하도록 한다.

2단계: 사실. '돌아가면서' 각 참여자는 자신을 소개하고, 사건에서 그들이 했던 역할에 대해 말하고 자신의 관점에서 사건의 사실에 대해 진술한다.

3단계: 생각. 다시 한 번 대표자가 체계적으로 각 구성원들에게 사건에 대한 자신의 생각을 물어 보거나 그 사건이 발생했을 때 자신에게 처음으로 일어났던 일에 대해 물어 본다.

4단계: 반응. 대표자는 구성원들에게 이 경험 중에서 가장 안 좋은 부분이 무엇이며, 또 무엇이 계속해서 그들에게 가장 어려운 점인지 이야기 하게 한다.

5단계: 증상. 참가자들은 그 사건의 결과로 겪고 있는 정서적, 인지적, 행동적 또는 생리적 증상에 대해 나눈다.

6단계: 교수. 이 단계는 구성원들에게 스트레스에 성공적으로 대처하기 위해 사용했던 전략들을 공유해 보는 기회를 제공한다.

7단계: 재진입. 참가자들은 떠나기 전에 앞으로 생길 수도 있는 새로운 자료, 이슈 혹은 질문들을 꺼낼 수도 있다.

평가

위기 팀은 나중에 계획의 효과를 수정하고 평가하기 위해 만나게 된다. '어항' 기법은 두 개의 동심원을 만들어 이루어진다. 지역사회 팀 구성원들이 중심원에 앉아서 계획의 성공과 향상될 영역들에 대해 토의하고 학교 팀 구성원들은 중심원 밖에 앉아서 토론을 듣고 메모한다. 그런 다음 팀 구성원들은 자리를 바꾸고, 학교 팀 구성원들이 논의하는 동안 지역사회 팀 구성원들은 토론을 듣고 메모한다. 계획을 적절히 수정하고, 학년 전반을 통해 여러 번 검토한다.

요약

이 장에서는 스트레스를 받은 사람들의 특징과 이들을 돕기 위한 전략, 그리고 학교가 그 상황에서 적용할 수 있는 위기관리 계획에 대해 요약하였다. 어느 학교 지역, 건물 또는 교실에서든 학교 위기는 피할 수 없다. 우리는 더 이상 위기가 발생할지 아닐지 '기다리며 두고 볼 수' 만은 없으며 학교는 예측치 못한 사건에 대해서도 준비를 해야만 한다. 때로 폭력적인 행동을 보이는 학생들을 규명해 내기가 어렵기 때문에, 학교상담교사는 위기에 처한 개인을 알아낼 수 있도록 도와 주는 중심적인 사람이라고 할 수 있으며, 위기가 발생했을 때 모든 학생들이 위기를 다룰 수 있는 준비를 갖출 수 있도록 예방과 중재를 제공해 주어야 한다.

참고문헌

Aguilera, D. C. (1990). *Crisis intervention: Theory and methodology* (7th ed.). St. Louis, MO: Mosby.

Aguilera, D. C. (1998). *Crisis intervention: Theory and methodology* (8th ed.). St. Louis, MO: Mosby.

Alberti, R. E. (Speaker). (1986). *Making yourself heard: A guide to assertive relationships* (Cassette Recording No. 29532). New York: BMA Audio Cassette.

Austin, S. (2003). Multiple lessons from multiple suicides. *ASCA School Counselor, 41*, 22-27.

Bauer, A. L. (2000). Violence prevention: A systematic approach. In D. S. Sandhu & C. B. Aspy (Eds.), *Violence in American schools: A practical guide for counselors* (pp. 139-152). Alexandria, VA: American Counseling Association.

Beauvais, F. (1996). Trends in drug use among American Indian students and dropouts, 1975-1994. *American Journal of Public Health, 86*, 1594-1598.

Breland, A. M. (2000). The "true" perpetrators of violence. The effects of the media on public perceptions of youthful violent offenders. In D. S. Sandu & C. B. Aspy (Eds.), *Violence in American schools: A practical guide for counselors* (pp. 109-120). Alexandria, VA: American Counseling Association.

Brown, L. K., Overholser, J., Spirito, A., & Fritz, G. K. (1991). The correlates of planning in adolescent suicide attempts. *Journal of the American Academy of Child and Adolescent Psychiatry, 30*, 95-99.

Buckley, M. A. (2000). Cognitive-developmental considerations in violence prevention and intervention. *Professional School Counseling, 4*, 60-70.

CNN. (2001, March 8). *An epidemic of violence*. Retrieved April 6, 2001, from http://www.cnn.com/2001/us/03/08/alarnung.incidents/index.html

Cole, D. E., Protinsky, H. 0., & Cross, L. H. (1992). An empirical investigation of adolescent suicidal ideation. *Adolescence, 27*, 813-818.

D' Andrea, M., & Daniels, J. (1996). Promoting peace in our schools: Developmental, preventive, and multicultural considerations. *The School Counselor, 44*, 55-63.

Daniels, J. A. (2002). Assessing threats of school violence: Implications for counselors. *Journal of Counseling and Development, 80*, 215-218.

DiGuiseppe, R. (1995). Anger disorders: Basic science and practice issues. In H.

Kassinove (Ed.), *Anger disorders: Definition, diagnosis, and treatment* (pp. 1-26). Philadelphia, PA: Taylor & Francis.

Feindler, E. L. (1995). Ideal treatment package for children and adolescents with anger disorders. In H. Kassinove (Ed.), *Anger disorders: Definition, diagnosis, and treatment* (pp. 173-195). Philadelphia, PA: Taylor & Francis.

Gay, Lesbian, and Straight Education Network. (2001). *Do words hurt? A guide for discussing Eminem and the Grammys with students*. New York: Author.

Goldstein, A. P., & Glick, B. (1987). *Aggression replacement training*. Champaign, IL: Research Press.

Guthrie, S. (1992). Crisis intervention teaming: A participant' s perspective. *The School Counselor, 40*, 73-76.

Henry, C. S., Stephenson, A. L., Hanson, M. F., & Hargett, W. (1993). Adolescent suicide and families: An ecological approach. *Adolesence, 28*, 291-308.

Ibrahim, F. A., & Tran, P. (2000). School violence: An ecological, social, and cultural perspective. In Sandhu & Aspy (Eds.), *Violence in American schools: A practical guide for counselors* (pp. 167-183). Alexandria, VA: American Counseling Association.

James, R. K., & Gilliland, B. E. (2001). *Crisis intervention strategies* (4th ed.). Belmont, CA: Wadsworth/Thomson Learning.

Johnson, D. W., & Johnson, R. T. (1995). *Teaching students to be peacemakers* (3rd ed.). Edina, MN: Interactive Book.

Johnson, K. (1989). *Trauma in the lives of children*. Alameda, CA: Hunter House.

Kanel, K. (1999). *A guide to crisis intervention*. Pacific Grove, CA: Brooks/Cole.

Kassinove, H., & Sukhodolsky, D. G. (1995). Anger disorders: Basic science and practice issues. In H. Kassinove (Ed.), *Anger disorders: Definition, diagnosis, and treatment* (pp. 1-26). Philadelphia, PA: Taylor & Francis.

Larson, J. (1994). Violence prevention in the schools: A review of selected programs and procedures. *School Psychology Review, 23* (2), 151-164.

Levy, J. (1989). Conflict resolution in elementary and secondary education. *Mediation Quarterly, 7*, 73-87.

McBride, H. E. A., & Siegel, L. C. (1997). Learning disabilities and adolescent suicide. *Journal of Learning Disabilities, 30*, 652-659.

McFarland, W. P. (1998). Gay, lesbian, and bisexual student suicide. *Professional School Counseling, 1*, 26-29.

McWhirter, J. J., McWhirter, B. T., McWhirter, A. M., & McWhirter, E. H. (1998). *At-*

risk youth: A comprehensive response. Pacific Grove, CA: Brooks/Cole.

Mitchell, J. T., & Everly, G. S. (1998). *Critical stress management: The basic course workbook* (2nd ed.). Ellicott City, MD: International Critical Incident Stress Foundation, Inc.

Nims, D. R. (2000). Violence in our schools: A national crisis. In D. S. Sandhu & C. B Aspy (Eds.), *Violence in American schools: A practical guide for counselors* (pp. 3-20). Alexandria, VA: American Counseling Association.

Reinherz, H. Z., Giaconia, R. H., Silverman, A. B., & Friedman, A. (1995). Early psychosocial risks for adolescent suicidal ideation and attempts. *Journal of the Academy of Child and Adolescent Psychiatry, 34*, 599-611.

Sandhu, D. S., Underwood, J. R., & Sandhu, V. S. (2000). Psychocultural profiles of violent students: Prevention and intervention strategies. In D. S. Sandhu & C. B. Aspy (Eds.), *Violence in American schools: A practical guide for counselors* (pp. 21-41). Alexandria, VA: American Counseling Association.

Santrock, J. W. (1996). *Adolescence*. Dubuque, IA: Brown & Benchmark.

Schrumpt, F., Crawford, D., & Udadel, H. C. (1991). *Peer mediation: Conflict resolution in schools.* Champaign, IL: Research Press.

Short, R. J., & Talley, R. C. (1997). Rethinking psychology and the schools: Implications of recent national policy. *American Psychologist, 52*, 234-240.

Takaka-Matsumi, J. (1995). Cross-cultural perspectives on anger. In H. Kassinove (Ed.), *Anger disorders: Definition, diagnosis, and treatment* (pp. 81-108). Philadelphia, PA: Taylor & Francis.

Wagner, B. M., Cole R. E., & Schwartzman, P. (1995). Psychosocial correlates of suicide attempts among junior and senior high school youth. *Suicide and Life Threatening Behavior, 25*, 358-372.

Wyatt, V. H. (2000). A social ecology approach to violence in American schools. In D. S. Sandhu & C. B. Aspy (Eds.), *Violence in American schools: A practical guide for counselors* (pp. 43-64). Alexandria, VA: American Counseling Association.

| 제11장 |

학교상담자와 가족의 협력관계

학교상담교사로서 나는 자녀로 인해 어려움을 겪고 있는 많은 부모들이 나와 이야기를 나누고 싶어하며, 여기에 많은 시간을 할애해야 한다는 것을 알게 되었다. 이와 동시에 이보다 더 많은 학생들이 혼란스럽고 소란스럽다고밖에는 볼 수 없는 가정생활에 대해 나에게 이야기를 해 왔다. 점점 더 많은 저녁 시간을 부모들과 전화하는 데 보내게 되면서 나는 만약 주간의 일과시간을 야간으로 연장시킬 수 있다면 더 많은 부모들과 면대면으로 만날 수 있을 것이라는 생각을 하게 되었다.

내가 일주일에 이틀 낮 시간의 일과를 저녁 시간으로 조정할 수 있는지에 대해 교장선생님께 이야기하자, 교장선생님 내키지 않아 했다. 이런 경우는 보통의 학교 일과에 맞지 않고 일반적이지 않은 요구였기 때문이었다. 만약 내가 학교에서 수행된 성공적인 가족 프로그램에 대한 자료를 보여 줄 시간이 있었다면 아마도 결과는 달라질 수도 있었을 것이다.

부모 혹은 보호자와 학교 간의 강한 협력관계가 학생의 성공에 도움이 된다는 사실은 오랫동안 인식되어 온 사실이다. 많은 연구들이 가족의 역동성이 아동기나 청소년기의 학문적, 개인적 성장의 중대한 요소임을 반복적으로 지적하고 있다. 사실, 대부분의 자료는 가족이 학교 변인보다 학교에서의 성취에 더 큰 영향을 주고 있음을 보여주고 있다(Hinkle & Wells, 1995). 학교상담자들은 가족과 함께 작업을 하고, 가족상담의 효율성에 대해 평가하며, 학교에서 가족의 참여도를 증진시킬 수 있는 중요한 사람들이다.

오늘날의 가족은 우리 사회와 마찬가지로 다양하며, 구조적으로도 전통적인 양부모 가정과는 많은 차이가 있기 때문에, 이러한 사람들의 집단을 가족이라고 정의하기 어렵다(Hall, 2003). 학교와 가정은 별개의 집단이지만 상호 연계된 체계이며, 이들 모두 아이들의 교육과 사회화에 대한 책임이 있다(Edwards & Foster, 1995). 학생들은 이 두 집단이 협력할 때 도움을 받을 수 있다.

학교상담자들은 전통적으로 많은 시간이 필요하면서도 향상되는 것을 거의 알아차릴 수 없는 개인상담 접근방법을 통해 일을 해 왔다(Hinkle, 1993). 변화란 불편한 것이기 때문에 가족 구성원들은 익숙하고 변동이 없으며 예측 가능한 행동을 지속한다. 비록 그러한 행동이 문제가 있는 것이라 할지라도 말이다. 1980년대와 1990년대에는 **체계이론** 혹은 **상호작용 이론**이 학령기 아동들을 다루는 방법으로 전문가들의 관심을 끌기 시작했다(Sexton, 1994). 아이들을 다루는 데 있어 이러한 체계적 접근법은 상담개입에도 불구하고 아이들의 문제가 계속되는 경우, 그 문제들은 가족의 상호작용과 관련되어 있는 것일 수 있으며 상담자는 문제가 더 크게 발생하기 전에 중재에 나서야 함을 강조하고 있다(Hinkle). 학교상담자가 아이의 문제 행동에 대한 가족의 영향에 대해 고려하지 않고 아이를 도우려는 것은 비효과적인 상담 전략임에 분명하다(David, 2001; Kraus, 1998); 또한 이와 마찬가지로 학교 내에서 적응하지 못하는 아이들은 그들의 가족 체계 내에서도 다루기 어렵다는 것을 발견할 수 있다(Aliotti, 1992, Hinkle & Wells, 1995에서 인용; Lewis, 1996). 아이들의 문제가 지속되고 특수한 학교 관련 원인들이 제거되면 가족과 학교를 협력관계에 포함시키는 것이 현명하다(Hinkle). 가족이 학업적, 행동적 문제에 미치는 영향에 대해 학교상담자들이 관심을 충분히 기울이지 않으면, 부적절한 중재, 심지어는 정반대되는 중재를 수행하게 될 위험이 있다.

학교상담자들에게 가족과 함께 치료 작업을 하라고 제안하는 것은 아니다. 학교상담자들은 일반적으로 가족상담에 대한 심도 있는 훈련을 받지 못했기 때문에 전형적인 가족상담을 제공할 수는 없다. 그럼에도 불구하고, 학교상담자들은 아이들을 다룰 때 이러한 체계적 접근법을 마음에 새겨 봄으로써 가족 내의 문제 해결과 변화가 시작되도록 할 수 있다. 만약 학교상담자에 의해 제공되는 가족상담이 학교의 목표를 달성하는 데 중요한 요소라는 것을 행정가나 학교 위원회 구성원들이 믿게 된다면, 이러한 요구들을 충족시키기 위해 일정, 훈련, 시간, 정치적 지원과 재원에 대해 고려하게 될 것이다.

협력관계 형성하기

학교상담자들은 가족과 함께 작업할 수 있는 많은 시간을 갖기가 어렵다. 따라서 단기개입이 추천된다. 그러한 개입은 부모-상담자 회의나 제한된 형태의 개인상담에서 사용될 수 있다. Golden(1998)은 그러한 만남들이 단지 다섯 번 정도의 **회의**가 될 것이라고 생각하면서 하나의 **자문**으로 여기는 경우(상담 및 치료와 관련된 의미에 따른 **회기**가 아니라) 가족들은 학교상담자들과의 만남에 더 수용적인 태도를 보일 수 있다고 제안한다. 만약 문제가 더 커지고 병리적인 것이 되면 외부 의뢰와 같은 대안적인 선택이 필요하게 된다. 만약 의뢰가 이루어질 경우 학교상담자는 가족과 함께 첫 번째 회기에 참여함으로써 지지를 보여 줄 수 있다(Hinkle, 1993). 모든 상담 접근과 마찬가지로 문화를 존중하고 고려해야 하는데, 이는 아시아인, 아프리카인, 스페인계 미국인 문화권 내에서와 같이 대가족 구성원들의 역할과 위계적인 구조를 매우 크게 강조하는 경우에는 특히 그렇다(Davis, 2001).

가족들과 작업하기에 앞서 자신의 개인적인 신념과 가치, 행동에 대해 자기 성찰을 해보면 가족이 당신의 개인적 삶에 영향을 주고 있다는 통찰을 하게 된다. 다음의 자기 성찰 연습을 통해 당신의 생애 초기의 가족에 대해서, 그리고 이러한 가족체계가 당신의 삶에 미친 영향에 대해서 생각해 보는 기회를 가져 볼 수 있다.

| 연습 |

1. 당신이 탐색하고 싶은 생애 초기 가족 안에서 당신이 보낸 삶의 시간을 돌아보아라.

2. 그 시기를 정한 다음, 다음에 대해 회상해 보라.
   a. 그 때 집에는 누가 살고 있었는가? 나이는?
   b. 가족 간에 어떤 형태의 상호작용이 일반적이었는가?
   c. 부모와 형제자매와는 가까웠는가? 아니면 멀었는가(관계가 좋았는가 나빴는가)?
   d. 어떤 가족 구성원들 간에 갈등이 있었는가?
3. 각 구성원들의 이름을 쓰고 그 사람을 설명하는 형용사를 하나 적어라. 당신 자신에 대해서도.
4. 가족 내에 있었던 경계와 규칙들에 대해 회상해 보라.
5. 지금 가족의 생활은 당신이 회상하고 있는 시기의 생활과 비슷한가 다른가?

당신의 생애 초기의 가족의 모습에 대해 회상해 본 다음, 가족들에게 나타나는 특성들에 대해 생각해 보라.

과정

상담자와 교사들은 학생들의 행동에 대한 가족의 엄청난 영향력을 높이 평가하게 되었다. 부모나 보호자들은 자신이 아이들의 교육적 성취에 있어 큰 영향을 미치고 있다는 점을 항상 인식하고 있지 못한다. 교육 기관과 가정의 목표가 비슷해야 아이들에게 유익하다. 목표가 불일치하면 아동들은 사회적, 감정적, 교육적 어려움을 겪게 된다(Widerman & Widerman, 1995). 어린이를 도와주는 과정에 있어서 부모나 보호자의 저항은 예측할 수 있는 자연스러운 감정적 반응이라고 할 수 있는데, 이것은 다음과 같은 이유 때문이다: (a) 그들이 학교에서 겪었었을 수도 있는 부정적인 경험(Campbell, 1993) (b) 아이들에게 문제가 있을 때 자신이 비난을 받는다고 느끼는 것에 대한 방어 (c) 아이가 문제가 있을 때 학교로 불려 가게 되는 것 (d) 학생으로서 가졌던 과거의 부정적 경험 (e) 부모나 보호자의 직장 일정(Evans & Hines, 1997). 긍정적 사건이나 행동에 관해서 부모를 만나게 되면 부모의 저항은 줄어들게 된다(Edwards & Foster, 1995). 부모 또는 보호자와의 협력관계는 과정의 시작, 평가, 개입 및 종결로 진행된다.

과정의 시작

일반적으로 상담자나 부모/보호자에 의해 시작된 전화 한 통이 이들 둘 사이의 최초의 접촉이 되는 경우가 많다(Haley, 1987, Widerman & Widerman, 1995에서 인용). 이러한 접촉이 일어난 순간부터 변화는 이미 일어나고 있는 것이다. 상담자는 문제가 무엇이고, 누가 관계되어 있으며, 학교 기록, 교사들, 코치들 등을 통해 어떤 정보를 이용할 수 있는지에 대한 가설을 세우기 시작한다. 가족 구성원들은 이미 그 문제에 대해 의사결정을 하고, 말해야 할 것과 말하지 않을 내용을 결정하고 있다. 부모나 보호자가 미리 계획하지 못하도록 이런 약속을 하지 않은 상태에서 학교에 오는 일은 흔하지 않다. 그러나 여전히 중요한 정보는 부모나 보호자의 상호작용이나 태도, 행동을 관찰해 보면 알 수 있다(Widerman & Widerman). 부모나 보호자와 학교가 서로에게 가지고 있는 부정적 태도는 상담과정을 방해할 수 있다; 혹은 학교에 대한 과거의 부정적인 경험을 바탕으로 적대적인 태도를 가진 채로 학교에 올 수도 있다. 이렇게 오랜 기간 형성된 신념을 바꾼다는 것은 학교상담자에게는 하나의 도전이 된다. 부모나 보호자들이 그들의 좌절감을 누그러뜨릴 수 있도록 들어 주고, 경험을 인정해 주며, 시간을 내주는 것은 지지적인 협력관계를 형성하는 데 도움이 된다(Davis, 2001). 게다가 상담자가 부모나 보호자가 자기 아이에 대한 전문가이자(Aponte, 1976, Edwards & Foster, 1995에서 인용), 중요한 자원이라고 인정해 주면 부모들의 긴장을 완화시키고 관계를 촉진시킬 수 있다. 표 11.1은 가족에 대한 중재와 진전 과정을 추적하고 문서로 기록해 두는 데 유용하다.

평가

학교상담자의 주된 임무는 가족 구성원들이 문제를 어떻게 바라보고 있는지를 인식하고, 가족의 강점을 확인하며, 변화할 수 있는 가족의 능력에 대해 살펴보고 평가하는 것이다. 두문자어 TRACE를 사용하면 평가하는 데 도움이 된다(Golden, 1998).

표 11.1 가족에 대한 중재와 진전과정 추적하기

상담용 정보 용지

날짜 ___________

학생 이름 ______________________________ 나이 ______________________

학년 _________________________ 담임교사 ________________________

만난 사람의 이름____

전화 번호 ____

만난 이유 _____________ 교사 ________ 아이 ________ 교장________

코치 _________________ 가족 구성원 ___________ 기타 ___________

동거인: 친부모(생물학적 부모) _____ 보호자 _____ 부모/의붓 _____ 부모 기타 _____

돌보는 사람의 물질적 상태(재산 정도) ____________________________________

가족 구조(집에 있는 구성원을 체크)

_____ 친아버지(이름) ____________________________ 나이 ____________

_____ 의붓아버지(이름) __________________________ 나이 ____________

_____ 친어머니(이름) ____________________________ 나이 ____________

_____ 의붓어머니(이름) __________________________ 나이 ____________

_____ 보호자(이름) ______________________________ 나이 ____________

아동과의 관계 ____

_____ 기타 성인(이름) ____________________________ 나이 ____________

아동과의 관계 __________________________________ 나이 ____________

_____ 할아버지 __________________________________ 나이 ____________

_____ 할머니 ____________________________________ 나이 ____________

_____ 형제 ______________________________________ 나이 ____________

_____ 자매 ______________________________________ 나이 ____________

_____ 집에 있는 다른 사람들 ______________________ 나이 ____________

_____ 집에 없는 형제/자매 ________________________ 나이 ____________

_____ 집에 있는 다른 사람들 ______________________ 나이 ____________

_____ 집에 없는 다른 사람들 ______________________ 나이 ____________

기록 : ____

____

출처 모름

팀(Team): 돌보는 사람과 상담자는 서로 동의한 목표 안에서 함께 팀으로 일할 수 있는가? 돌보는 사람들이 전략과 제안을 따르려고 하는가?

자원(Resources): 가족이 아이의 욕구를 돌봐 줄 수 있는가? 부모나 보호자들은 변화에 대한 수용 능력과 적절하고 효과적인 대처 기술을 가지고 있는가?

권위(Authority): 부모나 보호자는 자녀들을 통제할 수 있는 적절한 양육 기술을 가지고 있는가? 아이들은 규칙과, 규칙을 어겼을 때 받게 될 결과를 이해하고 있는가?

의사소통(Communication): 모든 가족 구성원들이 건전한 방식으로 관심사를 표현하고 의사소통할 수 있는가? 구성원들의 견해가 존중되고 있는가?

문제의 정도(Extent of problems): 언제 그 문제가 시작되었는가? 잠시 동안 문제가 되었는가? 아니면 그 문제가 과도기적 단계를 반영하고 있는가? 각 가족 구성원들에게 어떤 영향을 미쳤는가?

학교상담자의 주요 임무는 교육적 관심사와 학업적 진보를 지지해 주는 것이다. 그러므로 이런 문제가 먼저 다루어져야 하며, 그 다음에 아이들의 교육적 수행에 영향을 줄 수 있는 다른 문제들을 다루어야 한다. 때로 학교와 관련된 문제는 모든 사람에게 문제가 있다는 것을 인식하고, 모든 사람들이 문제를 해결하기 위해 동기화될 때 해결될 수 있다. 각 가족 구성원들에게 다음과 같은 질문을 해 보면 공통의 목표를 찾아내는 데 도움이 된다.

1. 오늘 왜 여기에 왔는지 말해 주시겠습니까?
2. 어려운 점이 무엇이라고 생각하십니까?
3. 언제 문제가 시작되었습니까?
4. 어떻게 문제가 시작되었습니까?
5. 그 문제로 인해 어떤 영향을 받았습니까?
6. 문제를 어떻게 다루었습니까?
7. 효과적으로 작용했던 것은 무엇입니까?
8. 가족 중에서 가장 많이 말하는 사람은 누구라고 생각합니까?
9. 가장 적게 말하는 사람은 누구라고 생각합니까?

표 11.2 부모 관찰양식

내가 좋아하는 행동	이 행동에 대한 나의 반응	수용할 수 있는 행동	이 행동에 대한 나의 반응	바꾸어야 할 행동	이 행동에 대한 나의 반응	용납할 수 없는 행동	이 행동에 대한 나의 반응

10. 가족 내에서 당신의 감정에 대해 이야기하기가 쉽습니까?
11. 당신은 가족으로서 무엇을 함께 합니까?
12. 가족과 함께 마지막으로 시간을 보낸 것은 언제입니까?

모임을 갖는 동안 상담자는 문제해결을 돕기 위해 개입을 하고 모임 사이사이에 가족들이 시도해 볼 만한 숙제를 부과한다. Downing(1993)에 의해 고안된 창의적 접근법은 부모에게 자녀의 부정적인 반응에 초점을 맞추기보다 긍정적인 행동을 관찰하고 정보를 수집해 보도록 숙제를 하게 하는 개입방법이다(표 11.2 참조).

개입

학교상담자들은 가족과 함께 다음과 같은 개입기법을 성공적으로 사용해 왔다.

■ **재구조화** 부모나 보호자는 종종 아이들의 행동에 대해 부정적인 관점을 가지고

있기 때문에 상담을 하러 온다. 예를 들면 보호자가 제시하는 문제는 '우리 아이는 게으르다' 거나 '우리 아이는 예의가 없다' 와 같은 것이다. 이러한 부정적인 인식을 가지고 있으면 생산적인 변화가 이루어지기 어렵다. 이러한 부정적인 시선은 상담자에 의해서 재구성될 수 있다: (A) 병리적인 의미를 부여하지 않도록 하고 (B) 특성을 정상적인 것으로 만들며 (C) 사람들로 하여금 그 상황을 다른 각도에서 보도록 하고 (D) 그 행동을 긍정적인 의도가 있는 것으로 보고(Hinkle & Wells, 1995) (E) 협력적인 의미를 향해 노력한다(Carns & Carns, 1997). 부정적인 꼬리표에 긍정적인 의미가 부여될 때 변화가 일어날 수 있다(Andolfi, 1979). 예를 들어 아이가 '소극적' 이라고 말하는 부모가 이를 '아이가 혼자 있는 것을 좋아한다' 라고 재구성하게 된다면 문제가 다르게 보일 것이다. 또는 '충동적' 이라고 꼬리표를 붙인 아이는 '결과에 대해 생각하기에 앞서 행동하는 것' 이라고 재인식하게 된다면 다르게 인식될 것이다. 다음 연습은 재구조화의 예를 제시하고 있다.

| 연습 |

다음과 같은 꼬리표는 일반적으로 청소년들의 행동을 묘사할 때 사용되는 말들이다. 좀더 긍정적이고 수용적인 용어로 재구성해 보시오.

비행적	우울한	과잉행동적	방어적인	불안한
고독한	반항적인	냉정한	저항적인	화난
수줍은	불친절한	불평하는	걱정이 많은	자신감 없는

■ **규칙 제정** 규칙 제정은 상담자가 새로운 형태의 의사소통을 가르치는 과정이다. 상담자는 가족에게 서로 다르게 상호작용하도록 가르치고, 부모나 보호자에게 이전과 다른 방식으로 아이와 대화하도록 가르치거나 과도하게 참견하는 부모로부터 아이를 떨어져 앉게 할 수 있다(Kemenoff, Jachimczyk, & Fussner, 1999).

- **조각하기** 가족 조각하기는 각각의 가족 구성원들이 가족 체제 안에서의 가족관계, 상호작용 및 자신의 위치에 대해 인식하고 있는 것을 표현할 수 있도록 하는 창조적이고 활동적이며 비언어적인 기법이다(Andolfi, 1979). 이 기법은 모든 가족 구성원들이 참석하여 각각의 가족 구성원들을 '조각가' 가 생각하는 대로 정해진 자리에 배치하게 하는 것이다. 학교상담자는 가족 구성원들을 나타내는 작은 사람 인형을 이용하여 이 기법을 적용할 수 있다. 아이들은 가족 구성원들을 나타내는 인형을 선택해서 가족의 역동성에 대해 자신이 가지고 있는 관점에 따라 각각의 사람 인형을 배치해 보게 한다. 예를 들어 가족으로부터 소외되었다고 느끼는 조각가는 자신을 나타내는 인형을 가족으로부터 멀리 떨어진 곳에 놓을 것이다. 또 '이상적인' 아들이라고 생각되는 형제는 아마도 부모 옆에 놓을 것이고 이상적인 형과 유사하게 생긴 어린 동생은 형 옆에 놓을 것이다. 참가자들은 조각의 배치가 끝난 다음 각 가족 구성원의 위치에 대한 느낌이나 생각에 대해 이야기를 나눈다. 마지막으로 상담자는 아이나 부모에게 가족 구성원들이 앞으로 어떤 위치에 있었으면 좋겠는지 구성원들을 배치해 볼 수 있도록 한다(Andolfi).
- **마치 ~인 것처럼 행동하기와 되돌아보기** 아들러의 개인심리학은 '마치 ~인 것처럼' 이라는 행동 기법을 사용한다. 이 기법은 학생이 마치 자기가 되고 싶은 이상적인 사람이 된 것처럼 행동을 시작하게 하는 것이다. 다음 연습은 이 기법을 적용한 것이다.

| 연습 |

학교상담자는 아이와 부모에게 이상적인 가족에 대해서 생각해 보게 하고, 이상적인 가족은 가족 구성원들이 어떻게 상호작용해야 하는지 생각해 보게 한다(Watts, 2003). 상담자는 이 과정을 도와 주기 위해 다음과 같은 질문을 한다.

1. 만약 당신이 이상적인 가족 구성원이라면 어떻게 다르게 행동할까? 다른 가족 구성원들과는 어떻게 상호작용을 할까?
2. 만약 내가 지금부터 6개월간 당신을 지켜 본다면 당신은 어떻게 다르게 행동하

고 있을까?

3. 당신이 원하는 방식으로 가족이 행동하고 있는 몇 가지 징후가 있다면 어떤 것이 있을까?

이 가운데에서 한 가지 또는 두 가지 행동을 선택해서 부모와 아이가 일주일 동안 연습해 볼 수 있다. ■■

| 연습 |

1. 일, 가족, 친구 등 당신이 향상시키고 싶은 자기 삶의 한 가지 측면을 선택하라.
2. 자기의 삶의 이러한 측면에서 이상적인 한 사람을 생각해 보라.
3. 이 사람은 어떻게 행동하고, 말하고, 생각하는지 시각화해 보라.
4. 짧은 기간 동안 이상적인 이 사람의 역할을 해 보라.
5. 이러한 경험으로 무엇을 느꼈는가? ■■

종결

모임이 끝나면 상담자가 가족 구성원들이 이루어 낸 진보의 과정에 대해 평가하는 것이 중요하다. 만약 과제나 제안을 따르지 않았거나 원하는 결과를 이루지 못했다면 그것이 실패한 이유에 대해 토의해 볼 필요가 있다. 전화하기, 이메일, 편지, 정기적인 추후 만남은 가족 모임이 끝난 뒤에도 연락을 계속할 수 있는 방법이 될 수 있다(Bilynsky & Vernaglia, 1999).

성공적인 협력관계를 위한 고려사항

아동과 청소년을 돕기 위해 상호작용적 접근법들을 사용하는 데는 어쩔 수 없는 많은 이유가 있다. 동시에 전문가들이 학교 안에서 가족과 함께 작업하기를 꺼리는 데에도 많은 이유가 있다: (a) 교육자들은 종종 공무원으로 여겨지기 때문에 학부모는 때로 학교에 있는 상담자의 안내와 지도를 받아들이는 것을 어려워한다(Whitaker & Bumberry, 1988, Cerio, 1997에서 인용); (b) 대가족 체제는 가족보다는 오히려 아이에게 문제가 있다는 견해를 고집함으로써 상담을 방해할 수 있다; (c) 많은 학교상담자들은 체계적 접근법을 편안하게 느끼지 않고 있으며 적절한 훈련을 받지도 않았다(Cerio; Hinkle & Wells, 1995); (d) 행정가와 정책자들은 학교상담자들이 정규적인 학교일과 시간에 자리를 지켜야 한다고 생각할 수도 있다(Carlson & Sincavagae, 1987, Hinkle & Wells에서 인용). 이러한 접근법이 성공하기 위해서는 이러한 접근의 효과성에 대한 신념이 돈, 시간, 계획, 조정에 관한 충분한 지원을 위해 필수적이다.

학교상담자는 가족/부모 교육을 시작하고, 증진시키며, 전수하는 중요한 사람이다(ASCA, 2003). 이러한 일들을 수행하는 데 있어 상담자가 하는 역할은 교육과 관련된 지역사회의 요구와 자원, 정치적 분위기에 따라 달라진다. 상담자들은 전국적으로 학교 안에서 부모와 보호자를 위한 성공적인 심리교육 프로그램과 협력적인 개입을 계획하고 실행하고 있다.

심리교육적 개입

심리교육적 전략들은 어떤 환경에 놓여 있는 어떤 가족에게나 적용될 수 있다. 교육적 훈련은 개인적으로든 집단으로든 가족을 대상으로 이루어질 수 있으며, 여기에서는 부모교육과 가족구조의 변화, 아동의 발달적 문제, 이혼한 가정에서의 아동과 청소년의 관심사 등과 같은 매우 다양한 주제를 다룰 수 있다. 어린 아동이 있는 가족에게는 좀더 '실제로 해보는' 훈련이 요구되는 반면 큰 아이들이 있는 가족은 좀더 교육적이고 대인적인 방법을 선호할 수 있다. 심리교육적 개입은 미리 목적과 목표를 정해서 효과가 평가되도록 하는 시간 제한적인 활동이다.

상담자가 수행하는 많은 과업들에도 불구하고, 상담자는 추가적으로 의무를 더 갖게 되는 것에 왜 동의하는가? 상담자는 자연스러운 조력자일 뿐만 아니라 상담자가 이끄는 프로그램은 기존의 교육과정을 보충해 줌으로써 프로그램의 효과성을 입증할 수 있다. 또한 상담자는 학생 및 가족과 함께 협력해야 할 윤리적 의무가 있으며(Benshoff & Alexander, 1993), 관심이 있는 부모들을 모집하여 이러한 프로그램을 설계하고 수행할 수 있다.

부모교육

북 텍사스의 한 지역교육청에서 지역사회의 부모들을 위해 상담자가 심리교육 집단을 지도하는 것을 학부모들이 도와줄 수 있을지를 결정하기 위해 어떤 교육 프로그램이 실행되었다(Kottman & Wilborn, 1992). 16명의 학부모가 초등학생 자녀가 있는 부모들을 위한 양육 집단의 지도자가 되기 위한 훈련을 받았다. 아들러식 양육 전략, 기본적인 상담 기술과 집단 역동관계를 포함하여 2시간씩 집중적인 6주간의 훈련이 실시되었다. 지도적 활동으로는 역할 놀이, 경청활동, 시범하기, 모델링과 교재에 주어진 내용을 바탕으로 한 토의가 이루어졌다. 훈련을 마친 뒤 부모들을 짝지어서 다른 부모들을 훈련시키기 위해 8개의 초등학교에 배치하였다. 그 결과 참여했던 부모들은 자녀들에 대해 매우 다른 태도를 취하게 된 것으로 나타났다; 또한 부모들이 효과적인 지도자 역할을 수행해 냈기 때문에, 상담자들은 다른 임무를 수행할 수 있었다.

성교육

많은 연구들은 학생과 부모/보호자 모두 보호자들이 일차적으로 성교육을 해 주기를 원한다고 보고하고 있다(Sanders & Mullis, 1988, Benshoff & Alexander, 1993에서 인용). 하지만 보호자들은 자녀들에게 이러한 정보를 제공해 줄 수 없거나 제공해 주려고 하지 않는다. 가족 의사소통 프로젝트(FCT)라는 프로그램에서는 초등학교와 중학교 상담자들이 프로젝트 훈련자로 봉사하면서 관심이 있는 부모와 아이들에게 성에 관한 의사소통을 향상시킬 수 있도록 도와 주도록 설계되었다. 연구결과 성적인 문제에 대한 참가자들의 지식과 능력이 증가되었음이 나타났다(Benshoff & Alexander).

의사소통 교육

의사소통 교육은 의사소통 기술을 가르치고 부모/보호자와 자녀 간의 관계를 향상시키기 위한 또 하나의 심리교육 전략이다. 의사소통 교육은 놀이를 통해 어떻게 아이들의 언어를 읽을 것인지를 부모들에게 가르치기 위해 사용된다(Thompson, Rudolph, & Henderson, 2004). 의사소통 교육은 다음과 같이 설계된다.

1. 아이들이 놀이를 통해 어떻게 의사소통하는지를 부모/보호자에게 가르침으로써 아이들의 문제 행동을 감소시킨다.
2. 부모들이 새로운 의사소통 방식들을 배우고 적용할 수 있도록 돕는다(환경을 제한하는 기술, 적극적인 듣기, 자아 존중감 세워 주기, 감정의 반영과 관련된 기술은 상담자들이 사용하는 대인간 기술로서, 좋은 부모가 되는 데 적용될 수 있다.)
3. 어린이가 자기 자신을 자유롭게 표현하도록 격려를 받고 부모들이 새로운 방식으로 반응하는 방법을 배우면 부모와 어린이의 관계는 향상된다.

학교에서 상담자는 10세 이하의 자녀가 있는 6~8명의 부모 집단에게 기술을 가르쳤다. 부모/보호자는 구두 표현을 통해 아이들과 접촉하는 방법과 아이의 생각, 느낌과 욕구를 인식하는 방법을 배웠다(Stollack, 1982). 그러한 훈련을 마친 후, 가정에서 놀이 회기가 이루어졌으며, 추후 교육 회기에서는 부모에게 이러한 경험에 대해 이야기하고 상담자로부터 피드백을 받을 수 있도록 했다. 어린이와 보호자 간의 상호작용은 부모/보호자와 아이들이 함께 보낸 시간과 일관되게 놀이시간을 보낸 결과 변화되었다(Stollack).

직업과 학업 발달

학교상담자는 직업과 학업적 관심사에 있어서 부모와 아이들을 도와 줄 수 있는 독특한 위치에 있다. 상담자는 가족의 문화와 가치와 맞는 의사결정을 내릴 수 있도록 도와 주어야 학생의 학업적, 직업적 목표와 보호자/자녀 관계를 촉진시킬 수 있다(Hall, 2003). 몇몇 예에서 보면, 학생의 직업 선택은 가족의 신념을 붕괴시킬 수 있는 하나의 요인이 되기도 한다. 학교상담자는 학생이 가족 내에서 더 많은 긴장이나 스트레스를 만들어 내지 않으면서 학생의 잠재능력을 최대화할 수 있도록 학업과 직업상담을 해 주어야 한다.

협력적인 동반관계

오늘날 학교에서는 일반적으로 건강관리와 주간의 양육 프로그램, 개인지도와 부모교육을 결합한 종합적인 서비스가 점점 더 일반적인 것이 되어 가고 있다(Porter, Epp, & Bryant, 2000). 사실 몇몇 연구들은 미래의 학교에는 가족센터가 설립될 것이라고 예측한다(Cetron, Peeks, 1993에서 인용). 너무나 자주 사회적 서비스와 의학 전문가, 기타 다른 조력자들이 가족에게 거의 아무런 조정을 하지 않은 채 조력을 제공해 주고 있으며, 많은 서비스가 중복해서 제공되고 있다(Downing, Pierce, & Woodruff, 1993). 협력 팀은 학습의 장벽과 부모의 교육적 욕구에 대해 알려 주고, 학교와 지역사회 간의 유대를 강화하며, 아이들의 성장에 공헌하고 있다(Taylor & Adelman, 2000). 학교상담자는 학교 기반 환경에서 다른 조력 전문가들과 프로그램의 상호 연결을 조정해 줄 수 있는 이상적인 지도자라고 할 수 있다(Keys, 2000).

학교개혁의 대리인으로서 학교상담자는 학교 관리자 및 교사들과 의사소통을 하고, 팀 전문가들의 서비스들을 감독하고 조정함으로써 프로그램이 낭비되지 않도록 서비스의 제공을 원활하게 할 수 있다.

요약

전통적으로 학교상담자는 개인상담 방법으로 학생들을 조력해 왔다. 그러나 학교상담자는 학생들의 삶에 영향을 주는 가족체계에 대해 고려하지 않고는 성공적으로 개입을 할 수 없다. 체계 이론은 청소년과 그들의 가족과 함께 작업할 수 있는 좋은 방법으로 상담자의 주의를 끌기 시작했다. 체계적 접근의 훈련을 받지 않은 학교상담자라해도 체계 이론의 개념을 고려하면서 상담자와 아이의 가족 사이에 협력관계를 형성한다면 성공적으로 문제를 해결하고 변화시킬 수 있다.

상담자들에게 가족들과 다방면에서 작업할 시간은 없지만, 기본적인 체계 개념을 이용한 제한적인 상담이 학교환경 안에서 성공적으로 이루어져 왔다. 상담자들은 학부모와 협력관계를 형성할 때 저항을 일반적인 것으로 받아들여야 한다. 기본적인 관심과 경청 기술을 가지고, 부모/보호자의 위치를 인정해 줄 때 상담자와 학부모 사이에는 함께 작업하고 서로 존중할 수 있는 연합이 가능해지며 협력이 이루어질 수 있다.

학교상담자는 학생들의 학업적 성장에 대해 가장 우선적인 책임이 있다. 그러므로 학업 문제는 첫 번째로 논의되어야 할 문제이며, 다른 문제들은 나중에 다루어질 수 있다. 가족의 상호작용과 신념, 행동은 가족상담을 위한 전략을 구성하고 평가할 수 있도록 해준다. 재구조화, 규칙 제정, 조각하기, 그리고 '마치 ~처럼' 행동하기는 상담자가 변화를 이끌어내기 위해 수행할 수 있는 단 몇 가지의 개입기법일 뿐이다. 부모교육, 성교육, 진로발달, 의사소통 교육을 포함한 심리 교육 프로그램들은 상담자가 학교와 가족을 연결시키기 위해 수행할 수 있는 많은 프로그램에 속한다. 더욱이 이러한 프로그램의 조정자인 학교상담자와 협력하는 전략은 미래의 학교에서는 일반적인 사업으로 계획될 수 있다. 상담자들은 교육과 협력, 부모를 조력하기 위한 상담을 제공하는 중요한 사람들이라고 할 수 있으며; 부모와 학교가 협력할 때 학생들의 성장은 크게 성취될 수 있다.

참고문헌

Andolfi, M. (1979). *Family therapy: An interactional approach*. New York: Plenum Press.

ASCA. (2003). *Family Education Position Statement*. Alexandria, VA: Author.

Bemak, F. (2000). Transforming the role of the counselor to provide leadership in educational reform through collaboration. *Professional School Counseling, 3*, 323-331.

Benshoff J. M., & Alexander, S. J. (1993). The family communication project: Fostering parent-child communication about sexuality. *Elementary School Guidance and Counseling, 27*, 288-300.

Bilynsky, N. S., & Vernaglia, E. R. (1999). Identifying and working with dysfunctional families. *Professional School Counseling, 2*, 305-313.

Campbell, C. (1993). Strategies for reducing parent resistance to consultation in the schools. *Elementary School Guidance and Counseling, 28*, 83-91.

Carns, A. W., & Carns, M. R. (1997). A systems approach to school counseling. *The School Counselor, 44*, 218-223.

Cashwell, C. S., & Vacc, N. A. (1996). Family functioning and risk behaviors: Influences on adolescent delinquency. *The School Counselor, 44*, 105-114.

Cerio, J. (1997). School phobia: A family systems approach. *Elementary School Guidance and Counseling, 31*, 180-191.

Davis, K. M. (2001). Structural-strategic family counseling: A case study in elementary school counseling. *Professional School Counseling, 4*, 180-185.

Downing, J. (1983). A positive way to help families. *Elementary School Guidance & Counseling, 17*, 208-213.

Downing, J., Pierce, K. A., & Woodruff, D. (1993). A community network for helping families. *The School Counselor, 41*, 102-108.

Edwards, D. L., & Foster, M. A. (1995). Uniting the family and school systems: A process of empowering the school counselor. *The School Counselor, 42*, 277-282.

Evans, J. E., & Hines, P. L. (1997). Lunch with school counselors: Reaching parents through their workplace. *Professional School Counseling, 1*, 45-47.

Golden, L. B. (1998). *Case studies in child and adolescent counseling* (2nd ed.). Upper Saddle River, NJ: Merrill.

Hall, A. S. (2003). Expanding academic and career self-efficacy: A family systems framework. *Journal of Counseling and Development, 81*, 33-39.

Hinkle, J. S. (1993). Revolutions in counseling and education: A systems perspective in the schools. *Elementary School Guidance and Counseling, 27*, 252-257.

Hinkle, J. S., & Wells, M. E. (1995). *Family counseling in the schools.* Greensboro, NC: ERIC/CASS.

Kemenoff, Jachimczyk, & Fussner, (1999). Structural family therapy. In D. M. Lawson & F. F. Prevatt (Eds.), *Casebook in famiiy therapy*. Pacific Grove, CA: Brooks/Cole.

Keys, S. G. (2000). Living the collaborative role: Voices from the field. *Professional School Counseling, 3*, 332-338.

Kottman, T., & Wilborn, B. L. (1992). Parents helping parents: Multiplying the counselor' s effectiveness. *The School Counselor, 40*, 10-14.

Kraus, I. (1998). A fresh look at school counseling: A family systems approach. *Professional School Counseling, 4*, 12-17.

Lewis, W. (1996). A proposal for initiating family counseling interventions by school counselors. *The School Counselor, 44*, 93-99.

Peeks, B. (1993). Revolutions in counseling and education: A systems perspective in the schools. *Elementary School Guidance and Counseling, 27*, 245-251.

Porter, G., Epp, L., & Bryant, S. (2000). Collaboration among mental health professionals: A necessity not a luxury. *Professional School Counselor, 3*, 315-322.

Sexton, T. L. (1994). Systemic thinking in a linear world: Issues in the application of interactional counseling. *Journal of Counseling and Development, 72*, 249-259.

Stollack, G. E. (1982). Elaborations and extensions of filial therapy. In E. T. Nickerson & K. B. O' Laughlin (Eds.), *Helping through action: Action-oriented therapies* (pp. 237-242). Amherst, MA: Human Resource Development Press.

Taylor, L., & Adelman, H. S. (2000). Connecting schools, families, and communities. *Professional School Counseling, 3*, 298-307.

Thompson, C. L., Rudolph, L. B., & Henderson, D. (2004). *Counseling children*. Belmont, CA: Brooks/Cole.

Watts, R. E. (2003). Reflecting "as if" : An integrative process in couples counseling. *The Family Journal, 11*, 73-75.

Widerman, J. L., & Widerman, E. (1995). Family systems-oriented school counseling. *The School Counselor, 43*, 66-73.

| 제12장 |

학교 집단상담의 계획과 실행

Tabitha Devlin은 중학교 학교상담자이다. Devlin은 학교에서 집단상담이 학생들의 자존감과 학업성취도 향상에 영향을 준다는 것을 알고 있다. 그녀는 자신이 구성한 집단도 그렇게 되기를 희망했다. 그녀는 집단의 구성원이 되고 싶어하는 8명의 학생을 선정해서 계획을 짜고 부모의 허가를 받아 활동을 설계하고 활동을 시작할 준비를 했다. 시작부터 학생들은 집단에 참여하려는 동기가 있었고 흥미로워 했지만 점차 출석률이 낮아졌다. Tabitha가 학생들의 결석에 관해 이야기하자 학생들은 선생님이 집단에 참여하기 위해 수업에 빠지는 것을 허락하지 않는다고 했다. Devlin은 그런 교사들과 이야기를 나누었는데 교사들은 "주에서 실시하는 표준시험 때문에 수업에 빠지면 중요한 정보를 놓치게 될 수 있으므로 학생들이 수업에 빠지는 것을 허락할 수 없다"고 답했다.

Devlin은 이런 형태의 집단들이 청소년에게 얼마나 유익한지를 잘 알고 있었기 때문에 좌절했고 실망했다. 하지만 그녀는 이러한 집단 활동이 학생들이 수업에서도 더 잘할 수 있게 하는 데에도 도움이 된다는 것을 선생님들에게 확신시킬 수 없었다.

학교상담자는 다른 사람들에게 집단의 장점을 어떻게 확신시킬 수 있을까? 이러한 방법은 학생의 성장에 어떻게 도움을 줄 수 있을까? 학교상담자는 교사들이 가장 걱정스러워 하는 문제에 대해 어떻게 효과적으로 도움을 줄 수 있을까?

대부분의 상담자 교육 프로그램들이 집단 활동에 대한 별도의 과정을 필요로 하지만, 이 장에서는 교육적인 상황에서 집단을 사용할 때 학교상담자들이 고려해야 할 중요한 정보에 대해서만 다룬다. 더불어 이 장에서는 상담자가 학교의 여러 구성원들에게 학교 장면에서 집단 활동을 통해 학생뿐만 아니라 교사들까지도 어떻게 이익을 얻을 수 있는지를 확신시키는 데 도움이 될 만한 전략들을 제시하고 있으며, 교사 및 학생들과 함께 활동하는 과정에 대해서도 다룬다.

집단이란 무엇인가?

집단이란 두 명 또는 그 이상의 개인이 서로 합의된 집단의 목표와 개인의 목표를 성취하기 위해서 참여하는 집단의 구성원이라는 상호 인식하에 면대면으로 만나는 모임이다(Johnson & Johnson, 1994, Gladding, 1999에서 인용).

집단 활동은 세계 2차 대전 이후 훈련받은 치료사는 부족하고 도움을 필요로 하는 전쟁 퇴역군인들의 수가 증가하게 되면서 처음 등장했다(Capuzzi & Gross, 1998; Posthuma, 2002). 이와 같은 서비스와 요구 간의 간극을 메우기 위해서는 새로운 상담 기법이 필요했다. Carl Rogers와 동료들은 상담자들로부터 개별적인 상담을 통해서보다 더 많은 퇴역군인과 접촉할 수 있는 전략을 가르치기 위한 단기 집중과정을 만들어 줄 것을 요구받았다. 흥미롭게도, 이 때 많은 사람들은 집단 활동에 회의적이었다. 왜냐하면 그것은 공산주의 교리를 불어넣는 통제이자 세뇌의 한 형태라고 믿었기 때문이다(Rogers, 1970). 그러나 1950년대에 이르러 집단 활동은 좋게 여겨졌다(Posthuma). 교사들은 개인적이거나 직업적인 관심거리에 중점을 둔 주제로 진행되는 '지도시간' 으로 일컬어지는 학급시간 동안 집단 활동을 수행할 책임을 맡게 되었다. 시간이 지나면서 교육적 장면에서 학생들의 태도와 행동을 향상시키기 위한 접근으로 집단상담이 집단지도를 대신하게 되었다(Gladding, 1999).

집단은 1960년대와 1970년대에 계속해서 증가하면서 더 많이 인기를 얻게 되었고, 개인과 활동하는 하나의 방법으로 받아들여졌다(Terres & Larrabee, 1985). Rogers가 말했듯이(1970) "내 판단으로는 '집단' 이란 금세기에 가장 빠르게 퍼진 사회적 발명품이며, 아마도 여러 가지 이름으로 계속될 수 있는 가장 유력한 발명품이다." 흥미롭게도 집단이 가진 장점들에도 불구하고 이 방법은 21세기에도 여전히 논쟁거리로 남아있다.

집단의 목적

집단의 긍정적 측면에 대한 공식적인 연구가 부족하고, 지도자들이 잘 숙련되어 있지 못한 데다가 목표나 목적에 있어서 논쟁이 될 만한 의문스러운 집단이 출현하면서 학령기 청소년들에 대한 집단 활동에 대해 정확하지 않은 생각을 가지게 되었다. 모든 집단이 모든 아동에게 좋다거나 모든 학생을 위한 치료적 선택이라고 볼 수는 없다(Terres & Larrabee, 1985). 하지만 집단은 몇 가지 이점을 제공할 수 있다.

1. 집단은 더 많은 수의 학생을 만날 수 있으므로 개별 상담보다 시간 면에서 훨씬 효율적이다(Gladding, 1999; Posthuma, 2002). 또래들은 서로 공통된 문제를 공유하고 있기 때문에 종종 개별 상담에서는 제공할 수 없는 피드백과 지지를 훌륭히 제공한다는 점에서 학생들의 생활에서 영향력을 갖는다(Trotzer, 1989).
2. 학생들은 개별 상담에서 상담자와 이야기하는 것보다 때로는 또래들과 함께 그들의 감정, 관심, 태도와 신념에 대해 이야기하는 것이 더 쉽다는 것을 알고 있다. 각각의 집단 구성원들은 다른 사람들의 태도와 문제, 대처 기술을 관찰함으로써 이를 다른 사람과 비교하는 기준으로 활용할 수 있다.
3. 집단은 태도와 가치, 사회적 행동을 반영해 주고 있기 때문에 구성원들은 소속감을 느낀다. 지지적인 환경 속에서 새로운 행동을 시도해 볼 수 있고 집단 구성원들의 격려와 인정을 받아 바깥 세상에 전이시켜 볼 수도 있다.
4. 아동과 청소년들은 개인적인 생활에 대해 공유하고 이해를 받으며, 한 사람 이상의 피드백을 제공받으면서 새로운 정보를 얻게 된다. 집단 구성원은 한 사람이 주는 피드백은 무시하거나 부정할 수도 있지만 여러 사람이 일관적으로 주는 정보는 중요한 것으로 받아들이는 경향이 있다.

개인상담이든 집단상담이든 간에 상담의 주요 목적은 개인적인 인식을 통해 변화를 이끌어 내는 것이다. 구성원들은 적극적인 참여를 통해서 다른 사람들과 상호작용을 함으로써 새로운 태도, 가치, 기술과 태도를 습득한다. 긍정적인 특성과 만족스러운 성과에도 불구하고, 일부 상담자들은 다음과 같은 이유로 청소년들과 작업할 때 집단 활동을 사용하는 것을 망설여 왔다.

- 다양한 집단형태에 대한 혼란
- 관리자에 의한 집단 활동에 대한 지지의 부족
- 1960년대에 태동한 의문이 드는 실습과 지도력이 미덥지 않은 집단들에 대한 태도

하지만 집단 활동은 ASCA에 의해 보증을 받고 있으며 고무되고 있다. 미국 학교상담자협회(2002)에서는 집단상담에 대해 다음과 같이 언급하였다. "모든 지역교육청과 고등교육 기관들은 집단상담을 종합적 발달적 생활지도와 상담 프로그램의 통합된 일부로 포함시키고 지원해 주어야 한다."

집단의 유형

다양한 형태의 집단들이 과업, 지도적/심리교육적 상담, 혹은 심리치료 집단으로 분류된다. 심리치료 집단을 제외한 모든 형태의 집단들이 유치원에서부터 고등학교까지 효과적으로 이용된다.

과제/과업 집단

과제 혹은 과업 집단이란 과제 팀, 위원회, 또는 계획 집단으로 일컬어지기도 한다. 그 이름과 상관없이 과제/과업 집단은 공통된 이슈에 관해 함께 일하는 사람들이 정상적으로 기능하는 것이 여기에 속한다. 이러한 집단은 개인을 변화시키는 것에 초점을 두지 않는다. 오히려 관심거리에 대해 토론하고 해결하기 위해 협력적으로 상호 작용하는 데 초점을 둔다. 과제/과업 집단은 12명 미만으로 구성되는 것이 가장 좋다.

과제/과업 집단의 예 과제/과업 집단은 학교 분위기에 대한 학생들의 인식에 대해 알아 보려는 목적으로 뉴욕 상부에 있는 외곽 부근 중학교에서 구성되었다. 학생들은 학교 분위기에 대한 설문조사에 응하였고, 학생들의 반응들이 평가되었으며, 이를 통해 학교환경을 향상시키기 위한 전략들이 개발되었다(Goldberg & Chandler, 1992). 학교에서 수행되는 과제 집단의 다른 예로는 신입생 오리엔테이션의 개발, 개인지도나 진로의 날을 계획하기 위해 형성된 집단 등이 있다.

생활지도/심리교육 집단

생활지도/심리교육 집단들은 원래 집단 구성원들에게 정보를 제시해 줄 목적으로 교육적 상황을 위해 개발된 것이다. 집단 구성원들은 이러한 지식을 앞으로 직면하게 될 발달적 혹은 상황적 문제들에 적용할 수 있다(Gladding, 1999).

이러한 집단의 크기는 교실 크기에서부터 큰 강의실 정도의 크기에 이르기까지 상황에 따라 다양하지만 20~40명 정도가 일반적이다. 토의 및 기술 연습은 10명 정도의 청소년이나 성인으로 구성된 작은 집단에서나 이보다 더 적은 수의 어린이 집단에서 가장 가치가 있다. 이러한 집단은 일주일에 한 번처럼 규칙적인 만남의 시간을 갖는 것이 가장 유용하다. 학교에서 이루어지는 생활지도/심리교육 집단의 일반적인 주제는 대학에 가기 위해 이행하는 것과 부모로부터 독립하기, 직업세계 준비하기와 같은 전환의 문제나, 사람들 사이의 위기를 다루는 것과 같이 자신과 타인에 대한 이해를 촉진시킬 수 있는 정보를 제공하고 대처 기술을 가르치는 것 등이다.

생활지도 집단의 예 집단 지도 모형은 학업 성취도가 낮거나 자존감이 낮은 중학생들을 대상으로 행해졌다. 두 명의 상담교사가 영어시간에 일주일에 두 번씩 12번의 수업을 계획하고 수행하였다. 수업에는 조직화 기술과 공부 기술, 학업적 성취의 평가, 사회적이며 학업적 문제와 관련된 또래의 압력과 미래의 관심거리와 같은 주제가 포함된다. 상담자의 지도를 계속해서 받고자 하는 학생들은 자존감과 학업성취를 더욱 향상시키기 위해서 수업 외에 추가적인 집단상담에 참가할 수 있게 한다.

심리교육 집단의 예 학교 정신건강 담당자들을 위해 프로젝트 BASIC 훈련이라고 불리는 알코올 마약 예방 심리교육 훈련 프로그램이 개발되었다. 여기에서는 술과 마약과 관련된 학생들의 확인, 예방, 중재에 대한 정보를 제공받는다. 이러한 8시간짜리 훈련은 멕시코계 미국인 학생들을 돕기 위한 경험학습, 역할극, 감독, 숙제 부과, 민감성 훈련 등으로 구성되어 있다. 이 심리교육 집단에 대한 평가 결과 참가자들이 임상적 기술 면에서 향상되고 방법에 대해 더 잘 알게 된 것으로 나타났다 (Mason, 1996).

또 다른 심리교육 집단은 중학교에 진급을 준비하는 5학년 학생을 돕기 위한 것이었다. 상담자들은 또래의 영향력을 활용하여 규칙과 교육과정, 교사진과 기대치가 다른 새로운 학교로 더 유연하게 옮겨갈 수 있는 기술을 쌓아가도록 연습하고 정보를 제공하였다(Akos & Martin, 2003).

상담 집단

상담 집단은 본질적으로 예방적이고, 성장을 촉진하며, 치료적이다. 집단상담 참가자들은 일반적으로 삶에서 비슷한 문제들을 경험하고 있다. 상담 집단은 일반적인 문제보다는 오히려 한 가지 특정 문제 위주로 구성되기 때문에 집단 구성원들은 대체로 서로 유사한 점이 있다. 부모가 이혼한 가정의 아이들을 상담하는 집단은 이혼을 둘러싼 사회적 통념, 부모가 이혼할 때 청소년들이 경험하게 되는 공통된 감정, 부모들이 하는 게임, 주장기술, 의사소통 기술 등의 주제를 다룸으로써 학생들을 도울 수 있다. 다른 공통 주제로는 학교적응, 섭식장애, 관계형성 문제와 같은 발달적 또는 상황적 문제들이 있다(Gladding, 1999).

상담 집단의 예 상담 집단은 또래관계를 향상시킬 목적으로 초등학교에서 이루어진다. 참가자들은 사회적 기술이 부족한 구성원에서부터 대인관계와 역할 모델에 능숙한 학생에 이르기까지 다양한 아이들로 구성되어 있다. 집단은 매주 30분씩 8주 동안 만났고 또래관계를 형성하는 데 중요한 기술이라고 할 수 있는 초대하기, 공유하기, 협동하기, 참여하기, 대화하기, 정보 주기, 질문하기, 웃기, 칭찬하기, 함께 하기 등과 같은 기술을 다루었다. 집단이 끝난 후의 평가에서 또래관계가 향상된 것으로 나타났다(Mehaffey & Sandberg, 1992).

표 12.1 소집단 상담 또는 교실 지도를 위한 요구 (원을 하나 만든다)

선생님 ______________ 학년 ______________ 교실 ______________
주제 ______________________________
가장 좋았던 수업시간 ______________________________
일주일 중 가장 좋았던 날이나 날짜 ______________________________
소집단 상담에 참여할 학생들의 이름 ______________________________

심리치료 집단

심리치료 집단은 보통 심리적인 문제를 치료하거나 중요한 성격 특성을 변화시킬 목적으로 정신건강 시설에서 주로 이루어진다(Capuzzi & Gross, 1988; Trotzer, 1989). 집단의 지속기간은 몇 달에서 몇 년까지이며, 집단은 심각한 정신상의 문제를 지닌 사람을 도와 주는 훈련을 받은 정신건강 전문가가 이끈다. 학교상담자들에게는 학교에서 이러한 집단을 이끌 수 있는 정규적인 훈련이나 시간이 없다.

교사와 학생들은 집단 활동에서 다룰 주제에 대한 정보를 얻을 수 있는 커다란 원천이 된다. 표 12.1에는 집단의 형태에 대한 정보를 얻기 위해 상담자들이 사용할 수 있는 요구사항이 제시되어 있다.

집단의 단계와 특성

학교에서 수행되는 집단의 형태와 상관없이 구성원들의 성숙도와 언어적 능력이 집단과정을 촉진시키거나 약화시킬 수도 있다는 사실을 알 필요가 있다(Vernon, 1999). 집단이 항상 일관되게 직선적인 형태로 진행되지는 않기 때문에 초기 단계에서 이후의 단계로 옮겨가거나, 또 가끔은 다시 뒤로 옮겨가는 것은 흔한 일이다. 각 단계 내에서도 개개 구성원마다 신뢰와 수용, 책임감의 차이가 있기 때문에 서로 다른 단계에 놓일 수도 있다. 개방된 집단에서는 회원의 변동이 있기 때문에 빠른 순환에 특히 민감해야 한다(Trotzer, 1989). 집단의 단계는 집단 이전, 초기, 과도기,

작업, 종결 단계로 이루어진다.

집단 이전 단계

집단 구성원은 종종 집단의 성공에 영향을 끼치는 가장 중요한 요소라고 할 수 있다(Bergin, 1999). 어떤 사람들은 다른 사람들보다 집단에 더 잘 반응할 수도 있다. 예를 들면 어떤 사람들은 너무 분열을 일으켜서 집단 전체의 과정을 위태롭게 할 수도 있다. 그러므로 상담자는 학생들을 잘 알고 있다고 생각하더라도 이전에 만나서(Terres & Larrabee, 1985) 앞으로 구성원이 될 학생들과 집단 활동 전에 개별적인 만남을 갖는 것이 중요하다. 이 과정은 개별적인 목표를 세우고 다른 구성원들이 자신의 목표에 도달할 수 있도록 도와 주려는 개인적 동기를 갖게 하기 위한 것이다(Vernon, 1999). 이것은 또한 집단의 목표에 대해 논의할 이상적인 기회가 된다; 만나는 시간, 장소, 집단 일정 등의 집단계획; 출석과 비밀유지와 같이 집단 내에서 기대되는 사항들이 포함된다. 또한 이렇게 면담을 하는 동안 예비 집단 구성원들에게 집단의 참가자로서 자신이 달성하고 싶은 그들만의 개별적인 목표를 설정해 보도록 할 수 있다. 개별적인 목표를 글로 써 보게 하는 것은 목표를 달성하는 데 더 큰 책임감을 갖게 할 수 있다(Corey, 2000).

아동이나 청소년이 집단 활동에 참가하는 데 부모나 보호자의 허락이 필요한지에 대해 학교상담자들 사이에는 종종 의견이 일치하지 않고 있다. ASCA의 진술에 따르면 "학교상담 프로그램에 관해 문자로 기록된 정보를 제공하는 것은 전문적인 학교상담자의 법적인 역할에 필수적이다. 관계와 절차에 대해 완전히 이해하게 되면 상담자와 학생, 부모 사이에 신뢰감이 증가되는 경향이 있다. 학교상담자들은 지방의 법이나 정책에 따라 부모의 허락을 받아 상담서비스를 제공한다."(ASCA, 1999). 학교상담자들은 학부모에게 서비스와 비밀유지의 한계를 설명하는 문자로 기록된 정보를 제공해 주어야 한다. 사실 학부모를 위한 오리엔테이션을 해 주는 것은 문자로 서술되어 있는 정보를 보충해 주고 집단 활동의 장점에 대해 논의할 수 있는 기회가 된다(Vernon, 1999). 혹은 PTA 모임에 참석해서 집단 활동에 대해 논의함으로써 학생들과 활동하는 전략들에 대한 흥미나 지지, 열정을 유도할 수도 있다. 안내된 동의서 형식의 예가 표 12.2에 제시되어 있다.

표 12.2 **집단 참가를 위한 안내 동의서**

친애하는 부모님이나 보호자께

오늘날 청소년들에게는 어려운 문제가 많습니다. 우리 십대들이 삶의 어려움에 대처할 수 있는 좋은 방법을 배울 수 있도록 도움을 주기 위해서 저는 관심이 있는 모든 학생들을 대상으로 사회적 기술에 관한 집단을 운영하고 있습니다. 여기에서는 주장하기, 분노에 대처하기, 이완하기, 의사소통 기술, 거절하는 기술, 자존감에 관한 문제 등의 주제들을 다루게 될 것입니다.

집단은 어떤 특징이 있는가? 초기 과정에서는 집단 구성원들에 대해 알아 가는 시간을 갖게 될 것입니다. 구성원들 간에 신뢰가 쌓이게 되면 공통된 문제와 집단에 참가하게 된 이유들에 대해 논의하게 될 것입니다. 집단에서 논의되는 모든 정보에 대해서는 집단 구성원이 자신 또는 다른 사람에게 해를 끼칠 의도가 있는 것으로 보이는 상황을 제외하고는 비밀이 지켜질 것입니다. 각 참가자들은 집단에 참여해서 성취하고자 하는 개인적인 목표를 확인하게 될 것입니다.

얼마나 자주 만나는가? 한 학기 동안 9주에 걸쳐 만나게 됩니다. 학생들이 매주 같은 수업을 빼먹지 않도록 매주 다른 시간과 날짜에 50분 동안 한 주에 한 번 모임을 갖게 됩니다.

집단 구성원은 누구인가? 비슷한 관심사를 가지고 있는 약 8~10명의 학생과 지도자 역할을 할 상담자가 참여하게 됩니다.

누가 집단을 이끄는가? 상담교사인 저는 하비 대학에서 대학원 과정을 통해 집단 과정에 대해 훈련을 받았으며, 제가 집단을 이끌게 됩니다.

과거에 다루어졌던 집단의 주제에는 어떤 것들이 있는가?

가족과 잘 어울리기	더 똑똑하게 공부하는 방법
문제에 대처하는 방법	직업을 선택하는 방법
친구들과의 관계	감정을 적절하게 표현하기
부모님의 이혼에 대처하기	

만약 이 집단에 관해 더 많은 정보가 필요하면 저에게 ____________로 연락하십시오. 학생이 집단에 참여할 수 있도록 아래 주어진 승낙서에 서명해 주십시오.

______________________________	______________________________
(부모나 보호자 서명)	(날짜)
______________________________	______________________________
(학생 서명)	(날짜)

오리엔테이션/초기 단계

오리엔테이션/초기 단계에는 모호함, 불안, 의심, 저항, 불편감과 기타 다른 감정적인 반응이 특징적으로 나타난다(Gladding, 1999; Trotzer, 1989). 어떠한 새로운 상황에서와 마찬가지로, "사람들이 나를 좋아할까?," "내가 다른 사람들과 잘 맞을까?", "내가 멍청하게 보이지는 않을까?", "내가 집단에서 무슨 말을 할 수 있을까?", "개인적인 문제에 대해 정말로 다른 사람을 믿어도 될까?"와 같은 질문들을 하게 된다(Terres & Larrabee, 1985). 이러한 걱정에 대한 반응으로 다양한 행동이 나타날 수 있다. 예를 들면 어떤 구성원들은 안전하게 느끼기 위해 다른 사람들과 연합을 형성할 수도 있고, 어떤 사람들은 중요하지 않은 사람이나 물건에 대해 지나치게 많은 이야기를 할 수도 있으며, 또 다른 사람들은 수동적이 되거나 위축될 수도 있다.

집단 구성원들이 편안하게 느끼고 신뢰할 수 있도록 집단의 규칙과 목표, 비밀유지 등에 대해 논의할 수 있다. 공통의 장을 만들기 위해 분위기를 부드럽게 할 수 있는 활동들을 이용할 수 있다. 구성원들이 깊은 상호작용 단계로 들어가게 됨에 따라, 편안함이 증진되고 집단 응집력이 형성되면서 구성원들은 집단 이전 단계에서 설정했던 개인의 목표를 향해 활동할 수 있게 된다(Trotzer, 1989).

다음 연습은 분위기를 부드럽게 하는 데 활용될 수 있으며, 참가자들의 요구나 나이에 맞추어 수정해서 사용하도록 한다.

| 연습 |

제목: 정보 조각

목표: 집단 구성원에 대해 알기

나이: 7세에서 성인까지

자료: 화장지 한 롤

지시

집단 구성원들에게 각자 원하는 만큼 화장지를 여러 조각 떼어 내도록 지시한다. 화장지를 모든 구성원들이 가질 수 있도록 돌린다. 그러고 나서 지도자는 떼어 낸 조각마다 자신에 대한 이야기를 한 가지씩 해야 한다고 말해 준다. 예를 들어 만약에 한 사람이 화장지 다섯 조각을 떼어냈다면, 그 사람은 자신에 대해 다섯 가지를 이야기해야 한다.

평가

참가자들은 각 집단 구성원들에 대해 그들이 알게 된 한 가지를 이야기하도록 한다.

| 연습 |

제목: 내가 만약 ______ 라면

목표: 각 구성원에게 자신이 누구인지 생각할 기회를 갖게 하기

나이: 7세에서 성인까지

자료: 지도자를 위한 지시서

지시

지도자는 집단을 돌며 집단 구성원 각자에게 다음 문장을 완성하게 한다.

만약 내가 동물이라면, 나는 ______ 일 것이다 왜냐하면 _____

만약 내가 배라면, 나는 ______ 일 것이다 왜냐하면 _____

만약 내가 어떤 꽃이라면, 나는 ______ 일 것이다 왜냐하면 _____

만약 내가 어떤 색이라면, 나는 ______ 일 것이다 왜냐하면 _____

만약 내가 이 세상에 있는 어떤 사람이라면, 나는 ______ 일 것이다 왜냐하면 _____

만약 내가 국가라면, 나는 ______ 일 것이다 왜냐하면 _____

만약 내가 길거리라면, 나는 ______ 일 것이다 왜냐하면 _____

만약 내가 자동차라면, 나는 ______ 일 것이다 왜냐하면 _____

만약 내가 배우라면, 나는 ______ 일 것이다 왜냐하면 _____

만약 내가 영화라면, 나는 ______ 일 것이다 왜냐하면 _____

평가

각자 자신에 대해 알게 된 한 가지를 이야기한다.

| 연습 |

제목: 나에 대한 하이쿠
목표: 집단 구성원들에 대해 알기
나이: 9세에서 성인까지
자료: 각 구성원에게 줄 종이와 연필

지시

하이쿠는 세 줄로 이루어진 일본 시의 한 형태이다. 첫째 줄과 셋째 줄은 다섯 개의 음절로 되어 있고, 둘째 줄은 일곱 음절로 되어 있다. 이 형태를 이용해서 각 구성원에게 자신을 집단에 소개할 하이쿠를 만들어 보게 한다.

예

나는 친구 사귀는 것을 좋아한다(I Like to make friends).
다른 사람들과 함께 하는 것은 정말 좋다(Sharing with others is great).
나는 당신에 대해 알고 싶다(I want to know you).

평가

각자 집단을 돌면서 다른 구성원들에게 자기가 알게 된 것을 말한다.

다음 단계로 옮겨가는 것이 부드럽게 이루어질 수도 있고 평탄치 않을 수도 있다. 단계가 옮겨가는 것은 대부분 이전 단계의 목표가 얼마나 달성되었든가에 달려 있다.

불만족과 과도기의 단계

좌절, 갈등, 연합의 부족, 시험하기와 같은 행동이 이 단계에서 흔히 나타난다. 왜냐하면 구성원들은 서로를 확실히 신뢰하지 못하며, 지도자에 대해서도 마음이 완전히 편하지는 않기 때문이다(Vernon, 1999). 갈등의 많은 부분은 구성원들이 일어나기를 바라는 일과 실제로 일어난 일 사이의 차이로 인해서 일어난다. 구성원들은 집단 활동에 대한 과거 경험과 집단에 대해 친구들이 말했던 것, 방송 매체에서 집단 활동에 대해 묘사한 내용을 바탕으로 집단 과정에 대한 선입견을 가지고 온다.

때로 지도자들은 뒤로 물러나서 집단이 집단과정에 책임을 질 수 있도록 해야 하지만, 이렇게 할 경우 구성원들은 자신의 역할에 대해 당황해하거나 불안해할 수도 있으며, 집단이 기대한 대로 진행되지 않는다고 실망할 수도 있다. 집단 구성원들이 흔히 하는 질문으로는 "누가 우리를 이끌어 주는가?", "우리는 무엇을 해야 하나?", "이 집단의 목표는 무엇인가?" 등이다. 이 단계 동안 구성원들은 지도자에 대해서 논쟁적이며, 불안해하고, 양가적이 되며, 다른 구성원들에 대해서도 부정적이 된다. 아이들은 싸우거나 떠들고 의자를 움직이고 무관심한 행동을 통해 지도자에게 반항을 표현한다(McClure, Miller, & Russo, 1992). 불만족을 표현하는 집단 구성원들에 대해서 상담자가 완전히 집단을 모두 중단시키는 것은 특별한 일이 아니다. 하지만 이런 상황은 지도자자 불만족이 이 단계에서 나타나는 과정의 한 부분이며 갈등이 실제로 가끔은 집단 내의 친밀감을 촉진시킬 수 있다는 것을 기억한다면 받아들이기가 쉽다. 예를 들어, 1985년 Maynard에 의한 한 연구에 따르면, 1학년 집단 구성원들 사이에 있었던 사회적 갈등이 집단의 응집력을 형성하는 데 도움이 되었다(McClure, Miller, & Russo)고 한다.

상담자는 이러한 스트레스와 긴장을 완화시키기 위해 무엇을 할 수 있을까? 지도자는 집단 구성원들에게 집단의 목표를 떠올려 보도록 할 수도 있고, 각각의 구성원들에게 자기가 인식했던 개인적 목표를 다시 점검해 보게 할 수도 있다. 가끔 참가자들은 자신만이 그렇게 특별하게 느끼는 사람인 것처럼 생각한다. 지도자는 그렇게 전형적으로 나타나는 감정에 대해 잘 이해할 수 있도록 다양한 집단의 단계와 각 단계에서 나타나는 일반적인 행동에 대해 논의함으로써 감정을 정상적인 것으로 만들 수 있다. 또한 행동과 반응에 대한 모델이 되는 지도자는 집단 참가자들에게 수용될 수 있는 행동에 대해 가르칠 수 있다. 예를 들어, 구성원들은 질문을 개인적인 지각과 관찰, 감정에 대해 많은 정보를 이끌어 낼 수 있는 진술문의 형태로 바꾸어 말하는 것을 배울 수 있다. 예를 들어, "음악을 좋아하니?"라는 질문 대신 "당신이 좋아하는 음악의 형태에 대해 말해 주세요"라고 재진술될 수 있다.

집단 구성원들이 자신에 대해 표현하는 것을 배우게 되면, 지도자는 구성원들에게 "나는 ~해야 한다"라는 진술과 변화가 자기 통제하에 있음을 나타내는 "나는 ~하기로 선택한다"라는 진술 간의 차이를 구별하도록 도와 줄 수 있다.

이 단계에서 갈등에 대처하는 또 다른 기술로는 스트레칭, 춤추기, 역할극, 드라마와 같이 신체 움직임을 통해 집단 구성원들의 에너지를 이용하는 활동 계획이 있다. 집단 이름을 정하거나 집단 규칙을 선택하는 것과 같이 협동적인 문제해결 활동 또한 에너지를 방출하는 데 유용한 활동이다(McClure 등, 1992). 지도자는 이 단계에서 협력을 증진시키기 위해 다음과 같은 연습을 고려해 볼 수 있다.

| 연습 |

제목: 우리의 창조물

목표: 협동하고 협력하기

나이: 7세부터 성인까지

자료: 음악, 녹음기, 종이, 크레용

지시

집단 구성원 각자에게 그릴 종이를 한 장씩 준다. 각 구성원들은 종이 뒷면에 자기 이름을 쓴다. 그러고 나서 음악이 나오는 동안 종이 앞면에 무엇이든 자기가 원하는 것을 그리게 한다. 음악이 멈추면 그림을 오른쪽 사람에게 돌린다. 음악이 다시 나오면 구성원들은 자기 앞에 있는 그림에 그림을 그린다. 음악이 멈추면 다시 오른쪽 사람에게 그림을 돌린다. 모든 구성원들이 자신의 원래 그림을 갖게 될 때까지 반복한다.

평가

자기 그림을 다른 구성원들과 공유하는 것에 대해 어떻게 느꼈는지 서로 이야기 나눈다.

작업 또는 생산 단계

집단의 목표에 대해 알게 되고, 참가자들이 개인적인 목표를 달성할 수 있도록 서로 도와 줄 때 작업 또는 생산 단계에 이르게 된다. 이 단계에서는 신뢰감이 향상되고, 구성원들은 자신을 드러내는 것을 편하게 느끼며, 다른 구성원들에게 피드백을 제공한다. 대인관계의 갈등에 대해 탐색할 기회를 갖게 된다. 구성원들은 지도자의 허락을 구하지 않고 자신을 자유롭게 표현한다; 부차적으로 구성원들이 자신의 행동에 책임을 지게 되는 장점이 있다.

이 단계에서 구성원들은 개인적인 목표를 성취하고 집단의 과업을 달성하기 위해 함께 작업한다(Corey & Corey, 2002; Trotzer, 1985). 구성원들이 기꺼이 새로운 행동을 나누고, 직면하고, 격려하며, 지지해 주기 때문에 집단의 외부에서 이러한 새로운 행동을 연습할 수 있도록 격려받게 된다. 이 단계에서는 다음과 같은 연습이 이루어질 수 있다.

| 연습 |

제목: 새로운 시작
목표: 집단 밖에서 새로운 행동을 연습하기
나이: 10세부터 성인까지
자료: 판지, 못

지시

크고 튼튼한 판지로 된 바퀴에 집단 밖에서 연습해 보고 와야 할 8가지 행동이 들어 있다. 구성원들이 돌림판을 돌릴 수 있도록 튼튼한 판지 화살을 바퀴에 붙여 놓는다. 구성원이 돌림판을 돌리고 화살이 어떤 행동이 써 있는 곳에 와서 멈추면, 그 사람은 집단 밖에서 최소한 한 번은 그 행동을 실천해 보고 와야 한다.

평가

다른 구성원들에게 자기가 하고 온 경험에 대해 설명한다.

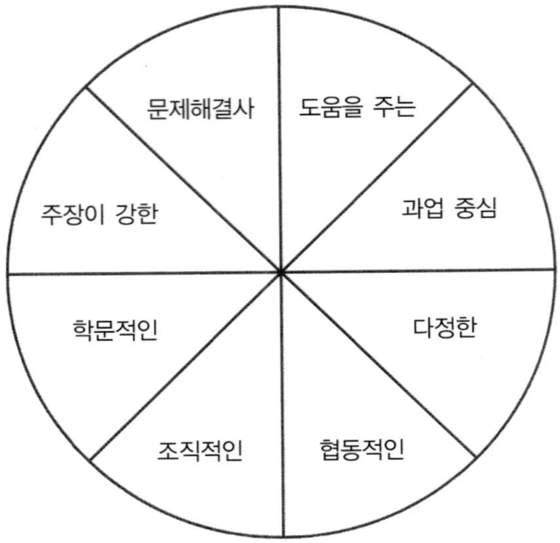

종결 단계

종결단계에서는 구성원들이 자신의 개인적인 진전에 대해 평가하고 집단 밖에서도 성장을 지속시킬 수 있는 전략을 선택할 수 있도록 도와 준다(Vernon, 1999). 종결단계는 집단의 초기 단계만큼 중요하다(Corey & Corey, 2002). 전형적으로 상담자들은 종결을 마지막 몇 회기 동안에 일어나는 것으로 보고 각 회기의 정리부분에는 거의 주의를 기울이지 않는다. 지도자가 집단의 매 회기가 끝나기 약 5 내지 10분 전에 집단이 끝나가고 있음을 알려 주는 것이 도움이 된다; 회기의 정리는 여러 가지 방법으로 이루어질 수 있다.

1. 지도자가 집단 과정에서 가장 중요한 부분과 구성원들의 개인적 인식의 정도에 대해 요약해 준다.
2. 각 구성원들은 집단 활동 중에 일어났던 일과 회기 내에서 일어났던 개인의 중요한 통찰, 이러한 목표를 성취하려는 개인적인 목표와 노력에 초점을 둔다.
3. 집단 경험이나 활동의 주요 부분에 대한 구성원들의 논평을 통해 집단의 중요성에 대한 집단토의가 이루어진다.

4. 친한 관계에 있는 사람은 집단 회기에 대한 그들의 경험과 반응을 함께 공유한다.
5. 구성원들은 목표를 성취하기 위해 개인적으로 기울인 노력과 반응을 몇 분 동안 일지에 적는다. 더불어 지도자는 적어 놓은 개인적 반응을 구성원들에게 보여 주도록 권유해 볼 수도 있다.
6. 구성원들에게 다음과 같이 불완전한 문장을 완성하게 한다. 예를 들어

   오늘 내가 목표에 도달하기 위해서 했던 한 가지 일은 _____ 였다

   집단에서 중요했던 부분 중 하나는 _____ 였다

   오늘 한 활동 중에서 향상된 것 한 가지는 _____ 였다

종결 단계 동안 구성원들은 자신의 개인적인 목표를 검토하고 그것이 성취되었는지를 평가한다. 상담자는 구성원들이 집단 밖에서 새로운 행동을 지속할 수 있게 되기를 얼마나 원하는지 생각해 보게 한다. 집단 구성원들은 보통 집단관계가 전체적으로 종결이 되어 버리기 때문에 슬픔이나 상실의 감정을 표현한다. "집단이 없으면 어떻게 해야 할지 모르겠다." "당신이 가장 친한 친구처럼 느껴진다."라거나 "집단 밖에서도 당신과 같은 친구를 만났으면 좋겠다."와 같은 말을 한다. 어떤 구성원들, 특히 지도자와 친했던 사람들은 체념적인 감정을 느낄 수도 있다(Posthuma, 2002). 폐쇄집단의 경우 보통 2~4회기가 종결 문제에 초점을 두고 이루어진다(Corey & Corey, 2002).

종결에 대한 감정을 조력해 주기 위해서 지도자는 학생들이 집단 외부에서 일어날 앞으로의 사건들에 대해 예상하고 구성원들의 피드백을 받으며 새로 습득한 행동을 역할극을 통해 시연해 볼 수 있는 기회를 가져 볼 수 있다(Corey & Corey, 2002; Jacobs, Masson, & Harvill, 2002). 이 단계에서 사용할 수 있는 연습이 다음에 제시되어 있다.

| 연습 |

제목: 10년 후의 내 모습에 관한 그림

목표: 목표와 이러한 목표에 도달할 수 있는 전략 알기

나이: 12세부터 성인까지

자료: 연필이나 펜, 종이

지시

지도자는 우리의 삶을 이끌어가는 데 목표가 어떤 도움이 되는지에 대해 논의한다. 각 구성원들에게 종이 한 장과 연필, 펜을 나누어 주고 10년 후 보고 싶은 자신의 모습, 직업, 가족 또는 학업 등을 그려 보도록 한다. 그림이 완성되면 구성원들에게 이 목표에 도달하기 위해서 자기가 해야 할 활동을 나열해 보도록 한다.

평가

구성원들은 미래의 자신의 목표에 대해 논의한다.

집단 이후 단계

집단 이후 단계는 지도자들이 종종 간과하는 경향이 있으나, 장기적인 행동 변화를 분석하고 학습된 행동이 지속되지 않는 이유에 대해 평가할 수 있는 중요한 기회라고 할 수 있다. 개인과 집단의 경험에 대한 평가는 구성원들이 새로 습득한 행동을 집단 밖에서 실행해 볼 기회를 가진 뒤에 가장 잘 이루어질 수 있다. 추수 활동 과정을 계획하는 것은 구성원들이 새로 배운 기술을 실행해 보는 데 도움이 된다; 하지만 너무 오랜 시간 후에 이런 활동이 이루어지도록 계획된다면 구성원들은 새로운 행동에 관한 구성원들의 피드백을 받지 못하게 될 것이다. Gladding(1999)은 집단이 종결된 지 약 석 달 후에 추수 활동을 가지도록 추천한다. 하지만 학교 상황에서는 구성원들의 나이와 학교 행사, 일정 등의 고려사항으로 인해 추후 집단 날짜가 영향을 받게 된다. 집단 구성원들은 나중에 자기의 행동이 진행된 정도에 대해 보고해야 한다고 생각할 경우 자신들의 행동을 지속하는 데 더욱 큰 책임감을 느끼게 될 것이다(Corey, 2000).

종결 단계와 추수 활동 단계에서 집단에 대한 평가는 집단 경험을 통해 목적이 달성되었는지를 결정하는 데 도움이 된다. 만약 오리엔테이션 단계에서 태도와 신념, 가치 및 개인적인 관심사 등에 대해 알아보기 위해 사전 검사를 실시했었다면 변화를 평가할 수 있는 비슷한 사후 검사를 시행하기에 적절한 단계이다.

어떤 집단지도자들은 일대일의 상담자와 집단 구성원 간의 개인적인 추수회기가 더 많은 피드백을 준다고 생각한다. 이 회기는 구조화된 질문들로 형식적으로 이루어질 수도 있고, 집단이 각 구성원들을 어떻게 도와 주었는지에 대해 논의하는 것과 같이 비형식적으로 이루어질 수도 있다. 이 과정이 갖는 부차적인 장점은 집단에서 드러나지 않은 또 다른 추가적인 정보를 나눌 수 있으며, 집단이 끝난 후에도 구성원들에 대한 지도자의 관심을 보여 줄 수 있고, 집단 경험에 대한 추가적인 개인의 통찰에 대해 알 수 있는 기회가 된다는 점이다(Corey, 2000; Corey & Corey, 2002).

평가의 형태

교사들이 비교를 하기 위해 기초선 검사와 추후 검사를 사용하는 것처럼 같은 도구를 사용해서 사전-사후 검사를 하면 유용한 평가정보를 얻을 수 있다. 사회성 측정 척도, 자기 보고, 교실이나 운동장에서의 학생 관찰을 통해서도 집단의 효과를 평가할 수 있다(Mehaffey & Sandberg, 1992). 전형적인 평가 방법이 표 12.3에서 표 12.7까지 제시되어 있다.

표 12.3 리커트 척도

몇몇 평가에는 시설과 지도성에 관련된 질문들이 포함되어 있다.

지시

다음 척도를 사용해서 다음 질문의 각 항목에 답하시오.

1=좋지 않았다 2=보통이다 3=좋았다

1. 집단의 지도력에 대해 어떻게 느꼈나요?________
2. 집단은 목적을 얼마나 달성했나요?________
3. 집단상담 시설은 어떠했나요?________
4. 당신의 개인적인 목표를 얼마나 달성했나요?________
5. 당신의 목표를 계속해서 얼마나 완성해 나갈 수 있을 것으로 생각하나요?________

표 12.4 정답이 정해져 있지 않은 질문들

지시

다음 문장을 완성하시오.

1. 집단에 대해 가장 좋았던 한 가지는 ________ 이다.
2. 집단에서 내가 가장 성공한 한 가지는 ________ 이다.
3. 집단에서 내가 다르게 했었더라면 하고 생각하는 것은 ________ 이다.
4. 내가 다시 이 집단의 구성원이 된다면, 내가 다르게 하고 싶은 한 가지는________ 이다.
5. 내가 자신에 대해 배운 한 가지는 ________ 이다.

표 12.5 척도 질문지

척도 질문지는 양적인 정보를 수집하는 데 사용할 수 있다.

지시

자신의 감정을 가장 잘 나타내고 있는 숫자에 동그라미 하시오.

1. 가장 잘 나타내지 못하고 있으면 1에, 가장 잘 나타내고 있으면 10을 표시하시오. 집단 경험에 대한 당신의 감정을 가장 잘 나타내주는 숫자에 동그라미 하시오.
   1 2 3 4 5 6 7 8 9 10
2. 집단의 지지를 받지 않고 당신의 목표를 지속해 나가는 데 어느 정도 자신이 있는지를 나타내는 숫자에 동그라미 하시오.
   1 2 3 4 5 6 7 8 9 10
3. 집단 경험을 하기 전에 자신에 대해 어떻게 느끼고 있었는지 동그라미 하시오.
   1 2 3 4 5 6 7 8 9 10
4. 집단 경험의 결과 자신에 대해 어떻게 느끼게 되었는지 동그라미 하시오.
   1 2 3 4 5 6 7 8 9 10

표 12.6 사전 또는 사후 검사 (계속)

다음은 학습기술 집단의 효과를 평가하는 데 사전-사후 검사를 어떻게 사용하는지에 관한 예이다.

표 12.6 사전 또는 사후 검사

지시

다음의 각 영역에서 자신의 능력을 가장 잘 설명하고 있는 것에 동그라미 하시오.

	항상	보통	가끔	결코 아니다.
1. 나는 시작 시간이 되면 자리에 앉아 들을 준비를 한다.	1	2	3	4
2. 나는 규칙적으로 수업에 참여한다.	1	2	3	4
3. 나는 숙제나 시험을 준비하는 데 충분한 시간을 들인다.	1	2	3	4
4. 나는 나에게 주어진 일을 모두 마친다.	1	2	3	4
5. 내 숙제는 내가 한다.	1	2	3	4
6. 나는 수업에 집중한다.	1	2	3	4
7. 나는 연필, 교과서, 종이를 준비해서 수업에 임한다.	1	2	3	4
8. 나는 지시사항을 잘 듣고 따른다.	1	2	3	4
9. 나는 수업에 결석하면 보충을 한다.	1	2	3	4
10. 나는 제 시간에 공부를 끝낸다.	1	2	3	4
11. 공부한 내용이 공책에 잘 정리되어 있다.	1	2	3	4
12. 나는 내가 할 일을 기록해 두는 곳이 있다.	1	2	3	4
13. 나의 공책정리와 숙제는 깔끔하다.	1	2	3	4
14. 나는 이해가 안 되면 질문한다.	1	2	3	4

표 12.7 얼굴과 감정 (계속)

얼굴과 감정은 어린 아동들에게 집단이 어떻게 자신에게 영향을 주었는지를 묘사하도록 할 때 사용할 수 있다.

지시

집단의 새로운 구성원이 되는 것에 대해 어떻게 생각하는지를 가장 잘 나타내는 얼굴을 아래에 묘사된 얼굴들에서 선택하시오.

5세에서 7세 사전-사후 검사

1. 학교에서의 자기 성적과 행동에 대해 얼마나 만족하나요?

표 12.7 얼굴과 감정

2. 자신을 얼마나 좋아하나요?

3. 가족에게 얼마나 소중한 사람이라고 생각하나요?

4. 자기 모습이 얼마나 맘에 드나요?

5. 다른 아이들이 당신을 얼마나 좋아한다고 생각하나요?

6. 자기가 집에서 행동하는 모습이 얼마나 마음에 드나요?

7. 자기가 최선을 다하고 있는 한 가지는 무엇인가요?

8. 앞으로 더 나아지게 하고 싶은 한 가지는 무엇인가요?

집단 형성하기

집단이 성공하는 중요한 관건은 교사와 관리자에게 집단이 어떻게 학생들의 학업 목표와 목적 달성을 도와줄 수 있는지를 확신시킬 수 있는 학교상담자의 능력에 달려 있다. 학교상담자들은 불가능할 정도로 많은 학생 담당 건수를 맡아 일하고 있기 때문에 앞으로 집단 활동은 상담의 미래가 될 가능성이 있다. 집단은 종종 개인상담보다 더 강력하고 시간적으로 효율적이며 집단을 통해 더 많은 학생에게 다가갈 수 있다(Kottler, 2000). 이러한 전망은 학교상담자들에게는 전도유망하지만, 교사들은 마쳐야 할 엄격한 교육과정의 기준과 통과시켜야만 하는 능력 시험 때문에 학생들이 교실수업에서 벗어나는 것을 꺼려 집단 활동을 옹호한다는 것은 쉬운 일이 아니다. 집단 활동을 계획할 때, 학교상담자들은 일정을 잡는 것, 수업시간 길이로 인한 시간의 제약, 적절한 집단 구성원의 선정과 같은 걱정거리들에 직면하게 된다(LaFountain, Garner, & Eliason, 1996).

인종적, 문화적 신념으로 인해 모든 학생들이 집단상담에 호의적으로 반응하는 것은 아니다. 예를 들어 아시아계 미국인 학생들은 자신의 가족에게 누가 될까 하는 두려움 때문에 개인 정보를 드러내기를 주저할 수 있다. 마찬가지로 라틴 아메리카계 남성은 자신의 가족이나 남성성을 부정적으로 보이게 하는 정보를 공개하기를 주저할 수도 있다.

학교에서 집단 활동의 운영

집단 활동에 대한 격려와 지지를 얻어내기 위해서는 교직원과 관리자들에게 집단의 효과에 관한 증거를 담고 있는 제안서를 제시해야 한다. 공유할 만한 그 밖의 정보에는 집단의 목적, 목표, 실질적인 고려사항 등이 포함된다.

집단의 목적

상담자의 과업은 학교의 교육적인 임무를 도와 주는 것이다. 교사들은 집단의 개념에 대한 확신을 갖게 되기에 앞서, 상담자가 이끄는 집단이 어떻게 전반적으로 학업을 강화하고 특정 과목의 목표를 증진시켜 줄 수 있는지에 대해 먼저 이해해야 할 필요가 있다. 그러므로 집단을 설계하고 계획할 때 이루어져야 할 첫 번째 단계는 초점을 맞추어야 할 분야를 결정하기 위해 요구도를 사정하는 일이다. 이러한 요구도 사정은 자료 수집을 위해 교사, 학생, 학부모에게 배부될 수 있다. 특정 대상을 위해 수정된 샘플 조사가 표 12.8에 제시되어 있다.

조사가 끝나고 가장 우선적인 요구가 확인된 다음 상담자는 이러한 집단이 필요

표 12.8 **집단 조사**

__________에게

우리 학교 학생들 사이에서 가장 큰 관심거리라고 생각되는 것에 동그라미 하세요.

학습 기술	마약과 술	기타 관심사
대인 관계	자존감	
분노 관리	시험 기술	
인내력	불안	
의사소통	섭식 장애	
갈등과 공격성	상실과 이혼	

이 용지를 내 우편함에 넣어 주세요. 도와 주어서 감사합니다.

상담자 존슨으로부터

한 이유에 대해 분명한 근거를 제시해 주어야 한다. 확신을 줄 수 있는 계획과 지지할 수 있는 자료의 부족으로 인해 집단이 시작조차되지 못하는 경우가 빈번하다(Jacobs 등, 2002). 많은 원천으로부터 통계자료를 얻을 수 있다; 출석 기록, 훈육 보고서, 상담자에게 의뢰된 학생, 많은 부모들의 불만, 성적표, 다른 기관으로 의뢰한 학생 등등. 일단 구체적인 자료를 수집한 다음에는, 성공적으로 수행된 비슷한 집단에 대해 조사해 보면 다음과 같은 면에서 도움이 된다.

1. 성공적이었던 실행 가능한 전략과 활동에 대해 배우고
2. 집단의 목적과 목표를 위한 기초를 제공하며
3. 평가 방법을 재연하는 데 도움이 된다.

집단의 목적과 목표

구체적인 목표가 없으면 집단은 깨지게 된다(Corey & Corey, 2002; Jacobs 등, 2002). 목적과 목표는 수행될 집단의 형태뿐만 아니라 집단 구성원들의 구체적인 요구를 반영한 것이다. 예를 들어, 분노 관리 집단의 목표 가운데 하나는 구성원들이

분노를 일으키는 사람, 사건, 상황에 대해 알 수 있게 하는 것이다. 목표는 측정하고 달성할 수 있어야 하며, 정해진 기간 안에 수행될 수 있고, 집단 종결 시에 평가될 수 있는 것이어야 한다. 만약 구성원들이 집단의 목표를 완전히 이해하지 못하면 구성원들은 흥미를 잃게 될 것이고, 장기결석, 게으름 또는 그냥 탈퇴함으로써 무관심을 나타낼 것이다.

실제적으로 고려되어야 할 사항

집단상담 장소 만남의 목적과 맞지 않는 장소에 있었던 때를 생각해 보라. 그 장소가 너무 크거나 작지 않았는가? 그로 인해 자신을 표현할 수 있는 능력이 영향을 받지는 않았는가? 만나는 장소는 의사소통과 참여 정도에 영향을 미칠 수 있으며, 특히 구성원들이 움직여야 하는 활동이 이루어지는 경우에는 반드시 고려되어야 할 사항이다. 만나는 장소는 찾기 쉽고 모든 학생들이 접근하기 쉬운 곳이어야 한다; 그러나 이와 동시에 활동으로 생기는 너무 많은 소음으로 인해 정규 학교 수업을 방해하지 않도록 해야 한다.

모임 장소의 물리적 외관이 집단의 진행을 촉진시킬 수도 있고 저하시킬 수도 있다. 예를 들면, 밖으로 학생 주차장을 내다볼 수 있는 창문이 있고 문에는 유리창이 있는 방에서 예전에 집단을 이끌었던 적이 있었는데, 집단의 구성원들이 아닌 다른 학생들이 지나가면서 종종 호기심 어린 눈으로 무슨 일을 하고 있는지 들여다보는 것이었다. 이는 비밀유지를 지켜지지 못하게 하였으며, 동시에 집단 참가자들도 주차장이 보이는 창문으로 종종 누가 주차장을 오고가는지 궁금해했기 때문에 매우 산만해졌다.

창문으로 인해 주의가 산만해질 수는 있지만 창문 또한 개방적인 느낌을 갖게 할 수도 있다. 창문이 없는 방은 갇혀 있다는 느낌이 들게 할 수도 있다. 집단을 편안하게 조직하기 위해서 충분한 공간이 고려되어야 한다. 의자도 기동성 있게 배치되어야 하는데, 의자가 바닥에 고정되어 있는 방은 문제의 소지가 있을 수 있다. 너무 크지도 작지도 않은 방이 이상적이다. 왜냐하면 너무 큰 공간은 친밀감과 응집력을 흐뜨릴 수 있고, 너무 작은 공간은 구성원들로 하여금 갇힌 느낌을 갖게 할 수 있다. 두 면을 파티션으로 막아 한쪽 구석에 자리잡은 집단은 극도로 경계심이 있는 학생들에게는 안전감을 줄 수 있다.

공간이 너무 적은 학교는 종종 사용할 수 있는 방이 부족하기 때문에 집단이 모이는 시간에 방을 사용할 일정이 없는 교직원과 방을 함께 써야 할 필요가 있을 수 있다. 만약 집단이 진행 중인 동안 그 방에 들어갈 수 없다면 그 교직원은 화가 날 수 있다. 방 하나를 집단 상담실로 정할 수 있다면 학생들은 집단이 어디에서 지속적으로 모이는지 알 수 있을 것이며, 장소로 인한 갈등은 일어나지 않을 것이다. 특히 초등학생들에게는 발달상의 문제로 인해 공통된 만남 장소가 중요하다.

좌석 배정 구성원들이 어디에 앉을 것인지를 선택하는 것은 중요하다. 상담자는 계속해서 서로 옆에 앉는 참가자들에게 주의를 기울여야 한다. 친한 친구나 앙숙관계는 집단의 응집력을 방해할 수 있다(Bergin, 1999). 그러므로 상담자는 신뢰형성을 촉진시키기 위해서 집단의 각 회기마다 서로 다른 학생들과 상호작용할 수 있도록 좌석을 섞어서 배정하는 것을 고려해 볼 수도 있다. 너무 자유로운 좌석 배정은 때로 긴장이 풀어진 행동을 하게 하여 집단 진행을 방해할 수 있다. 심지어 참가자들에게 간식을 제공하는 것도 구성원들이 집단 목표보다는 나온 음식에 관심을 더 쏟을 수 있기 때문에 산만해질 수 있다. 등받이가 딱딱한 의자를 사용하는 것, 바닥에 앉는 것, 또는 bean-bag 의자를 사용하는 것은 집단 응집력을 촉진시킬 수 있다.

또, 동일한 높이의 의자에 원형으로 앉는 것은 특히 장벽이 될 수 있는 탁자가 없다면, 의사소통을 촉진시킬 수 있다. 그러나 집단 활동의 특성상 과제가 있는 집단에서는 탁자가 꼭 필요하다.

소리 비밀유지는 집단 활동을 성공적으로 이끄는 데 중요한 변수이다. 때로 학교 건물들은 소음을 막을 수 있는 벽이 없다; 만약 소리가 방 밖으로 어느 정도 들리는지 안심할 수 없다면 구성원들은 정보를 나누는 것을 피하게 될 수 있다. 소음은 종종 구성원들이 서로의 말소리를 듣기 어렵게 하고 산만하게 만들 수 있다. 밖으로 들리는 소리가 문제가 되는 경우에는 비교적 비싸지 않은 소음필터로 방 안의 소리를 차단시키는 것도 좋은 방법이다.

기간과 빈도 한 회기의 길이는 구성원들이 위험을 감수할 마음에 영향을 줄 뿐 만아니라 서로 친밀감과 신뢰감을 쌓는 정도에도 영향을 미친다. 모임이 즐거웠던 구성원들은 집단이 끝날 때 상담자에게 모임의 횟수를 늘리자고 하는 것이 보통이다. 이러한 요구는 특히 학교상담자들에게는 설득력이 있지만 피해야 할 사항이다. 만약 기간이 늘어나게 될 경우 구성원들은 종종 개인사정으로 인해 활동을 미룰 수도 있고, 집단 종결이 계속해서 연기되면 학생들은 목표를 위한 작업을 미루게 될 수도 있다.

학교 장면에서 집단은 대개 학사 일정에 의해 결정된다. 정해져 있는 학기 기간과 수업시간의 길이가 종종 수행될 상담회기의 척도가 된다. 실제 수업시간 정도가 실용적이기는 하지만 언제나 가장 이상적인 것은 아니다. 수업시간의 길이는 45~50분인 편인데, 이는 시간이 끝나기 전에 회원들이 워밍업을 하고 목표를 달성하기에는 어려운 시간이다. 그러나 시간이 집단 활동을 저해하는 이유라고 볼 수는 없다. 왜냐하면 짧은 시간 내에서도 큰 성과를 이룰 수 있기 때문이다. 어떤 학교에서는 일과 전후, 심지어는 주말에 집단의 목적과 회원들의 요구에 따라 더 긴 회기를 수행하기도 한다.

일정 잡기 교사가 집단에 참여하는 것은 집단의 성공에 중요하기 때문에 교사의 제안과 피드백은 필수적이다. 교사들은 집단이 언제, 얼마나 자주 만나며, 학생들의 기대는 어느 정도인지 등을 알고 있을 필요가 있다. 교사에게 참가학생 명단을 알려주는 것은 집단원들에게 비밀성을 깨뜨렸다는 느낌을 줄 수 있으므로 문제의 소지가 있는 것으로 볼 수 있다. 이와 반대로 또 다른 학생들은 개인적 특성이나 집단의 진행 상황에 대해서는 공개하지 않으면서 교사가 학생들이 집단에 참가하고 있다는 것을 알고 있다면 보호를 받고 있다는 느낌을 갖기도 한다.

집단의 일정을 잡기에 가장 좋은 시간은 학생들의 자습 시간이나 자유 시간이다. 그러나 이것이 항상 가능한 것은 아니다. 상담자와 학생들은 교사와 함께 놓친 시험이나 밀린 숙제를 하고 싶어할 수 있지만 교사들은 그냥 학생을 포기하는 것이 낫다고 생각할 수도 있다. 학생들이 수업에 늦거나 빠졌을 경우에 대한 명확한 지침이 마련되어야 한다. 학생이 같은 시간을 계속 빠지지 않도록 순환적 시간 배정을 할 것을 추천한다; 그러나 더 어린 학생들의 경우, 매일 일정을 잘 관리하려면 같은 시간, 같

표 12.9 수업 결손/알림

________________________ 에게 날짜________________________ 선생님의 수업시간 동안에 ______________와 만남이 약속되어 있습니다. 선생님의 수업시간에 이 학생이 상담에 참여할 수 있도록 허락해 주시기 바랍니다. 놓친 수업내용은 다음 수업 전에 채우도록 할 것입니다. 선생님께서 그 학생이 없으면 활동이 이루어질 수 없기 때문에 이 시간에 교실에 있어야 한다면 상담자에게 알려 주시기 부탁합니다. 협조에 감사드립니다. ________________________ (상담자 이름)

은 장소에서 이루어지도록 하는 것이 더 낫다. 집단 참가자 명단을 교사들에게 알려 주기로 되어 있다면 학생에게 집단상담 시간 전에 교사에게 수업에 빠질 거라고 미리 말해 두도록 하는 것이 효과적이다. 표 12.9에 수업 결손 카드의 예가 있다.

집단 구성 집단의 목적에 따라 상담자는 유사한 동질집단으로 구성하거나 외부 세계를 더 많이 반영할 수 있도록 다양한 차이가 있는 이질 집단으로 구성할 수도 있다. 동질집단의 예로, 알코올 중독 부모와 함께 사는 어린이들이나 청소년들은 그렇지 않은 사람들보다 서로 관련성이 많으며 공통의 관심사를 공유할 수 있다.

이질 집단의 예를 들면, 학교상담자가 분노 관리 집단을 운영해 보기로 했다고 하자. 분노문제가 있는 사람들로만 구성된 집단은 단지 공격적 반응만을 촉진시킬 수 있다(Posthuma, 2002). 분노를 적절하게 다루기 때문에 선발된 구성원들은 적절치 않은 방법으로 분노를 표출하는 사람들에게 사회적으로 용인될 수 있는 행동을 가르칠 수 있다. 역할 모델이 되는 이러한 구성원들은 집단 내에서 다른 개인적인 목표를 가지고 작업할 수 있으며, 어떤 사람들이 분노와 공격성을 나타내는 이유에 대해 통찰을 하게 될 수도 있다.

크기 한 집단에 포함시킬 수 있는 인원수에 대해서는 연구자마다 생각이 다르다(Postuma, 2002). 어떤 연구자들은 한 집단에 5~8명이 이상적이라고 하지만 구성원이 12명인 집단들도 성공적으로 이루어져 왔다(Jacobs 등, 2002). 유치원생이나 초등학생들은 그들의 많은 에너지를 풀어줄 수 있는 놀이나 활동을 해야 편안하게 느끼기 때문에 2~4명 정도의 소집단이 더 적당할 수 있다(Bergin, 1999). 한 집단에 인원이 너무 많으면 구성원들은 개인적 관심사를 공유하기 불편해하며, 지도자가 구성원 개인들 하나하나에 기울일 수 있는 관심의 양도 제한되게 된다. 반대로 소집단인 경우는 참여해야 하는 압박감이 너무 클 수도 있다. 초 · 중등학생 정도의 나이가 되면 의사소통을 잘 할 수 있지만; 발달상의 커다란 차이로 인해 어떤 참가자들은 사회적 기술에 대해 부가적인 훈련을 받을 필요가 있는 경우도 있다. 따라서 역할극, 듣기 능력 연습과 같은 활동은 이러한 기술을 배우는 데 도움이 된다. 청소년들은 종종 또래를 수용하려는 욕구로 인해 집단 활동에 더 호의적으로 반응하며, 집단 활동은 피드백과 격려를 주는 환경을 제공해 줄 수 있다(Bergin). 집단 크기는 집단의 목적, 구성원의 나이, 집단의 형태에 따라 결정된다.

개방/비개방 집단 **개방집단**의 구성원들은 집단이 진행됨에 따라 들어가기도 하고 나가기도 한다. **폐쇄집단**의 구성원들은 정해져 있어서 시작에서부터 끝까지 같이 해야 한다. 집단의 유형이 개방집단인지 폐쇄집단인지를 결정한다. 예를 들어 상담자가 학생들에게 시험 보기, 지시 따르기, 숙제 구조화하기 등을 지도하는 학습 기술 집단은 구성원의 필요에 따라 가입, 탈퇴하기 때문에 개방형 집단으로 편성될 수 있다(Corey & Corey, 2002). 이러한 형태의 개방집단의 장점은 구성원들이 새로운 공부방법에 대해 이야기를 나눌 수 있는 새로운 사람들을 만날 기회가 아주 많다는 것이다. 그러나 자신감 향상과 같은 개인적 문제를 가지고 임하는 사람들에게는 폐쇄집단이 더 낫다. 왜냐하면 여러 시점에서 새로운 회원이 들어오게 되면 집단이 활동단계에 도달하지 못하고 초기 단계로 돌아가게 될 수 있기 때문이다.

규칙 모임의 초기에 상담자와 집단 구성원들에 의해 만들어진 기본 규칙을 사용함으로써 신뢰와 안전감이 더 커지게 된다. 규칙은 구성원들에게 그들의 권리, 집단 안에서의 책임, 비밀유지의 중요성과 규칙을 위반했을 때의 결과에 대한 내용으로 구성된다. 구성원들이 정해진 규칙에 동의하는 문서에 서명해야 보다 의미가 있다.

표 12.10 수업 결손/알림

나는 다음 사항에 동의한다.

1. 개인적 목표를 달성하도록 노력할 것
2. 차례로 돌아가며 말하는 것
3. 다른 사람을 방해하지 않을 것
4. 다른 사람을 무시하지 않을 것
5. 자유롭게 이야기할 것
6. 집단상담에 잘 참석하고 시간을 잘 지키는 것

이상의 규칙을 지키지 않으면 나는 집단에서 나가게 될 것이라는 것을 이해합니다.

집단 구성원의 서명______________________________ 날짜________________

집단에서 사용되는 일반적인 규칙들이 표 12.10에 있다.

다양한 나이/학년 수준의 집단

여러 가지 다양한 형태의 집단들이 학교에서 성공적으로 발전되어 왔다. 집단상담은 위기 청소년들에게 효과적이었으며(Becky & Farren, 1997), 집단상담은 대인관계뿐만 아니라 학업 성취에도 도움이 된다(Schectman, 1993). 다음에서는 나이와 학년 수준에 따른 몇 가지 집단에 대해 간략하게 개관한다.

초등학생 집단

도시의 공립 초등학교 4~5학년 학생들이 알코올 중독 가정 아동의 자아 개념을 개선하기 위한 집단에 참여했다. 학생들은 상담 집단과 통제집단에 무작위로 배정되었다. 통제집단 구성원에게는 어떤 처치도 제공되지 않았고, 연구 이후에 도움을 받을 수 있는 기회를 주었다. 두 집단 모두에게 참가자들의 자아 개념을 측정하는 사전, 사후검사로 'The Piers-Harris 자아 개념 검사'를 실시하였다. 실험집단에서는 역할극, 집단 토의, 긴장이완 훈련, 강사 초청 강연, 그림 그리기, 문제 해결하기, 의사결정 모델을 이용한 개인적 계획 세우기 등과 같은 활동이 이루어졌다. 연구결과 집단상담에 참여한 집단의 자아 개념이 향상되고 불안 수준이 낮아졌음이 나타났다(Riddle, Bergin, & Douzenis, 1997).

또 다른 연구에서는 2학년생들에게 대처 전략을 가르쳤다. 44명의 2학년 학생들이 긴장이완 기술과 긍정적인 사고방식을 갖도록 가르치는 데 초점을 둔 교사가 이끄는 집단상담에 참여했다. 학생들은 긍정적 경험에 대한 평가와 긴장 정도를 알아보기 위한 심장박동수 측정을 사전-사후 검사로 받았다. 학생들은 대처 전략을 기록하고, 중요한 사항을 확인하며, 심장박동을 기록할 일지를 받았다. 15~20분 정도씩 9주 동안 계속된 수업에서 4회에 걸쳐 긴장완화 활동, 스트레스에 대한 개념화, 오디오테이프를 통한 스트레스 관리, 게임과 그 밖의 활동을 하였다. 사후검사 결과 이 학생들은 집단이 종결된 이후에도 개인적인 중요사항을 확인하고, 스트레스를 감소시키는 기술을 적용할 수 있었다는 점에서 의미가 있었다(Gilbert & Orlick,1996).

중학생 집단

6, 7, 8학년 학생들은 개인교습을 받도록 의뢰되었다. 학생들은 개인교습만 받는 집단과 개인교습에 상담을 병행한 집단에 배치되었고, 참가하지 않기로 한 학생은 개인교습을 받지 않는 통제집단에 배정되었다. 연구결과 연구자들은 상담을 병행하여 개인교습을 받은 학생들이 자존감, 교실 행동, 학업 성취도의 성과에서 현저하게 높은 점수를 받았다고 보고하였다(Edmondson & White, 1998).

청소년 집단

11, 12학년의 흑인 여성 9명으로 집단을 구성하여 인종주의, 기대, 인간관계, 장래 목표에 관한 감정과 경험에 대해 토론하였다. 유럽계 미국인 지도자 두 명이 매주 45분씩 12주간 과정을 이끌었다. 주제는 구성원들의 삶에 영향력을 미친 여성들에

서부터 다른 사람들의 기대, 그들을 화나게 만들었던 사건과 사람들, 대인관계 관심사, 장래 목표에 이르기까지 여러 범주를 다루었다. 집단 평가에 참여한 사람들은 이 집단이 모든 영역에서 효과적인 것으로 나타났다고 보고하였다(Muller, 2000).

요약

학교 집단상담은 최근 도입된 상담기법으로서 긍정적인 결과를 얻고 있지만 아직도 여전히 회의적으로 받아들여지기도 한다. 집단이 학업 영역 면에서 얼마나 도움을 줄 수 있는지가 분명하게 이해되지 못하면 집단은 받아들일 수는 있지만 꼭 필요한 것으로는 여겨질 수 없다. 학교 전문상담교사들은 집단상담을 통해 더 많은 학생들을 도울 수 있지만 그러기 위해서는 집단의 목표, 개인적인 전문성의 수준, 집단의 단계에 대해 명확히 알고 있어야 한다. 교사와 다른 관계자들은 집단 활동이 교육적 임무에 도움이 되고 학생들의 성장을 촉진시킬 수 있는 중요한 방법임을 믿어야 한다. 이 장에서는 집단 단계 내에서 통합되어 사용될 수 있는 활동과 학교 상황에서 수행될 수 있는 집단의 형태 및 집단에 대해 개관하였다.

참고문헌

Akos, P., & Martin, M. (2003). Transition groups for preparing students for middle school. *Journal for Specialists in Group Work, 28*, 139-154.

American School Counselor Association. (1999). *Professional school counselor and parent consent for services*. Alexandria, VA: Author.

American School Counselor Association. (2002). *Professional school counselor and group counseling*. Alexandria, VA: Author.

Baruth, G. L., & Manning, M. L. (2003). *Multicultural counseling and psychotherapy: A lifespan perspective* (3rd ed.). Upper Saddle River, NJ: Merrill Prentice-Hall.

Becky, D., & Fatten, P. M. (1997). Teaching students how to understand and avoid abusive relationships. *The School Counselor, 44*, 303-307.

Bergin, J. J. (1999). Small-group counseling. In A. Vernon (Ed.), *Counseling children and adolescents* (2nd ed.). Denver: Love.

Cappetta, L. K. (1996). The effectiveness of small group counseling for children of divorce. *The School Counselor, 43*, 317-318.

Capuzzi, D., & Gross, D. R. (1998). *Introduction to groups* (2nd ed.). Denver: Love.

Corey, G. (2000). *Theory and practice of group counseling* (5th ed.). Belmont, CA: Wadsworth/Thomson Learning.

Corey, M. S., & Corey, G. (2002). *Groups: Process and practice* (6th ed.). Pacific Grove, CA: Brooks/Cole.

Edmondson, J. H., & White, J. (1998). A tutorial and counseling program. Helping students at risk of dropping out of school. *Professional School Counseling, 1*, 43-47.

Gilbert, J. N., & Orlick, T. (1996). Evaluation of a life skills program with grade two children. *Elementary School Guidance and Counseling, 31*, 139-151.

Gladding, S. T. (1999). *Group work: A counseling specialty* (3rd ed.). Upper Saddle River, NJ: Prentice-Hall.

Goldberg, A. D., & Chandler, T. J. (1992). Academics and athletics in the social world of junior high school students. *The School Counselor, 40*, 40-45.

Jacobs, E. E., Masson, R. L., & Harvill, R. L. (2002). *Group counseling: Strategies and skills*. Pacific Grove, CA: Brooks/Cole.

Kottler, J. A. (2000). *Nuts and bolts of helping*. Boston, MA: Allyn and Bacon.

LaFountain, R. M., Garner, N. E., & Eliason, T. E. (1996). Solution-focused counseling groups: A key for school counselors. *The School Counselor, 43*, 256-267.

Mason, M. J. (1996). Evaluation of an alcohol and other drug use prevention training program for school counselors in a predominantly Mexican American school district. *The School Counselor, 43*, 308-316.

McClure, B. A., Miller, G. A., & Russo, T. J. (1992). Conflict within a children' s group: Suggestions for facilitating its expression and resolution stages. *The School Counselor, 39*, 268-272.

Mehaffey, J. I., & Sandberg, S. K. (1992). Conducting social skills training groups with elementary school children. *The School Counselor, 40*, 61-67.

Muller, L. E. (2000). A 12-session, European-American-led counseling group for African-American females. *Professional School Counseling, 3*, 264-269.

Posthuma, B. W. (2002). *Small groups in counseling and therapy: Process and leadership* (4th ed.). Boston: Allyn and Bacon.

Riddle, J., Bergin, J. J., & Douzenis, C. (1997). Effects of group counseling on the self-concept of children of alcoholics. *Elementary School Guidance and Counseling, 31*, 192-203.

Rogers, C. (1970). *Carl Rogerson encounter groups*. New York: Harper & Row.

Schectman, Z. (1993). School adjustment and small-group therapy: An Israeli study. *Journal of Counseling and Development, 72*, 77-81.

Schnedeker, J. A. (1991). Multistage group guidance and counseling for low-achieving students. *The School Counselor, 39*, 47-51.

Terres, C. K., & Larrabee, M. J. (1985). Ethical issues and groupwork with children. *Elementary School Guidance and Counseling, 19*, 190-197.

Trotzer, J. P. (1989). *The counselor and the group: Integrating theory, training and practice* (2nd ed.). Muncie, IN: Accelerated Development Inc.

Vernon, A. (1999). *Counseling children and adolescents* (2nd ed.). Denver: Love.

| 제13장 |

아동과 청소년 상담에서의 표현적 기법

Lynn이 과정을 수료하고 실습실에서 첫 번째 학생을 만났을 때 그동안 이론으로 배웠던 것을 현실화할 준비가 되어 있었다. Lynn은 다양한 이론과 구체적인 기법들을 기억해 내려고 노력했지만 앞에 앉아 있는 학생에 대한 그녀 자신의 느낌과 걱정거리들을 조정하려고 노력하다 보니 불안에 압도되어 버렸다. Lynn은 자기가 배운 많은 이론들이 어리거나 말로 표현하지 못하는 학생들에게는 맞지 않는 것 같아서 특히 더 걱정스러웠다.

학교상담사 자격증을 주는 대부분의 프로그램들은 종합적인 지식 기반을 가지고 있는 상담 이론들 가운데에서 하나의 독립된 과정을 제공하고 있다. 이 장은 이러한 심층적인 정보를 대체하려는 것이 아니다. 그러나 대부분의 상담 이론이 성인에게 사용되도록 발전되어 왔고 주로 '대화치료' 에 의존해 왔기 때문에, 이 장에서는 학교상담자들에게 청소년과 학령기 아동의 발달 수준에 적합한 창조적인 상담전략을 제공해 주려는 데 목적이 있다. 학교상담자는 치료를 제공하는 것이 아니라 학생들에게 상담을 제공하는 것이다. 학교상담자가 창조적인 상담기법을 수행하려고 할 때는 정치적인 효과를 고려해야 한다. 예를 들어 **장난감을 활용하는 상담**(counseling with toys)과 **놀이상담**(play counseling)은 자주 학교상담자들이 상담 프로그램을 설명할 때 선호하는 용어이다. 그러나 이러한 용어들도 잘못 해석되기가 쉽다. 그러므로 프로그램과 관련된 사람들을 교육함으로써 이런 접근법들이 어떻게 청소년과 아동을 도와줄 수 있는지에 대해 명확하게 이해할 수 있도록 하는 것이 유용하다. 또한 이러한 전략들의 효과를 입증하는 자료를 사용하면 아이들이 단지 즐거운 시간을 보내기 위해서가 아니라 놀이를 통해 발달하고 성장하기 위해서 상담교사에게 가는 것이라는 것을 다른 사람들이 납득할 수 있게 하는 데 도움이 된다.

상담 단계

상담교사가 청소년들에게 사용하기 위해 어떤 상담 이론이나 전략을 선택하든 상담은 다음과 같은 몇 단계를 거치게 된다: 관계형성, 사정, 개입 및 종결. 상담회기 동안 사정을 하고, 다시 종결의 어느 시점에서 사정하는 것은 목표의 확인과 성취 정도를 알아보는 데 도움이 된다.

관계형성

특별 교사나 부모에 의해서 의뢰된 어린이들과 친밀감과 신뢰를 쌓는 것은 상담 초기에 중요하다. 학생들은 종종 상담교사에게 가게 되는 경우 저항하거나 내키지 않아 하기 때문에 상담교사는 미술이나 놀이와 같은 창조적인 기법이 서로를 이해하는 데 유용하며 의사소통을 할 수 있는 또 다른 방법이라고 설명을 해야 할 수도 있다. 상담교사가 아이에게 맞는 창의적인 재료와 방법을 제공해 주고 자유롭게 재료를 선택할 수 있게 하면 신뢰가 좀더 쉽게 형성될 수 있다(Rubin, 1988). 더욱이 그 아이의 발달 단계, 문화 및 의뢰와 관련된 기본적인 사항들을 고려하는 것도 관계형성에 도움이 된다(Newsome & Gladding, 2003).

비밀보장의 한계를 포함해서 상담이 무엇인지에 대해 설명할 시간을 갖는 것은 아동과 청소년들이 상담과정에 가지고 오는 불안을 다소 경감시켜 줄 수 있다. 간단하게 다음과 같이 말해 줄 수 있다: "우리는 같이 얼마간의 시간을 보내게 될 거야. 그 시간은 네가 원하는 대로 보내도 돼. 네가 너와 다른 사람에게 해로운 일을 하겠다는 말을 하지만 않는다면 네가 말하는 것은 우리 둘 사이에 비밀이야. 만약 그런 말을 한다면 나는 그 사람에게 말해 주어야 하거든."(Muro & Kottman, 1995). 때로 "엄마는 너의 학교 성적이 걱정되서 나에게 너를 만나 달라고 하셨어. 엄마가 걱정하는 것을 너도 걱정하고 있니?"라고 말하는 것도 도움이 된다.

사정

정신병원에서 일하는 상담자는 상담을 원하는 개인에 대한 정보를 얻기 위해 접수면담을 한다. 전형적으로 학교상담자는 형식적인 면담을 하는 것이 아니라 다른 방법으로 정보를 모은다. 예를 들어, 학교상담자는 학생에 대한 기록, 교사의 설명, 부모의 관심사 등에 대해 알아 본다. 또한 정보는 두문자로 HELPING이라는 비형식적인 과정을 통해 얻어진다. Keats에 의해 고안된 이 비형식적인 사정은 Lazarus의 중다양식 모형에 기반을 두고 있다(Baker, 2000; Schmidt, 1999). 상담자는 다음과 같은 질문에 대답함으로써 사정에 임한다.

H = 질병, 입원, 신체적 불편과 같은 건강 문제. 학생이 학교에 결석하는가?
E = 감정과 느낌. 감정을 적절하게 표현하는가?
L = 학습과 학교. 학년과 능력이 맞는가?
P = 개인적 관계. 아이의 삶에서 중요한 사람들은 누구인가?
I = 이미지와 관심. 학생은 자신을 어떻게 보는가?
N = 알려는 욕구. 학생은 얼마나 잘 배우는가?
G = 행동에 대한 지도. 학생은 행동에 대한 결과를 얼마나 잘 인식하는가?

개입

다른 어떤 방법에 비해 더 효과적인 접근방법이 있는 것이 아니라면 학생들을 돕기 위해 광범위한 이론적 접근을 활용할 수 있다. 학생의 요구에 맞는 적절한 중재가 이루어지기 위해서는 다문화적 문제와 성격, 발달 수준 등이 고려되어야 한다(Erk, 2004). 이러한 요소들과 학생의 발달 수준 때문에 학교상담자는 인지적, 정서적, 행동적 개입을 사용해야 할지를 결정하는 데 어려움을 겪게 된다(Gladding, 1992). 학교상담자는 아들러 상담기법, 통제치료, 인지-행동적 접근, 해결 중심 접근, 이야기 치료 접근이 학령기 아이들에게 가장 유용하다고 보고해 왔다(Schmidt, 1999). 이 장에서는 상담자가 선택한 이론적 모형을 이끌어 줄 창조적 기법들이 주로 바탕을 이루고 있다. 하지만 어떤 상담 이론을 선택하든 목표를 정하는 것은 상담과정에서 중심이 된다(Erk, 2004).

학생들이 상담교사에게 직면하고 있는 여러 가지 문제를 동시에 이야기하는 것은 이상한 일이 아니다. 학생들은 생활을 방해하는 많은 문제들로 인해 종종 가장 큰 걱정거리인 한 가지 문제에 초점을 맞추기가 어렵다. 아이를 상담하는 상담교사는 초점을 그 문제에서 미래의 가능성 쪽으로 옮기는 것이 목표를 확인하는 데 도움이 된다고 보고한다. "너는 앞으로 어떤 일이 일어났으면 좋겠니?" 또는 "네 삶에서 일어나기를 원했던 일이 지금 너의 생활에서 일어나고 있다면 언제일까?" 와 같은 형태의 질문이 있을 수 있다. 해결 중심 상담에서 빌려온 **기적 질문**(miracle question)을 사용하면 문제가 없는 삶을 그려 보게 하는 데 도움이 된다. 예컨대 상담교사는 학생에게 다음과 같이 물어 볼 수 있다. "기적이 일어나서 네 문제가 해결되었다고 생각해 봐. 너는 어떻게 다르게 행동하고 있을 것 같니? 생각은? 느낌은?"

이러한 기법을 변형한 또 다른 방법으로는 **요술지팡이**나 **크리스탈 구슬**(DeShazer, 1985)을 사용할 수 있다. "만약 요술지팡이를 흔들면 모든 문제가 해결된다고 생각해 보렴. 너는 어떻게 다르게 행동하고 있을 것 같니?" 또는 "크리스탈 구슬을 보면서 만약 지금의 그 문제가 없다면 삶이 어떨 것 같은지 말해 보렴."과 같은 질문들은 학생들로 하여금 그들이 일어나기를 원하는 것이 무엇인지에 초점을 맞출 수 있도록 돕는다.

종결

상담과정을 통해 계속해서 사정이 이루어지며; 개입을 통해 원하는 결과를 얻지 못했다면 상담자는 변화를 일으킨다. 종결은 매 상담회기가 끝날 때 일어난다. 상담시간이 끝날 때마다 마지막 5분은 상담과정과 상담실 밖의 생활을 전환시킬 수 있는 시간으로 주어진다. 학생과 상담교사는 부모 또는 교사와 공유할 수 있는 정보에 대해 의논하는 시간으로 사용할 수도 있다. 이러한 요구를 존중하는 것은 부모와 교사가 의뢰한 학생들에게 특히 더 중요하다(Hollis, 1998).

상담교사는 학생들이 이룬 진보을 강화하고, 그들이 배운 것을 요약해 보도록 하며, 또 앞으로 유용하게 사용할 수 있는 자원을 제공해 줌으로써 학생들에게 종결을 준비시킨다(Newsome & Gladding, 2003). 어떤 상담교사는 특히 상담을 종결할 때 학생들을 지지해 주기 위해 표 13.1에 제시되어 있는 전략을 사용했다.

때로 종결은 어려운 일이며, 상담교사는 학생에게 상담회기가 끝난 것이지 관계가 끝난 것은 아니며, 언제든 올 수 있다는 것을 상기시켜 준다. 종종 의존적인 것이 문제가 될 수 있다. 만약 학생이 상담실을 너무 자주 방문한다면 상담교사는 기준선을 정해 줄 필요가 있다(Doyle, 1992). 학교 장면에서 일반적으로 학생들은 각 과목

표 13.1 세 가지 장점과 소원

지시

상담교사는 학생이 가지고 있는 세 가지 장점이나 강점을 써서 학생에게 이 쪽지를 준다. 긍정적인 진술문 뒤에는 상담교사가 학생에게 바라는 소망이나 바람으로 결론을 맺는다.

Katie에게
나는 너에 대해서 더 잘 알게 되어 기쁘다. 너와 함께 보낸 시간 동안 나는 다음과 같은 것들을 알게 되었다.

너는 변화하려는 동기가 있다.
너는 위험을 감수할 수 있다.
너는 너의 행동에 책임질 수 있다.

나는 네가 앞으로 목표를 이루기 위해 그동안 배웠던 기술을 계속해서 사용하게 되기를 바란다.

Yousaf 선생님으로부터

수업에서 거쳐야 할 정해진 수업 시수가 있다. 지각을 알리는 종이 울렸는데 학생들이 상담실을 불쑥 찾아왔을 때, 나는 신규 상담교사로서 경계를 설정하는 것이 중요하다는 교훈을 배우게 되었다. 이러한 학생들은 진심으로 나를 만나고 싶어서 온 것이 아니라 단지 선생님에게 수업에 늦은 데 대한 그럴 듯한 변명을 만들기 위해서 온 것이었다. 언제 어떻게 학생들이 상담자와 만날 것인지에 대해서 절차를 분명히 하면 사람들 간에 신뢰하고 존중할 수 있는 협력관계를 만드는 데 도움이 된다. 상담회기 동안 상담의 효과를 알아보고, 종결할 때 다시 상담효과를 알아 보는 데 체크리스트, 자기 보고와 검사척도를 사용할 수 있다. 때로 상담교사는 미래의 어떤 시점에서 이루어지는 간접적인 추수 평가가 학생들이 상담과정을 통해서 배운 것을 얼마나 계속해서 잘 적용해 왔는지를 알아 보는 데 중요하다고 생각한다. 학생들의 추후 편지와 교사들로부터의 보고, 추후 상담과정, 부모의 보고로부터 건설적인 정보가 수집될 수 있다.

창조적인 상담기술은 학령기 아동들에게 자신에 대해 깊이 탐색하고, 대인관계에 대해 인식하며, 자신의 삶을 어떻게 변화시키고 싶어하는지를 알아 볼 기회를 제공해 준다(Erford, 2003; Muro & Kottman, 1995). 또한 상담교사는 이러한 전략들을 사용하여 학생들이 행동하고, 관계를 맺으며, 문제를 해결하는 패턴 등에 대해 알 수 있다. 예를 들면, 관찰을 해보면 학생들이 지시를 잘 따르는지 아닌지, 승패에 어떻게 반응하는지, 얼마나 잘 협력할 수 있는지를 분명하고 쉽게 알 수 있다(Nickerson, Mass, & O' Laughlin, 1982).

아동들에게 다른 전략을 사용하려는 학교상담자들은 '치료' 에서 요구되는 정규 훈련을 받지는 않는다(Muro & Kottman, 1995). 예컨대, 미국 미술치료협회(AATA)와 미국 음악치료협회(AMTA)는 이러한 이론적 도구를 사용할 수 있도록 허가를 받으려는 사람들을 위해 훈련과 감독요건을 정해 놓고 있다. 학교상담자들은 치료를 위해 이러한 방법을 사용하지 않는다. 하지만 자신의 훈련 수준에 맞는 이러한 전략들을 적용하는 것은 신뢰 형성과 학습에 도움이 된다. 상담에서의 몇 가지 표현적 기법에는 놀이, 모래놀이, 미술, 심상(이미지), 움직임, 춤, 음악, 독서상담(Webb, 1991), 게임이 있다.

놀이를 활용한 상담 개입

놀이를 통한 상담은 아동상담에서 새로운 접근법은 아니다. Erik Erison은 놀이를 어려운 상황을 극복하는 수단으로 보았다(Webb, 1991). 또한 Alfred Adler는 아동에게 개입하는 방법으로 놀이를 사용했고(Wagner, 2003), Carl Rogers는 놀이를 안전한 환경 내에서의 자신의 표현이라고 생각했다(Gladding, 1992). 사실 아동에 대한 개입은 Sigmund Freud와 말과 다른 커다란 동물에 대한 공포를 가지고 있었던 어린 Hans에서부터 시작되었다. 흥미롭게도 Freud는 어린 Hans를 직접 만나지는 않았지만 대신 한스의 아버지를 자문해 줌으로써 이 아이와 작업했다(Wagner).

놀이는 친밀감을 발전시키는 데 도움이 되며, 어린이들의 삶에서 표현될 수 있는 감정, 지각, 사건을 말로 표현하는 대신 비언어적인 수단을 통해 표현할 수 있게 한다(Garbarino, Stott 등, 1992). 어른들이 화나게 만든 문제를 이해하기 위해 계속 반복해서 이야기를 하듯이, 어린이들은 혼란스러운 사건을 반복적으로 놀이로 표현한다. 놀이는 어린이로 하여금 어떤 상황을 "마치 다른 사람의 감정이나 생각인 것처럼, 다른 사람에게 일어나고 있는 것처럼" 다룰 수 있게 한다(Garbarino 등). 어린이들은 종종 생각과 감정과 행동 간의 차이에 대해 혼란스러워 하므로 놀이는 어린이들이 이러한 부정적인 생각과 감정들로부터 거리를 두고 떨어져 있을 수 있도록 도와 준다.

어린이들이 하는 놀이 자체가 변화를 만들어 내는 것은 아니다; 상담교사의 개입이 성장을 이끌어 내는 것이다. 상담교사는 어린이가 상황을 설정하고 이끌고 행동할 수 있도록 **간접적인** 역할을 하거나(Webb, 1991), 또는 상담교사가 상담과정에 초점을 맞추도록 만드는 **직접적인** 방식을 택할 수도 있다(Gil, 1994). 상담교사가 가장 흔히 범할 수 있는 실수 가운데 하나는 아이들에게 시간을 초과하여 제멋대로 놀도록 허락하는 것, 아이들의 놀이를 무시하는 것, 성장을 촉진하지 못하는 산만한 장난감을 제공하는 것 등이다(Gil). 놀이기법은 자신을 표현하는 데 어려움이 있는 12세 이하의 어린이들에게 가장 흔히 사용되지만 청소년들도 게임과 같은 활동을 통해 놀이와 관련될 수 있다(Gladding, 1992). 비디오 게임, 공놀이, 보드게임 등은 더 큰 아이들에게 자연스러운 배출구를 제공한다.

놀이의 가치는 Johnson, McLeod와 Fall(1997)의 연구에 기록되어 있다. 학교 장면에서 5~9세의 특수한 아동들을 대상으로 비지시적인 놀이치료가 행해졌다. 참가자들은 양육적인 환경에서 놀이의 종류를 선택할 수 있도록 30분씩 6회기의 개인상담 시간을 가졌다.

장난감 선택

상담교사에게 놀이라는 전략을 사용한 상담을 하기 위해 완전하게 가구가 비치된 방이 필요한 것은 아니다. 모든 상담교사들이 영구적으로 배정된 상담실을 갖는 호사를 누리는 것은 아니며 많은 교사들이 이 방에서 저 방으로 또는 이 건물 저 건물을 돌아다녀야 한다. 이 때문에 장난감을 옮길 수 있는 융통성 있는 수단이 필요하다. 어떤 상담교사는 항상 쉽게 사용할 수 있으며 종합적으로 장난감을 담을 수 있는 이동 가능한 가방들을 활용한다.

특히 상담교사가 미리 장난감과 상황을 정해 두면 잘 선택된 몇 가지 장난감으로도 상담목표를 달성할 수 있다. 상담실에 장난감을 일관성 있게 배치해 두면 예측이 가능하고 보다 쉽게 치울 수 있다. 상담자료를 가지고 다니는 상담자의 경우, 상담시간마다 같은 위치에 장난감을 배치해 두는 것은 신뢰성과 안정성을 제공해 줄 수 있다(Kottman, 1999).

가족 구성원이나 일반적인 가정용품을 나타내는 장난감들은 아이들에게 일반적인 가정의 상황을 표현하고, 가족이나 친구, 기타 아동의 삶에서 중요한 다른 구성원들을 나타내는 인형이나 물건들을 선택할 수 있게 한다. '전화놀이'는 위협적이지 않은 방식으로 상담교사에게 간접적으로 이야기할 수 있는 의사소통의 한 가지 방법이다.

폭력과 관련된 장난감을 제공하는 것에 대해서는 논쟁의 여지가 있다. 몇몇 연구자들은 안전한 환경 속에서 어린이가 분노의 감정을 표현할 수 있도록 장난감을 제공하는 것은 공격성을 적절한 방식으로 표현하도록 배울 수 있게 한다고 생각한다(Muro & Kottman, 1995). 그러나 다른 연구자들은 장난감 칼이나 총과 같은 공격적인 장난감에 노출시키는 것은 적대감을 자극한다고 생각한다. 나아가 많은 학교들이 '무관용' 정책을 강화해 왔고, 정책을 만드는 사람들은 학교 건물 내의 어느 곳에서든 공격성을 표출하는 물건이 있는 것에 반대할 수 있다. 그러므로 이런 성격의 장난감을 들여오기 전에 학교의 관리자와 상의해야 한다.

모래놀이

또 다른 유형의 놀이는 아동에 대한 사전 지식이나 기술이 필요 없는 모래를 통한 표현이다. 대략 20″×30″×4″ 크기의 두 개의 방수상자 중 하나에는 젖은 모래를 채우고 다른 하나에는 마른 모래를 채운다. 두 상자는 물을 나타내는 파란색으로 칠해져 있으며(Gladding, 1992), 편안한 작업 영역을 위해 허리 높이의 작업대에 올려둔다. 모래 대신 옥수수가루, 콩, 완두콩, 쌀, 팝콘, 어항의 잔돌과 같은 다른 재료들을 사용할 수 있다(Carmichael, 1994). 이러한 재료들은 지속해서 사용하기가 어려우므로 뚜껑 있는 플라스틱 통에 모래를 보관하는 것이 더 편리하다.

생활의 모든 요소들을 표현할 수 있는 식물, 광석, 건물, 탈것, 자연물, 동물, 그리고 사람 등의 작은 모형들을 제공한다. 학생은 개인적으로 갖는 의미에 따라 물건들을 선택하고, 놀이를 연출하며, 물건들을 배치하면서 자기가 만든 것을 관찰한다.

상담교사는 어린이의 감정상태를 기록하고 최소한 서너 번의 모래 쌓기를 하면서 드러나는 주제에 대해 관찰한다. 표 13.2의 관찰 일지는 이 기법을 사용하는 상담교사들이 개작해서 사용할 수 있다.

미술을 활용한 상담

어린이가 자신을 창조적인 방법으로 표현할 수 있도록 도와 주는 미술재료에는 페인트, 크레용, 마커, 색연필과 같은 것이 있다(표 13.3 참조). 다양한 방법으로 조작하고 사용할 수 있는 재료에는 찰흙, 철사, 점토 등도 포함된다. 이러한 재료는 청소년이 자신의 감정을 표현하고 개성을 드러내는 배출구가 될 수 있으며, 상상력을 발휘할 수 있게 한다(Kottman, 1999). 흔히 사용되고 있는 몇 가지 방법에는 그리기, 색칠하기, 조각하기, 자화상이나 가족의 초상화 그리기 등이 있다.

표 13.2 관찰 일지

학생 이름 ____________________ 날짜 ____________________

지시

다음 표에서 적용되는 것에 모두 표시하시오.

행동	**감정**	**놀이**
협동적인가	놀이에 적절한	조직화되어 있는
활동 수준	아무 감정이 없는	발달상으로 적절한
충동적인	적절하지 않은	반복되는 주제
반항적인	무관심한	창조적인
기타	기타	기타

표 13.3 미술재료

그림
템페라화
아크릴
수성물감
식용물감

조각
회 반죽
밀랍
나무
금속
철사

종이
그리기
색판지
휴지
호일
마분지
신문지
파라핀 종이
종이타월

점토
공 점토
자기
놀이 반죽
빵 반죽

수공
뜨개질
코바늘뜨기
매듭 장식
인형 만들기
바늘로 레이스 뜨기

도구
크레용
연필
잉크펜
파스텔
붓
스펀지
마커
팔레트 나이프

인쇄
실크스크린
납결(밀랍을 이용한 염색)
감자
스펀지

공예
가죽
팝시클 막대기
모형
구슬세공
파이프클리너

기타 도구
엘머풀
고무풀
모래상자
비디오테이프
테이프 녹음기
디지털 카메라
CD 플레이어
컴퓨터

표 13.4 마음대로 선 그리기 기법

상담교사와 학생은 종이와 연필로 각자 자기 종이에 갈겨 쓰거나 그림을 그린다. 각자 상대가 마음대로 그려 놓은 것에 덧붙여 그림을 그리고 이야기를 만든다. 이야기가 끝나면 다음 사람은 이야기에 대해 질문한다. 다음 그림은 어린이가 그린 그림에 상담교사가 표현을 더해 넣고 외로운 새에 대한 이야기를 한 것이다. 이야기는 또래의 압력으로 인해 함께 어울리지 못하는 의미를 하나의 은유로 표현한 것이다. 상담교사가 이야기한 내용은 다음과 같다.

아동의 자유로운 선 그림

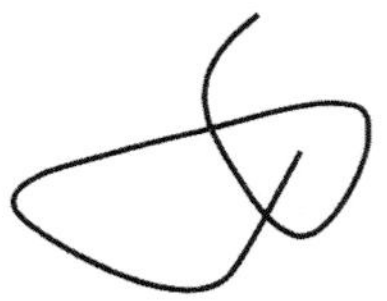

상담교사가 표현을 덧붙여 넣고 이야기를 함

옛날에 자기는 주위의 다른 새들과 다르다고 생각하는 새가 있었다. 그 새는 옳지 않다는 것을 알면서도 다른 새들이 원하는 것을 해 주면서 비위를 맞추려고 노력했다. 결국 그 새는 자기 모습대로 행동할 때 더 행복했으며 자기 모습 그대로를 좋아하는 더 많은 진짜 친구들이 있다는 것을 깨달았다.

미술 활동을 통해 비위협적이고 비판단적인 환경에서 학생의 재능과 신체적, 정신적 발달 수준, 성격, 다른 사람과의 관계가 파악될 수 있다. 표 13.4에 있는 마음대로 선 그리기 기법(Squiggle Technique)과 같은 전략은 상담교사와 신뢰감을 형성하는 동안 감추어진 아이의 감정과 생각을 드러내게 하는 데 도움이 된다.

미술기법들은 청소년이 말을 통해 자신을 표현해야 하는 압박감을 느끼지 않으면서 비위협적인 분위기에서 창조적인 출구로 활용될 수 있다(Kahn, 1999).

표 13.5에 있는 인생선 연습(The Lifeline Exercise)(Coleman, 1998)은 학생들에게 과거와 현재, 미래에 대해 탐색해 보도록 도와줄 수 있다.

어린이들은 자신에게 중요한 사람들을 더 힘들게 만들 수도 있다는 두려움 때문

표 13.5 인생선 연습

학생에게 수평으로 선을 그리게 한다. 학생이 태어난 날을 한쪽 끝에 표시하고, 다른 한쪽 끝에는 최소한 미래의 5년을 표시하게 한다.

1. 인생에서 중요했던 사건들을 회상해서 인생 선 위의 적당한 곳에 표시하게 한다.
2. 그러한 사건들을 표시한 다음, 다음과 같은 암호 체계를 사용한다.
   O = 만족스러운 결정
   E = 부정적이든 긍정적이든 감정적으로 중요한 사건
   X = 잘못한 결정
   / = 목표 달성을 좌절시킨 장애물
   ? = 미래의 사건
3. 인생선을 완성한 다음 상담교사는 학생과 그림에 대해 논의하고 분류한다. 주제, 사건, 감정적인 경험에 대해 논의하고 더불어 미래의 목표를 이루기 위한 고려사항에 대해 논의한다.

출생	E	X	/	O	X	E	X	?	?
1988	1994	1996	1998	1999	2000	2002	2005	2009	2011

표 13.6 걱정하는 인형

재료: 팝시클 막대, 털실, 색깔 있는 마커

지시

상담교사는 학생에게 다른 사람과 함께 걱정거리에 대해 이야기하는 것의 중요성에 대해 이야기해 준다. 학생들이 팝시클 막대로 걱정하는 인형을 만들도록 재료를 나누어 준다. 학생들은 마음대로 인형을 장식하고 자기가 만든 인형에 이름을 지어 준다. 학생들에게 인형을 집에 가지고 가서 밤마다 잠자기 전에 인형에게 걱정거리를 털어놓게 한다.

에 자신의 관심과 걱정거리에 대해 함께 이야기하기를 꺼려 할 수 있다. 표 13.6에 있는 걱정하는 인형(The Worry Doll Exercise)은 걱정거리에 대해 이야기하고 걱정을 함께 나눌 수 있도록 5~10세의 어린이를 위해 고안된 활동이다(Korenblat-Hanin, 1998).

파괴적인 행동으로 인해 생활하는 데 어려움이 있는 학생들은 자신의 파괴적인 행동과 태도가 자기에게 중요한 사람들의 삶에 어떤 영향을 주는지를 인식하지 못하고 있는 경우가 종종 있다. 표 13.7의 미술 활동은 청소년을 대상으로 한 것으로 계속되는 부적절한 행동이 어떻게 해서 관계에 문제가 만들게 되는지를 인식할 수 있게 하는 데 목적이 있다.

표 13.7 마음 활동

학생들에게 종이를 주고 하트 모양을 그려서 자르게 한다. 하트 모양에 선을 그리거나 접어서 하트를 4개로 구분해 놓게 한다. 각 영역에 자기 인생에서 가장 중요한 네 사람의 이름을 써 넣게 한다. 이 사람들 중에서 지금 가장 희생하고 있는 사람을 고르게 한다(그 학생의 적절하지 못한 행동 때문에 학생과 떨어져 있는 사람을 가리킨다). 학생은 그 이름을 마음에서 찢어내어 그것을 상담교사에게 준다. 하트에 있는 모든 사람을 찢어낼 때까지 계속 반복한다. 다음 질문들은 사람들의 삶이 어떻게 영향을 받고 있는지에 대한 이해를 촉진시킨다:

1. 너는 포기해야 할 사람을 골라야 하는 것이 어떻게 느껴졌니?
2. 이 사람이 없으면 너의 인생이 어떻게 될 것 같니?
3. 이 사람 없이 네가 삶에 직면한다면 어떤 생각과 느낌이 들겠니?

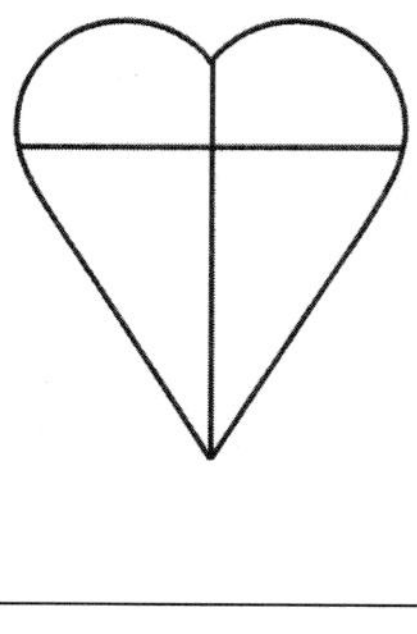

상담에서의 심상기법

심상. 심상은 학생들이 시각, 청각, 촉각, 후각, 미각을 연결시키도록 도와 주는 기술을 배우는 방법이다. 멋진 심상활동이 일의 가치와 이러한 가치들이 어떻게 직업 결정을 도와줄 수 있는지를 보여 주기 위해 사용되었다.

Krumboltz, Blando, Kim과 Reikowski(1994)의 연구에서 참가자는 자신의 미래의 직장에 대해 상상해 보고, 그들이 이상적인 직업에서 어떤 역할을 하게 되기를 기대하는지 기록하도록 한다.

학업에 어려움을 있는 학생들을 위한 또 하나의 기법은 '이상적인 학생' 을 시각화하게 하고, 이상적인 학생이 무엇을 하고, 말하고, 듣는지 등을 묘사하게 한다. 그리고 이런 행동들을 연습하게 한다. 또는, 만약 학생이 개인적인 문제를 해결하는 데 어려움이 있다면 상담교사는 "비슷한 문제를 가지고 있는 사람들에게 어떻게 말해 줄 것 같니? 행동은? 생각은?" 이라고 물어 볼 수 있다. 학생들은 여기에 대한 답변을 자기 문제를 해결하는 데 적용할 수 있다.

때로 심상에 대해서 잘못된 오해나 결론들이 연합되어 있는 경우가 있다. 학교에서는 아이들에게 심상기법을 사용하기 전에 이 기법의 사용에 관한 주와 지역의 정책을 확인할 필요가 있다(Bradley & Gould, 1999).

움직임과 춤을 이용한 상담

감정은 움직임을 통해 표현된다. 춤과 움직임은 학생으로 하여금 감정을 확인하고, 성격에 대해 알게 하며, 신체에 대한 이미지를 향상시키고, 타인과의 의사소통을 돕는다(Warren, 1993). 예를 들면 신체의 움직임이 어떻게 정서에 영향을 주는지 이해하기 위해서 아이들에게 행복하거나 슬프거나 창피한 것처럼 등의 모습으로 걸어 보게 한다. 표 13.8에 있는 움직임 활동은 집단의 응집력을 형성하는 데 사용될 수 있다.

음악을 통한 표현적 상담기법

음악은 역사적으로 다른 사람을 돕는 방법으로 계속 사용되어 왔다. 성경에는 사울왕의 기분을 좋게 하는 데 하프연주가 사용되었다고 기록되어 있다(Nickerson,

표 13.8 움직여 보자

지시

집단 구성원들은 동그랗게 앉거나 선다. 집단 지도자가 (점프하기, 껑충 뛰기, 손 흔들기 등을 하면서) 움직이기 시작한다.

모든 구성원들은 지도자가 "다음" 이라고 소리칠 때까지 이런 동작을 반복한다. 지도자의 오른쪽에 있는 학생이 새 인도자가 되어 또 "다음" 이라고 외칠 때까지 계속한다. 이 새 인도자는 모든 구성원들이 따라할 수 있도록 다른 움직임들을 하기 시작한다. 동그랗게 돌아가면서 인도자가 된다(Warren, 1993).

평가

구성원들은 인도자가 되는 것과 추종자가 되는 것이 어떠했는지 이야기한다.

1982). 19세기에는 음악이 정신병원에서 사용되었으며, 오늘날에는 음악이 치과에서는 불안을 경감시키기 위해, 큰 상점에서는 판매를 촉진시키기 위해 사용되고 있다는 것을 알고 있다. 또 음악은 사람들이 자신에 대해 좀더 잘 인식할 수 있게 도와주며, 학습도구로, 의사소통의 도구로 사용된다(Gladding, 1992). 표현적 상담기법에서 이전의 음악적 능력은 요구되지 않고 있다.

상담자는 듣기, 배우기, 수행하기, 심지어 작곡하기와 같은 활동으로 음악을 사용할 수 있으며(Gladding, 1992), 음악이 그 학생의 성격에 기초해 볼 때 적절한 개입인지 아닌지를 결정해야 한다. 학생은 자기에게 의미가 있는 음악을 상담실에 가져올 수 있다. 학생과 상담자는 친밀감을 형성하고, 개인적인 의미를 발견하며, 개인적인 가치에 대해 알기 위해 함께 음악을 들을 수 있다.

수업을 음악에 통합시킬 수도 있다. 예컨대 학생들에게 인체의 여러 부분이나 지리학, 기타 다른 개념들에 대해 가르치는 노래가 있다. 상담자는 학생들에게 친구 사귀기, 규율 준수하기 등의 특별한 주제를 기초로 하여 노래를 작곡해 보게 할 수 있다. 다른 학생들은 단순히 가장 좋아하는 노래나 특별한 재능에 따라 악보를 연주할 수 있다.

'음악적 감정(Musical Feeling)' 이라는 활동은 음악을 사용한 또 다른 상담 전략으로, 5~12세 어린이들이 감정을 표현하고 탐색하는 데 도움이 된다(Korenblaat-Hanin, 1998)(표 13.9 참조).

표 13.9 음악적 감정

자료 : 악기

지시

1. 아이들은 구체적인 사건(이혼, 학교, 친구, 가족 등)에 대한 자신의 감정을 반영해 줄 수 있는 악기를 선택한다.
2. 각 구성원들은 각자 자기 감정이 어떤지를 가장 잘 나타낼 수 있도록 악기를 연주한다.
3. 다른 구성원들은 표현된 감정을 추측한다.
4. 아이들은 작곡활동과 나타난 감정에 대해 논의한다.

평가

학생들은 감정을 알아낸다.

독서상담

독서상담은 문제해결 기술, 자기이해, 발달적 성장과 태도의 변화를 돕는 방법이라고 정의된다(Borders & Paisley, 1992). 상담자 프로그램이 발달적인 측면으로 초점이 옮겨가게 됨에 따라, 상담교사들은 독서기법을 교실 장면에 통합시키기 위해 교사와 사서들과 함께 팀을 이루어 활동한다. 예를 들어 독서상담을 활용한 한 연구에서는 4~5학년 학생들이 독서 기반의 교실 생활지도 교육과정에 참여한 후에 개인적 성장과 동기 있어서 전도유망한 성장을 보인 것으로 나타났다(Borders & Paisley).

독서를 이용한 다른 창조적 상담 접근법에는 이야기 또는 시를 완성하기, 미래에 일어날 이야기 쓰기, 또는 개인적 상징을 그리고 그것에 대해 이야기 쓰기 등이 있다. 예를 들면, 학생들에게 다음과 같이 이야기가 끝나지 않은 뒷부분의 상황을 마무리해 보게 할 수 있다.

방랑하는 군인

전쟁은 끝났고
이제 군인은 무엇을 할 수 있을까?
경험은 그를 더 용감하게 만들어 주었고
인생을 새롭게 시작할 수 있다.
여행을 할까?
가족들을 만날까?
학교에 다시 다닐까?
친구를 찾아 갈까?

군인이 해야 한다고 생각하는 내용으로 이야기로 마무리해 보세요.

게임

상담에서 게임을 사용함으로써 어린이와 청소년들에게 주의를 집중시키고, 학교 수업에 관심을 갖게 하며, 학습, 기억 및 공부하는 전략들을 가르칠 수 있다(Moore & Serby, 1988). 학생들은 게임 규칙을 배우고 승리하기 위한 전략을 개발하면서 주의를 집중해야 승리할 수 있다는 것을 알게 된다. 'Boggle' 과 같은 많은 단어 게임은 단어를 이해하고 철자를 쓰는 데 도움이 되며, '도미노' 나 'Cribbage' 와 같은 다른 게임을 통해 수학에 대한 이해를 증진시킬 수 있으며, 수업에서의 개념을 적용할 수 있다. 또 'Memory' 라는 게임은 항목들을 기억하고, 게임 카드의 위치에 집중하며, 전략을 짜게 한다. 이러한 기술들은 공부하는 전략으로 쉽게 전환될 수 있다.

그 밖의 다른 게임들은 사회적, 역동적, 지도적, 시각적 기술을 증진시켜 준다. 예를 들어, 'Jenga' 는 벽돌더미 안에 있는 벽돌을 빼서 벽돌더미가 무너지지 않도록 하면서 맨 위로 옮기는 게임이다. 경쟁적이고 도전적인 게임에 참여하는 동안 판단력과 눈-손 협응력이 발달된다(Moore & Serby, 1988).

학교상담실

책무성을 중시하는 이 시대에, 상담교사는 학생의 시간을 두고 교사들과 선의로 경쟁을 하게 된다. 교사들은 각 학년 수준에 따라 정해진 표준적인 학업 성취에 대한 책임을 지고 있기 때문에 학생이 수업에 빠지는 것을 꺼려한다. 교사들이 상담교사가 자신의 임무를 공유해 준다는 것을 믿고, 교육적 과정에서 협력적 파트너가 될 때, 학생을 공유하고 협력할 수 있게 된다. 그래야만 학생들이 학교 수업에서 나와 상담 서비스를 받을 수 있다.

학생이 상담교사와 함께 만나는 개인상담과 적절한 횟수는 협력해서 정해야 하는 절차이다. 어떤 교사들은 학생이 수업에 참여하지 못하게 되는 시간을 미리 알고 싶어하며, 또 어떤 교사들은 상담교사에게서 문서로 된 승낙서를 받아 오지 않으면 학생들을 보내지 않는다. 그리고 또 다른 교사들은 만약 중요한 시험을 보지 못하게 되거나 숙제를 못하게 될 것 같으면 학생을 보내주지 않는다. 학생들도 상담교사를 만나는 규칙에 대해 알아야 하며 지침을 어겼을 때 주어지는 결과에 대해서도 알고 있어야 한다.

예를 들어 초보 상담교사들은 학생들이 시험을 보지 않았거나 어떤 수업의 숙제를 하지 않아서 상담하려고 사무실에 왔다는 것을 나중에 알고는 불평을 한다. 다른 상담교사들은 학생들이 단지 수업에 지각한 것을 피하기 위해 상담자를 이용한다고 말한다.

창조적이고 표현적인 기법들은 어린이와 청소년을 대상으로 하는 상담교사를 위한 효과적인 전략이다. 상담교사가 학생들을 돕기 위한 토대로 제공되는 교육적인 훈련과 기술에 대해 많이 알면 알수록 상담 프로그램은 많은 지지를 받게 된다. 다음은 학교상담에서 창조적인 표현적 기법을 사용해서 상담의 성공을 증진시키기 위한 제안들이다.

창조적인 상담기법 사용에서의 상담자 역할

1. 상담에서 놀이, 모래, 미술치료가 갖는 목적과 목표에 대해 교육자와 부모들에게 설명해 줌으로써 이러한 활동이 갖는 치료적 가치와 발달 단계의 관계에 대해 알려 줄 수 있다.
2. 교육자와 부모에게 놀이, 모래, 미술, 음악치료의 과정을 경험해 볼 기회를 제공한다.
3. 한 장소를 지속적으로 사용할 수 있을 경우 미술, 모래, 놀이자료를 안전하게 벽에 부착된 개방형 선반에 진열해 두면 어린 아이들이 진열공간을 엎는 것을 막을 수 있다. 이동 장비를 가지고 다니는 상담자의 경우에는 물건을 정리해 두고 쉽게 볼 수 있고 개방된 곳을 찾아야 한다(Muro & Kottman, 1995). 가능한 장소와 공간을 생각해야 한다. 너무 좁은 상담실은 놀이할 때 움직임을 제한하게 되고 너무 큰 상담실은 산만하게 할 수 있다. 특히 집단놀이를 할 때 정규수업을 방해하게 되는 소음이 생길 수 있으므로 상담실은 교실과 떨어진 곳에 두는 것이 이

상적인 것으로 권유된다.

4. 표현적 미술이나 놀이에 대해서는 평가를 하지 않지만 창조적인 방식으로 의사소통을 할 수 있는 기회라는 것을 학생들에게 상기시켜 준다.
5. 상담부서는 검사자료, 공급용품, 교육적 자료를 사도록 예산이 제한되어 정해져 있으며, 일반적으로 미술용품은 제외된다. 놀이용품 예산은 할당되어 있지 않다. 따라서 상담에서 놀이를 활용하려는 상담교사는 학부모와 교사의 모임이나 기타 다른 학부모 모임에 기금을 요청하고 친구나 이웃, 창고 세일을 통해 싼 가격으로 중고 장난감을 구매한다.
6. 완성된 작품을 상담교사가 소유해야 하는지, 학생이 소유해야 하는지 완성된 작품의 소유 문제가 고려되어야 한다. 어떤 이론가들은 학생에 대한 기록이 적혀 있는 미술작품은 학생의 사생활 보호의 권리를 침범한다고 생각한다(Hammond & Gantt, 1998). 그러나 상담교사는 법적 조치에 대비한 서류가 필요할 수 있으므로 모든 학생의 기록이 관리될 수 있도록 미술작품을 사진 찍어 두는 것이 권장된다. 비밀 보장 문제인, 누가 작품을 볼 것인지, 어디에 보관할 것인지 그리고 그 작품을 학생이나 상담교사가 없앨 것인지에 대한 지침이 미리 결정될 필요가 있다(Hammond & Gantt; Kahn, 1999).
7. 심도 있는 상담에서는 이러한 표현적 기법의 사용에 대해 특별한 훈련이 요구된다.

요약

상담이론은 상담과정에 대한 기초를 제공해 준다. 이론적 접근은 상담과정을 안내해 주며, 상담교사에게 개인적인 가정과 신념에 대해서, 그리고 어떻게 사람이 변화하게 되는지에 대해서 생각할 기회를 제공한다. 대부분의 학교상담 과정은 이론상 분리된 과정을 제공하기 때문에 이 장이 이런 필수적인 정보를 대신하고 있다는 의미는 아니다. 대신에 이 장은 어린이, 청소년과 함께하는 상담교사에게 신뢰감 형성, 어린이 평가, 아이들이 말하지 않고도 편안하게 자신을 표현하는 분위기를 만들기 위한 창조적인 기법을 제공한다. 상담과정은 관계형성, 학생평가, 중재의 제공, 종결로 이루어진다.

모래놀이를 포함하여 놀이, 미술, 심상, 움직임, 춤, 음악, 독서, 게임 등은 학교에서 성공적으로 수행되어 온 몇 가지 창조적인 상담기법들이다. 이러한 기술을 사용하는 상담교사는 아이들이 상담교사를 만나기 위해 수업을 빠질 수 있는 정당한 절차를 만들고 이런 전략들을 교직원들에게 잘 설명함으로써 협력적으로 일한다. 부가적으로, 아이들과 이러한 기법들을 사용할 때 고려해야 할 사항으로는 후원, 기금, 도덕적 고려사항들과 전문화된 훈련 등이 있다.

참고문헌

Baker, S. B. (2000). *School counseling for the twenty-first century* (3rd ed.). Upper Saddle River, NJ: Merrill.

Borders, S., & Paisley, P., O. (1992). Children' s literature as a resource for classroom guidance. *Elementary School Guidance and Counseling, 27*, 131-139.

Bradley, L. J., & Gould, L. J. (1999). Individual counseling: Creative interventions. In A. Vernon (Ed.), *Counseling children and adolescents* (2nd ed., pp. 65-97). Denver: Love.

Carmichael, K. D. (1994). Sand play as an elementary school strategy. *Elementary School Guidance and Counseling, 28*, 302-307.

Coleman, V. D. (1998). Lifeline. In H. G. Rosenthal (Ed.), *Favorite counseling and therapy techniques* (pp. 51-53). Washington, DC: Accelerated Development.

DeShazer, S. (1985). *Keys to solution in brief therapy*. New York: W. W. Norton & Company.

Doyle, R. E. (1992). *Essential skills and strategies in the helping process*. Pacific Grove, CA: Brooks/Cole.

Erford, B. (2003). *Transforming the school counseling profession*. Upper Saddle River, NJ: Merrill Prentice-Hall.

Erk, R. R. (2004). *Counseling treatment for children and adolescents with DSM-IV-TR disorders*. Upper Saddle River, NJ: Pearson.

Gabarino, J., Stott, F. M., & Faculty of the Erikson Institute. (1992). *What children can tell us: Eliciting, interpreting, and evaluating critical information from children*. San Francisco: Jossey-Bass.

Gil, E. (1994). *Play in family therapy*. New York: Guilford Press.

Gladding, S. T. (1992). *Counseling as an art: The creative arts in counseling*. Alexandria, VA: American Association for Counseling and Development.

Hammond, L. C., & Gantt, L. (1998). Using art in counseling: Ethical considerations. *Journal of Counseling and Development, 76*, 271-276.

Hollis, J. W. (1998). The last five minutes technique. In H. G. Rosenthal (Ed.), *Favorite counseling and therapy techniques* (pp. 107-108). Washington, DC: Accelerated Press.

Johnson, L., McLeod, E. H., & Fall, M. (1997). Play therapy with labeled children in the schools. *Professional School Counseling, 1*, 31-34.

Kahn, B. B. (1999). Art therapy with adolescents: Making it work for school counselors. *Professional School Counseling, 2*, 291-297.

Korenblat-Hanin, M. T. (1998). Creative collection of therapeutic adventures: Feelings, fears, and worries. In H. G. Rosenthal (Ed.), *Favorite counseling and therapy techniques* (pp. 115-121). Washington, DC: Accelerated Press.

Kottman, T. (1999). Play therapy. In A. Vernon (Ed.), *Counseling children and adolescents* (2nd ed., pp. 97-120). Denver: Love.

Krumboltz, J. D., Blando, J. A., Kim, H., & Reikowski, D. J. (1994). Embedding work values in stories. *Journal of Counseling and Development, 73*, 57-62.

Moore, G. B., & Serby, T. (1988). *Becoming whole through games: Developing your child' s brain power, motivation, and selfesteem*. Atlanta, GA: Tee Gee.

Muro, J. J., & Kottman, T. (1995). *Guidance and counseling in the elementary and middle schools: A practical approach*. Madison, WI: Brown & Benchmark.

Newsome, D. W., & Gladding, S. T. (2003). Counseling individuals and groups in school. In B. Erford (Ed), *Transforming the school counseling profession* (pp. 209-230). Upper Saddle River, NJ: Merrill Prentice-Hall.

Nickerson, E. T. Maas, J. M & O' Laughlin, K. S (1982). An introduction to the theory and practices of action-oriented therapies. In E. T. Nickerson & K. O' Laughlin (Eds.), *Helping through action: Action-oriented therapies* (pp. 1-8). Amherst, MA: Human Resource Development Press.

Rubin, J. A. (1988). *Art counseling: An alternative* (pp. 23-26). Moravia, NY: Chronical Guidance Publications.

Schmidt, J. J. (1999). *Counseling in schools: Essential services and comprehensive programs* (3rd ed.). Needham Heights, MA: Allyn & Bacon.

Wagner, W. G. (2003). *Counseling, psychology, and children: A multidimensional approach to intervention*. Upper Saddle River, NJ: Pearson Education Inc.

Warren, B. (1993). *Using the creative arts in therapy: A practical introduction* (2nd ed.). New York: Routledge.

Webb, N. B. (1991). *Play therapy with children in crisis: A casebook for practitioners*. New York: Guilford Press.

04

| 제4부 |

임상지도

임상경험은 학교상담 프로그램을 위한 상담 및 관련 교육 프로그램 인증위원회(CACREP)의 최종 기준이 된다. 자문은 학교상담자를 위한 생활지도 지식과 기술 요구조건으로 3부에서 다루었지만, 임상경험은 4부 임상교육에 포함시켰다. 훈련 중에 있는 학교상담자는 수퍼비전을 받는 과정에서 임상경험을 하는 동안 처음으로 자문가로 일하게 된다. 이 책의 마지막 장에서는 수퍼비전 과정에 관한 정보를 제공하고, 학교상담자가 학교 안에 있는 다른 사람들에게 다양한 주제에 관한 상담을 제공해 주는 얼마나 중요한 사람인지에 대해서 논의한다.

4부의 14장은 수퍼비전 과정과 자문가로서의 전문적인 학교상담자에 관한 것이다.

| 제14장 |

수퍼비전 과정과 자문가로서의 전문적인 학교상담자

수퍼비전 과정에 등록한 학생들을 가르칠 준비를 하면서 나는 그들에게 왜 학교상담자가 되고 싶어하는지 물었다. 그 대답은 다양했다: "저는 고등학교 때 상담선생님과 관계가 아주 안 좋았어요. 상담선생님이 제대로 일을 하지 않아서 제가 좋지 않은 교육적 선택을 하게 되었다고 생각해요."라는 응답에서부터 "상담선생님은 저에게 많은 도움을 주셨기 때문에 저도 학업이나 개인적 걱정거리가 있는 다른 학생들을 돕고 싶었어요."라는 응답에 이르기까지. 상담이라는 직업에 종사하지 않는 사람들에게 학교상담자가 어땠었는지를 물어 보면 대답은 대개 "고등학교 때 상담선생님은 나에게 대학에 갈 수 없다고 말했다."와 같이 부정적인 응답에서부터 "상담선생님은 내 인생의 힘든 시기에 나를 도와 주셨다."와 같이 좀더 긍정적인 대답에 이르기까지 다양하게 나타난다.

상담이라는 직업에 대한 태도는 개인적인 경험과 인식을 기초로 형성된다. 하지만 상담직을 위한 학생 훈련을 통해 획득되는 공통적인 교육 경험과 지식이 실제 상황에서도 항상 반복되는 것은 아니기 때문에 학교상담자의 의무와 과제, 역할에 대한 오해가 생기기도 한다. 집단상담이나 개인상담과 같은 수퍼비전 경험은 상담자들 간에 공통적이지만 수퍼비전하에서 수행되는 다른 활동들은 프로그램마다 학교마다 각각 다르다. 학교상담을 공부하는 학생들은 수퍼비전을 통해서 학교 기반의 직업에서 수행되는 중요한 과제들을 실험할 수 있는 경험을 할 수 있다. 다음과 같은 두 가지 중요한 이유 때문에 수퍼비전 과정을 다룰 필요가 있다: (a) 학교상담을 배우는 학생들은 종종 그 과정이 무엇인지 거의 이해하지 못한 상태에서 임상 경험에 뛰어든다. (b) 학교 장면에서는 수퍼비전에 관한 훈련을 받은 수퍼바이저가 거의 없다. 초보상담자들이 다른 사람들을 지도하는 기회를 통해 노련한 상담자가 되어갈 때, 이 장에 있는 정보들이 도움이 될 수 있다.

자문은 학교상담자의 기본적인 과제임에도 이러한 중요한 측면의 훈련은 거의 이루어지지 않고 있다. 이 장에서는 수퍼비전 경험과 자문에 관한 정보가—서로 관계되어 있지만 분리되어 있는 요소로서—논의되고 있으며, 일화, 예시, 활동들을 제시함으로써 더 완전하게 이해할 수 있도록 하고 있다.

훈련에서의 수퍼비전과 학교상담자

상담 이론과 관련된 개념을 학습하고, 사례를 분석하며, 개인의 신념과 철학에 대해 자세하게 탐색한 다음 학교상담자가 되려는 학생은 수퍼비전을 받으면서 임상 경험을 통해 이론을 실제에 적용해 볼 기회를 갖게 된다. **수퍼비전**은 실습생의 직업적 기능을 강화할 목적으로 일정한 기간에 걸쳐 행해지는 평가적 관계로 정의된다(Bernard & Goodyear, 1992).

수퍼비전은 Carl Rogers가 테이프와 사례 보고서를 통해 상담학에서 사람들을 양성하던 1950년대에 처음 실시된 비교적 새로운 개념이다. 흥미롭게도, 1980년대까지 수퍼비전은 상담 과정과는 별개인 것으로 간주되었었다(Holloway, 1995, Tyron에서 인용, 2002).

수퍼비전은 상담직의 상급자(현장 수퍼바이저와 기관 수퍼바이저)에 의해 하급자에게(실습생 또는 훈련생) 제공되는 중재이다(Schectman & Wirzberger, 1999). 개인적이고 직업적인 목표를 수립하고(Tyron, 2002), 기관의 요구를 충족시켜야 할 때(Ladany, Ellis & Friedlander, 1999), 수퍼비전 관계는 수퍼비전을 받는 이들의 성장에 중요하다. 그러한 관계 내에서 수퍼바이저는 실습생들이 상담 기술, 사례 개념화, 직업적 정체성, 자기인식, 교정적 피드백, 자기 반성을 할 수 있도록 돕는 역할을 한다(Getz, 1999). 반대로 수퍼바이저는 이미 과도한 부담을 안고 있는 수퍼바이저를 돕는다. 수퍼바이저가 기관의 결정을 지지하는 문화, 윤리, 관습, 풍습에 대해 배울 수 있는 기회를 제공해 주기는 하지만 대부분의 사람들은 현장에서 전문가로서 수행을 하게 되기까지 약 10년 정도의 계획된 실습기간이 걸린다(O' Byrne & Rosenberg, 1998).

유감스럽게도 학교의 상담자들은 같은 훈련을 받지 않으므로 이로 인해 학교상담자들이 학교 체계 내에서 어떻게 작용하고 역할을 담당해야 하는지에 관해 더 많은 혼란이 발생한다. 학생들에게 질적인 서비스를 해주면서 수퍼바이저는 실습생들에게 어떤 질적인 경험들을 제공하는가 하는 문제가 있다(Ametrano & Stickel, 1999; Kahn, 1999). 수퍼바이저는 실습생이 컴퓨터 일정 작성, 지역사회 자원, 기술적 훈련, 개인과 집단 상담, 조정, 자문에 대해 알아야 한다고 보고하고 있다. 더 나아가 수퍼바이저들은 가르쳐 본 경험이 없는 훈련생들이 하나의 체계로서의 학교와 학습과정, 부모와 교사들에 대한 자문에 대해 이해할 수 있도록 하는 부가적인 지도가 필요하다고 보고하고 있으며(Kahn), 실습생들은 기존의 전통적인 모형 내에서 발달적인 상담 프로그램을 실행할 수 있는 전략이 필요하다고 보고하고 있다.

상담자 준비 프로그램을 정규화하고 임상교육에서 공통된 경험들을 제공하려는 노력이 이루어져 왔다. 1981년에 "학생들이 전문적인 상담자의 정체성을 발달시키고, 효과적으로 수행할 수 있는 지식과 기술의 숙달을 보장하기 위해" 상담 및 관련 교육 프로그램 인증위원회(CACREP)가 창설되었다(CACREP, 2001). 상담자들은 전국적으로 "상담자 교육 프로그램 인증을 통해 준비가 부족한 상담자들에게서 사회를 보호할 의무"를 인식하기 시작했다.

모든 상담자 준비 프로그램들이 CACREP 표준을 채택하지는 않았지만, 이 표준은 프로그램 개발과 전달을 위한 하나의 지침으로 기능하며, 상담자 교육 프로그램의 교육과정에 대한 기초를 제공한다. CACREP 편람 Section 3에 진술된 내용에 따르면(2001), "임상지도는 학생들의 학습 프로그램 내에서 감독을 받으면서 이루어지는 실습과 인턴십이 이루어질 수 있도록 하고 있다. 실습과 인턴십 요건은 프로그램에서 가장 중요한 경험 요소로 간주된다." (p. 64). 안내 지침에는 현장의 수퍼바이저들에게 교육 과정과 범위에 대한 필수요건을 구체화하도록 되어 있다.

수퍼비전에서 요구되는 것

학교상담을 공부하는 학생은 두려움과 기대감이 섞인 채로 이러한 경험의 세계로 들어오게 된다. 실습생들이 가지는 수퍼비전에 대한 기대감과 직업적 배경은 다양하다. 다음 절에서는 많은 이들이 수퍼비전 장면에 가지고 오는 두려움을 완화시켜 주려는 데 목적이 있다. "인턴십에서 가장 두려운 점을 하나 이야기해 보라"는 물음에 대해 인턴십에 등록한 학생들의 가장 많이 공통된 대답에는 다음과 같은 것이 있다.

…… 학생에게 정확한 정보를 제공하지 못하는 것
…… 인턴십, 학교, 일, 가족, 친구와 건강 사이에서 자기 생활의 균형을 이루는 것
…… 학생들이 문제에 대처할 수 있도록 도와 줄 수가 없는 것

상담 배경이 거의 없는 실습생들은 초기에는 상담 기능과 기술이 강조되는 교수관계를 더 좋아하는 반면에 좀더 훈련과 경험이 있는 실습생들은 자아 성찰과 개념화에 초점을 맞추는 수퍼바이저를 더 선호한다. 더 상급의 실습생들은 실습생들을 좀더 동료적인 관계로 보는 수퍼바이저를 선호하는 경향이 있다(Schectman & Wirzberger, 1999).

수퍼비전에 대한 기대를 이끌어 줄 나침반이 없다면 수퍼비전 경험은 대개 상담교육협회, 현장 수퍼바이저, 실습생들에 의해 세워진 지침에 의존하게 된다. 그러나 수퍼비전에서의 공통된 경험에는 목표 설정, 기술 훈련, 자아 성찰, 사례 개념화와 역할극이 포함된다.

목표 설정

구체적으로 정의된 행동 단계들이 계획되고 평가에 대한 전략이 윤곽을 잡으면 실습자들이 확인할 수 있는 상담 목표에 도달하기가 더 쉽다. 몇몇 경우에 실습자들은 수퍼비전 과정 동안 이루고자 하는 개인적 목표와 직업적 목표를 이미 인식했을 수도 있으며, 또 다른 경우에서는 수퍼바이저가 목표 설정의 토대가 되는 향상이 필요한 영역에 대해 제안해 줄 수도 있다. 어쨌든 목표가 정해지게 되며, 수퍼바이저(현장과 프로그램)와 실습자들이 모든 당사자들의 요구를 충족시켜 줄 수 있는 계획을 세우는 것이 매우 중요하다(Neufeldt, 1999).

기술 훈련

실습자들은 기본적 상담 기술을 훈련하고 단련시킬 많은 기회를 갖게 되기를 바란다고 말한다. **미시적 훈련**(microtraining)은 Ivey에 의해 개발된 기술을 획득하기 위한 기법으로(Forsyth & Ivey, 1980, Borders & Leddick에서 인용, 1987), 비디오, 오디오 테이프, 역할극, 관찰, 피드백을 통해 기술들을 구분하고 연습하는 것으로 구성되어 있다. 실습자들은 상담회기를 녹화하고, 자기평가와 현장 및 프로그램 수퍼바이저로부터 피드백을 받을 기회를 가지게 된다.

자기 평가와 성찰

비판적 자기 분석은 실습자들이 상담 경험에 대해 잘 이해하기 위해서 가설, 영향, 중재에 의해 상담 경험을 재창조하는 과정이다(Card & House, 1998). 좋은 상담자는 안내하고, 힘을 주며, 의미를 제공해 주는 것이 갖는 핵심적 가치에 대해 알아야 한다. 실습자들은 자신의 개인적인 가치체계와 타협하고 신념과 반대되는 행동을 하기로 하는 경우가 매우 잦다. 예를 들면 실습자들이 많이 하는 익숙한 질문으로는 "만약 내가 상담자와 관계가 없는 활동을 해도 직업을 얻는 데 도움이 될까요?" 또는 "수퍼바이저가 지지하는 이론적 방향을 사용하면 더 좋은 평가를 받을 수 있을까요?" 등이 있다. 수퍼비전을 통해 실습자들은 자아 정체성과 윤리적 결정 내리기, 얼마나 자신이 직업에 적합한지(Palmer, 1998), 그리고 갈등을 다루는 방법에 대해 알게 된다.

사례 개념화

상담 수퍼비전의 한 가지 측면은 학생의 과거, 감정, 생각, 상황적 맥락, 학생의 환경적 상황을 고려하는 학생 중심의 상담에 대한 가정을 발전시키는 것이다(Neufeldt, 1999). 실습자들은 과거에 성공적이었던 중재에 대해 확인하고 아직 실행해 보지 않았던 대안을 선택하여, 전략을 수행하고, 그것을 평가하도록 격려를 받게 된다.

역할극

수퍼바이저가 특정한 중재의 시범을 하는 동안 실습자들이 K-12학년 학생의 역할과 상황을 맡아 해보면 지식과 적용의 전이가 일어날 수 있다. 역할극은 또한 자아 발견을 촉진하고 새로운 기술을 연습하고 상황을 다른 관점에서 바라보게 하는 데 도움이 된다.

수퍼비전 과정

실습자들은 종종 수퍼비전 경험이 어떨지, 어떤 일들이 일어날 것으로 예상되는지, 어떤 유형의 과제들이 부여될지 궁금해한다. 아마도 수퍼비전 경험의 가장 중요한 요소는 미래에 갖게 될 직업의 역할 모델이 될 수 있는 현장 수퍼바이저를 선택하는 것일 것이다(Roberts & Morotti, 2001). 수퍼비전은 많은 형태—집단, 개인 또는 두 가지 모두—로 수행된다. 수퍼비전에 어떻게 접근하는가는 실습자의 욕구와 동기에 달려 있다. 일반적으로 수퍼비전은 어려운 상황에 대해 토의하고 수행에 대한 피드백을 받는 기회가 된다(Travers, 2002). 그것은 또한 발달 단계에서 볼 때 실습자가 일련의 단계를 통해 걱정이 많았던 단계에서 좀더 자신감 있고 편안한 단계로 진보하는 것으로 볼 수 있다. 이러한 단계들은 분리되어 있지 않고 서로 연결되어 있어서 어떤 기술들은 숙련되어 있지만 또 다른 기술들은 새롭고 독특한 상태로 남아 있기도 한다.

1단계

첫 번째 단계 동안 실습자는 걱정과 긴장이 많지만 동시에 배우고 성공하기 위해 동기화되어 있다. 그러므로 신중한 수퍼바이저는 실습자에게 기대를 명확히 하고, 관계를 세우고, 목표를 설정하고, 상담조건을 계약함으로써 수퍼비전 과정에 대한 오리엔테이션을 제공한다. 기대와 목표를 개요한 서면 계약은 기대를 명확하게 하며, 이것이 실습자들의 걱정을 다소 완화시킬 수 있다. 긍정적인 학습 관계가 발전되고 유지될 때 상담경험과 임상적 요구를 성찰하려는 실습자들의 의지가 촉진될 수 있다(Card & House, 1998). 수퍼비전의 시작 전에 다음 질문들에 답해 보면 기대치를 명확하게 하는 데 도움이 된다(Border & Leddick, 1987).

1. 수퍼비전 과정 동안 당신이 성취하기를 바라는 개인적 목표는 무엇인가?
2. 수퍼비전 경험을 통해 당신이 성취하기를 바라는 직업적 목표는 무엇인가?
3. 확인된 목표를 충족시키기 위해 어떤 전략들이 선택될 필요가 있는가?
4. 만남의 빈도: 얼마나 오래? 얼마나 자주? 어디에서?
5. 실습회기가 비디오나 오디오 테이프로 녹화될 것인가? 누가 그 테이프를 보고 듣는가? 어떻게 비밀성을 유지할 수 있는가? 고지된 동의가 필요한가?
6. 수퍼비전 회기는 어떻게 구성될 것인가? 실습자와 수퍼바이저에 대해 기대되는 것은 무엇인가?
7. 응급 상황에서는 어떻게 할 것인가? 누구와의 접촉이 필요한가?
8. 훈련범위는 적절한가?
9. 어떤 평가절차가 사용될 것인가?
10. 실습과 인턴십의 시간은 어떻게 구성되는가?
11. 수련감독자는 얼마나 자주 현장을 방문하게 되는가?
12. 평가도구로는 무엇이 사용될 것인가?

13. 실습 계약을 성공적으로 마치는 데 몇 번까지 결석이 허용되는가?
14. 동의할 수 없는 평가결과를 논박할 수 있는 정해진 절차는 어떤 것인가?

목표 설정을 위한 실습지가 표 14.1에 있다. 이 단계에서 실습자들은 교실에서 배운 개념과 실제 경험 사이의 차이를 조화시키려고 노력하면서 종종 긴장과 갈등을 느끼게 될 것이다(Card & House, 1998).

표 14.1 실습자용 목표 설정 활동지 (계속)

1. 실습 경험에 대해 관심이 있는 것은 무엇인가?
   A.
   B.
   C.
2. 실습 기간 동안 당신이 성취하고자 하는 목표는 무엇인가?

전달체제	목표 도달을 위한 활동	시간	평가
A. 생활지도 교육과정			
1. 구조화된 집단			
2. 교실 수업			
B. 개별 계획			
1. 조언			
2. 사정			
3. 배치 및 추후 활동			
C. 반응적 활동			
1. 개인상담			
2. 소그룹 상담			
3. 자문			
4. 의뢰			
D. 체제 지원			
1. 관리 활동			
2. 자문			
3. 지역사회 연계			
4. 홍보			

표 14.1 실습자용 목표 설정 활동지

관리체제	목표 도달을 위한 활동	시간의 구조	평가
A. 학생 감독 B. 활동 계획 C. 일정 D. 기타 **책무성** A. 자료 B. 사정 C. 자문위원회 D. 기타 **토대** A. 개인적 철학을 기술하라. B. 능력과 전략을 평가하라.			

2단계

앞 단계에서 세워진 수퍼비전의 목표와 과제에 대해 명확히 이해하게 되면 실습자들은 편안한 수준이 강화된다(Ladany, Ellis & Friedlander, 1999). 실습자들은 자신감과 능력 면에서 동요하는 모습을 보이게 되므로(Goldberg, 2000) 수퍼바이저는 실습생들이 어떤 상황에서 사용하게 되는 이론적 전략을 선택하는 데 있어서 실습자들에게 도전을 던져 줄 필요가 있다(Stoltenberg, 1993). 이와 같은 태도, 행동, 신념에 대한 지지적인 직면은 배우는 과정에서 필수적인 부분이다. 실습자들은 독특한 상황에 직면하게 되면 혼란과 의심이 표면화된다; 하지만 실습자들은 개인적인 생각이나 느낌과 행동을 통해 생각해 보도록 격려를 받으면서 성장하게 된다.

실습자들은 상담회기가 끝난 후에 자신에게 다음과 같은 질문을 함으로써 자기평가나 개인적 성찰이 일어나게 된다(Boreder & Leddick, 1987; Goldberg, 2000).

1. 나는 학생 내담자가 말하는 것에 대해 무엇을 경청하고 있었는가?
2. 학생 내담자에 대한 나의 느낌은 어떤가?
3. 나의 감정은 상담회기에 어떤 영향을 주었는가?
4. 내가 선택한 중재를 사용한 이유는 무엇인가?
5. 학생 내담자들의 반응에 대해 내가 관찰한 것은 무엇인가?

자기 반성 활동은 실습생들이 학생, 부모, 교육자, 다른 구성원들과 상호작용하면서 교실 생활지도 수업을 수행하고 학교 정책과 절차를 배우며 다른 활동들에 참여할 때 촉진된다. 훈련생들은 매우 종종 발달적, 종합적 학교상담 모형에 들어있는 경험을 해볼 수 있는 활동들을 제공받지 못하고 있다. ASCA 국가 모형에 기초한 평가가 들어 있는 견본 실습 활동 일지가 표 14.2에 제시되어 있다.

표 14.2 ASCA 국가 모형에서 사용하고 있는 수퍼비전 활동 (계속)

전달체제					
생활지도 교육과정 **K–12 학생은 ~할 수 있다**	**실습생 활동** **실습생은 ~할 수 있다**	**평가 척도** **1**	**2**	**3**	**4**
필요할 때 도움을 요청할 수 있는 의사소통 기술을 사용한다.	2-4-6학년에서 자기주장 훈련에 관한 생활지도 수업을 한다.				
자기 주도적인 학습자가 된다.	학습 기술 활동을 통해 집단을 촉진시킨다.				
개별 계획 K-12학년 학생은 ~할 수 있다	실습생 활동 실습생은 ~할 수 있다				
4년간의 학습계획을 완성한다.	4년간의 학습 교육과정을 가지고 학생을 돕는다.				
직업 흥미 검사를 한다.	흥미 검사 결과를 파악하고 관리하고 해석한다.				

표 14.2 ASCA 국가 모형에서 사용하고 있는 수퍼비전 활동

전달체제					
반응적 활동 **K-12 학생은 ~할 수 있다**	**실습생 활동** **실습생은 ~할 수 있다**	**평가 척도** **1**	**2**	**3**	**4**
문제 상황에서 의사 결정 기술을 적용한다.	이론적 모형과 적절한 기법을 적용해서 개별상담을 한다.				
자신의 강점과 약점을 인식한다.	자아 존중감을 강화시키기 위해 집단상담을 한다.				
체제 지원 **K-12학년 학생은 ~할 수 있다**	**실습생 활동** **실습생은 ~할 수 있다**				
지역사회 자원을 확인한다.	지역사회에서 이용할 수 있는 기관의 유형들에 대해 학생들에게 지도한다.				
생활지도 서비스에 대해 평가한다.	생활지도 평가 양식을 설계하고 관리한다.				
관리체제 **K-12학년 학생은 ~할 수 있다**	**실습생 활동** **실습생은 ~할 수 있다**				
상담 과정에 대해 평가한다.	상담을 받고 있는 학생에 대한 평가 양식을 설계하고 관리한다.				
책무성 **K-12학년 학생은 ~할 수 있다**	**실습생 활동** **실습생은 ~할 수 있다**				
목표에 도달하기 위해 수행된 전략에 대해 평가한다.	학생들의 피드백을 받아 평가 결과를 사정한다.				
토대 **K-12학년 학생은 ~할 수 있다**	**실습생 활동** **실습생은 ~할 수 있다**				
각 영역에서 중요하다고 느끼는 능력을 선택한다.	학생이 선택한 하나의 능력을 확인하고 중재를 제시한다.				

평가 척도: 1 = 능력이 보이지 않음　2 = 최소한의 능력은 있으나 개선이 필요함
3 = 만족할 만한 능력을 보임　4 = 기대 이상임

3단계

이 단계에서는 독립적인 사고와 자율성을 촉진하기 위해 폭넓고 다양한 경험들이 훈련생들에게 제공된다. 이 단계의 공통된 활동에는 K-12학년 학생을 위한 새로운 프로그램이나 활동을 만들거나 수행에 대해 스스로 수퍼비전 지속하기, 행동에 대해 판단하기, 상담 스타일 조정하기 등이 포함된다(Nelson & Johnson, 1999).

이러한 모든 경험들은 실습자에게 커다란 통찰과 직업적인 자기 인식을 제공하고 문제해결을 위한 기회를 촉진시키며 미래 상황을 준비하기 위한 아이디어를 산출할 수 있게 한다. 수퍼바이저의 역할은 자율성과 공유하기, 직면하기를 격려하고 지지해 주는 동료 자문가의 한 사람으로 변화해 가는 상담자이자 교사가 될 때까지 계속된다(Nelson & Johnson, 1999).

4단계

이 단계에서 실습생은 임상적 자기 평가, 사례 개념화(Card & House, 1998), 프로그램 계획, 전문적인 상담 관련 활동(Bradley & Fiorini, 1999)에서 더 많은 자율성을 발달시킬 수 있도록 격려받는다. 수퍼바이저는 대선배 상담자의 역할을 맡게 되며, 조금 더 동료로 보이게 된다.

실습생은 학교상담자 역할을 좀더 완전하게 이해하고 평가하기 위해 다양한 활동에 참여하면서 다양한 영역에서의 향상을 위해 수행한 것이 평가된다. 실습생들은 부정적인 견해를 가지고 평가과정을 바라보고 평가과정에 대해 걱정하는 경우가 많다. 이러한 사고를 좀더 긍정적으로 재구조화하면 평가 기술을 향상시키고 획득하며, 숙련된 기술을 가치 있게 만들 수 있는 기회로 볼 수 있게 된다.

평가

수퍼바이저의 주된 역할 중의 하나는 평가이다(Williams, 1995, Hanna & Smith에서 인용, 1998). 이 과정의 목적은 학습을 향상시키고, 의사결정을 조력하며, "기대되는 결과에 도달했다는 것을 어떻게 알 수 있는지?" (Nelson & Johnson, 1999) 그리고 "훈련생들은 맡은 영역에서 얼마나 잘 수행했는지?" 와 같은 물음에 답할 수 있게 되는 것이다. 전통적으로 평가는 체크리스트 형식이나 관련 당사자들이 모두 참여한 모임에서 나오는 담화를 통해 이루어져 왔다. 평가적 체크리스트의 한 예가 표 14.3에 제시되어 있다.

실습자들은 다양한 능력을 보여주고 다양한 활동들에 참여하게 되므로 미리 정해진 측정 척도가 있는 것이 좋은 실습이라고 볼 수 있다(Carney, Cobia & Shannon, 1996, Hanna & Smith에 인용됨, 1998). 수행 기준에 대한 분명한 정의와 점수

표 14.3 학생 실습생 평가 체크리스트

_________ 전문적 기술 모형화하기
_________ 학생, 교사, 부모와 함께 작업하는 데 있어서의 전문적 태도
_________ 직업에서 전문적으로 기능하기
_________ 건설적으로 피드백 받기
_________ 정해진 과제와 임무 완성하기
_________ 효과적으로 집단을 이끄는 능력
_________ 학교 정책과 절차 따르기
_________ 교사, 부모, 관리자와 함께 적절하게 상담하기
_________ 적절하게 자기 평가 활동하기
_________ 전문적인 상황을 개념화하기
_________ 적절한 자원 확인하기
_________ 효과적으로 집단 지도활동 이끌기

다음 척도를 사용하여 학생 평가하기
1. 기대를 만족시키지 못했다.
2. 개선이 필요했다.
3. 충분하지만 좀더 훈련이 요구된다.
4. 기대 이상이다.
5. 매우 우수하다.

개선이 필요한 구체적인 영역과 학생의 강점에 대해 토의하라.

배점 및 기대되는 것에 대해 분명하게 서술되어 있기 때문에 항목들이 제시되어 있는 것이 유용한 양적 평가 방법으로 제안될 수 있다(Hanna & Smith).

평가는 수퍼바이저에게도 도움이 된다. 실습자는 수퍼바이저로부터 제공되는 계획된 경험, 교수의 질, 조언, 피드백에 대해 평가할 기회를 갖는다. 형식이 있는 평가도구, 대학 평가 형식, 자기 설계 형식은 모두 실습생이 수퍼비전 경험이 얼마나 유익했는지 또는 어떻게 개선될 수 있는지를 공유할 수 있는 도구들이다(Borders, Leddick, 1987).

자문

자문은 훈련생들이 충분한 훈련을 받지 못했다고 보고하고 있는 수퍼비전의 한 측면이다. 학교상담자가 학교 안에서 자신들의 역할을 개념화하고 학교장면 안팎에서 사람들과 함께 지속적으로 협력할 때, 학교상담자는 역할 모델로서 행동하게 되고, 협력관계를 제공하며, 학생들을 기꺼이 도와주려는 사람을 고용하기 때문에 자문 업무가 중요하다(Sink. 2002). ASCA의 직위에 대한 진술문은 부모나 보호자, 교육자, 기타 다른 구성원들을 위한 지지와 위기에 있는 학생들을 돕는 데 상담이 중요하다는 것을 지속적으로 언급하고 강화하고 있다.

자문과 수퍼비전은 어떤 면에서 비슷하지만 또한 다르다. 예를 들어 자문은 자발적인 과정이지만, 수퍼비전은 그렇지 않다. 수퍼비전은 훈련생들의 수행에 대한 평가를 요구하지만, 자문은 그렇지 않다. 학교상담자의 역할 가운데 자문이 중요하기 때문에, 이 장에서는 자문에 대해 따로 논의한다.

학교상담자에게 프로그램 구성요소에 대한 자문을 제공해 줄 것이 기대되어 왔음에도 불구하고(Gibson, Mitchell & Basile, 1993), 개인상담과 집단상담 경험 같은 기능에 보냈던 시간과 비교해 보면, 학교상담을 공부하는 학생들은 자문과정에 대해서는 거의 훈련을 받지 않는다(Kahn, 1999). 특히 수업 경험이 없는 학생들에게는 수업 과정과 학교 환경을 이해하기 위한 추가적인 훈련이 필요하다고 보고되고 있다. 이러한 사람들이 하나의 체계로서의 학교와, 학습 과정, 부모와 교사의 요구를 이해하기 위해서는 이에 대한 지식이 필요하다(Kahn).

자문은 부모와 교사, 행정관리자들이 지식과 기술을 습득함으로써 문제해결을 좀더 효과적으로 할 수 있도록 돕는다(Brown, 1993). 학교상담자는 교육과 훈련을 받았으므로 개인이나 집단의 절차, 현장 활동, 또는 부모 교육 모임을 통해 이러한 중재를 해 줄 수 있는 이상적인 후보자라고 할 수 있다(Campbell & Dahir, 1997: Vacc & Loesch, 1994).

자문에 대한 전통적 정의는 현실적으로 단순히 정보를 제공하는 것 이상으로 훨씬 더 복잡한 경우에 "조언을 해주는 것"과 연합되어 있었다(Brown, 1993). 자문에 대한 정의가 많다; 하지만 대부분의 경우, 학교에서의 자문은 다른 형태를 취하고 있다. 자문은 자문이 이루어지는 환경, 학생의 신분, 상담 결과에 대한 책임 및 중재의 형태에 따라 다양하다(Jackson & Hayes, 1993). 일반적으로, 항상 그렇지는 않지만, 자문가(여기서는 상담자)는 학생에게 조력을 제공하는 내담자(예를 들면 관리자, 부모, 교사)와 접촉하게 된다. 다음과 같은 것은 자문이 **아니다.**

1. 수퍼비전. 자문가뿐만 아니라 수퍼바이저가 조언을 해 주고 지지를 제공해 준다 해도 자문가는 내담자의 수행을 지시하거나 평가하는 입장에 있지 않다(Conoley & Conoley, 1992).
2. 프로그램 개발. 자문가는 내담자를 위한 프로그램을 설계하는 것이 아니라, 그 대신 학교의 요구를 최대한 만족시킬 수 있게 프로그램을 설계하고 수행할 수 있도록(Conoley & Cololey) 기술을 가르치고 정보를 제공하는 역할을 한다.
3. 상담. 내담자는 개인적 관심사보다는 전문적인 관심사에 대한 도움을 얻으려고 한다. 자문가는 문제해결을 도와 주는 것이지 내담자의 태도, 행동, 신념에 대한 통찰을 제공하려는 목적은 없다(Conoley & Conoley, Gibson 등, 1993).

자문가의 기술

자문가는 **누가**(자문가) **무엇을**(메시지) **누구에게**(청중) **어떤 수단으로**(의사소통의 경로) 말해 주어야 하는지를 포함하여 효과적인 의사소통 전략에 대해 알아야 할 필요가 있다(Myers, 1993). 효과적인 자문가는 친근하고, 민주적이고, 개방적이며 집단

과정에 대해 잘 알고, 내담자의 관심사에 대해 공감적이고, 지지적이며, 유연하고, 효율적이며 즉각적인 추수 기술을 보여주는 사람이다(Bergan & Tombari, 1976, Zins에 인용됨, 1993).

효과적인 자문가는 적극적인 경청과 비언어적 의사소통에 관한 지식을 통해 관심과 이해를 전달함으로써 숙련되고 신뢰할 수 있는 사람으로 보일 수 있다(Zins, 1993). 예를 들면, 믿을 만한 출처에서 나온 통계가 신뢰성이 덜한 출처에서 나온 깜짝 놀랄 메시지보다 더 지속적인 영향력을 갖는 것이다(Myers, 1993). 드라마틱하거나, 공포를 일으키는 그림이나 메시지는 불안은 유발할 수는 있지만, 항상 공포만 가지고 더 잘 팔릴 수 있는 메시지를 만들어 낼 수는 없다. 위협적인 메시지는 너무 혼란스러워서 사람들로 하여금 어떻게 대처해야 할지 알 수 없게 만들 수 있으며, 따라서 파괴적인 행동도 변화시킬 수 없다. 그러나 어떤 사건에 대처할 수 있는 방법에 대한 조언과 더불어 불안을 유발하는 메시지나 그림이 제시된다면 행동은 바뀔 수도 있다. 예를 들면, 댄스파티 시간에 많은 학교들이 음주운전으로 유발된 가상 교통사고를 보여주는 드라마틱한 장면을 상영한다. 이것은 인상적일 수는 있지만, 그것만으로는 충분하지 않다. 운전자를 위해 고안된 프로그램과 친구에게 전화하기 또는 거절 전략 사용하기와 같이 음주 운전을 막기 위한 방법에 관한 구체적 정보는 문제를 다룰 수 있는 시사점을 제공해 줄 수 있다.

특히 자문가가 내담자나 학생들과 문화적으로 다른 경우에는 다문화적인 문제에 대한 인식이 필요하다. 소수집단의 사람들은 역사적으로 정신건강 체제에서 무능력한 것으로 생각되었던 경우가 많았다(Lyles & Carter, 1982, Jackson & Hayes에서 인용, 1993). 시간 인식과 같은 개념에 주의를 기울임으로써 자문을 촉진할 수 있다. 어떤 문화에서는 9시에 일정이 잡힌 모임에 도착하는 것과 같이 정해진 시간은 지켜져야 한다. 그러나 또 다른 문화에서는 정해진 모임 시간은 '그 때쯤 되면 될 것이라는 것' 을 의미하며, 오전 9시로 정해진 모임은 대략 정해진 이 시간 주변의 어떤 시점 쯤에서 일어날 것을 뜻한다. 또 어떤 문화에서는 구두 계약을 높이 평가하는 반면에, 또 다른 문화에서는 서면 계약을 높이 평가한다. 상담자는 효과적인 상담을 위해 이러한 문화적 다양성을 존중해야 한다(Jackson & Hayes, 1993).

메시지는 긍정적인 감정과 연합될 때 훨씬 더 영향력이 크다. Janis, Kaye,

Kirschner에 의한 한 연구(1995, Myers에서 인용, 1993)에서는 사람들이 독서를 할 때에 간식을 받은 사람들이 독서할 때에 간식을 받지 않은 사람들보다 메시지에 의한 영향을 더 많이 받는 것으로 나타났다. 그러므로 상담을 계획할 때 먹고 마시며 만족한 느낌이 드는 좋은 분위기가 느껴지는 편안한 방을 고려할 필요가 있다.

자문가로서의 학교상담자

학교상담자들은 그들이 받은 훈련과 기술, 인간의 성장 및 발달에 대한 전문성과 대인관계 기술을 가지고 있는 이상적인 자문가라고 할 수 있다. 때때로, 체제 밖에서 고용된 자문가는 체제 내부에서 고용된 자문가보다 더 쉽게 받아들여지는 경향이 있다. 외부의 전문가들은 때로 문제에 대해 다른 견해를 가지고 있을 뿐만 아니라 더 많은 정보를 가지고 있으며 더 많은 훈련을 받았을 것이라는 인식 때문에 자문을 요청하게 된다.

그러나 같은 환경에 있는 사람에게 서비스를 받는 것은 몇 가지 장점이 있다. 내부 자문가는 이미 그 체제에 대해 명확하게 이해를 하고 있으며, 학생이나 내담자들과 관계를 형성하고 있고, 외부 자문가보다 더 많지는 않더라도 그만큼의 지식이나 경험, 전문지식을 가지고 있다(Conoley & Conoley, 1992). 예를 들어, 직업 고등학교의 마케팅 경영 프로그램의 지도자로 고용된 교사가 있다. 이 사람은 교수전략에 있어서 매우 숙련되어 있으며, 엄청나게 많은 양의 정보와 이 교육과정 영역을 둘러싼 창의성을 가지고 있다. 그러나 지역교육청이 학교를 위한 공적 지원이 줄어들고 있다는 결정을 하자, 교육위원회는 지역의 후원을 늘리기 위한 전략을 마련하기 위해 외부의 마케팅 자문가를 데려오기 위해 많은 돈을 쓰기로 결정한다. 학교체제에 대해 아주 잘 알고 있으며, 홍보 전략가인 마케팅 교사는 '외부의' 어떤 사람이 그들에게 더 나은 자원이 될 것이라는 잘못된 믿음으로 인해 자문가로서 간과되어 버렸다.

상담에 대한 요구를 이끌어 내게 만든 촉발 사건이 무엇인지 알 필요가 있다. 내부의 자문가는 현재의 문제가 유발된 지난 과정에 대해 잘 이해하고 있을 수 있다.

자문가는 "왜 지금일까?", "왜 내가 해야 할까?"라는 질문을 해 볼 필요가 있다. 개인이 가지고 있는 기술과 한계, 자문을 찾는 문제에 대해 철저하게 이해함으로써 자문가는 자신이 중재에 필요한 기술을 가지고 있는지를 결정할 수 있다. 만약 그렇지 않으면 이러한 활동을 수행하는 것은 비윤리적인 것이라고 볼 수 있다.

학교상담자는 종종 전통적이고 직접적인 개인상담 모형을 통해 문제를 해결해 달라는 요구를 받기도 한다. 그러나 학교상담자가 자문을 통해 문제해결 방식을 가르치면, 더 많은 사람들이 목표에 도달할 수 있고, 시간이 더 효율적으로 사용될 수 있으며, 기술을 적용함으로써 최종 결과를 얻을 수 있다. 교사, 행정관리자, 부모와 외부 인사들이 학교상담자로부터 자문을 통해 혜택을 받을 수 있다.

교사에 대한 자문

Van Meter는 자기 학급의 5학년 학생인 Juanita의 고립된 외톨이 행동에 대해 걱정하고 있다. 10세인 Juanita는 성실한 학생이었으며, 성적에 관심이 있었다. 최근 이 작은 몸집의 검은 머리 소녀는 교실활동에 무관심하고 숙제를 거의 하지 않았다. 이러한 행동은 학년 초에 보였던 Juanita의 외향적인 행동과는 완전히 상반된 것이었다. 게다가, 그녀는 친구들을 완전히 피하는 것으로 보였고, 컴퓨터 게임이나 친구들과 어떠한 상호작용도 필요하지 않은 책상에서 하는 일에만 관심을 보였다. Van Meter가 Juanita와 대화를 시도하고, 집단 활동에 그녀를 포함시키기 위해 특별한 계기를 만들기도 했지만 도움이 되지 않는 것 같았다. 그녀는 도움을 받기 위해 학교상담자를 만났다.

교사는 프로그램 성공의 핵심이다. 그리고 이 교육자들의 지지가 없다면, 상담자는 학업적 성공과는 모호하게 연결되어 있을 뿐인, 멀리 떨어져서 연계될 수 없는 사람으로 간주될 것이다. 교사에 대한 자문은 교사의 교육 방법과 학생의 학습 효과 개선을 위해 중요하다. 상담자는 계약, 언론, 교사 지원 또는 리더십 책무성과 같은 중재를 포함한 다른 방법들을 사용하는 신선한 관점을 제공해 줄 수 있다(Gibson 등, 1993).

행정 관리자에 대한 자문

> Nori는 5학년에서 8학년까지 2000명의 학생들이 다니는 도심부의 큰 중학교 교감이다. 최근 그는 학생들의 결석률이 걱정스러웠다. 학생들은 전년도보다 더 많이 결석을 했고, 이러한 행동과 더불어 지각도 증가하였다. Nori는 학생들이 학교에 출석하고 제시간에 수업에 들어가도록 하기 위해 여러 가지 방법들을 시도해 보았지만, 학생들의 출석률에 별 영향을 주지 못하는 것 같았다. Nori는 학교상담자가 학생들과 긍정적인 래포를 형성하고 있고, 학생들의 발달적 관심사에 대해 잘 이해하고 있다는 것을 알게 된 이후, 그는 학교상담자에게 자문을 얻기로 결정하였다.

상담자들은 종종 학교의 교육적 과정에 영향을 미치는 문제와 관심사에 대해 알게 되는 첫 번째 사람이 되기 때문에 그들은 행정관리자들에게 중요한 사람이다. 상담자들은 학생들의 욕구를 가장 잘 만족시킬 수 있는 학급 편성과 특수 학생, 교사, 학생과 부모의 요구, 아동학대, 정책, 절차와 같은 문제들에 관해 행정 관리자를 교육할 수 있다. 더욱 중요한 것은 상담자가 학생들의 요구를 가장 잘 충족시키는 역할을 할 수 있도록 학교상담자들이 가지고 있는 교육적 배경, 역할, 기능에 대해 관리자를 교육할 의무가 있다.

부모에 대한 자문

> Patterson 부부는 결혼한 지 10년 만에 이혼하기로 결정했다. 그들에게는 세 명의 아이가 있는데, 모두 9세 이하이다. 두 사람 모두 가족의 변화에 대해 아이들에게 이야기하려고 노력하고 있지만 장녀인 Susan은 부모의 이러한 결정으로 어려운 시기를 보내고 있는 것으로 보였다. 그녀는 먹지도 못했고, 수면 장애가 있었으며, 부모들에 대한 감정에 대해 이야기를 하려고 하지도 않았다. Patterson 부인은 딸을 도울 수 있는 방법에 대한 조언을 얻고자 학교상담자와 만나기로 결정했다.

부모들은 종종 자녀들의 발달적, 상황적 걱정거리로 학교상담자와 만나곤 한다. 학교상담자들은 부모가 자녀에 대한 전문가이며, 부모들이 제공해 주는 정보가 아이들을 이해하는 데 좋은 도구가 된다는 점을 기억할 필요가 있다. 부모들은 상담자와의 만남을 통해 청소년 우울, 식이 장애 또는 인간관계 문제와 같은 특정한 주제를 다루고 싶어한다. 유사한 걱정을 가지고 있는 부모들과의 집단상담은 정확한 최근 정보를 공유하는 데에 매우 큰 도움이 될 수 있다. 부모 및 가족과 협력할 때 필요한 추가적인 정보에 대해서는 11장에서 다루었다.

지역사회 기관에 대한 자문

고등학교 2학년생인 Spencer는 내년 수업 선택에 대한 의견을 듣기 위해 학교상담자인 Devlin을 만나러 갔다. 상담자는 Spencer와 얘기하면서 그가 지난 2년 동안 심리학자인 Hime 박사를 만나면서 아동 심리학자가 되는 데 관심이 있다는 것을 알게 되었다. 또한 Spencer는 받고 있는 약물치료 때문에 종종 무기력해지고 학업에 집중할 수 없다고 말했다. Devlin은 Spencer에게 그가 Hime 박사를 만나서 함께 도와주어도 되겠는지를 물었다. Spencer는 이에 동의하였으며, Devlin은 부모의 허락을 받은 후에 심리학자와 만나서 Spencer를 도울 수 있는 방법에 대해 함께 작업하기로 했다.

종종 지역사회 기관과 학교상담자 간에 역할의 혼란과 정책, 철학의 불일치, 상담스타일에서 나오는 불신감이 있다(Gibson 등, 1993). 외부 기관의 자문에는 의사소통, 의뢰 전략과 서비스 조정에 관한 내용이 포함된다. 학교상담자들이 자문을 통해 어떻게 다른 사람들을 도와 줄 수 있는지를 알고 있다 해도, '어떻게' 자문을 하는가에 대해서는 여전히 약간의 혼란이 있다.

자문과정

자문 모형은 자문가와 자문가의 도움을 원하는 사람 사이의 상호작용에 따라 다양하다(Keys, Green, Lockhart, & Luongo, 2003). 이러한 모형들은 삼각-의존, 협력-의존, 협력-상호의존 모형으로 분류된다.

삼각-의존 모형

삼각-의존 모형을 사용하는 경우, 자문은 대개 삼각과정으로 특징지어지는 자발적이고 비감독적인 관계다. 자문가는 제3자(예를 들면, 학생, 교사, 부모)를 도울 목적으로 피자문가에게 지식과 기술, 방법을 알려 준다(Gibson 등, 1993). 바꾸어 말하면, 자문을 해 주는 것은 자문을 받는 사람에게 '기술을 전수해' 주어서, 제3자의 안녕감과 수행을 촉진시키는 전문적 서비스이다(Kirby, 1985; Zins, 1993). 이 경우 자문가(상담자)는 문제를 진단하고, 피자문가(예, 교사, 부모, 관리자 등)에게 권고를 해 주며, 피자문가는 제3자의 변화를 위해 자문가가 제시해 준 계획을 수행할 책임을 갖게 된다(Keys, Bemak, Carpenter, & King-Sears, 1998; Keys 등, 2003). 예를 들면, 교사는 학생의 부주의한 행동에 관해 상담자에게 자문을 받을 수 있다. 이 모형을 사용하는 상담자는 교사에게 많은 유용한 전략들을 제공해 주며, 그런 다음 교사는 학생과 함께 전략을 사용하고, 평가하는 책임을 진다.

협력-의존 모형

협력-의존 모형에서는 자문가와 피자문가 사이에 동반적 관계가 형성된다. 피자문가는 자문가와 정보 및 지식을 공유하며, 계획은 상호적으로 만들어진다. 이러한 관계는 학생, 피자문가 또는 체제 변화를 목표로 하는 학생과 피자문가, 체제를 조력한다(Keys 등, 1998). 이 모형과 삼각-의존 모형의 주요한 차이는 이 모형은 모든 사람이 계획의 결과에 대한 책임을 진다는 것이다(Keys 등, 1998). 예를 들어, 학생들이 너무 자주 상담자를 만나기 위해 수업에서 빠진다고 생각하는 행정관리자가 있다. 행정관리자(피자문가)와 상담자(자문가)는 학생들이 중요한 수업 시간에 빠지지 않으면서 상담자를 만날 수 있도록 하는 계획을 고안해 볼 수 있다.

협력-상호의존 모형

협력-상호의존 모형은 문제가 더 복잡하고, 가족, 지역사회 기관, 교육자, 행정관리자와 그 외의 사람들과 같이 많은 사람들과 체제가 관련되어 있을 때 사용된다. 이 모형은 종합적인 계획이 수립될 수 있도록 정보를 공유하고 협력을 통해 모든 집단의 구성원들이 가지고 있는 전문적 기술을 통합한다. 이 모형에서 모든 사람들은 문제 인식, 중재, 평가에 대해 서로가 서로에게 상호 의존한다(Keys 등, 1998; Keys 등, 2003). 자문가로 일하는 학교상담자는 적극적 경청, 재진술하기, 질문하기, 요약하기와 같이 팀의 모든 구성원들이 사용할 수 있는 대인적 상담기술을 사용한다. 예를 들어, 특수한 학생은 학교가 단독으로 제공할 수 없는 여러 가지 서비스를 필요로 한다. 기금과 전문적 지식, 기술을 가지고 있는 지역사회의 사람들이 이 학생을 돕기 위해 광범위한 선택의 여지를 제공해 준다.

이러한 모형들에서 이루어지는 주요한 중재방법들은 관찰할 수 없는 사고와 감정에 초점을 두는 전략보다는 분명하고 관찰할 수 있는 행동에 초점을 두고 있다(Vacc & Loesch, 1994; Zin, 1993). 자문가로서 학교상담자는 다음과 같이 할 수 있다면 매우 효과적일 수 있다.

1. 협력해서 목표를 수립한다.
2. 활동 일지를 기록한다.
3. 자료를 제공해 주기 위해 사용하기 쉬운 체크리스트를 제공한다.
4. 진행되는 진전 상태를 알아 보기 위해 형성평가를 사용한다.
5. 마지막 결과를 평가하기 위해 총괄평가를 사용한다.
6. 상담을 계속할 것인지 결정하기 위해 추후평가를 시행한다(Conoley & Conoley, 1992).

처음에 많은 피자문가들과 제3자인 참가자들은 자문의 목적과 자문가의 자격, 참가한 데 대한 기대와 자문의 결과에 대해 걱정한다. 정직하며 공개적인 자문가는 첫 만남 이전에 자신에게 다음과 같이 물어 봄으로써 두려움이나 걱정을 경감시킬 수 있다.

1. 여기에 가져온 문제는 무엇인가?
2. 어떤 결과가 기대되는가?
3. 문제는 어떻게 일어났는가?

4. 문제의 당사자는 누구인가?
5. 학생/부모/교사에 대한 문제인가?

또한 제3자인 참가자는 다음 질문을 받고 그것에 답함으로써 자문에 대한 준비를 할 수 있다.

1. 누가 자문에 포함되는가?
2. 만약 내가 참여하지 않는다면 어떻게 되는가?
3. 나는 왜 여기에 와 있는가?
4. 나에게 어떤 도움이 될 것인가?(Conoley & Conoley, 1992; Kirby, 1985)

이러한 절차가 어떻게 이루어지는지 더 잘 이해되도록 자문과정의 예를 제시하였다.

자문과정의 예

지방의 한 학교위원회가 학생들이 직면하고 있는 사회적, 개인적 문제들에 대해 염려하고 있다. 이러한 걱정거리를 다루었던 전통적인 위기 접근법은 효과를 거두지 못했으며, 지방의 교육자들은 예방적 접근이 학생들을 더 잘 도와 줄 수 있으며, 유용할 것이라고 믿는다. 피자문가(행정관리자)는 지역의 학교상담자에게 자문가 역할을 해줄 것을 요청한다. 상담자는 다음과 같은 단계를 통해 변화를 이끌어 낼 수 있는 협력-상호의존 접근을 사용하기로 결정한다: 문제 정의하기, 해결책 모으기, 해결책 선택하기, 전략 실행하기, 효과 평가하기.

문제 정의하기

상담자는 교사와 다른 사람들이 과정을 함께 하지 않고, 해결책의 한 부분이 되지 않는 한 해결은 이루어질 수 없다는 것을 알고 있다.

1단계: 자문가는 교사에게 학급에서 학생들에게 영향을 미치는 문제들을 생각나는 대로 이야기하게 한다. 교사가 문제에 대해 인식한다고 있음을 선언하면, 상담자는 색인카드(카드 하나에 한 가지 문제)에 그 문제를 써 넣는다. 또 다른 사람은 그것을 벽에 테이프로 붙인다. 걱정거리 목록이 다 완성될 때까지 교사는 계속해서 이야기한다.

마약과 알코올 사용	학교 출석	예의 없는 태도

2단계: 참가자 각자에게 스티커를 세 개씩 나누어 준다; 참가자들은 학생들에게 영향을 미치는 가장 중요한 요인이라고 생각되는 문제 위에 스티커를 붙인다. 스티커를 모두 붙인 다음, 상담자는 가장 많은 표를 얻은 문제에서부터 가장 적은 표를 얻은 순서대로 배열한다.

학교 출석******	불경스런 태도****	마약과 알코올 사용**

*: 문제를 선택한 교사의 수

3단계: 자문가는 벽에 붙여 있는 것들 중 가장 많은 표를 받은 세 가지 문제만을 남겨 놓고 다른 것은 모두 제거한다. 남아 있는 세 가지 문제 중에서 가장 문제가 된다고 생각되는 것에 스티커를 붙이도록 교사들에게 스티커를 하나씩 나누어 준다. 가장 많은 '표'를 받은 문제거리가 중재의 초점이 된다. 일단 문제가 확인되었으면 좋은 아이디어를 얻기 위해 브레인스토밍을 사용한다.

해결책에 대해 브레인스토밍하기

1단계: 자문가는 참가자들을 무작위로 소집단으로 배치한다. 각 집단에서 기록자 한 명과 보고자 한 명을 정한다. 기록자는 확인된 문제를 해결하기 위해 집단 구성원들이 제시하는 해결책들을 기록한다. 이 회기는 정해진 제한 시간이 있으며, 다음 규칙을 지켜야 한다.

1. 가능한 한 많은 생각을 만들어 낼 것
2. 생각을 비판하거나, 판단하지 말 것
3. 틀을 벗어나서 생각함으로써 창의적인 해결책을 만들어 낼 것
4. 관련된 문제에 브레인스토밍의 초점을 유지할 것

2단계: 제한 시간이 끝난 뒤에 보고자들은 전체 집단에게 소집단에서 나온 해결책을 발표한다. 소집단 보고가 끝나면 각 집단은 제시된 모든 생각을 기초로 해서 한 가지 해결책을 선택한다.

해결책 선택하기

피자문가는 자문가로부터 최소의 안내를 받아 계획을 실행하며 이에 대한 최종 책임을 진다. 그러므로 자문가는 소집단에게 제도 내에서 이용할 수 있는 자원을 가지고 실행할 수 있는 해결책을 제안하도록 요청할 필요가 있다. 자문가는 소집단에게 다음과 같은 범주에서 해결책을 고려할 것을 요청한다.

1. 예방에 초점을 둔 것인가?
2. 모든 학생들에게 미치는가?
3. 학교의 임무를 지지하는 것인가?
4. 실행할 수 있는가?
5. 비용 면에서 효율적인가?
6. 이 해결책은 다른 곳에서 성공적이었는가?
7. 어떤 정치적인 제도상의 정책이나 요인들이 고려될 필요가 있는가?

소집단은 몇 개의 전략이 결정되면 전체 집단에게 정해진 해결책을 보고한다. 이 시점에서는 한 번에 한 단계씩 수행하는 것이 성공적이다. 그러므로 자문가는 두 가지 이상의 전략이 실행되지 않도록 제안하는 것이 중요하다.

표 14.4 개별화 교육 계획(IEP)의 주요 구성요소 (계속)

문제	해결 활동	수행 시기	책임자	예상 결과/평가	예상비용
학교 출석	출석자에게 토큰을 제공한다. 95% 출석한 학생에게 상을 준다.	각 단계별 기간	담임교사	출석률 80% 증가	지역사회 사업으로부터의 100.00달러 기부
예의 없는 태도	학교에 예의를 강조하는 표지판을 붙인다.	매주 학생들은 표지판을 고안한다.	상담자	65% 규율 문제 감소	공급을 위한 200.00달러

전략 수행하기

자문가는 참가자들에게 협력적인 관계가 확립되어야 하며, 학교 내의 자원들과 지역사회가 성공을 결정한다는 것을 상기시킬 필요가 있다. 또한 일정의 수행을 위해 신중하게 생각해야 한다. 즉, 누가 무엇을 할 것인지, 언제 그것을 할 것인지, 어떻게 실행될 것인지가 결정되어야 한다. 상담자는 집단에 수행 활동지를 나누어 주어 완성하게 한다. 표 14.4에 예시가 되어 있다.

효과 평가하기

평가는 기대한 결과에 도달하는 과정에서의 진전에 대해 검토하고, 수정하고, 확인하는 기회가 된다. 두 가지 형태의 평가가 고려될 수 있다. **형성평가**는 계획이 예상대로 진행되고 있는지의 여부를 평가한다. **총괄평가**는 최종 산물을 살펴보고, 예상했던 목표에 도달했는지의 여부를 결정한다. 다음 몇 가지 질문들이 고려될 수 있다.

1. 목표에 도달했는지 아닌지를 결정하기 위해 어떤 자료가 필요한가?
2. 진전을 평가하는 데 어떤 기준 지표(또는 기한)들이 필요한가?
3. 결과를 감독하고, 보고하는 것은 누구의 책임인가?

표 14.5 평가 활동지

목적	전략	기준 지표	예상되는 결과	평가방법

다음과 같은 평가도구들이 고려될 수 있다.

- 기초 자료
- 포트폴리오
- 교사 또는 관리자에게서 받은 자료
- 체크리스트
- 저널
- 관찰
- 일화 기록
- 검사/설문 조사/활동지
- 성적

표 14.5에 제시되어 있는 활동지를 사용할 수 있다.

학교 장면에서 자문의 주제

학교상담자의 훈련과 교육에 부합하는 상담 또는 워크숍의 주제에는 다음과 같은 내용이 포함된다.

다양한 학습양식을 가진 학생들을 도와 줄 수 있는 교수방법
공격적 행동 다루기
분노 관리
위기 중재

AD/HD
시험 치르는 기술
의사결정하기
교과목과 진로
성격 형성하기
부모교육
우울과 자살
식이장애
비행집단
갈등 중재
동료 촉진
자해
자살에 대한 생각

팀을 성공으로 이끄는 사람은 누구인가?

팀을 성공으로 이끄는 사람은 누구인가? 내 타자기는 오래된 모델이지만 키 한 개를 제외하고는 작동이 아주 잘 된다. 나는 타자기가 완벽하게 작동되기를 바랐던 때가 많았다. 잘 작용하는 41개의 다른 키가 있지만 작동이 안 되는 한 개의 키가 모든 차이를 만들어 내는 것이다.

때때로 나는 우리 팀이 나의 타자기와 다소 비슷하게 보인다…… 모든 구성원들이 다 적절히 일하고 있지는 않기 때문이다.

당신은 자신에게 이렇게 말할지도 모른다. "나는 단지 한 사람일 뿐이고, 내가 우리 팀을 만들거나 깨지는 못한다."라고 그러나 여기에서 차이가 생긴다. 왜냐하면 효과적인 팀이 되기 위해서는 모든 사람들이 적극적으로 참여하는 것이 필요하기 때문이다.

당신은 그 다음에 나는 단지 한 사람일 뿐이며, 나 자신의 노력은 필요하지 않다고 생각하게 될 수 있다. 나의 오래된 타자기를 기억하면서, 당신 자신에게 말하라. "나는 그 집단에서 중요한 사람이고 나는 매우 필요한 사람이다!" 라고.

요약

수퍼비전에는 학습, 경험, 성장의 다양한 국면과 상담직에 맞는 태도와 기능, 행동이 수행되고 있는지에 대한 반성이 포함되어 있다. 인턴십 동안 제공되는 다양한 경험은 연수생이 그 직업의 효과적인 구성원으로서 기능할 수 있도록 계획된 것이다. 그리고 어떤 직업에서건, 경험이 많으면 많을수록 편안함과 자신감은 더 커지게 된다.

학교상담자는 효과적인 상담을 촉진할 수 있도록 인간 성장과 발달, 대인 관계, 집단 역동, 그리고 의사소통에 관한 지식과 기술에 대한 훈련을 받게 된다. 또한 학교상담자가 직면하고 있는 제한된 시간과 자원으로 인해, 자문은 직접적인 상담 접근법에서부터 기술과 지식이 다른 사람에게 전이될 수 있도록 하는 접근법으로 초점이 옮겨갈 수 있다.

참고문헌

Ametrano, I. M., & Stickel, S. A. (1999). Restructuring the on-campus counselor education laboratory: Contemporary professional issues. *Counselor Education and Supervision, 38*, 280-292.

Bernard, J. M., & Goodyear, R. K. (1992). *Fundamentals of clinical supervision*. Boston: Allyn & Bacon.

Borders, L. D., & Leddick, G. R. (1987). *Handbook of counseling supervision*. Alexandria, VA: Association for Counselor Education and Supervision.

Bradley, C., & Fiorini, J. (1999). Evaluation of counseling practicum: National study of programs accredited by CACREP. *Counselor Education and Supervision, 39*, 110-119.

Brown, D. (1993). Training consultants: A call to action. *Journal of Counseling and*

Development, 72, 139-143.

CACREP. (2001). *Council for Accreditation of Counseling and Related Educational Programs*. Alexandria, VA: Author.

Campbell, C. A., & Dahir, C. A. (1997). *Sharing the vision: The national standards for school counseling programs*. American School Counselor Association, 801 N. Fairfax Street, Suite 310, Alexandria, VA 22314.

Card, C., & House, R. M. (1998). Counseling supervision: A reflective model. *Counselor Education and Supervision, 38*, 23-33.

Conoley, J. C., & Conoley, C. W. (1992). *School consultation: Practice and training* (2nd ed.). Boston: Allyn and Bacon.

Getz, H. G. (1999). Assessment of clinical supervisor competencies. *Journal of Counseling and Development, 77*, 491-497.

Gibson, R. L., Mitchell, M. H., & Basile, S. K. (1993). *Counseling in the elementary school: A comprehensive approach*. Needham Heights, MA: Allyn and Bacon.

Goldberg, A. (2000, June). *Counselors as supervisors: Learning the craft*. Paper presented at the American School Conference Association International Conference, June 26, 2000, Cherry Hill, New Jersey.

Hanna, M. A., & Smith, J. (1998). Using rubrics for documentation of clinical work supervision. *Counselor Education and Supervision, 37*, 269-278.

Jackson, D. N., & Hayes, D. (1993). Multicultural issues in consultation. *Journal of Counseling and Development, 72*, 144-147.

Kahn, B. B. (1999). Priorities and practices in field supervision of school counseling students. *Professional School Counseling, 3*, 128-136.

Keys, S. G., Bemak, F., Carpenter, S. L., & King-Sears, M. E. (1998). Collaborative consultant: A new role for counselors serving at-risk youths. *Journal of Counseling and Development, 76*, 123-133.

Keys, S. G., Green, A., Lockhart, E., & Luongo, P. F. (2003). Consultation and collaboration. In B. T. Erford (Ed.), *Transforming the school counseling profession* (pp. 171-190). Upper Saddle River, NJ: Merrill Prentice-Hall.

Kirby, J. (1985). *Consultation: Practice and practitioner*. Muncie, IN: Accelerated Development Inc.

Ladany, N., Ellis, M. V., & Friedlander, M. L. (1999). The supervisory working alliance, trainee self-efficacy, and satisfaction. *Journal of Counseling and Development, 77*, 447-455.

Myers, D. G. (1993). *Social psychology* (4th ed.). New York: McGraw-Hill.

Nelson, M. D., & Johnson, P. (1999). School counselors are supervisors: An integrated approach for supervising school counseling interns. *Counselor Education and Supervision, 39*, 89-99.

Neufeldt, S. (1999). *Supervision strategies for the first practicum* (2nd ed.). Alexandria, VA: American Counseling Association.

O' Byrne, K., & Rosenberg, J. I. (1998). The practice of supervision: A sociocultural perspective. *Counselor Education and Supervision, 38*, 34-42.

Palmer, P. (1998). *The course to teach*. San Francisco: Jossey-Bass.

Roberts, W. B., & Morotti, A. A., (2001). Site supervisors of professional school counselor interns: Suggested guidelines. *Professional School Counselor Journal, 4*, 208-215.

Schectman, Z., & Wirzberger, A. (1999). Needs of preferred style of supervision among Israeli school counselors at different stages of professional development. *Journal of Counseling and Development, 77*, 457-464.

Sink, C. (2002). In search of the profession' s finest hour: A critique of four views of 21st century school counseling. *Professional School Counseling, 5*, 156-163.

Stoltenberg, C. D. (1993). Supervising consultants in training: An application of a model of supervision. *Journal of Counseling and Development, 72*, 131-137.

Travers, P. (2002). *The counselor' s help desk*. Pacific Grove, CA: Brooks/Cole.

Tyron, G. S. (2002). *Counseling based on process research: Applying what we know*. Boston: Allyn and Bacon.

Vacc, N. A., & Loesch, L. C. (1994). *A professional orientation to counseling* (2nd ed.). Levittown, PA: Accelerated Development.

Zins, J. E. (1993). Enhancing consultee problem-solving skills in consultative interactions. *Journal of Counseling and Development, 72*, 185-190.

부 록

학교상담자 윤리 기준

미국학교상담자협회

1998년 6월 25일 개정

전문

미국학교상담자협회(ASCA)는 행동과학을 학문적 배경으로 하여 학교 상황에서 적용되는 임상적 기술을 훈련받은 독특하고 차별화된 준비를 갖춘 구성원들로 이루어진 전문가 조직이다. 학교상담자는 학교 체제의 구조 안에서 각 개인의 성장과 발전을 돕고, 고도로 전문화된 기술을 사용하여 내담자의 권리를 보호한다. 학교상담자들은 다음과 같은 전문적인 책임에서 도출된 상담과정에 대한 기본적인 신조를 따른다.

- 각 개인은 인간으로서의 존엄성과 존중받을 권리를 가지고 있다. 그리고 나이, 피부색, 장애, 민족, 성, 인종, 종교, 성적 성향, 혼인상태, 사회경제적 지위에 상관없이 사람, 성격, 신념이나 활동에 대해 편견 없는 상담서비스를 받을 권리가 있다.
- 각 개인은 자기 주도성과 자기 발전에 대한 권리가 있다.
- 각 개인은 선택할 권리와 도달해야 할 목표에 대한 책임이 있다.

- 각 개인은 사생활의 권리가 있으므로, 이에 따라 상담자와 상담 수혜자의 관계가 비밀유지와 관련된 모든 법률, 정책, 윤리적 기준을 따르도록 할 권리가 있다.

이 문서에서 ASCA는 구성원들 간에 성실성, 리더십, 전문성에 관한 높은 기준을 유지하고 규제하는 데 필요한 윤리적 행동에 관한 원칙들을 구체화하고 있다. 학교상담자의 윤리적 기준은 학교상담 전문가들이 공통적으로 가지고 있는 윤리적 책임의 특성을 명확히 하기 위해 만들어졌다. 이 문서의 목적은 다음과 같다.

- 학교상담자의 수준, 영역, 집단 또는 이 협회의 회원 여부에 상관없이, 모든 전문적인 학교상담자의 윤리적 수행을 위한 지침으로서 기능한다.
- 자기 자신과 상담 직업뿐만 아니라 내담자, 부모, 동료, 전문가 협회, 학교, 지역사회에 대한 상담자 책임에 관해 자기평가와 동료평가를 위한 기준을 제공한다.
- 학교상담자들에게 기대되는 전문적인 행동과 수용 가능한 상담 실제에 대해 서비스를 받는 사람들에게 알려 준다.

A.1. 학생에 대한 책임

전문적인 학교상담자는:

a. 내담자를 유일한 개인으로 존중해야 할 기본적인 의무가 있다.

b. 내담자의 교육적, 직업적, 정서적, 행동적 욕구에 관심을 가지고, 각 내담자의 최대한의 발달을 촉진한다.

c. 내담자에게 상담자의 개인적 성향을 나타내는 가치, 생활양식, 계획, 결정, 신념을 받아들이도록 의식적으로 조장해서는 안 된다.

d. 내담자와 관련된 법률, 규제, 정책에 대해 알고 있어야 할 책임이 있으며, 내담자의 권리가 충분히 제공되고 보호될 수 있도록 노력해야 한다.

A.2. 비밀유지

전문적인 학교상담자는:

a. 상담 관계에 들어가기 전이나 내담자가 상담을 받는 동안 상담의 목적, 목표, 기

술, 절차에 대한 규칙 등에 대해 알려 준다. 알려 주어야 할 공지사항에는 다른 전문가에게 자문을 구할 필요가 있을 수 있는 사항, 상담 내용을 공개하지 않을 특권, 법률이나 당국의 제약과 같은 비밀유지와 관련된 문제들이 포함되어야 한다. 비밀유지의 의미와 한계에 대해서는 문서화나 공개된 진술을 통해 내담자에게 알려 주어야 한다.

b. 내담자나 다른 사람에 대한 분명하고 급박한 위험을 막기 위해서, 또는 다른 법적인 절차에 의해 공개해야 할 필요가 있지 않는 한, 상담자는 비밀을 유지해야 한다. 예외 여부에 관해서 의문이 들 때는 다른 상담자와 상의한다.

c. 내담자의 질병이 전염될 수 있거나 치명적인 경우에는 내담자와 관련된 제삼자에게 정보를 공개한다. 공개하기에 앞서 상담자는 내담자가 그 사실을 아직 공개하지 않았는지, 또는 가까운 시일 내에 알릴 의사가 없는지를 확인한다.

d. 내담자의 동의 없이 정보를 공개함으로써 내담자에게 잠재적으로 해가 될 수 있을 경우에는 법정이 정보공개를 요구할 수 없음을 요청한다.

e. 내담자의 기록에 대한 비밀을 지키고, 관련 법규와 학교 규정에 따라서만 개인 정보를 공개한다. 컴퓨터로 기록된 정보도 이전의 전통적인 기록과 마찬가지로 주의해서 다룬다.

f. 상담 관계에서 입수한 모든 정보의 비밀은 연방법, 주법, 성문화된 정책, 수용 가능한 윤리적 기준에 따라 보호한다. 이러한 정보는 내담자의 동의가 있고, 상담자의 윤리적 책임에 어긋나지 않을 때만 공개될 수 있다. 집단상담에서는 상담자가 비밀유지와 관련된 확실한 규칙을 정하고 그 중요성을 강조해야 한다. 그러나 집단상담에서의 비밀유지는 보장할 수 없다는 점을 분명히 말해 주어야 한다.

A.3. 상담 계획

전문적인 학교상담자는:

내담자와 함께 상담자와 내담자 모두의 능력과 환경에 맞는 통합적이고 효과적인 상담계획을 개발해야 한다. 이러한 계획은 지속적인 실행 가능성과 효과성을 확인하기 위해 내담자의 선택의 자유에 비추어 정기적으로 검토되어야 한다.

A.4. 이중관계

전문적인 학교상담자는:

상담자의 객관성을 해치고 내담자에게 해가 될 수 있는 이중관계를 피해야 한다(예를 들면, 자기 가족이나 친한 친구 또는 동료를 상담하는 것). 이중관계가 불가피할 경우, 상담자는 피해 가능성을 없애거나 줄이기 위한 조치를 취할 의무가 있다. 이러한 안전장치에는 정보에 입각한 동의, 자문, 수퍼비전, 기록 등이 포함될 수 있다.

A.5. 적절한 의뢰

전문적인 학교상담자는:

필요하거나 적절한 경우에는 외부 자원에 의뢰한다. 적절한 의뢰를 위해서는 이용 가능한 자원에 대한 지식이 있어야 하며, 서비스 중단을 최소화하면서 옮겨갈 수 있도록 적절한 계획을 세워야 한다. 내담자는 아무 때나 상담 관계를 그만둘 수 있는 권리가 있다.

A.6. 집단상담

전문적인 학교상담자는:

예비 구성원 중에서 집단 구성원을 선별해 내야 하며, 참가자들의 요구와 목표를 집단의 목표와 관련지어 자각하고 있어야 한다. 상담자는 구성원들이 집단 내에서의 상호작용으로 인한 신체적, 심리적인 피해를 입지 않도록 보호하기 위해 적절한 주의를 기울여야 한다.

A.7. 자신 또는 타인에 대한 위험

전문적인 학교상담자는:

내담자의 상황이 내담자나 다른 사람에게 분명하고 급박한 위험이 있을 때는 관계 당국에 알려야 한다. 이는 주의 깊게 생각한 후에, 가능하다면 다른 상담전문가들에게 자문을 받은 후에 이루어져야 한다. 내담자에게 내담자의 혼란을 최소화하고 상담자와 내담자의 기대를 분명히 하기 위해 그러한 조치가 취해져야 한다는 점을 알린다.

A.8. 학생에 대한 기록

전문적인 학교상담자는:

법, 규제, 제도적 절차, 비밀유지 지침에서 요구하는 대로 내담자에게 전문적인 서비스를 제공하는 데 필요한 기록들을 유지하고 보관한다.

A.9. 평가, 사정, 해석

전문적인 학교상담자는:

a. 평가도구를 선택하고, 실시하며, 해석하는 것과 관련된 모든 전문적인 기준을 따라야 한다. 상담자는 컴퓨터 기반의 검사 프로그램이 보다 전통적인 평가에서 요구되었던 것과는 다를 수 있는 실시, 채점, 해석 등에서의 특수한 훈련을 요구한다는 점을 알고 있어야 한다.
b. 내담자가 이해할 수 있는 말로 사정/평가 도구의 특성과 목적, 결과에 대해 설명해 주어야 한다.
c. 평가 결과와 해석을 오용해서는 안 되며, 다른 사람이 이를 잘못 사용하지 않도록 막기 위한 합리적인 단계를 취해야 한다.
d. 검사도구가 표준화된 규준집단에 포함되지 않는 집단에 대해 평가기법을 사용하거나, 수행에 대해 평가하고 해석할 때는 주의해야 한다.

A.10. 컴퓨터 기술

전문적인 학교상담자는:

a. 적절한 컴퓨터 활용이 갖는 이점을 증진시키며, 컴퓨터 기술의 한계를 명확히 한다. 상담자는 (1) 컴퓨터 프로그램이 내담자의 개인적인 요구에 적절한지 (2) 내담자가 프로그램을 어떻게 사용하는지 알고 있는지 (3) 추후상담 조력이 제공되

는지를 확인해야 한다. 사회적으로 소외된 집단의 구성원들이 동등하게 컴퓨터 기술에 접근할 수 있으며, 컴퓨터 프로그램에서 차별적인 정보와 가치가 없다는 것이 보장되어야 한다.

b. 인터넷을 통해 내담자와 만나는 상담자는 웹 상담을 위한 NBCC 기준을 따라야 한다.

A.11. 또래상담 프로그램

전문적인 학교상담자는:

또래상담 프로그램을 진행할 때는 독특한 책임이 있다. 학교상담자는 자신의 지도하에 있는 또래상담 프로그램에 참여하고 있는 내담자의 복지에 대한 책임이 있다. 훈련과 수퍼비전을 수행하는 학교상담자는 전문상담자 협회의 준비사항과 수퍼비전 기준에 의해 검증을 받아야 한다.

B. 부모에 대한 책임

B.1. 부모의 권리와 책임

전문적인 학교상담자는:

a. 자녀에 대한 부모로서의 고유한 권리와 책임을 존중하고, 내담자가 최대한 발전하도록 촉진하기 위해 부모와 적절하고 협력적인 관계를 형성하도록 노력한다.

b. 내담자의 복지를 방해하는 가족 문제를 겪고 있는 부모를 도울 때는 법률과 지역 지침에 따른다.

c. 가족의 문화적, 사회적 다양성에 민감해야 하며, 모든 부모는 아이를 보호하든 그렇지 않든 간에 그들의 역할과 법률에 따라 자녀의 복지에 대한 권리와 책임이 있음을 인식한다.

B.2. 부모와 비밀유지

전문적인 학교상담자는:

a. 상담자는 부모에게 상담자와 내담자의 상담 관계에서 비밀유지의 특성이 강조된다는 점을 알려 주어야 한다.

b. 정확하고 종합적인 관련 정보를 부모에게 객관적이고 배려적인 방법으로 제공해야 하며, 이것은 내담자에 대한 윤리적 책임에 부합되어야 한다.

c. 부모나 보호자가 내담자에 관한 어떤 정보를 공유하기를 원하는 경우 이를 존중하기 위한 합리적인 노력을 해야 한다.

C. 동료와 전문가 협회에 대한 의무

C.1. 전문적 관계

전문적인 학교상담자는:

a. 최상의 상담서비스를 제공하기 위해 동료, 직원, 행정가와 전문적인 관계를 형성하고 유지해야 한다. 이 관계는 상담자의 전문적 역할의 특성과 수준에 대한 상담자의 정의와 설명에 토대를 둔다.

b. 전문가적인 존중과 예의, 공정함을 가지고 동료들을 대한다. 동료의 자격, 관점, 연구 결과물 등은 유능한 전문가의 이미지를 정확하게 반영하는 데 제시될 수 있다.

c. 내담자를 의뢰할 수 있는 관련 전문가나 조직에 대해 알고 적절히 활용한다.

C.2. 다른 전문가와의 정보공유

전문적인 학교상담자는:

a. 비밀유지; 공적/사적 정보의 구분; 직원 자문에 대해 인식하고 있어야 하며, 적절한 지침을 지켜야 한다.

b. 내담자를 평가하고, 상담하고, 조력하는 데 필요한 정확하고, 객관적이고, 간결

하고, 의미 있는 자료를 다른 전문적인 인력들에게 제공한다.

c. 내담자가 다른 상담자나 정신건강 전문가에게 서비스를 받고 있는 경우, 상담자는 내담자의 동의하에 다른 전문가에게 정보를 제공하고, 내담자와의 혼란과 갈등을 피하기 위해 분명한 동의를 구해야 한다.

D. 학교와 지역사회에 대한 책임

D.1. 학교에 대한 책임

전문적인 학교상담자는:

a. 내담자에게 최상의 이익이 되지 않는 그 어떤 침해에 대항하여 교육적인 프로그램을 지지하고 보호한다.

b. 내담자와의 비밀유지를 존중하되, 학교의 임무나 직원, 재산에 잠재적으로 해가 될 가능성이 있는 상황에서는 적당한 직원에게 알린다.

c. 서비스를 받는 사람들의 요구를 만족시키는 상담자의 역할과 기능을 설명하고 향상시켜야 한다. 상담자는 프로그램과 서비스의 효율을 제한하고 저해하는 상황에 대해 적당한 직원에게 알린다.

d. 학교상담자는 교육, 훈련, 수퍼비전 경험, 주와 국가전문가 자격, 적절한 전문경력에 의해 검증이 된 경우에만 고용한다. 상담자는 행정가에게 자격이 있고 유능한 사람만을 전문적인 상담자로 채용하도록 권고한다.

e. 다음을 개발하도록 돕는다: (1) 학교와 지역사회를 위한 적절한 환경조성 (2) 내담자의 발달적 요구를 만족시키는 교육과정과 프로그램 (3) 학교상담 프로그램과 서비스, 직원에 대한 체계적인 평가과정. 상담자는 프로그램과 서비스를 계획할 때 평가 자료 결과물의 영향을 받는다.

D.2. 지역사회에 대한 책임

전문적인 학교상담자는:

자신의 개인적인 보상이나 보수와 관계없이 내담자의 최선의 이익을 위해 학교와 지역사회의 사람들과 기관, 조직과 협력한다.

E. 자신에 대한 책임

E.1. 전문적 능력

전문적인 학교상담자는:

a. 개인의 전문적 능력의 범위 안에서 역할을 수행하고, 자기 행동의 결과에 대해 책임을 진다.

b. 개인적인 기능과 효과성을 점검하고, 불충분한 전문적 서비스나 내담자에게 해가 될 수 있는 어떤 활동에도 참여하지 않는다.

c. 전문적인 능력을 유지하고 전문적인 정보에 뒤지지 않도록 솔선하여 노력한다. 직업적이고 개인적인 성장은 상담자로서의 경력 내내 계속된다.

E.2. 다문화적 기술

전문적인 학교상담자는:

자신이 상담하는 내담자의 다양한 문화적 배경을 이해해야 한다. 이에 그치지 않고 상담자 자신의 문화적, 인종적, 민족적 정체성이 상담과정에 대한 자신의 가치와 신념에 어떠한 영향을 미치는지를 아는 것을 포함한다.

F. 직업에 대한 책임

F.1. 전문성

전문적인 학교상담자는;

a. 미국학교상담자협회의 회원으로 있는 한 윤리적 위반에 관한 정책과 절차를 수용한다.

b. 개인적 윤리적 실천과 전문성을 향상시킬 수 있도록 스스로 행동해야 한다.

c. 적절한 연구를 수행하고, 수용 가능한 교육적/심리적 연구 실제에 부합하는 방법으로 연구결과를 보고한다. 내담자의 자료를 연구나 통계 또는 프로그램 계획을 위해 사용할 때는 내담자의 신원을 확실히 보호해야 한다.
d. 직업적 윤리 기준과 상담과 관련된 공식적 정책 및 연방, 주, 지방 정부에서 수립한 관련 기준을 준수해야 한다.
e. 사적인 개인으로 행한 말이나 행동과 학교상담자로서 행한 말이나 행동을 명확히 구분해야 한다.
f. 사적인 영업을 위해 내담자를 모집하는 데 자신의 전문적 지위를 이용해서는 안 되며, 정당하지 않은 개인적 이득이나 부당한 이득, 성적 보상이나 물건이나 서비스를 제공받지 않도록 한다.

F.2. 전문직에 대한 공헌

전문적인 학교상담자는:
a. 학교상담의 발전과 향상을 장려하는 지역, 주, 국가 협회의 활동에 적극 참여한다.
b. 기술, 아이디어, 전문성을 동료들과 공유함으로써 전문성의 개발에 기여한다.

G. 기준의 준수

협회의 회원이든 아니든 전문적인 학교상담자에게는 항상 윤리적인 행동이 요구된다. 동료의 윤리적 행동이 심각하게 의심되거나, 학교상담자의 윤리적 기준에 맞지 않는 상황이나 정책에 따라 일하도록 강요받는 경우, 상담자는 상황을 개선하기 위해 적절한 조치를 취해야 한다. 다음과 같은 절차가 제공될 수 있다.

1. 상담자는 그 상황을 윤리적인 위반이라고 볼 수 있는지 고충거리에 대해 비밀리에 동료에게 자문을 받아야 한다.
2. 가능하다면 상담자는 행동이 문제가 되고 있는 동료에게 직접 불만스러운 것에 대해 이야기하고 해결책을 찾기 위해 노력한다.
3. 만약 해결책이 개인적인 수준에서 마련되지 않는다면 상담자는 학교, 교육청, 주

의 SCA, ASCA 윤리위원회 내에 만들어져 있는 채널을 활용한다.

4. 그래도 문제가 해결되지 않는다면, 다음 순서대로 윤리위원회에 검토를 위한 의뢰와 적절한 조치가 취해져야 한다.
   - 주 학교상담자협회
   - 미국학교상담자협회
5. ASCA 윤리위원회는 윤리적 기준과 관련하여 회원을 교육하고 자문해 줄 의무가 있다. 이 위원회는 정기적으로 법률에서 권고사항이 바뀌는 것을 검토한다. 이 위원회는 그러한 기준의 분명한 적용에 관한 질문을 받고 처리한다. 질문은 ASCA 윤리분과에 서면으로 제출해야 한다. 결국 위원회는 ASCA의 윤리적 기준을 위반한 것으로 제기된 문제를 다루게 된다. 그러므로 국가적인 수준에서의 고소사항은 다음 주소의 ASCA 윤리위원회에 제출하면 된다: ASCA Ethics Committee, c/o the Executive Director, American School Counselor Association, 801 North Fairfax, Suite 310, Alexandria, VA 22314.

H. 자원

학교상담자는 아래에 나열된 공식문서에 제시되어 있는 바와 같이, 상담전문직의 지위와 기준을 인식하고 이에 따라 행동할 책임이 있다.

American Counseling Association. (1995). Code of ethics and standards of practice. Alexandria, VA. (5999 Stevenson Ave., Alexandria, VA 22034) 1 800 347 6647 www.counseling.org

American School Counselor Association. (1997). The national standards for school counseling programs. Alexandria, VA. (801 North Fairfax Street, Suite 310, Alexandria, VA 22314) 1 800 306 4722 www.schoolcounselor.org.

American School Counselor Association. (1998). Position Statements. Alexandria, VA.

American School Counselor Association. (1998). Professional liability insurance program. (Brochure).Alexandria, VA.

Arrendondo, Toperek, Brown, Jones, Locke, Sanchez, and Stadler. (1996). Multicultural Counseling competencies and standards. Journal of Multicultural Counseling and Development. Vol. 24, No. 1. See American Counseling Association.

Arthur, G. L. and Swanson, C. D. (1993). Confidentiality and privileged communication. (1993). See American Counseling Association.

Association for Specialists in Group Work. (1989). Ethical Guidelines for group counselors. (1989). Alexandria, VA. See American Counseling Association.

Corey, G., Corey, M. S. and Callanan. (1989). Issues and Ethics in the Helping Professions. Pacific Grove, CA: Brooks/Cole. (Brooks/Cole, 511 Forest Lodge Rd., Pacific Grove, CA 93950) www.thomson.com.

Crawford, R. (1994). Avoiding counselor malpractice. Alexandria, VA. See American Counseling Association.

Forrester-Miller, H. and Davis, T. E. (1996). A practitioner' s guide to ethical decision making. Alexandria, VA. See American Counseling Association.

Herlihy, B. and Corey, G. (1996). ACA ethical standards casebook. Fifth ed. Alexandria, VA. See American Counseling Association.

Herlihy, B. and Corey, G. (1992). Dual relationships in counseling. Alexandria, VA. See American Counseling Association. See American Counseling Association.

Huey, W. C. and Remley, T. P. (1988). Ethical and legal issues in school counseling. Alexandria, VA. See American School Counselor Association.

Joint Committee on Testing Practices. (1988). Code of fair testing practices in education. Washington, DC: American Psychological Association. (1200 17th Street, NW, Washington, DC 20036) 202 336 5500

Mitchell, R. W. (1991). Documentation in counseling records. Alexandria, VA. See American Counseling Association.

National Board for Certified Counselors. (1998). National board for certified counselors: code of ethics. Greensboro, NC. (3 Terrace Way, Suite D, Greensboro, NC 27403 3660) 336 547 0607 www.nbcc.org.

National Board for Certified Counselors. (1997). Standards for the ethical practice of webcounseling. Greensboro, NC.

National Peer Helpers Association. (1989). Code of ethics for peer helping professionals. Greenville, NC. PO Box 2684, Greenville, NC 27836. 919 522 3959. nphaorg@aol.com.

Salo, M. and Schumate, S. (1993). Counseling minor clients. Alexandria, VA. See American School Counselor Association.

Stevens-Smith, P. and Hughes, M. (1993). Legal issues in marriage and family counseling. Alexandria, VA. 미국 학교상담협회 참조.

Wheeler, N. and Bertram, B. (1994). Legal aspects of counseling: avoiding lawsuits and legal problems. (Videotape). Alexandria, VA. See American School Counselor Association.

학교상담자 윤리기준은 1984년 3월 19일 미국학교상담자협회(ASCA) 대표회의에서 채택되었다. 첫 개정판은 1992년 3월 27일 ASCA 대표회의에서 승인되었으며, 두 번째 개정판은 1998년 3월 30일 ASCA 관리위원회에서 승인되고, 1998년 6월 25일에 채택되었다.

찾아보기

내용

ㅊ

ㅋ

ㅌ

인명

C

D

E

F

G

H

I

J

K

T

U

V

W

역자 소개

임경희(林敬姬)

서울교육대학교 졸업
홍익대학교(석사, 박사), 교육학박사(교육상담 전공)
한국상담평가학회 회장
한국진로교육학회 이사
현재 순천대학교 사범대학 교직과 교수
저서 친구들도 모르는 진짜 고민 77가지(공저, 계림, 2004)
학습흥미검사 해석과 활용, 초등용(공저, 한국가이던스, 2004)
학습흥미검사 해석과 활용, 중 · 고등학생용(공저, 한국가이던스, 2004)
교사를 위한 생활지도와 학교상담(공저, 아카데미프레스, 2007)
공부(공저, 아이앤북, 2007)
진로발달 이론을 적용한 진로상담(공역, 아카데미프레스, 2008)

조붕환(趙鵬煥)

공주교육대학교 졸업
홍익대학교(학사, 석사, 박사), 교육학박사(교육상담 전공)
한국진로교육학회 총무이사(역임)
한국카운슬러협회 사무국장(역임)
한국초등상담교육학회 총무이사(역임)
현재 공주교육대학교 교육학과 교수
저서 친구들도 모르는 진짜 고민 77가지(공저, 계림, 2004)
학습흥미검사 해석과 활용, 초등용(공저, 한국가이던스, 2004)
학습흥미검사 해석과 활용, 중 · 고등학생용(공저, 한국가이던스, 2004)
초등학교 생활지도와 상담(공저, 학지사, 2006)
교육심리학(공역, 시그마프레스, 2006)
교사를 위한 생활지도와 학교상담(공저, 아카데미프레스, 2007)
공부(공저, 아이앤북, 2007)
진로발달 이론을 적용한 진로상담(공역, 아카데미프레스, 2008)

임은화(林銀花)

공주대학교 사범대학 영어교육과 박사과정
현재 홍성여자중학교 영어교사

전문적인 학교상담자를 위한 **학교상담의 실제**

The Professional School Counselor: An Advocate for Students, 1st Edition

초판 인쇄 • 2008년 7월 25일
초판 발행 • 2008년 8월 1일
저 자 • Jeannine R. Studer
역 자 • 임경희, 조붕환, 임은화
발 행 인 • 홍진기
발 행 처 • 아카데미프레스
주 소 • 122-900 서울시 은평구 역촌동 58-9
부호아파트 102동 상가 3호
전 화 • (02)2694-2563
팩 스 • (02)2694-2564
웹사이트 • www.academypress.co.kr
등 록 일 • 2003. 6. 18, 제313-2003-220호
I S B N • 978-89-91517-57-8

정가 23,000원